浦睿文化　出品

Sarah Bakewell

How to Live:

*A Life of Montaigne in One Question
and Twenty Attempts at an Answer*

阅读蒙田，
是为了生活

[英] 萨拉 · 贝克韦尔———

著

黄煜文———

译

CNS 湖南人民出版社
PUBLISHING & MEDIA

献给西莫

目 录

问题:

如何生活?

Q. How to live?

以文字描述自己可以创造出一面镜子，旁人可以借由这面镜子看出自己的人性。
这种想法的产生并非理所当然，它是被创造出来的。
和许多文化创造不同，这种想法可以追溯到某个人身上，那就是米歇尔·埃
康·德·蒙田。

向蒙田提出的一个问题和二十个尝试的回答

　　二十一世纪到处可见不吝于表现自我的人。如果花半小时上网浏览博客、推特、"优兔"（YouTube）、"视窗现场"（Windows Live）分享空间、脸谱（Facebook）、微信、微博与一些个人网页，你会发现在这片网络大海里可以捕捞到数千个有趣的人，他们使出千奇百怪的手法，只为了吸引浏览者的注意。这些人持之以恒地谈论自己。他们每天发文，在网上聊天，把自己做的每件事拍照上传。他们一方面展现出无拘无束、活泼外向的性格，另一方面也显现出少见的反思与内省。即使这群博主在网络上深入探讨自己的私人经验，他们仍以一种大家都能参与的嘉年华风格，欢迎网络同好前来共襄盛举。

　　有些乐观主义者认为，这种将全球各地人们的心灵汇集起来的现象，可以为建立国际关系的新途径打下基础。历史学家西奥多·泽尔丁（Theodore Zeldin）设立了一处名叫"牛津缪斯"（The Oxford Muse）的网站[1]，鼓励大家用文字发表简短的自我描述，内容不外乎每日的生活与学习经历。许多人上传文章供他人阅读与响应。对泽尔丁来说，与人分享自己每日的成长历程，是在这个世界建立信任与合作的最佳方式，是用真实而活生生的个体形象来取代国家、民族的刻板印象。泽尔丁表示，我们这个时代面临的巨大挑战是"发掘住在这个世界上的人，而且每次只发掘一个"。"牛津缪斯"网站因此发表了许多个人随笔或访谈，其中一些文章的标题如下：

> 为什么一个受过教育的俄国人会在牛津当清洁工？
>
> 为什么担任美发师可以满足对完美的追求？
>
> 为什么以文字描述自我时会发现自己并不像自己所想的那样？
>
> 如果你不喝酒、不跳舞，你能有什么发现？
>
> 当你以文字描述自己时，会比用口语描述丰富多少？
>
> 如何在懒散度日的同时获得成功？
>
> 主厨该如何表现仁慈？

借由描述自己与"他人"有什么不同，这些投稿人反而显现出他们与"所有人"的共通之处：身为人的经验。

以文字描述自己可以创造出一面镜子，旁人可以借由这面镜子看出自己的人性，这种想法的产生并非理所当然，它是被创造出来的。和许多文化创造不同，这种想法可以追溯到某个人身上，那就是米歇尔·埃康·德·蒙田（Michel Eyquem de Montaigne）。蒙田是贵族、政府官员与葡萄庄园园主，生于一五三三年，卒于一五九二年，他一直生活在法国西南部的佩里戈尔（Périgord）地区。

蒙田是通过实践来展现这一想法的。与当时流行的回忆录写法不同，蒙田不记录自己从事了什么伟大的事业或取得了什么伟大的成就，也不描述自己目击了哪些历史事件，尽管他的确亲身经历过一些大事：他生活的年代正值宗教战争期间，数十年的战乱使法国满目疮痍，蒙田正是在这一时期酝酿与书写自己的作品的。蒙田父亲那一辈所抱持的希望与理想主义，到了蒙田这一代已一扫而空；面对当时四处弥漫的悲伤与不幸，蒙田只能埋首于私人生活。他平安度过混乱时代，管理自己的家产，以法官身份审理法院案件，曾治理过波尔多（Bordeaux），并且成为该市有史以来最随和的市长。在这期间，蒙田一直写着探索性的文章，但内容五花八门。作品完成后，他通常会取个简单的标题：

论友谊

论食人族

论穿着习惯

我们为什么为同一件事又哭又笑

论姓名

论气味

论残忍

论拇指

我们的心灵如何画地为牢

论转移注意力

论马车

论经验

蒙田总共写了一百零七篇随笔，有些只有一两页的篇幅，有些则属于长篇，而最近出版的蒙田全集竟达千页以上。这些随笔很少解释或教导人们任何事物。蒙田把自己呈现成一个脑子里想到什么就匆匆记下的人，随时奋笔疾书，不断捕捉心灵的感受与状态。他以这些经验作为向自己提问的根据，特别是某个让他深感兴趣，同时是当时人们关注的大问题。虽然这么说不完全合于文法，但我们还是可以用几个简单的字来概括这个问题："如何生活？"

这个问题不同于"应该如何生活"这类伦理问题。蒙田固然对道德两难的问题感兴趣，但他关心的不是人应该做什么，而是人实际上做了什么。他想知道如何过好的生活，亦即，不仅要过着正确而高尚的生活，也要过着充满人性、顺遂而富足的生活。这个问题驱使蒙田不断写作与阅读，因为他对人类的一切生活（无论过去或现在）充满好奇。他持续思考人类行为背后的情感与动机；由于自己就是现成的例子，他也同样努力思考自己的生活。

"如何生活"这个实际的问题可以衍生出无数实用性的问题。蒙田与其他人一样，生活上也曾遭遇许多令他茫然的疑惑：如何面对对死亡的恐惧？如何克服丧子之痛或挚友逝去的悲伤？如何平心静气地接受失败？如何充分运用每一寸光阴，使自己不至于虚掷人生？但除了这些问题，有些日常琐事也令人烦心：如何避免与妻子或仆人发生无意义的争吵？如何让认为自己被女巫下了咒语的朋友安心？如何让难过的邻居破涕为笑？如何保卫自己的家园？如果你被一群武装盗匪劫持，而他们不确定是要杀了你还是拿你来勒索，此时最好的办法是什么？如果你无意间听到女儿的家庭女教师教导的内容，而你认为那是不正确的，此时出面纠正是明智的做法吗？如何面对蛮不讲理的人？如果你的狗想出去玩，而你只想待在书桌前写书，该怎么对狗说？

　　蒙田提出的解答一点也不抽象，他告诉我们面对每一种状况"他"做了什么，做的时候感觉又是什么。他描述了一切足以让我们感同身受的细节，有时还远超过我们需要的程度。蒙田无来由地告诉我们：他唯一喜欢的水果是瓜类；他喜欢躺着做爱，不喜欢站着做爱；他不会唱歌；他喜欢活泼的朋友，机智的问答总能让他雀跃不已。但蒙田也描述了一些言语难以形容甚至难以察觉的体验：懒惰、勇气或犹豫不决是什么感觉；爱慕虚荣、想改掉过于胆小的毛病又是什么感觉。他甚至描述了单纯地活着是什么感觉。[2]

　　蒙田花了二十多年的时间探索这些现象，不断质问自己，并且建立自我的形象——这是一幅不断变动的自画像，读者感受到的是一个活生生的蒙田，仿佛他就坐在自己身旁，注视着自己的一举一动。他能说出令人惊奇的话语。蒙田出生的时间距今已近五百年，在这漫长的岁月里，许多事物改变了，无论那时的风俗还是信仰，恐怕都已难以理解。然而，阅读蒙田的作品却能让人经历一连串熟悉的震撼，二十一世纪的读者将惊觉蒙田与他们几乎不存在任何隔阂。读者不断从蒙田的作品中看到自己，就好像浏览"牛津缪斯"的访客，在一名受过教育的俄国清洁工的故事中，或是在不去跳舞的选择中，看见自己或自己的某个面向。

一九九一年，《泰晤士报》（*The Times*）记者伯纳德·列文（Bernard Levin）为这个主题撰写文章时表示："我不相信有哪个人在阅读蒙田作品时不会中途停下来，半信半疑地说：'他怎么这么了解我？'"[3] 当然，蒙田之所以能了解你，是因为他了解自己。相对地，读者之所以能了解蒙田，是因为读者了解自己拥有的"一切"经验。布莱斯·帕斯卡（Blaise Pascal）是早期一名热爱蒙田作品的读者，他在十七世纪时写道："我在蒙田作品中看到的一切不是蒙田，而是我自己。"[4]

小说家弗吉尼亚·伍尔夫（Virginia Woolf）想象人们在画廊里经过蒙田的自画像的情景。每个人都会在画前驻足，倾身凝视玻璃画框上反射的人影。"总有一群人站在画前，深深地注视着。他们看着玻璃映照出自己的脸孔；凝视得愈久，愈说不出自己看到了什么。"[5] 肖像的脸孔与他们的脸孔叠合为一，对伍尔夫来说，这就是人们平日响应彼此的方式：

> 当我们在公交车与地铁列车中与他人面对面时，我们望着的是一面镜子……未来的小说家将愈来愈了解这些镜像的重要性，因为可以想象，不只存在一个镜像，而是近乎无穷个。这些镜像将是他们要探索的奥秘，也是他们要追索的幽灵。[6]

蒙田是第一位以这种方式细心创作的作家，而他运用的大量题材均来自自己的生活，而非来自纯粹的思辨或虚构。他是最具人性的作家，也是喜爱交际的作家。如果蒙田活在这个大众网络传播的时代，他应该会对人与人之间交流的规模之庞大感到吃惊：不是在画廊中的数十或数百人，而是数百万人从不同的角度，在对方身上看到自己。

　　无论是在蒙田的时代还是在我们的时代，这种从他人身上看到自己的感觉，总会让人兴奋不已。蒙田的十六世纪崇拜者塔布洛·德·阿寇德（Tabourot des Accords）曾说，凡是读过蒙田《随笔集》（Essays）的人都会产生一种错觉，以为这些文章是他们自己写的。两百五十年后，随笔作家拉尔夫·沃尔多·爱默生（Ralph Waldo Emerson）几乎用同样的话表达相同的看法："我觉得自己仿佛在上辈子写下了这部作品。"二十世纪小说家安德烈·纪德（André Gide）说："我几乎要把蒙田的杰作当成自己的作品了，他简直就是另一个我。"斯蒂芬·茨威格（Stefan Zweig），这名奥地利作家在第二次世界大战期间被迫流亡，一度濒临自杀的边缘，他发现蒙田是自己唯一真正的朋友："这里的'你'反映出我的'我'，此刻一切距离都弭除了。"书页上的铅字渐渐模糊，一个活生生的人走入房内。"四百年就像轻烟般消散无踪。"[7]

　　在亚马逊网络书店订购蒙田作品的热心读者，反应也是一样的。有人说蒙田的《随笔集》"与其说是一本书，不如说是人生的伴侣"，另一个人则预言它将是"你交往过的最好的朋友"；一名总是将《随笔集》放在卧榻旁的读者哀叹说，这本书（完整版）太厚重，没办法随时带在身上，另一个人则表示："这本书可以让你读一辈子。《随笔集》虽然是这么大部头的经典，读起来却宛如新近完成的作品。要是它真的在昨天出版，作者早就登上名人杂志《你好！》（*Hello*！）了。"[8]

这些感想的产生有迹可循，因为《随笔集》并不宣扬伟大的意义，也不想立什么观点，更不想和谁争论。《随笔集》并未要求读者如何阅读它，你爱怎么读就怎么读。

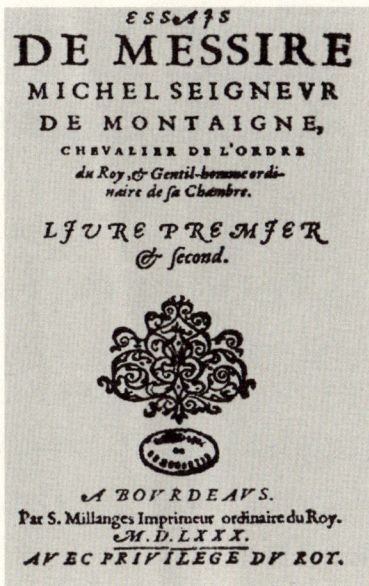

蒙田《随笔集》（一五八〇年版）

蒙田尽情倾泻自己的想法，从不担心自己在某页说了某事，到了下页甚至于下一句又说出完全相反的观点。蒙田应该会把沃尔特·惠特曼（Walt Whitman）这几行诗当成自己的座右铭：

我自相矛盾吗？

很好，那么我就是自相矛盾，

（我心胸宽大，能够包容各种不同的说法。）[9]

只要一想到某种看待事物的全新方式，哪怕只是寥寥数语，蒙田就会改变方向。即使这些想法非常不理性，如同做梦，他还是会把它们记下。蒙田说："我无法让我的主题保持静止，它总是昏昏沉沉、跌跌撞撞，好像天生处于酩酊状态。"[10] 任何人可以自由跟随他的想法，想跟到哪儿就跟到哪儿，就算不想随着他的思绪起舞，也可以在一旁看着他天马行空。迟早，你们的想法会在某一点上交集。

借由这种写作方式，蒙田创造出了一种新的文体，并为这种文体发明了一个新的名词：essais。今日，"essay"这个词听上去就让人觉得单调沉闷。它让许多人回想起在学生时代用来检视阅读成果的练习：将文章里的论证重新说明一遍，然后在开头与结尾分别添上乏味的导言与简单的结论，感觉就像把两把叉子插在已经被啃光的玉米上。这种论述方式也存在于蒙田的时代，但蒙田所说的"essais"并不采用这种方式。法文的"essayer"指"尝试"，essay（当动词使用）某事就是测试或尝试某事，或者是稍作试探。十七世纪的一名蒙田主义者把蒙田的写作方式比作试射一把手枪，[11] 看其弹道是否呈一条直线，或是试骑一匹马，看这匹马是否容易驾驭。然而对蒙田而言，即使枪子儿乱窜，马儿飞奔，他也不感到心烦。他倒是乐于见到自己的作品以不可预知的方式呈现在大家面前。

蒙田也许从未打算单枪匹马掀起一场文学革命，但回顾往事，他知道自己的确创造了些什么。"这是世上独一无二的作品，"他写道，"一本充满狂野与古怪计划的书。"[12] 或者更符合实情地说，这是一部毫无计划的作品。《随笔集》的写作从头到尾并未遵照一定的次序，它就像珊瑚礁一样，从一五七二年到一五九二年，在长达二十年的时间里，一篇篇文章缓慢地覆盖上去，结成坚硬的外壳。直至蒙田去世，《随笔集》不得不宣告收尾。

从另一个角度来看，《随笔集》从未结束。它持续发展着，不是借由无止境的写作，而是通过无止境的阅读。从十六世纪蒙田邻居或友人在他的书桌上浏览草稿开始，到最后的人类（或者其他有意识的生命体）从未来虚拟图书馆的记忆银行中取出这份资料，每次全新的阅读都意味着新的《随笔集》诞生。读者通过自己的私人视角接触蒙田，投入自己的生命经验。与此同时，这些经验也受到古往今来各种思潮的冲击，潮起潮落，优哉游哉地拍打你的思绪。回顾四百三十年来许多人对蒙田的解读，可以发现各种思潮的兴起与退却，就像天上的云朵或月台上等待通勤电车的旅客一样聚散无常。每一种解读方式的出现似乎都再自然不过；然后新的解读出现，旧的解读消失。有时候，一些解读实在太过陈旧，甚至得要历史学家才能看懂。

《随笔集》因此不仅是一本书，还是一部延续数世纪的对话录，是蒙田与所有接触他的读者之间的对话。这是一段随着历史而变迁的对话，然而每一场对话的开头几乎都会出现同样的惊呼："他怎么这么了解我？"通常，对话存在于作者与读者之间，但读者与读者之间也在不断对话。无论读者是否意识得到，每一代人在接触蒙田时总会带着源自同代人与之前所有人的各种期待。随着故事的发展，整个场景变得愈来愈拥挤，从私人的晚餐扩大成为热闹的宴席，而身为晚宴的主人，蒙田却对此浑然不知。

本书谈论蒙田这个人与其作品。本书也讨论蒙田举办的这场漫长的宴会——四百三十年来不断累积的公共的与私人的对话。这趟旅程将是古怪而颠簸的，因为蒙田的作品在每个时代的遭遇并不都是平顺的，它不像溪流中的鹅卵石，在河水的打磨中逐渐呈现光滑的流线外形。相反，它遭受来自各个方向的撞击，半途还裹上各种残石碎砾；有时还会搁浅，露出诡谲的一角。我的故事将随着这些潮流行进，也将"昏昏沉沉、跌跌撞撞"，经常转变航向。一开始，本书会比较仔细地讨论蒙田其人：生平、人格与文学事业。然后，本书将转而深入探讨蒙田的作品与他的读者，并且一路延伸到晚近的时期。由于本书是二十一世纪的作品，因此不可避免将弥漫着二十一世纪的风格。蒙田有一句相当喜爱的谚语，说明我们永远无法摆脱自己的观点：我们只能靠自己的脚走路，只能靠自己的屁股坐着。[13]

绝大多数阅读《随笔集》的读者总想从中得到一些收获。他们也许在寻找乐子，也许在寻求启发——对历史的理解或某种纯属个人的启悟。小说家福楼拜的朋友对于该如何阅读蒙田感到苦恼，而福楼拜的建议是：

> 不要像孩子一样想从中得到乐趣，也不要像野心家一样想从中得到指示。你阅读他的目的只有一个："为了生活。"[14]

福楼拜近乎命令的说法给我留下深刻的印象，于是我以文艺复兴时代的问题——如何生活——作为我的导引绳，让其协助我

穿越蒙田复杂、纠结的人生及
其身后世界。这个问题将贯穿
全书，但章节将采取二十种解
答的形式来表现，每个解答都
是想象蒙田可能给予的答案。
事实上，蒙田回答问题时通常
会反问对方，或者提出大量的
趣闻轶事；这些响应通常会指
向各种不同的方向，并且产生

蒙田画像（佚名）

矛盾的结论。这些问题与故事"就是"蒙田的解答，或者是尝试
性的响应。

　　同样地，本书的二十种可能的回答，也将采用某些趣闻轶
事：这些插曲或主曲出自蒙田的生平，或取材于他的读者。这里
不会出现漂亮工整的解决方案，但这二十篇作答的"随笔"将可
让我们一窥这段漫长对话的部分片断，并且充分享受蒙田本人的
陪伴。他将是最和蔼可亲的对话者与东道主。

1

我们问:

如何生活?

How to live?

●

蒙田说:

别担心死亡

Don't worry about death

死亡是上古之人永不厌倦的课题,西塞罗以一句话漂亮地总结道:"探究哲理就是学习死亡。"

蒙田的发现悖逆了古典哲学体系。对他来说,只有完全不懂哲学的人,才能像哲学家说的那样,勇敢地面对死亡。

"别担心死亡"成了蒙田对"如何生活"这个问题所做的最根本也最具解放性的回答。你只要做一件事就行了:"活着。"

悬于他的唇尖上

　　蒙田并非总是热衷于社交活动。在他年轻时，有时候朋友跳舞、欢笑与饮酒，他一个人坐在一旁。在这样的场合里，他的朋友几乎认不出他来——他们平日见到的蒙田总是与女人打情骂俏，或者拿出自己刚成形的想法热切地找人辩论，他们因此狐疑蒙田是否因为他们说了什么而动怒。事实上，蒙田日后在《随笔集》中吐露，当时他正深陷于某种情绪之中，几乎忘了身旁还有其他人。蒙田在节庆中突然想起最近听来的一则可怕故事——几天前，有个年轻人刚从类似的节庆归来，他先是抱怨自己有点发烧，不久后便一命呜呼，而当时他的朋友甚至还没从节庆的宿醉中清醒。[1]如果死神会开这种玩笑，那么蒙田觉得自己与虚无之间几乎只有一线之隔。他变得非常害怕失去生命，即使此刻仍活着，也无法敞开心扉享受人生。

　　蒙田二十多岁时，因为过度沉迷于阅读古代哲学家的作品，所以脑子里经常萦绕着这种忧郁的妄念。死亡是上古之人永不厌倦的课题，西塞罗以一句话漂亮地总结道："探究哲理就是学习死亡。"蒙田日后将把这个可怕的想法用作《随笔集》某一章的标题。[2]

　　然而，如果说蒙田的问题起源于他在易受影响的年纪读了太多哲学作品，那么这些问题并没有因为他长大成人而消失无踪。按照一般情况，三十几岁的蒙田想法应该更为沉稳，然而那时的他却感受到死亡逐步迫近。这种感觉甚至比过去更为强烈，也更为个人化。死神从抽象转为现实，举起长柄镰刀，一路挥砍蒙田关爱的每一个人，而且离他愈来愈近。一五六三年，蒙田三十岁，他最好的朋友，艾蒂安·德·拉博埃蒂（Étienne de La Boétie）死于瘟疫。一五六八年，他的父亲去世，死因或许是肾结石引起的并发症。来年春天，蒙田的胞弟阿诺·德·圣马丁（Arnaud de Saint-Martin）在一场奇怪的体育竞技意外中丧生。蒙田大约是在这时候结婚的，第一个孩子只活了两个月，于一五七〇年八月死亡，接下来他又先后失去了四名子女——六个孩子中，只有一个平安活到成年。一连串丧失亲友之痛，使"死亡"不再只是个模糊的威胁，但它的面目依然不清楚。蒙田的恐惧仍与过去一样强烈。

拉博埃蒂的死显然令蒙田最为伤痛，他们是莫逆之交，但最让他震惊的还是弟弟阿诺的不幸遭遇。阿诺在打球（称作"jeu de paume"，是今日网球的前身）时被球击中头部。这种伤害不可能太严重，而他看起来亦无大碍，但五六个小时之后他陷入昏迷而死亡，死因也许是血栓或脑出血。没有人能想到如此轻微的头部撞击，竟然会夺去一名年轻男子的性命。这毫无道理，而且也比那则年轻男子因发烧而升天的故事更为惊悚。蒙田谈到阿诺的死时说："我们对这种例子司空见惯，脑子怎么会不一直想着死亡，这个念头怎么不会随时掐住我们的喉咙呢？"[3]

蒙田无法摆脱死亡的念头，而他也不想这么做，他仍然深受哲学家的影响。蒙田在早期一篇谈论死亡的随笔中提到"让我们的心灵尽情充斥着死亡"，又说：

> 让我们随时随地任由自己的想象去描绘死亡的模
> 样。在马儿失足倒地、屋瓦掉落、细得不能再细的针刺
> 入体内时，让我们好好思忖：死亡本身到底是什么？[4]

蒙田最喜爱的斯多葛学派哲人（Stoics）说，如果你经常想着死亡的形象，那么当死亡来临时，你将不会感到惊恐。知道自己已做好万全的准备，你就可以毫无恐惧，自由地活着。但蒙田发现实际上刚好相反。他愈是想象可能降临在自己与朋友身上的各种意外，愈是无法平静。即使他能短暂而抽象地接受死亡，但只要一想到细节，就难以承受。他的心灵充斥着受伤与发烧的景象，还有在他临终前人们围绕在他床边啜泣，或者是"熟悉的手"按着他的额头向他告别的场景。他想象自己躺在墓穴里，眼前的一小圈天光就是人生的最后一幕：他的财产会被清算，他的衣物将分送给朋友与仆人。[5]这些念头非但未能给他自由，反而使他成了"阶下囚"。

幸运的是，这样的压迫感并未持续下去。到了四五十岁时，蒙田变得无忧无虑。他可以写出最流畅、充满生活乐趣的文章，从他的文字完全看不出他曾陷入忧郁。我们之所以知道蒙田一度苦闷，是因为他在作品中主动告诉了我们，只不过现在的蒙田已不想为任何事操心。他在最后几则附加的笔记里提到，死亡只是人生结束时一个短暂的、令人不适的时刻，为这种事焦虑只是浪

费时间。[6]原本在朋友中最为忧郁的蒙田，此时却成了最无忧无虑的中年男子，而且也成为享受人生的专家。蒙田的改变，归功于他在鬼门关前走了一回：他曾戏剧性地遭遇死亡，接踵而来的中年危机使他开始了《随笔集》的写作。

蒙田与死神的相遇发生在一五六九年或一五七○年初的某一天，确切时间已不可考。当时他为了排遣心中焦虑而外出，想借此摆脱眼前的杂务，而他做的事情是骑马。[7]

蒙田此时约三十六岁，正是诸事烦心之时。父亲过世后，他继承了家族位于多尔多涅（Dordogne）的城堡与庄园。这是块美丽的土地，覆盖着葡萄园（今日亦是如此），有着平缓的丘陵、村落与广阔的森林。但对蒙田来说，这些代表了责任与负担。庄园里事事都要他负责，他必须满足每个人的要求，也必须接受许多人的挑剔。他是这块土地的领主，事无巨细，他都要照顾妥当。

幸运的是，一般情况下要找到理由外出并不难。蒙田二十四岁时开始在波尔多（当地首府，离蒙田的庄园约三十英里）担任法官，所以他可以假借法院有事而外出。蒙田拥有广阔的葡萄园，[8]这些园地零星地散布在绵延数英里的乡野中，因此若他觉得有必要，也可以以探视葡萄园为由出门。蒙田偶尔也会到邻近的城堡拜访：敦亲睦邻显然也是件重要工作。以上的任务都是蒙田在风和日丽的天气里骑马穿过树林的好借口。

走入林间小径时，蒙田可以放任自己的思绪四处奔驰，尽管这时他的身旁依然有仆役与亲信陪伴。十六世纪时，人们很少单独外出，不过蒙田可以纵马疾驰，逃离无聊的对话，或索性做起白日梦，或看着日光穿过繁密的枝叶，在小径上闪烁。他也许想着：柏拉图说男人的精液来自脊髓，这是真的吗？鲫鱼真的那么有力气，只要用嘴唇牢牢吸住船身，就能让船只动弹不得？某天他在家里看到的怪事又该怎么说：他的猫专心看着树，结果有只鸟掉了下来，刚好落在它的脚爪之间。鸟已经死了？这只猫拥有什么样的力量？[9] 蒙田太过专注于空想，完全没注意路况，也未留心随从的动静。

蒙田平静地穿过树林，此时已离开城堡三到四英里，身旁有一群骑马的人同行，他们绝大多数是蒙田的手下。这是一段轻松的旅程，蒙田不认为会遭遇什么麻烦，所以骑了一匹温和而力气不大的马。他穿着日常的服装：裤子、衬衫、紧身上衣，或许还加了一件披风。他的剑佩戴在腰间（贵族外出一定会佩剑），但并没有穿戴盔甲或其他特别的防护设备。然而，只要走出城镇或城堡的高墙，总是会遭遇危险——强盗非常普遍，两次内战之间的法国正处于毫无法纪的时代。无业的士兵在乡间流窜，打家劫舍，以取代在和平时期损失的薪饷。尽管蒙田对死亡感到焦虑，他却对这类具体的危险淡然处之。他不像一般人对可疑的陌生人感到畏惧，也不会因树林里传来的奇异声响惊慌失措。然而空气中弥漫的紧张感一定感染了蒙田，当他感觉身体被重重敲了一下，他的第一个念头是：遭人暗算了。他觉得攻击他的武器是火绳枪。[10]

蒙田没有时间思索"为什么"有人朝他开枪，只觉得自己

"好像被雷劈中"。马倒地不起，他自己则飞了出去。他重重地摔在几米外的地上，随即失去意识：

> 马倒地不起，我离马匹有十到十二步的距离，像死尸般仰躺着。我的脸伤痕累累而且破皮流血，原本拿在手里的剑甩落到十步以外的地方，皮带断成碎片。我像根木头一样，无法移动，也没有任何知觉。

蒙田觉得自己是被火绳枪攻击的——事实上，整起事件跟武器毫无关系。蒙田有一名身材强壮的仆役，骑着一匹精力充沛的马跟在他后头。他驱策马匹，全速奔驰在小径上，蒙田猜测："他大概是为了炫耀自己的大胆才超越同伴。"他没有注意到蒙田就在路中间，或许误判了路的宽度，以为自己可以从旁边穿过。结果，他"就像个巨人一样砸在这名瘦弱的男子与这匹瘦弱的马身上"。

其他人惊恐地停了下来。蒙田的仆役下马试图唤醒他，但他还是昏迷不醒。仆役们把蒙田抬起来，费力地将他松软的身躯运回城堡。他印象中的第一个感觉是头部遭到撞击（昏迷不醒说明这个印象是准确的），但他开始咳嗽，仿佛胸部也遭到撞击。看到蒙田喘不过气来，仆役们七手八脚地将他的身体直立起来，使他维持一种奇怪的角度，就这样将他抬回城堡。蒙田数度吐血，这是个危险的征兆，但咳嗽与呕吐有助于保持清醒。

随着逐渐接近城堡，蒙田的神志也慢慢清醒，但他觉得自己是在接近死亡，而非重返人世。他的视线开始模糊，几乎感受不到光亮。他可以感觉到自己的身体，但谈不上舒适，因为他的衣服沾满自己吐出来的鲜血。就在逐渐失去意识之际，蒙田脑子里浮现出火绳枪。

目击者后来告诉蒙田，他那时拼命挣扎。他用指甲撕扯紧身上衣，似乎是想减轻身上的重量。"我的胃里涨满淤血；我的手不由自主地往肚子上扯，就像平日抓痒那样，但这并不出于我自己的意志。"他看起来在尝试撕开自己的身体，又像是想把身体拉开，好让灵魂离去。然而，在这个时候，他的内心却异常平静：

> 我觉得自己的生命就悬于自己的唇尖上；我觉得此时应该闭上眼睛，试着推灵魂一把。当我逐渐软弱无力，准备听任自己离去时，一股愉悦感油然而生。那是一种只漂浮在灵魂表面的念头，就跟其他观念一样，既纤细又脆弱。然而实际上，它不仅让我摆脱一切烦忧，也夹杂着甜蜜的情感，就像人自然而然地进入梦乡。

就在这种内在平静而外在激动的状态下，仆役们带着蒙田继续朝庄园前进。他的家人发现外头一阵骚动，于是出来一探究竟。蒙田日后说，他们"发出了在这种情况下常有的哭喊声"。他们问起事情的缘由，蒙田还能回答，虽然说得七零八落。他还看见妻子艰难地走在崎岖不平的路上，心里想着吩咐属下让夫人骑马。你会以为能够这么做的人应该"脑袋很清醒"，但蒙田写道："实际上我已神志不清。"蒙田在路上折腾了一段时间。"这些都是无意义的念头，我的灵魂早已出窍，我的举止全由眼睛与耳朵操控——做主的不是我。"他的行动与言语全由他的身体产生。"此时灵魂正忙着做梦，微弱的感官印象只是轻轻触摸，甚至只是舔舐着灵魂，或轻洒于其上。"蒙田与他的人生，眼看着就要在毫无悼念又无正式道别的情况下分离，就像两名醉酒的宾客离开筵席，因为醉得晕头转向而无法向对方说再见。

蒙田被搬进屋内之后，神志还是一片混乱。他仍然觉得自己被高高地置于魔毯上，而不是被仆役的手抬着。他没感到疼痛，而且对周遭的危急气氛毫无感触，只觉得慵懒与虚弱。仆役们把蒙田抬上床，他躺在那儿，感到全然的幸福，脑子里只觉得休息实在是一件美好的事。"我在歇息中感受到无尽的甜蜜，因为我一直被这群可怜的家伙粗暴地拉扯着，他们辛苦地用双手抱着我，在非常恶劣的道路上行走了漫长的距离。"蒙田拒绝接受医治，相信自己注定要死，而这将是"非常幸福的死亡"。

这个经验远超蒙田早先对濒死的想象。这是一趟真实的进入死亡领域的旅程：他悄悄地接近，然后用嘴唇轻轻地碰了一下。他"尝"了一口，就像人们尝试陌生食物一样。这是一篇有关死亡的随笔：他记述这次经验时，用了"预演"（exercitation）这个词。日后，他将花上许多时间反复重温心灵当时的感受，尽可能精确地重现那时的感觉，并且从中学习。幸运之神给了他一次完美的机会去检视哲学对死亡的认识，但我们难以确知蒙田是否找到了正确答案，斯多葛学派的思想家必然会对他的结论深感怀疑。

　　蒙田得到的启示有部分是正确的：借由"预演"，他学到无须恐惧死亡。死亡正如哲学家所许诺的，可能有一张友善的脸庞。蒙田仔细看过这张脸，但未能像理性的思想家那样把这张脸看透。蒙田并未像士兵一样睁大眼睛迈步向前；相反，他几乎是在意识不清的情况下受到死亡的诱惑，徐缓地漂向它。蒙田现在了解到，在濒死的状态中，你无法完全遭遇死亡，因为你的意识会在抵达死亡的前一刻消失。死亡就像睡着一样，是意识逐渐消散的过程。如果其他人试图把你拉回人世，你会在"灵魂的边缘处"听见他们的呼喊。你的存在被一条绳子系着——如蒙田所说，这条绳子栖息在你的唇尖。濒死不是一场行动，你无法为它做准备。濒死是一场漫无目标的幻想。

　　此后，蒙田阅读有关死亡的作品时，不再对伟大哲学家无懈可击的论证感兴趣，而是对一般人的感想投以更多的关注，特别是那些在"虚弱而恍惚"的状态中感受过死亡的人。在最成熟的随笔中，蒙田赞美像佩特洛尼乌斯（Petronius）与提吉里努斯（Tigillinus）这样的人。这两个罗马人死的时候身边围绕着笑语、音乐与日常对话，死亡是在充满欢乐的美好气氛中流入他们体内的。他们不像蒙田年轻时想象的那样，把宴会变成死亡场景；相反，他们把临终变成一场宴会。蒙田尤其喜爱马尔克里努斯（Marcellinus）的故事，他不想因为疾病而痛苦地死去，于是以温和的方式进行安乐死。在绝食数天之后，马尔克里努斯把自己浸泡在烧烫的热水里。疾病无疑已令他极为虚弱，热水澡只是让他能轻松地咽下最后一口气。马尔克里努斯慢慢地失去意识，最后终于离开人世。离世之前，他疲惫地低声向朋友说，他感到无比愉快。[11]

人们也许希望死的时候能像马尔克里努斯一样感到愉快，但蒙田学到某种更令人惊讶的东西：即使他的身体不断抽搐与扭动，在旁人看来是饱受折磨，他本人却在享受马尔克里努斯那样的愉快以及漂浮的感觉。

蒙田的发现悖逆了古典哲学体系，也挑战了那个时代居于支配地位的基督教理想。对基督徒来说，人临终前应该神志清醒地将自己的灵魂交给上帝，而不是在极乐的状态下忘情地叫嚷。蒙田在经历那次体验时显然没有想到上帝，而他也不认为因沉溺酒色而死会对基督徒造成危害。他更珍视自己对死亡的纯粹世俗的理解，也就是人类的心理状态与宽泛意义上的自然，是濒死之人最好的朋友。对他来说，只有完全不懂哲学的人，才能像哲学家说的那样，勇敢地面对死亡，比如那些在他的庄园与村落里生活的无知的农民。"我从未见过我的农人邻居中有谁仔细想过要以什么样的面容与自信来面对人生的最后一刻。"[12]蒙田写道。如果有谁真的做到这一点，那么他一定知道。一切顺其自然。自然告诉他们，除非到了临终那一刻，否则不需要去思考死亡。然而，即使真的到了临终那一刻，他们也一样对死亡不假思索。哲学家总觉得离开人世是一件艰难的事，那是因为他们一直想掌控一切，所以才有"探究哲理就是学习死亡"这句话。哲学要人"舍弃"天然的技巧，而这些技巧却是每个农民与生俱有的。

在濒死的那一刻，蒙田愿意离开人世，但并没有死——他恢复了健康。从此以后，他活得跟过去不一样了。在蒙田谈论死亡的随笔中，他提到自己得到了一个明显不属于哲学范畴的"哲学教训"。他以随性的语气总结自己的收获：

> 如果你不知道如何死亡，别担心，到了那个时候，自然会充分而适当地告诉你。自然会周全地为你做好这份工作，不用你费神去想这件事。[13]

"别担心死亡"成了蒙田对"如何生活"这个问题所做的最根本也最具解放性的回答。你只要做一件事就行了："活着。"

然而活着比死亡更难。活着不能被动屈服，活着必须靠专注与技巧。活着可能更痛苦。蒙田曾在死亡的潮水中愉快地漂浮，然而并未继续漂浮下去。两三个小时后，他清醒过来，遭到剧痛的侵袭，四肢"受重击而伤痕累累"。往后几天里，他疼痛难耐，这些伤也留下长期的后遗症。三年或许更久之后，蒙田写道："至今，我仍感受得到那场撞击带来的震撼。"[14]

蒙田的记忆花了比身体更长的时间才恢复，尽管他花了几天的时间询问目击者，试图还原事件的原貌。但无论他怎么询问，也无法重建那电光火石的一幕，除非他愿意再一次遭遇来自背后的撞击，再度承受那种闪电通过全身般的痛苦，重演最初遭雷电击中似的震撼。生命此时已深深嵌进他的体内；死神只是轻巧地拂过他的肌肤，随即离去。

从这时起，蒙田尝试将死亡的况味与轻盈带进生活之中。他在晚期的随笔中写道，走到哪里都有可能遭遇"最坏的状况"[15]，我们最好能脚步轻盈地滑步走过世界的表面。在滑动与漂浮着探索时，他不再感到莫名的恐惧，同时也取得崭新的意义。生命——那穿过他的身体、独一无二的"他的"生命，蒙田的生命——是非常有趣的考察对象。蒙田将继续关注感觉与经验，不是为了探讨它们该是什么或它们可能提供何种哲学教训，而是要了解它们的真实过程。他将跟着感觉与经验走。

这对蒙田来说是一项新课题，它不仅掌控了他的日常生活，通过写作，它还给了他一个不朽的形式。因此，正值中年的蒙田，原本迷失了人生方向，却在此时重新找到自己。

2

我们问：

如何生活？

How to live?

●

蒙田说：

活在当下

Pay attention

从现在起，蒙田将为自己而活，而非为责任而活。

学习如何死亡，就是学习如何放手；学习生活，就是学习把握人生。

把自己当成河流一样书写自己的经验，蒙田开启了一项仔细观察内在的文学传统。

"别担心死亡"与"活在当下"，是蒙田针对自己中年时人生陷入茫然所做的响应。

开始写作

坠马的意外改变了蒙田的生命视野。意外虽然在片刻间发生，但它的影响绵延了数年之久，并可以分为三个不同的阶段。在第一阶段，蒙田倒在地上，在感到愉悦的同时撕扯着自己的肚子。然后是第二阶段，蒙田在往后的几个星期乃至几个月里不断思索这段经验，试图将其与自己的哲学阅读经验联系起来。最后一个阶段是在数年之后，蒙田坐下来书写这段经历，同时书写其他各种事情。第一个阶段可能发生在任何人身上；第二个阶段可能发生在文艺复兴时期任何敏感且受过教育的年轻人身上；然而最后一个阶段，却是蒙田所独有的。

意外与写作的联结并不是那么简单——他并没有在意外发生后很快在病榻上坐直身子，振笔疾书。相反，动笔写作《随笔集》是在两年之后，也就是一五七二年，而即使在那个时候，他写的也是别的篇章，与丧失意识这件事完全无关。然而，蒙田打算写作时，正是这段经验促使他尝试不同的书写方式，一种几乎没有任何作家尝试过的方式——他重现感受的次第顺序是：从内在的源头开始，将接续的每一个瞬间的变化完整地记录下来。看起来，那次意外与人生另一个转折点存在经年的联结，这种联结开启了他的文学之路。蒙田因此决定辞去在波尔多的法官工作。

在此之前，蒙田一直过着两种人生：一种是城市与政治的，另一种是乡村与经营的。虽然从一五六八年父亲过世后就接掌了庄园，蒙田还是继续到波尔多工作。然而，到了一五七〇年初，他决定出售自己的法官职位。这不单是因为坠马意外，还因为他在申请法官职位升迁的事情上遭遇了挫折——或许是因为政敌从中阻挠。面对阻挠通常的做法是提出申诉，或索性决斗，但蒙田选择退出。他可能是在气愤之中决定不当法官的，但也可能是因为理想的幻灭。或许与死神的擦身而过，加上弟弟的去世，使他对人生有了不同的规划。[1]

　　蒙田做此决定之前，已在波尔多法院工作了十三年。此时的他三十七岁，以当时的标准来说算是中年，但还不算老。然而他认为自己应该退休，离开生活的主流，另行开启全新而具反思性的生命。三十八岁生日即将来临之际，蒙田把自己的决定——几乎是在他实际下决定的一年之后——用拉丁文题写在书房侧室的墙上：

　　　　主后一五七一年，二月的最后一日，度过第三十八个生日的蒙田，长久以来对法院与公务深感劳累。此后，他将投向学问女神的怀抱，在免受俗务搅扰的平静中，把消耗过半后的残余生命投入其中。若命运允许，他将返归故乡，在惬意的祖先安眠之处，好好地保有自由、平静与安闲。[2]

　　从现在起，蒙田将为自己而活，而非为责任而活。他也许低估了管理庄园的辛苦，也未提及写作；他只提到"平静"与"自由"。尽管如此，他已完成了几项简易的文学计划。过去，在父亲的要求下，蒙田曾不情愿地翻译了一篇神学作品。之后，他编辑好友拉博埃蒂的遗稿，并且附上献词与一封描述拉博埃蒂最后时光的书信。在一五七〇年转折点前后数年时间里，蒙田开始涉猎文学，也有了各种人生体验：一连串丧亲之痛与自己的濒死经验，想从波尔多政治圈脱身，渴望平静的生活——此外还有其他事，例如妻子怀了第一个孩子。对新生命的期待遭逢死亡的阴影，这些因素诱使蒙田选择新的生活方式。

蒙田在三十五岁以后的转变，可以媲美文学史上几桩著名的人生转变，如堂吉诃德放弃自己的例行工作，步入骑士的冒险生涯；但丁在"人生走到半道"时于森林中迷了路。[3] 蒙田此时也走进中年的迷雾之中，但终究找到了出路，并且留下一连串足迹——这些足迹标志着一个男人蹒跚、跌撞，却又继续前进的过程：

一五六八年六月，蒙田完成神学作品翻译。父亲去世，他继承庄园。

一五六九年春，弟弟打网球时死于意外。

一五六九年，在波尔多升职无望。

一五六九年或一五七〇年初，差点意外身亡。

一五六九年秋，妻子怀孕。

一五七〇年初，决定退休。

一五七〇年夏，退休。

一五七〇年六月，第一个孩子诞生。

一五七〇年八月，第一个孩子死亡。

一五七〇年，编辑拉博埃蒂的作品。

一五七一年二月，在书房墙上题写生日感言。

一五七二年，开始写作《随笔集》。

　　一旦决定过沉思冥想的新生活，蒙田随即发现实际过这样的生活，跟打算过这样的生活同样不易。退休以后，他在城堡角落的两座塔楼之中挑了一座，作为全心隐遁的起居之所；另一座塔楼就留给妻子。这两座塔楼，连同城堡主楼及连接各楼的城墙，刚好围成一个简单的矩形庭院。整座城堡则隐身于田野与森林之中。

蒙田的城堡（左下方的塔楼是蒙田的起居之所）

主楼现已不存。它在一八八五年遭遇祝融之灾，之后在原址又重建了一座设计完全相同的新建筑。幸运的是，火灾并未波及蒙田的塔楼，它基本上仍维持旧貌，而且向参观者开放。走进里面一看，不难想见蒙田为什么如此喜欢这个地方。从外表来看，这座四层塔楼圆圆胖胖的，相当可爱，墙壁的厚度就跟沙堡一样。塔楼原本做防卫之用，但蒙田的父亲将它改建成承平时期也可利用的地方。他把一楼变成小礼拜堂，并且在里面增设了回旋梯；小礼拜堂的楼上成了蒙田的卧房，他通常睡在这里，而不回到主楼。楼梯旁的墙壁刚好有个凹处，被设计成厕所。再往上走，放置"大钟"（敲钟时会发出震耳欲聋的声响）的阁楼下方，就是蒙田最喜爱且长时间待着的地方：他的书房。[4]

蒙田的书房（约翰·斯塔福德摄）

　　今日走上阶梯（多年来在众人的踩踏下，石阶的表面已经凹陷），人们可以进入书房，在狭窄的圆形空间里走走，透过窗户俯瞰庭院景色。想必蒙田当年也曾这么做。窗外的景致或许与他当初所见没有太大差别，但房间本身却有很大的变动。书房的地板如今看来是白色光秃、裸露在外的石头，但过去应该铺着蔺草编的席子；墙上则应是绘制好不久的壁画。冬天时，绝大多数的房间都会生火，但主书房无法这么做，因为这里没有壁炉。天冷时，蒙田会到舒适一点且可以生火的侧室取暖。

蒙田的主书房里最打眼的是精美的藏书，这些书籍被安放在五层美丽的曲形书架上。曲形是必要的，因为要配合圆塔的弧形墙面，而这肯定花了木匠一番巧思。蒙田只需一眼就能浏览书架上的书籍，光是这样就能让人心满意足。搬进这个书房时，蒙田拥有的书籍约一千册，其中不少是继承自朋友拉博埃蒂，有些则是自己购入的。蒙田的藏书相当丰富，而他也确实读过其中的每一本。今日，这些藏书早已散佚各地，书架也已消失无踪。[5]

书房里还有蒙田的其他收藏：具有历史价值的纪念品、家传的物品、来自南美洲的手工艺品。提到祖先，蒙田写道："我保留他们的手稿、印章，以及他们使用过的祈祷书与宝剑，而我也未将父亲惯用的手杖从书房里清理出去。"旅人馈赠的来自南美洲的收藏品慢慢累积起来，包括珠宝、木剑与跳舞时使用的仪杖。[6]蒙田的书房不只是置物间与工作室，还是个充满奇异之物的房间，听起来就像弗洛伊德在伦敦汉普斯特德（Hampstead）最后住处的十六世纪版本：一间藏宝屋，装满了书籍、纸张、小雕像、绘画、花瓶、避邪之物与各地原住民的珍奇物品，它们可以激发他想象与思考。

这个书房表明蒙田是个追求流行的人。这种寻求僻静的潮流，源于一个世纪前的意大利，后来慢慢地在法国传播开来。富人会在房间里摆满书籍与阅读架，然后把这个地方当成摆脱俗务的去处，他们常用的借口就是我必须到书房工作。蒙田则更进一步，索性让书房与住宅分离。对蒙田而言，这个书房的位置优越，就像洞穴一样；或者用他自己的话来说，这是一个"店铺后间"（arrière-boutique）——"店铺后面的小房间"。如果他愿意，他会邀请访客进入他的书房，而他确实经常这么做——从不觉得这是一种负担。他爱这里："对我来说，一个人在家里完全没有属于自己的空间，没有不需要看别人脸色的地方，没有可藏身之处，是很可怜的！"[7]

书房象征自由，无怪乎蒙田会把装饰这里当成仪式，并且将书房与住宅分离。在书房侧室里，除了为庆祝退休题写的文字，蒙田还在墙壁上——从地板到天花板——绘制了彩色壁画。这些壁画的色彩已然褪去，但从残余的形象仍可看出它们是激烈的战争、维纳斯（Venus）哀悼阿多尼斯（Adonis）之死、满脸胡须的海神尼普顿（Neptune）、暴风雨中的船只，以及田园生活景象——全是古典世界的主题。蒙田在主书房横梁上题写的字句，绝大多数出自古典时代的作品。这种做法也是当时的时尚，不过只在小范围的精英阶层里风行。意大利人文主义者马西里奥·菲奇诺（Marsilio Ficino）也在其位于塔斯坎尼（Tuscany）的别墅墙上题写名言警句。后来，在波尔多地区，孟德斯鸠（Montesquieu）为了表达对蒙田的敬意，也写下了一些句子。[8]

随着时光流逝，屋顶的横梁也褪了色，但日后经过修复，上面的文字又如往日般清晰可读。因此，现在你在蒙田书房走动时，会听到从头顶传来的低语声：

只有一件事是确定的，那就是没有任何事是确
定的。

世上没有任何生物比人类更悲惨或更傲慢。

——老普林尼（Pliny the Elder）

光是人生首次遭遇的意外就可能完全毁灭你，
你如何能视自己为伟人？

——欧里庇得斯（Euripides）

人生最美好的事，莫过于当个无忧无虑的人；
没有烦恼确实是一种不会带来痛苦的邪恶。

——索福克勒斯（Sophocles）

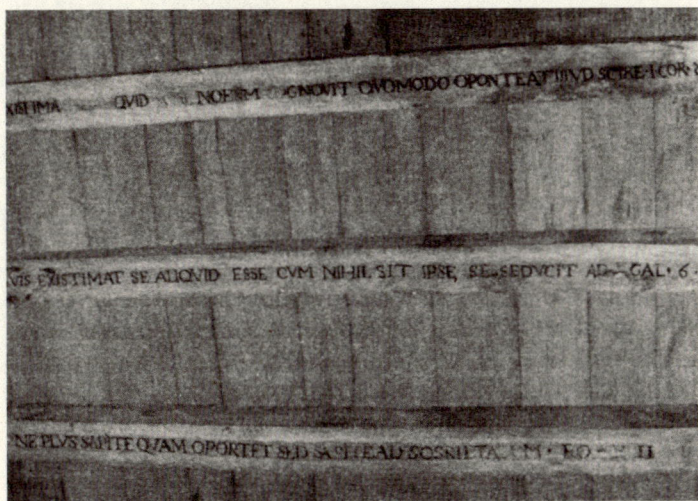

蒙田书房屋顶的横梁（本书作者萨拉·贝克韦尔摄）

这根横梁是个醒目的提示，表明蒙田决定离开政治圈，投入沉思的生活——此后生活的重心将是哲学，不再是政治。这种生活重心的转换，也得自古人的忠告。伟大的斯多葛学派哲学家塞内卡（Seneca）苦口婆心地呼吁他的罗马同胞们摆脱俗务，以"找到自己"。摆脱俗务是加强对人生控制力的一环，在文艺复兴时代跟在古罗马时代都一样。你已经尽了市民应尽的义务，接着应该退回来，探索人生真谛，并且开启为死亡做准备的漫长过程。蒙田对于这第二阶段有所保留，但无疑，他对思索人生有浓厚的兴趣。他写道："让我们把捆绑自己与他人的绳索切断；让我们从自我取得力量，好好地孤独地活着，过悠闲自在的生活。"⁹

塞内卡虽然奉劝大家摆脱俗务，却也提出了警告。在一篇题为《论心灵的宁静》（*On Tranquillity of Mind*）的文章中，塞内卡写道，闲散与孤立可能令生活误入歧途，而这种错误通常可以借由保持忙碌来避免¹⁰——你也可以说这是以过去错误的生活方式来避免新的错误。闲散与孤立可能造成欲求不满、自我嫌恶、恐惧、优柔寡断、死气沉沉与忧郁。放弃工作会导致精神萎靡，如果又不幸染上阅读过多书籍的恶习，情况将更为不妙；更糟的是，不读书，只陈列书籍，仿佛光是注视它们就能心满意足。

十六世纪七十年代初，也就是蒙田的价值观发生转变的时期，蒙田似乎经历了塞内卡所警告的存在危机。他手边仍有工作，但不如以往繁重。活动的减少使蒙田产生各种奇怪的念头，也表现出与以往的个性迥然不同的"忧郁气质"。蒙田说，他才刚退休，整个心就像野马一样不断奔驰。想想那段时间发生的事，这样的比喻还真是贴切。他的脑子里充满奇想，就像休耕的田地长满野草。而在另一个比喻中（蒙田喜欢用这种方式加强印象），他把自己闲置的脑袋比拟成不孕的子宫，就像当时流传的说法，这种子宫只能生下不成人形的肉块，无法生下婴孩。此外，蒙田也借用维吉尔（Virgil）的比喻，称自己的思想就像照射水碗的阳光被反射到天花板后形成的图案，随着时光流逝而舞动、摇晃。就如老虎条纹般的光影跟跄移动，蒙田心猿意马的思绪中无预警地产生疯狂而混乱的妄念。[11] 他的意识产生奇想（fantasy）或幻想（reverie）[12]——这两个词在当时与其说是白日梦，不如说是疯癫的妄想，可不像今天这么正面。

"幻想"又令蒙田产生其他疯狂的想法：写作。他认为写作也是一种幻想，但它是一种承诺提供解决之道的幻想。蒙田发现自己的心灵充满"喀迈拉*与其他各种幻想出的怪物，一头接一头，毫无秩序，也毫无目的"。[13] 他决定将这些幻想写下来，不是为了克服它们，而是闲着也是闲着，干脆仔细考察这些幻想的诡异内容。他提起笔，《随笔集》的第一篇由此诞生。

想必塞内卡也会支持蒙田的做法。如果你在退休之后感到沮丧或无聊，他建议你环顾四周，试着让自己对事物的多姿多彩与崇高产生兴趣。一个人能否获得救赎，取决于他能否全心投入自然之中。[14] 蒙田做出尝试，不过他眼中的"自然"主要是最贴近

---

* 喀迈拉（Chimera）：希腊神话里的喷火怪兽，结合了各种动物的特征，如狮子的身体、羊的头，尾巴的末端则像蛇首。——译注

自己的自然现象，事实上就是他自己。他开始观察、质疑自己的经验，并且将所得一一记录下来。

　　起初，蒙田的写作主要是记录他个人热衷的事物，尤其是他阅读到的各种故事：奥维德（Ovid）的传说、凯撒与塔西佗（Tacitus）的历史、普鲁塔克（Plutarch）留下的传记片断，以及塞内卡与苏格拉底针对如何生活提出的建议。然后，他写下从朋友那里听来的故事、庄园里的大小事、过去他在法律与政治界服务时听到的案例，以及他在旅行（虽然次数不多）中听到的乡野奇闻。他刚开始记录的内容平淡无奇，往后材料愈来愈多，乃至于包含他经历过的所有情感或思想的细微变化，而不仅限于他在无意识内外穿梭的奇妙体验。

　　出书的想法也许很早就在蒙田心中浮现过，不过他表示，自己写东西只是为了家人与朋友。或许蒙田一开始就有编纂一本寻常书籍的想法——一部根据各项主题收录各式名言警句的作品，这是当时文人雅士热衷的时尚。[15] 即使如此，蒙田也很快超越了原先的构想，可能是因为他受到另一名作家普鲁塔克的影响。蒙田喜欢他胜于塞内卡。普鲁塔克是公元一世纪的著名作家，以平易生动的文字写下历史人物的生平传记。此外，他也完成了许多短篇论文，后来结集成《伦理论集》（*Moralia*）一书，这部作品刚好在蒙田开始写作《随笔集》那年被翻译成法文。《伦理论集》搜罗了各种思想与轶事，其中包括对一些问题的思索，例如"动物有智力吗""人如何获得心灵的平静"。就第二个问题来说，普鲁塔克的建议与塞内卡相同：专注于眼前的事物，并且投入其中。

随着一五七〇年慢慢退后，蒙田逐渐适应了自己在危机后的新生活。"活在当下"成为他最喜爱的消耗时间的方式。一五七二年是蒙田写作分量最重的一年，《随笔集》第一卷绝大多数的文章与第二卷的部分文章，都是在这一年动笔的。其余部分则在一五七三年到一五七四年陆续完成。然而，此时距离蒙田准备好要出版《随笔集》还有很长一段时间，或许这只是因为他没想过出版的事，也或许是因为他还需要好几年的时间，才能对自己的作品感到满意。从一五七〇年退休开始，一直到一五八〇年过四十七岁生日，十年过去了，而就在这一年的三月一日，蒙田为《随笔集》第一版的序言署名并注明日期。蒙田将因此一夕成名。[16]

　　写作曾使蒙田熬过"疯狂幻想"的危机。现在，写作教导他更仔细地注视这个世界，而且让他逐渐养成精确描述内在感受与日常酬酢的习惯。蒙田引用普林尼的说法，希望人们留意捉摸不定的片断："每个人都可以从自己身上学到东西，前提是他能仔细地审视自己。"[17]当身为庄园主人的蒙田每日为庄园事务忙进忙出时，身为作家的蒙田也在他身边跟前跟后，仔细观察并做记录。

　　蒙田终于开始描述自己的落马意外，这不仅表明他已将死亡的恐惧如抖落鞋上尘土般抛诸脑后，也显示他的观察技巧已提升到前所未有的水平。意外发生几天后，他反复要求仆役告诉他事情的始末，希望再次体验那些漂浮的感受，那种气若游丝或灵魂与肉体若即若离的感觉，以及神志恢复后的痛苦。今日的心理学家大概会说，蒙田借由文学"加工"了这些体验。然而，蒙田想通过写作"如实"地重构这些经验，而不是像哲学家一样去主张经验应该是什么。

蒙田的新嗜好一点也不简单。他总喜欢装出《随笔集》是无心之作的样子，但偶尔还是会露出马脚，承认写作是一件辛苦的工作：

> 追寻心灵游荡的脚步，穿透内心最深处的杂陈意念，找出那些搅扰心神的刺激之源并予以固定，是一件艰难无比的工作，而且比原先想象的辛苦许多。[18]

蒙田轻巧地走过生活的表面，赞颂生活的美好。随着年龄增长，他捕捉日常感受的技巧也愈来愈高超。身为作家，他努力培养测度心灵深度的技艺。"我思索满足是怎么一回事，"他写道，"并非只是浮光掠影地描述它，而要测量它的深度。"就连一般无法界定的现象——睡眠——蒙田也要追根究底，于是他要仆役在半夜固定的时间叫他起床（真是辛苦这些下人了），希望能在无意识离开他之前窥得它的踪影。[19]

蒙田一方面想远离现实，另一方面又想抓住现实，从中汲取每一份经验。写作同时实现了他的这两个愿望。即使沉迷于幻想，蒙田也会在每件发生的事情上秘密地插入一根钩子，好随心所欲地将自己拉回原处。学习如何死亡，就是学习如何放手；学习生活，就是学习把握人生。

意识流

然而不管怎么努力，人永远不可能完整地找回过去的经验。上古哲学家赫拉克利特（Heraclitus）说过一句名言，你无法两次踏进同一条河流。即使回到原来的岸边，流经你的河水已不再是先前的河水。同样地，要看到跟半小时之前完全一模一样的世界是不可能的，正如面对同样的世界，身旁的人看到的不可能与你相同。意识不断流动，就像永不停歇的"意识流"（stream of consciousness）——心理学家威廉·詹姆斯（William James）于一八九〇年创造了这个词，不过这个词在小说界更为风行。[20]

蒙田跟许多人一样引用赫拉克利特的话语，思索人类如何被自己的思想带着走，"思想就像水势的湍急、和缓，有时剧烈，有时轻柔……每天都有新奇的念头，我们的情绪就跟天气一样阴晴不定"。也难怪意识如此，即使明显而稳定的物质世界，也在不断地缓慢变动着。看着宅邸周围的地貌，蒙田想象它们如同煮沸的麦片粥一样上下起伏。当地的多尔多涅河冲刷河岸，宛如木匠在木头上凿刻出纹路。蒙田曾惊讶于梅多克（Médoc，蒙田有个弟弟住在这附近）沙丘的千变万化：它们在地面漫游，吞噬一切。蒙田想到，如果我们能以不同的速度来看世界，会发现万事万物"总是变幻无常"。物质不断地"摇晃"（branloire），这个词源自十六世纪的农民舞蹈布朗莱舞（branle）。世界是个摇晃的宇宙，就像在不断扭肩摆臀跳西迷舞（shimmy）。[21]

十六世纪的其他作家也和蒙田一样深受不稳定事物的吸引，

但蒙田的与众不同之处在于，他的本能告诉他，观察者与被观察的对象一样不可靠。两者之间的互动，就像复杂数学方程式的变量一样，人们最终找不到一个确定的点来衡量任何事物。想了解世界，就如同想抓住一团气体或一摊液体，而用来抓住气体或液体的手，也是由气体或液体构成的。只要你伸手接近它们，它们马上就消失无踪。

因此，蒙田的作品不断流动，跟随作者的意识流，而他从未尝试暂停或遏止这意识。《随笔集》典型的描述是一连串迂回、转折与歧出；你必须随波逐流，并且留心不要在方向转变时因失去平衡而摔跟头。《随笔集》里有一篇《论跛子》，蒙田依照他的习惯先提出一则有关跛足女子的传言：听说，跟这种女子做爱妙不可言。为什么呢？蒙田感到纳闷，因为她们的动作不同于常人吗？或许吧。但蒙田紧接着说："我最近才发现古代哲学其实已经解答这个问题了。"亚里士多德认为，跛足女子的阴道肌肉比较发达，因为她们的腿被剥夺的养分全都会集中到阴道这儿来。[22]蒙田记下这个说法，但随即提出质疑："要这样说的话，岂不是什么都说得通？"这类理论完全是不可靠的。事实上，蒙田最终揭示——他亲自做了实验，而且得到相当不同的观点——这个问题没什么意义，因为你的想象力会让你"相信"自己真的比较快活，至于"实际上"是不是如此，根本没人在意。最后，我们能确定的是人类的心灵的确是相当奇怪的事物——这个离奇的结论，跟他原先讨论的主题一点关系也没有。

另一篇随笔《幸福要等死后方可定论》一开头就引用梭伦

（Solon）的陈词滥调：一个人幸不幸福，要等他死后才能确定。[23] 话刚说完，蒙田就转向另一个更有趣的想法：或许，我们判断一个人是否幸福，跟他"怎么"死更有关系。善终的人，我们总觉得他的人生一定过得不错。而在举出一些例子之后，蒙田又换了一个话题：事实上，一个一直过好日子的人有可能不得善终；反之亦然。而蒙田知道，他生活的时代有三名恶名昭彰之徒得以善终，"他们的死法无可挑剔"。这篇随笔有如一条扭了三次的长面包，然后蒙田在结尾说道，无论如何，他希望自己好死。但在最后，蒙田又表示他的"好死"是指"安详而不知不觉地死去"，跟一般认为的死得光彩不太一样。此话说完，这篇随笔就遽然结束，而读者才刚开始猜想蒙田这句话到底是在说他的人生过得好还是不好。

因此，蒙田绝大多数的想法是由一连串的领悟构成，那就是生活不像他想的那样简单，往往结论刚出来，马上就被推翻：

> 如果我的意识可以获得一个稳固的立足点，我就不会写随笔了，我会做出各种决定；然而事实上，意识总像一名学徒，不断跌跌撞撞地尝试错误。[24]

蒙田写作方向的多变，部分是因为他对许多事情存疑，也因为他的写作持续了漫长的二十年时间。在二十年间，一个人的想法当然会发生很大的变化，尤其这个人在这段时间还四处旅行、阅读、与有趣的人交谈，并且参与高层的政治与外交活动。蒙田反复修改早先的随笔，只要一有灵感，就为作品增添材料，但从不试图把作品硬生生地塞进前后一贯的小框框里。在寥寥数行的空间中，我们可能刚遇见年轻的蒙田，接着就撞上一只脚已经踏进棺材的老蒙田，然后又看到被职务压得喘不过气的正值中年的蒙田市长。我们聆听蒙田抱怨性无能，但不一会儿，又看到他生龙活虎、精力充沛，一副充满"干劲"的样子。蒙田急躁、鲁莽，有话直说，但有时又谨慎、周到。他深受其他人吸引，有时又觉得受够了这些闲杂人等。蒙田的思考往往停留在当下。他要我们"感受"他内在世界的推移递嬗。"我不描写存在，"他写道，"我描写的是流逝的过程——不是从一个时代到另一个时代……而是每日的变迁，每一分钟的经过。"[25]

蒙田描写经验流动的方式吸引了许多读者，其中包括二十世纪初"意识流"小说的伟大先驱弗吉尼亚·伍尔夫。她的文学技巧的主要目的，就是让自己沉浸在意识的河水中，不预设任何目的，只是一心一意地随着河水流动。她的小说探索人物"每分钟意念的流转"。有时，她会将一条河道接通到别的河道，就像把麦克风从这个人嘴边移到另一个人嘴边，但流动本身从不停歇，直到作品结束。伍尔夫认为蒙田是第一位尝试这种写作方式的作家，只不过他只描写自己的"意识流"。她也认为蒙田是第一位如此专注于"活着"这种单纯感受的作家。"观察，不断地观察"，就是他的规则，伍尔夫说[26]——而他所观察的，主要就是流经他的存在的生命之河。

蒙田是第一位以这种方式写作的作家，但不是第一位尝试专注于"活在"当下的人。早在古典时代，就有许多哲学家讨论活在当下的各种方式。生命在你计划其他事情时流逝着，所以哲学必须周而复始地引导你的注意力回到原来的地方——"当下"。哲学扮演的角色就像赫胥黎的《岛》(*Island*)里的八哥，人们训练它整日飞行，它一边飞一边叫着"注意！注意！"及"就是现在！"。[27] 如塞内卡所言，生命不会停下来提醒你它正愈用愈少，唯一能让你保持警醒的就是你自己：

> 生命不会大张旗鼓地提醒你它流逝得有多快，而是静悄悄地溜走……结果会是什么？你全神贯注的时候，生命正急速逝去。当死亡来临时，你已经丧失拥有生命的机会。

如果你未能掌握生命，生命就会逃避你；但即使你抓住了生命，无论如何它还是会挣脱你。所以你得跟着它，"你必须快些喝下它，仿佛这水来自一股不会永远流动下去的湍流"。[28]

活在当下的诀窍是时刻保有一颗天真惊奇之心，但蒙田也学到，最能实现这点的技巧就是把所有的事情写下来。单纯地描写桌上的东西或是从窗户看出去所发现的景象，睁开眼睛看看平凡无奇的日常事物有多么令人不可思议。注视自己的内在，将会开启更令人难以置信的领域。哲学家莫里斯·梅洛-庞蒂（Maurice Merleau-Ponty）称蒙田"把意识置于人类存在的核心，因而使意识对它自己感到吃惊"。最近，评论家柯林·伯罗（Colin

Burrow）谈及这种惊讶的感受时，也提到蒙田其他的重要特质，例如多变。他认为这些都是哲学应有的性质，只是长久以来一直被西方传统忽视。[29]

随着年纪增长，蒙田对生命投以惊奇的注意的欲望未尝稍减，反而愈加炽烈。创作《随笔集》的过程接近终点，他常葆天真惊奇的技巧也趋近完美。知道自己来日无多，蒙田说道："我试着增加生命的重量，试着加快捕捉的速度，以赶上生命飞翔的速度……我拥有的生命愈短，我愈要更深刻而充实地挥洒它。"[30]蒙田发现一种在散步中沉思的技巧：

> 当我一个人走在这座美丽的果园时，如果我的思绪
> 在某段时间已经飘到与此地无关的事物上，那么我会在
> 另一段时间将思绪重新拉回散步这件事上，回到果园，
> 回到这孤独的美好，回到我自己身上。

在这样的时刻，他仿佛达到禅定的境界——一种纯粹感受"存在"的能力：

> 我跳舞时就跳舞；睡觉时就睡觉。[31]

看起来很简单，就是做好当下的事，但没有任何事比这更难。禅宗大师必须花费一生，乃至于好几世的时间悟出这个道理。即使如此，我们从传统禅宗故事得知，他们只有在导师以巨

大的木板（"香板"，用来提醒冥想者集中注意力）敲打他们之后，才能达到顿悟的境界。但蒙田却在相当短的时间内就领悟到这个道理，部分原因是他花了许多时间不断地在纸上书写。他手中的笔杆其实就像一根小巧的香板，不断警醒着他。

把自己当成河流一样书写自己的经验，蒙田开启了一项仔细观察内在的文学传统。这种写作方式现在极为常见，但实在太过普遍，以致人们几乎忘了它确是一项传统。生命看上去就是那个样子，而观察其内在状态的演变正是作家的工作，但这种做法在蒙田之前并不普遍。他特有的那种永不停止、形式自由的写法，在当时是相当新鲜的。在创造这种写法，并因此尝试对"如何生活"这个问题提出第二种解答——"活在当下"——的过程中，蒙田克服了自己的危机，甚至化危机为转机。

"别担心死亡"与"活在当下"，是蒙田针对自己中年时人生陷入茫然做的响应。这是一名年纪大到足以犯下错误，而且好几次重新出发却又不断犯错之人，根据自己的经验所做的答复。然而，这两个答案也标志着一个开始，催生了撰写随笔的新蒙田。

3

我们问：

如何生活？

How to live?

蒙田说：

呱呱坠地就是福

Be born

蒙田早期的学习完全是在好奇心的引领下进行的。他完全出于己意选择未来的路径，而非一味顺从责任与纪律。

学习不一定需要书籍，想学跳舞就去跳舞。思考也是一样，生活更是如此。

每个经验都是一次学习的机会。

米修

　　最初的蒙田，也就是还没开始撰写随笔，只是像其他人一样四处走动、呼吸的蒙田，人生经历其实相当单纯。蒙田在一五三三年二月二十八日来到这个世上，与英格兰女王伊丽莎白一世同一年出生。出生的时刻在十一点到正午之间，地点在家族城堡，而这里也将成为他毕生的住所。他被取名为米歇尔，但家人通常称呼他米修（Micheau），至少父亲是这么叫他的。即使在蒙田成年之后，米修这个名字依然在一些正式文件中出现，例如蒙田父亲的遗嘱。[1]

　　在《随笔集》里，蒙田提到自己在母亲肚子里待了十一个月。这个说法相当古怪，因为众所皆知，这种有悖自然的事几乎不可能存在。喜欢恶作剧的人自然会想到一些不入流的事。在弗朗索瓦·拉伯雷（François Rabelais）的《高康大》(*Gargantua*)中，那位名叫高康大的巨人就在母亲的肚子里待了十一个月。"这听起来奇怪吗？"拉伯雷问道。为了回答这个问题，他提到一连串难以置信的案子，其中一个案子是，尽管父亲早在孩子出生十一个月前就已经死亡，聪明的律师硬是有办法证明孩子不是私生子。"多亏这些博学的律师，我们这些贞洁寡妇才能在丈夫死后不到两个月就纵情玩乐，为所欲为。"[2]蒙田读过拉伯雷的作品，必定知道这些笑话，但他显然毫不在乎。

　　蒙田在《随笔集》里对于生身父亲的猜想仅限于此；在其他

篇章，他思索家族遗传的威力，列举从曾祖父、祖父与父亲遗传到他身上的特征，包括个性随和诚实，以及容易罹患肾结石的毛病。显然，他认为自己的确是父亲的孩子。[3]

蒙田乐于谈论诚实与遗传疾病，但对于其他的世袭传承则有所保留，因为蒙田并非源远流长的贵族后裔（无论父系、母系都不是）。蒙田家能拥有贵族头衔，乃是数代商人力争上游的结果。蒙田甚至表示家族先祖"绝大多数"[4]都是在这座庄园出生的。他的这一说法完全是胡扯，因为蒙田的父亲是家族里第一个在这里出生的人。

不过，这片庄园属于他们家已有很长一段时间倒是真的。蒙田的曾祖父拉蒙·埃康（Ramon Eyquem）在一四七七年买下这块地，这是他长年成功从事葡萄酒、鱼与菘蓝（一种可以提炼出蓝色染料的植物，是当地的重要特产）买卖的最终成果。拉蒙的儿子格里蒙（Grimon）在这块土地上没什么建树，只是修筑了一条通往邻近教堂、两旁种满橡树与西洋杉的道路。尽管如此，格里蒙却进一步扩充埃康家的财产，而且开启了另一项家族传统：加入波尔多的政治圈子。格里蒙逐渐放弃商业，过上"贵族般"的生活，这是相当重要的一步。贵族不像"阶级"或"风格"这些抽象概念，它具有技术性的内容，被称为"贵族"的重要标准是你与你的子孙必须未从事商业，而且必须至少三代不用缴税。格里蒙的儿子皮埃尔（Pierre）也不从事商业，于是贵族的身份首次落到第三代——蒙田的身上。讽刺的是，就在这个时候，蒙田的父亲皮埃尔把庄园用于商业用途，而且生意兴隆。城堡成为大型酿酒事业的总部，每年酿造数万公升葡萄酒；至今这里依然酿酒。这种做法是被允许的，你可以利用自己土地生产的作物来赚钱，这种行为不算是"商业"。[5]

埃康家族的故事说明当时社会流动的程度，至少显示出向上攀升的可能。新贵族有时很难获得尊敬，但这主要反映在所谓的"袍贵族"（nobility of the robe）身上，这些人通过在政治领域做出贡献而获得擢升；他们不同于凭借财产获得地位的"剑贵族"（nobility of the sword）[6]。属于后者的蒙田家族，对于自己可能将要背负军事任务深感自豪。与此同时，绝大多数农民只能维持原来的地位，即待在底层，生活仍然受到地方领主的支配。以这里的例子来说，就是听从埃康家大家长的吩咐。领主拥有农民的住房，雇用他们，将酒醡与烤面包炉出租给他们使用。无论蒙田在《随笔集》里怎样赞赏农民的智慧，当他继承庄园时，在农民看来，他跟其他的领主没什么两样——庄园里的农工不可能读他的书。

家族记录簿上关于蒙田出生的条目写着他生于"波尔多与佩里戈尔的边境"。[7]这一点至关重要，因为波尔多的绝大多数居民是天主教徒，而佩里戈尔的绝大多数居民则是新宗教（改革派或新教徒）的支持者。埃康家族必须同时与这两派人马和平相处，而宗教分歧将在蒙田有生之年和死后持续使欧洲分裂。

宗教改革在当时仍是晚近的事：它的起点一般被认为是一五一七年，也就是马丁·路德（Martin Luther）撰文抨击天主教贩卖赎罪券传统那年，而后他将论纲钉在威腾伯格

（Wittenberg）教堂的大门上，形同向教会宣战。经广泛传播，路德的论纲点燃了反教会的"大叛乱"。教宗起初把路德当成"日耳曼的醉汉"而不予理会，随后又将他逐出教会。神圣罗马帝国的世俗权威宣布路德是非法之徒，人人得而诛之，此举反而使他成为人民英雄。最后，欧洲绝大部分地区分裂成两个阵营：忠于教会的人与支持路德的人。但这场分裂在地理与意识形态上绝非截然二分。分裂的欧洲更像是碎裂的面包，而非一剖为二的苹果。几乎每个国家都受到牵连，但很少有国家完全属于某个阵营。在许多地方，尤其在法国，断层线不是沿着行政区的界线延伸，而直接划过村落乃至于家庭。

蒙田所在的吉耶讷地区〔Guyenne，又称阿基坦（Aquitaine）〕的确显示出这种模式：粗略来说，乡村信仰的是一种宗派，首府信仰的则是另一种。其实，紧张的气氛早在宗教改革前就已酝酿，因为一般认为阿基坦并不属于法国。它有自己的语言，与北方的法国没有什么历史联系。过去，阿基坦一直是英格兰的领土。一四五一年，英格兰人被驱离该地，法国入侵者被当地人视为外人与不可信任的掠食者。民众以怀旧的情绪回顾过去，不是因为他们非常想念英格兰人，而是因为他们痛恨北方的法国人。暴乱频传，当局建立了三座坚固的要塞来监视城市：特隆佩特堡（Château Trompette）、多哈堡（Fort du Hâ）与路易堡（Fort Louis）。这三座要塞都受到憎恨，而今也都已消失无踪。

如果可能的话，波尔多宁可与任何国家建立外交关系，也不愿与它的征服者打交道。在蒙田的时代，这个地区深受信奉新教的纳瓦拉（Navarre）王国影响，纳瓦拉王国是个位于南方西班牙边境贝阿恩城（Béarn）的小邦国。波尔多也与英格兰维持联系，后者对波尔多的葡萄酒情有独钟。英格兰的运酒船队固定来此买酒，这不仅对埃康家族是件好事，对当地的其他酒类供货商也是如此。[8]

随着庄园日渐重要，"蒙田"这个名号也逐渐盖过"埃康"这个旧名号。"埃康"这一姓氏带有特定的地方色彩，人们仍然记得埃康家族的一个分支拥有一处传奇的产酒庄园：迪坎堡（Château d'Yquem）。蒙田对地方上各项事务存有浓厚兴趣，但还是率先选择以"蒙田"这个较具法国风味的姓氏作为家族名。传记作家因此对他颇有微词，但他只是追随父亲的做法——父亲在文件上签的其实都是"蒙田"这个姓氏。不同的是，他父亲签名时若想略写，往往会先删掉"蒙田"，但蒙田自己却是先删掉"埃康"。[9]

米歇尔·埃康·德·蒙田——其家族的社会地位在短时间内急速攀升。蒙田在《随笔集》里对父亲从商的背景一笔带过，可能是为了让作品更能迎合贵族与有钱有闲阶级，但也有可能是因为蒙田自己对这方面确实所知甚少。他的父亲也许一直避免在他面前提起家族的历史，蒙田在成长的过程中也未涉足经商。无疑，这当中有虚荣的因素，这是蒙田欣然承认的自己诸多弱点之一，他说：

> 其他人如果跟我一样聚精会神地检视自己，同样会

发现自己只有空洞而愚蠢的言行。想摆脱这些弱点，我就必须摆脱我自己。我们每个人都深陷在这些弱点之中，没有一个人能置身其外；但是，能察觉自己的弱点还是比全然无知好些——不过，我不确定是否真是如此。[10]

最后一句话，"不过，我不确定是否真是如此"，完全表现出蒙田的风格。仔细一想，他写的几乎所有东西在精神上都含有这个意思。这段话完全体现了蒙田哲学的精髓。是的，他说，我们是愚蠢的，但我们的愚蠢是与生俱来的，所以我们干脆敞开心胸，好好地与愚蠢相处。

如果说蒙田的父亲有一段不愿提起的过去，那么蒙田的母亲安托瓦妮特·德·卢普斯·德·维尔纳夫（Antoinette de Louppes de Villeneuve）的家族潜藏的秘密亦不容小觑。安托瓦妮特的祖先是商人，也是西班牙移民，结合当时的背景来看，很可能是犹太难民。与其他犹太人一样，他们在胁迫下改信基督教，并且在十五世纪末因西班牙大肆迫害犹太人而逃离当地。[11]

蒙田可能并未意识到他也许具有犹太血统。蒙田对于犹太人兴趣不高，《随笔集》只偶尔提到他们，而且语气要么像是个旁观者，要么就是只带点同情，从文字中嗅不出他个人对犹太人的分毫关心。[12]蒙田日后到意大利旅行，参观犹太教堂且目睹割礼，但他对这些事物的好奇就跟面对其他事物一样，例如新教仪式、处决犯人的现场、妓院、整人喷泉、岩石花园与罕见家具。

蒙田对当时一些难民"改信"的事也深表怀疑——其实事实很明显，这些人改变信仰并非出于己意。有些人认为，蒙田这样怀疑其实是变相挖苦母亲的家族，而这并不令人意外。蒙田在政治生涯中不断遭受母亲在波尔多的亲戚百般刁难，甚至与安托瓦妮特本人都相处得不太融洽。

蒙田的母亲显然是位个性强悍的女子，然而传统的限制使她无法掌握权力，同时也使她饱受挫折。和当时的大多数女性一样，她年纪轻轻就出嫁，而且或许没有选择的自由。皮埃尔·埃康年纪显然比她大许多：根据一五二九年一月十五日的婚姻文件记载，皮埃尔当时三十三岁，而安托瓦妮特则是"适龄"。"适龄"二字可能是从十二岁到二十五岁之间的任何年龄，而蒙田的母亲怀最后一胎已经是结婚三十年后的事，因此我们可以认定她结婚时相当年轻。她在生蒙田之前已生了两胎，然而两个孩子都未能存活。生下蒙田时她可能还不到二十岁，但这已经是她婚后第四年了。[13]

安托瓦妮特初为人妇时也许有过稚气、娇羞的一面，但这些特质如昙花一现，很快就荡然无存。从产生自她人生各时期且留存下来的法律文件可以看出，这是一位性格暴烈、坚持己见且极为干练的女子。她的丈夫于一五六一年拟就第一份遗嘱（虽然他日后做了更动），将家中大小事全托付给妻子而非长子。此时的皮埃尔·埃康要么是对米修（快二十八岁了）缺乏信心，要么就是对妻子有着难得的高评价——那是一个公认女性没有理性思考能力的时代。[14]

皮埃尔于一五六七年九月二十二日拟了第二份遗嘱，遗嘱显示他对儿子的能力已经大为放心，但此时的他似乎想利用这份遗嘱来提醒妻子疼爱子女，同时也嘱咐子女应该尊重与敬爱母亲。显然，他担心妻子与长子无法和睦相处，所以吩咐蒙田，他如果与母亲无法共处一室，那么必须想办法为母亲另觅良居栖身。但安托瓦妮特在丈夫死后还是与儿子一家人共同居住了很长时间（一直到一五八七年左右），尽管相处得并不是非常愉快。一五六八年八月三十一日，蒙田与母亲签订了一份法律文件，言明安托瓦妮特有权享有"子女对她的敬爱、尊重与侍奉"，她理当拥有仆役在身边伺候，每年也能得到一百图尔里弗尔（livre tournois）的零花钱。相应地，安托瓦妮特必须承认蒙田对城堡与庄园拥有"命令与支配"的权力。从这份契约可以看出，安托瓦妮特觉得自己没有受到妥善的照顾，而蒙田则希望母亲停止过问家中的大小事务。[15]

然而母子二人的关系并未因此改善，反倒是愈来愈恶化。安托瓦妮特在一五九七年四月十九日（她的儿子已经去世五年，而她还活着）拟好的遗嘱中表示，她不想被葬在庄园里，也不想把遗产分给蒙田的女儿莱奥诺尔（Léonor）。安托瓦妮特抱怨，她当初带来的嫁妆应该被用来购买更多的地产，但并未如此。她又说道："我在蒙田家跟着丈夫工作了四十年，勤奋努力、照顾与管理家庭，让这个家兴旺起来，家产也日渐增长。"儿子蒙田一辈子享尽了好处，孙女莱奥诺尔也一样，他们已经够"富有"了，因此不需要把遗产分给他们。最后，安托瓦妮特提到，她知道自己已经到了"意见容易被忽略的年纪"——那时,她可能已经八十岁左右。显然,她担心有人会以年纪大而脑筋不清楚为由,拒绝履行她的遗嘱。

从《随笔集》里频繁出现的蒙田对自己懒散与笨拙的忏悔不难看出,安托瓦妮特为什么认为庄园在蒙田的主持下荒废了。蒙田觉得这些实际的管理事务实在令人厌烦,因此总是尽可能地规避责任。令人惊讶的是,安托瓦妮特竟然对丈夫皮埃尔有相同的怨言,而这一点与《随笔集》的描述有很大的差异。蒙田笔下的父亲是一名精力充沛的男子,勇于负责,不断地改善庄园——只要有一丁点儿不满意,就会按捺不住,亲自前去处理。[16]

皮埃尔·埃康·德·蒙田生于一四九五年九月二十九日,因此勉勉强强算是十五世纪的人物。[17]他的言行举止与儿子有着极大的反差。皮埃尔遵循贵族传统,将从军作为自己的职业,是埃康家第一个这么做的人。蒙田并未追随父亲的脚步:身为贵族,他必须随身佩戴刀剑,但这些武器似乎没能派上用场,至少《随笔集》很少提到他拔剑。与蒙田同时代的布朗托姆(Brantôme)形容蒙田"拖着"剑在镇上走动,说他宁可带笔也不愿佩剑。[18]这样的中伤从未落到皮埃尔头上,因为他在机会到来后立即自告奋勇地加入法国在意大利的战事。

从一四九四年开始,法国军队就不时攻击、征服意大利半岛上的小邦国。一直到一五五九年《卡托-康布雷齐和约》(*Peace of Câteau-Cambrésis*)签订,法国外侵的历史才告结束,但法国真正的灾难也开始了:内战。在意大利的冒险行为造成的破坏不大，但法国为此付出了高昂且毫无意义的代价，许多参与意大利战事的士兵身心都遭受创伤。皮埃尔投入战场大约是一五一八年的事。除了来年短暂回乡休息外，他一直在外征战到一五二九年初，而后才返乡结婚。[19]

十六世纪的战争不再是驰骋沙场的风光景象，更多的是肮脏污秽、不堪入目的状况。士兵们饱受低体温症、热病、饥饿、刀伤与枪伤感染，以及其他疾病的荼毒，而在当时尚无有效的方法治愈这些痛苦。此外，在围城战中，不仅是士兵，就连民众也遭受敌军断粮逼降的威胁。皮埃尔也许参与了一五二二年米兰与帕维亚（Pavia）的围城战，或许还参加了一五二五年惨烈的帕维亚围城战，这场战争最后造成大量法军伤亡，就连法国国王也沦为阶下囚。皮埃尔晚年经常向家人谈起这些令人毛骨悚然的战争经历，包括好几个村子的居民在饥饿下求生无门，索性集体自杀的故事。蒙田选择拿笔而不愿持剑，或许和父亲的影响有关。

法国与意大利的战争就某方面来说也许不甚光彩，但确实产生了教育的效果，法国人的知识水平大幅提升。法国人在围城战以外的时间里看到了许多令他们眼睛一亮的事物，例如科学、政治、哲学、教育，以及当地流行的风俗习惯。虽然意大利文艺复兴此时已盛极而衰，但意大利仍是欧洲最文明的地区。法国士兵在这里学习到全然不同的思维方式；他们返乡时，也将这些新的发现带回国内。皮埃尔显然也是深受意大利文明影响的贵族之一。旅行扩展了贵族们的视野，而且，充满魅力的近代化领袖弗朗索瓦一世（François I）对他们也产生巨大影响。弗朗索瓦一世之后的法国国王放弃了他的文艺复兴理想。内战期间，人们普遍丧失了对未来的信仰。然而，皮埃尔年轻时看到的一切使他产生许多想象，这些想象的幻灭则是很久以后的事。日后回想起文艺复兴的理想，还是足以让他兴奋莫名。[20]

皮埃尔与儿子体格大致相仿，唯一的差别是，他的言谈举止带有军人的气质。蒙田形容父亲是个"个子矮小的男子，充满活力、姿态端正且秾纤合度"，有着一张"吸引力十足、近乎棕色的脸庞"。他身材匀称，而且始终保持着标准的体格。他喜欢在木棍上挂满铅块，利用举重来训练肱二头肌，或者在鞋底里加入铅块，锻炼跑步与跳跃的能力。皮埃尔尤其擅长跳跃。"他的跳跃能力在许多人心中留下难以磨灭的印象，"蒙田写道，"我亲眼目睹年过六旬的他做出矫健的动作，确实让我们这些年轻人汗颜：他穿着毛皮长袍跳上马鞍，用拇指撑着身体翻跟斗；他每次回房时总是把三四级台阶当成一级爬。"[21]

这位威廉老爹*般的人物还有其他优点，而这些优点主要是他那一代人不同于蒙田这一代的特有的性格。皮埃尔认真严谨，要求自己穿着整齐美观，对所有事情表现出"负责谨慎"的态度。皮埃尔身手不凡，加上他的骑士风度，自然深得女性青睐。蒙田形容他"总是能把女人照顾得服服帖帖，这是他的本性使然，但他的技巧也确实高明"。为了取悦女性，皮埃尔甚至可

---

* 威廉老爹（Father William）：刘易斯·卡罗尔（Lewis Carroll）所著《爱丽丝漫游奇境》（*Alice in Wonderland*）中某首诗的主人翁。他虽然年纪老迈，但还能倒立与前空翻，一副老当益壮的模样。——译注

以跳上餐桌。至于性方面的越轨行为，皮埃尔告诉儿子的说法前后不一：一方面他提到"相当隐私的内容，特别是他与一些有身份、有地位的女性之间的关系，且说得绘声绘色"，另一方面"他又郑重宣誓，结婚前他仍是处子之身"。蒙田似乎不大相信父亲的后一种说辞，只是淡淡地说："这个人在结婚前可是在意大利战场待了很长一段时间。"

皮埃尔从意大利返国后结婚，之后便开始了在波尔多的政治生涯。一五三〇年，他当选为法官与市政官员，一五三七年当上副市长，一五五四年终于成为市长。这段时间刚好是波尔多遭遇艰难的时期：一五四八年，地方新课征的盐税引发暴乱，法国因此剥夺波尔多的各项法律权利以惩罚这座城市。皮埃尔身为市长，努力地为城市创造财富，但收回权利显然需要很长一段时间。压力腐蚀了他的健康。皮埃尔讲述的残暴的战争故事使蒙田对军旅生活敬而远之，此时蒙田眼见皮埃尔为了市政而身心俱疲，因而也萌生远离政治的念头。只是在三十年后，他还是步父亲的后尘，成为波尔多的市长。[22]

皮埃尔曾提出一些绝妙的点子，其中包括类似十六世纪版易贝（eBay）的概念。他提议每座城镇都应该设立一个场所，每个人都可以在这个场所向大家宣布他的需要："我想卖珍珠；我想买珍珠。某人想寻伴一同前往巴黎；某人想找符合某些条件的仆人；某人想找雇主；某人想找工人；某人要这个，另一个人要那个。"[23] 他的想法听起来很合理，但不知何故，计划并没有实现——哪怕一点点。

皮埃尔另一个不错的点子是把每天发生的事记录下来，他记录了庄园里发生的大小事：仆役的雇用与离职，各项财务与农业资料。皮埃尔鼓励儿子也这么做。在他死后初期，蒙田还认真照做，但最后不了了之，只留下一份未完成的文件。"我觉得自己实在太蠢了，居然没有坚持下去。"他在《随笔集》中写道。他的确曾努力赓续父亲开创的一项纪录：借用现成的历书印刷品来进行。这种历书被称为星历（Ephemeris），制作者是日耳曼作家米歇尔·波特（Michel Beuther）。这份历书留存了下来，只少了几页，保存得相当完整，当中写满他与家族其他成员的笔记。一年三百六十五天，每一天都有完整的一页供人记录。此外，历书上面还印了历史上这一天曾发生的大事，并且留有空白以便逐年增加备注。蒙田使用波特的星历记录家族成员的诞生、他的旅行，以及重要人物的来访。他相当忠实地记下这些事情，却总是把日期、年龄与其他细致的信息搞错。[24]

皮埃尔相当热爱工作，尤其致力于开发庄园，尽管如此，他的妻子还是满腹怨言。令安托瓦妮特不悦的或许是皮埃尔倾向改善庄园，而非添购新的地产；此外，皮埃尔似乎有虎头蛇尾的习性。他后来放弃开设贸易站的想法，之所以如此，与其说是出于现实的考虑，不如说是性格使然。皮埃尔去世的时候，蒙田继承了许多半途而废的工作，他总认为自己可以完成这些工作，然而实际上没有一样工作顺利收尾。荒废的建筑工地最让人恼火，或许蒙田的处理方式就是置之不理；但母亲安托瓦妮特看到这种状况时则暴跳如雷。[25]

这些半途而废的工作也显示皮埃尔的精力已大不如前。从六十六岁开始，肾结石便逐渐消耗他的元气。在人生的最后几年，蒙田总是看见父亲痛苦地蜷曲身子。他永远无法忘记首次目击父亲病症发作时的震撼，无预警的疼痛让皮埃尔当即昏了过去，蒙田赶紧搂住父亲。皮埃尔最后可能是因为肾结石或其他层出不穷的并发症而去世的。他死于一五六八年六月十八日，享年七十三岁。[26]

皮埃尔很早就已经拟妥新遗嘱以取代原先的遗嘱。第一份遗嘱隐约显示皮埃尔对蒙田的能力存有疑虑，但在新遗嘱中，皮埃尔把照顾弟弟妹妹的责任交付给米修，要他担负起父亲的角色。他在遗嘱中明确写道："他必须取代我的位置，代替我来照顾他们。"蒙田的确扮演起父亲的角色，而且觉得这是个重担。[27]

在《随笔集》中，蒙田以皮埃尔的反面形象出现，经常在夸赞父亲之后，指出自己是完全相反的类型。他一方面描述皮埃尔对建设庄园投注的热情，另一方面则以近乎喜剧的夸张手法，形容自己面对这类工作既缺乏能力又毫无兴趣。他说，无论自己做了什么，不管是"完成一堵停工许久的围墙，还是修缮破旧的建筑物"，都是为了荣耀记忆里的父亲，而不是为了自我满足。十九世纪的哲学家尼采曾提出警告："人们不该努力超越自己的父亲，那只会让自己精神失常。"大致来说，蒙田并未尝试这么做，所以还能保持神志清醒。[28]

蒙田知道自己欠缺实际的生活技能，但了解自己的长处，特别是在文学与学问上面的长处。皮埃尔对书籍的了解相当有限，但对书籍的热爱却难以估量。在蒙田眼里，父亲就跟他那一代的其他许多人一样，把书当成膜拜的对象，而且花费很多的功夫找来作者，"将他们当成圣人在宅邸中接待"，并"将他们的言谈话语当成神谕一样收集"。[29] 然而皮埃尔对书本欠缺理解，按照蒙田的讲法，他可以用拇指撑起身子翻跟斗，以此表现男子气概，但谈到书籍这种需要动脑的事物时，可就一筹莫展了。皮埃尔崇拜书，却不懂书里面写什么；他的儿子正好相反。

蒙田准确地指出了皮埃尔那一代人的特点。十六世纪初的法国贵族喜欢一切看似聪慧且具有意大利文艺复兴气息的事物，有意与上一辈粗鄙无文的形象划清界限。但蒙田没有发现，自己对盲目崇拜书本的反感，其实正反映出自己这一代的特征。许多父亲让自己的儿子学习文学与历史，训练他们批判性思考的能力，要他们就像玩抛球的杂耍戏法一样反复论辩古典哲学。而这些儿子"感谢"父亲的方式，却是视书本如糟粕，摆出拒斥的姿态。有些人甚至试图恢复反对钻研学问的古老传统，仿佛这是一种前所未有的激进尝试。

蒙田这一代人普遍带有一股厌世与乖僻的倾向，然而在反叛精神中也孕育着一种新形式的创造力。我们不难了解这一代人为什么充满愤世嫉俗的情绪：他们眼睁睁地看着指引自己成长的理想沦为可怕的笑话。在早期思想家口中为教会带来清新空气的宗教改革，最终却引发了战争，使整个文明社会遭受毁灭的危机。文艺复兴美丽、均衡、清晰与理智的原则，逐渐被暴力、残忍与极端主义神学取代。蒙田生活的那半个世纪，法国受到灾难性的破坏，致使它需要再半个世纪来恢复。就某方面而言，法国一直未能恢复元气，因为十六世纪晚期的动乱，使它未能像英格兰与西班牙一样在新世界里建立庞大的帝国，并因此过度闭锁在国门之内。蒙田去世时，法国的经济已饱受疾病、饥荒与战乱的残虐。无怪乎蒙田这一代的年轻贵族成了学养丰富的厌世者。

蒙田也有这种反智（anti-intellectual）倾向。他在成长过程中逐渐觉得，人类唯一的希望就在于农民的单纯与无知。农民是近代世界真正的哲学家，是塞内卡与苏格拉底这类古典哲人的继承者。只有他们才知道如何生活；或者精确地说，除了生活，他们什么都不知道。蒙田因此转而崇拜无知，这狠狠地给了皮埃尔一记耳光。

然而这种返璞归真的追求与中世纪的反智不完全相同。蒙田的随笔与大胆陈述，以及总是在自己的文章结尾添上一句不确定话语的做法，都说明他与中世纪贵族有所区别。蒙田在文字末尾隐约或明白地写上"不过，我不确定是否真是如此"，这种做法显然迥异于旧日的作风。皮埃尔的理想仍然在蒙田身上留存着，只是形式变了：变得柔和、阴沉，而且确定性已被去除。

实验

这种质疑确定性与偏见的倾向，也许源自家族特质。在教会分裂期间，埃康家族以不涉入教派间的争议著称（蒙田以"闻名"二字来形容这一声誉）。绝大多数埃康家族的成员仍信奉天主教，但还是有一些人改信新教；尽管如此，家族内部很少有人对此表达不满。当家族里一名信奉新教的年轻成员显露出极端倾向时，蒙田的朋友拉博埃蒂便奉劝他不可如此："你的家族向来重视和谐，你应当珍惜这份优良的名声——我尊敬你的家族，一如我尊敬世界上其他的家族。老天，这是多么了不起的家族啊！它的成员所作所为完全符合一名受尊敬的人该有的举止。"[30]

这个令人尊敬的家族人口众多。蒙田有七个弟弟妹妹，这还不包括在他之前出生、已经夭折的一个哥哥和一个姐姐。他成了长子。他与弟弟妹妹的年龄相差甚大，与最小的几乎隔了整整一代：最小的弟弟贝特朗（Bertrand）出生时，蒙田已经二十七岁了。[31]

就目前所知，蒙田的弟弟妹妹中没有人像他小时候那样获得那么多关注与教育。皮埃尔的女儿接受的应该是当时一般女性的教育，也就是说，几乎没受过教育；其他儿子接受的也是比较传统的教育。在埃康家，关于孩子的记载中有关蒙田的最多——他不只受过教育，还成了史无前例的教育实验对象。

这场不寻常的实验从蒙田出生后不久即告展开，他被送到邻近村落的穷人家中生活。找农民当奶妈是当时相当普遍的做法，但蒙田的父亲希望儿子除了品尝农民的乳汁，还要了解一般平民的生活方式，以便长大后能与这些最需要"领主"协助的人相处融洽。皮埃尔不是把奶妈带到婴儿身边，而是把婴儿送到奶妈家，并且让他住在那里到断奶为止。就连在受洗命名礼上，皮埃尔也让"最底层的民众"抱着襁褓中的蒙田到洗礼盆前。从一开始，蒙田就产生一种印象，他既是农民中的农民，又与众不同。

这种混杂的情绪将会跟着他一辈子。他觉得自己很平凡,但也了解自己的平凡造就了自己的不平凡。[32]

把儿子送到农家的计划有一个缺点是皮埃尔未曾想到的:与陌生人一起生活的蒙田势必无法和亲生父母建立"纽带关系"(我们也许可以用这个词)。这一点或许适用于所有由奶妈带大的孩子——尽管绝大多数孩子除了吃奶,大部分时间还是跟母亲在一起。蒙田不是如此。如果二十与二十一世纪的观念是科学的(当然也有可能不成立,也就是说,母子之间的纽带关系本就跟孩子与奶妈的关系一样淡薄),那么生命最初的、关键几个月的分离,将永久地影响他与母亲的关系。然而,蒙田自己认为这个计划相当不错,还奉劝读者最好照着做。蒙田说,让你的孩子"在平民与自然的法则下,由命运来养成"。[33]

蒙田返回城堡时,无论年纪多大(或许一两岁),与寄养家庭之间的关系必须马上中断,因为这场教育实验的第二阶段将与第一阶段完全不兼容。回到亲生父母身边之后,已经成了小农民的蒙田要学习拉丁文以作为母语。

到目前为止,蒙田在寄养家庭听到的最多的语言,是当地通行的佩里戈尔方言。如果蒙田从那里离开时年纪已经大到能吃他们的食物,那么他的耳朵应该也已习惯他们的语言,尽管他还没学会怎么说。蒙田现在必须跳过这个语言直接学习拉丁文,而且要越过他未来用来书写的语言——法文。对任何人来说,光是想象这样的计划就会非常吃惊,遑论付诸行动,而这个计划确实也显示出实际的困难。皮埃尔只懂一点拉丁文,他的妻子与仆人则对拉丁文一窍不通。即使到外地寻访，也会发现当时已经没有人以拉丁文为母语。在这种情况下，皮埃尔凭什么认为可以让蒙田流利地讲出西塞罗与维吉尔的语言？

皮埃尔想出的解决方式分为两个步骤。第一步是聘请一名家庭教师，这位老师可以母语不是拉丁文，但至少要说出近乎完美的拉丁文。皮埃尔找来日耳曼人霍斯特博士（Dr. Horst），霍斯特最大的长处就是精通拉丁文，但几乎不懂法文，更别说佩里戈尔方言。如此一来，他就只能用拉丁文与小蒙田沟通。因此，霍斯特博士或霍斯塔努斯博士（Dr. Horstanus，以拉丁文拼写后的名字）从最初阶段开始——蒙田说"从我牙牙学语的时候开始"——就成为蒙田人生中最重要的人物。[34]

第二步是禁止家中任何人用任何现代语言与蒙田说话。他们如果想叫蒙田吃早餐，必须使用拉丁文祈使句，并且依照文法格式做相应的语尾变化。每个人都要适当地学习一点拉丁文，包括皮埃尔在内，他必须温习儿子学会的拉丁文知识。蒙田写道，因为这个缘故，每个人都学到一点拉丁文：

> 我父母学习的拉丁文已足以让他们听懂这种语言，而他们也掌握了必要时足以供他们使用的词汇；当然，我的贴身仆人也必须懂一点拉丁文。所以我们全家上上下下都拉丁化了，这种现象甚至一路蔓延到村子里。因为经常使用的缘故，直到现在，村里人仍习惯用拉丁文来称呼工匠与一些器具。至于我，到六岁之后，对法文

或佩里戈尔方言的了解才超过阿拉伯语。

因此，"不用不自然的方法，不用书本，不用文法或规则，不用鞭子，不用流泪"，蒙田就学会了拉丁文，而且说得跟他的老师霍斯特一样好，甚至比老师还流利。蒙田后来遇到的每位老师都夸赞他的拉丁文既臻于完美又切实中用。[35]

皮埃尔为什么要这么做？思索这个问题，马上让我们感受到五百年的时代隔阂确实会造成理解上的障碍。今日许多人一定认为，为了一个死掉的语言而亲子分离，实在过于疯狂。然而在文艺复兴时代，这样的牺牲会获得足够的报偿。精通优美而文法正确的拉丁文，是人文主义教育的最高目标：不仅打开了通往古代世界（被认为是人类智慧的宝库）的大门，也开启了走向现代文化的坦途，因为绝大多数学者仍以拉丁文写作。拉丁文是拓展事业的敲门砖，是从事法律事务与成为政府官员的必要条件。凡是能说拉丁文的人，都能获得拉丁文给予他的神奇祝福。如果你能说一口好拉丁文，你的思路也一定清楚通透。皮埃尔想让儿子获得人们所能想象的最大优势，使他不仅能够进入古代的失乐园，也能走向个人成功的未来。

皮埃尔为蒙田规划的学习方式，也显示出那个时代普遍的理想。许多男孩在学校里辛苦地学习拉丁文，罗马人却不需要这么做，他们说拉丁文就像呼吸一样自在。有一种说法认为，正因为今人以不自然的方式学习这种语言，他们智能或灵魂的卓越程度才无法与古人等量齐观。[36]

皮埃尔的做法绝非残酷的实验，至少看起来不是。新教育理论强调学习应该愉快，因此孩子唯一需要的动机就是他们内在固有的求知欲望。蒙田年纪稍长时开始学习希腊文，也是在愉快的精神状态下学习的。"我们把球抛向空中，在它还没落地时必须讲出语尾变化，"蒙田回忆说，"就和有些人利用西洋棋来学习算术与几何学一样。"他没能学成希腊文，日后坦承自己对这种语言所知有限。[37]总体来说，这种快乐主义的教育方式确实对蒙田产生了影响。早期的学习完全是在好奇心的引领下进行的，这使他成长为一个具有独立心智的人。他完全出于己意选择未来的路径，而非一味顺从责任与纪律——他的父亲恐怕没想到自己的做法会造成这么深远的影响。

　　除了教育，蒙田童年生活的其他方面也受这种原则支配。当时的人认为，"早上突然把孩子摇醒会伤害孩子柔软的脑袋"，所以皮埃尔每天像吹笛人引诱眼镜蛇那样，在蒙田床边弹奏鲁特琴或其他乐器，利用哀伤的曲调吸引蒙田下床。蒙田从未遭受过体罚，只吃过两次棍子，但都相当轻微。那是一种"智慧与机敏"的教育。[38]

　　皮埃尔的想法源自他喜爱的几位学者朋友，可能也源自他在意大利遇见的人。然而，他接受的这些观念，其实都可追溯到荷兰鹿特丹的伊拉斯谟（Erasmus of Rotterdam）二十年前居留意大利期间写的一篇教育论文上。蒙田表示，这套教育计划是他父亲"穷尽各种方式进行研究，请教了许多学者与智者"才得出来的。[39]这是典型的皮埃尔风格，同时具备学者的观念与他个人的奇想。

这项实验显然是由皮埃尔而非安托瓦妮特一手主导的，人们应该很想知道她对此作何感想。蒙田一出生就被送往农家，这使他与母亲产生隔阂；此时他接受的教育更加剧了他与母亲之间的疏离。现在他们住在同一栋房子里，但语言与文化却仿佛来自不同的星球。虽然蒙田表示母亲为他学习拉丁文，但她不可能娴熟于这种语言。蒙田也提到，皮埃尔的拉丁文仅仅达到基础程度。假如这个实验真的像蒙田描述的那么严格（这是个大胆的假设），那么父母只能以造作而不自然的方式与他交谈。霍斯特就算再怎么学识渊博，也无法完全下意识地使用拉丁文和蒙田沟通，这显然与"自然"的学习有一段距离。我们因此有理由怀疑（乃至于预料）皮埃尔的教育计划有时会有窒碍难行之处，但蒙田却从未提到这一点；相反，他认为这项实验非常成功。

从培养蒙田以拉丁文为母语的角度来看，早年的这些努力确有成效，只是这些效果未必能够持续久远。因为疏于练习，蒙田的拉丁文最后只达到跟其他受过良好教育的年轻贵族一样的程度。尽管如此，拉丁文已经深植于他的内心之中。数十年后，当父亲因肾结石发作而昏厥，蒙田搂住他时大声叫嚷的竟是拉丁文。[40]

蒙田受的教育对他人格的影响更为持久。幼年的生活经验带给蒙田很多好处，但也给他造成伤害。他不仅与家人分离，还与当时的世界脱节。这样的生活固然使他拥有独立的心灵，却也使他失去缔结人际关系的机会。蒙田在古代最伟大作家的陪伴下成长，对邻近的地方作家却一无所知，他因此对自己有很高的期许。然而，他对其他比较传统的事物兴趣缺缺，总是质疑其他人追求的目标。年轻时期的蒙田特立独行，不需要与人竞争，只需要展现自我。他在成长过程中遭受极其古怪的限制，大概没有任何一个孩子有过他这样的经历，但也没有任何一个孩子拥有像他这样近乎无限的自由。他的自我自成一个世界。

蒙田最后还熟练掌握了法文，不过他使用的并非往后几世纪的作家坚持使用的那种严谨而完美的法文。蒙田的写作具有独特的个人风格，可能会有人指责他的文字读起来活像出自未受过训练的乡巴佬。对蒙田来说，法文不同于拉丁文，只是可有可无的语言。他在《随笔集》中提出古怪的解释，说法文不可能像古典语言那样永久流传，因此他的作品绝对不会存在太久，他可以随心所欲地、不计毁誉地写作。事实上，正因为无须拘执于完美无瑕，蒙田乐于用法文书写：如果法文本身就不完美，那么使用法文时，也就少了追求完美的压力。[41]

蒙田不太喜欢唯心主义的想法，却赞成父亲在教育上的实验。他撰写教育方面的文章时，看起来像是比较稳健一点的皮埃尔——皮埃尔的想法太极端，很难让其他人接受。与蒙田同时代、风格也接近的作家塔布洛·德·阿寇德的确提到，有一群士绅想一起建立一个拉丁文社区，让他们的子女在里面生活，因为光凭一个家庭营造出说拉丁文的环境实在太难了，但这个计划似乎没有成功。[42]

十六世纪"以孩子为中心"的教育理念中合理的层面在往后数年不断发展，持续至今。在十八世纪，卢梭狂热地崇拜以自然方式养育小孩的方法。他借用了蒙田的一些观念，特别是蒙田那不同于惯常风格的、具有规范性的关于教育的随笔里的观念。

蒙田必然要写得规范些，因为《论教育》这篇随笔其实是有孕在身的邻居——顾尔松女伯爵（comtesse de Gurson）黛安娜·德·富瓦（Diane de Foix）委托他写的，她希望蒙田能指点她如何让孩子（假设是个男孩）的人生有个最好的开端。蒙田的建议显示，他非常赞同自己幼年的经验。他说，首先，女伯爵必须充分克制自己的母性，然后找个外人担任儿子的老师。父母太容易受到亲情的牵绊，会忍不住担心孩子是否因为淋雨而着凉，或者从马上摔下来，或者在练习击剑时受伤。家庭教师一方面要能勤教严管，另一方面也不能太过严酷。学习应该是一件快乐的事，孩子在成长过程中应该想象智慧是带着笑脸的，而非一副凶猛可怕的神情。[43]

蒙田指责许多学校实行的野蛮教育方式。"停止使用暴力与强迫学习的方法！"蒙田说。如果你在授课时间进入学校，"你只会听到被责罚的孩子的哭声与盛怒教师的吼声"。这种教育方式只会让孩子终身拒绝学习。

学习不一定需要书籍，想学习跳舞就去跳舞，想学习弹奏鲁特琴就去弹奏鲁特琴。思考也是一样，生活更是如此。每个经验都是一次学习的机会，包括"侍从的恶作剧、仆人犯的错误、餐桌旁的议论"。孩子应该懂得对每件事提出质疑，"仔细探查事情的原委，不能只因为权威与信任就接受别人的说法"。旅行是有益的，社交也是，社交可以教会孩子向他人敞开心扉并与周围的人相处。乖僻的性格愈早消除愈好，因为它妨碍与人相处。"我曾经见过有人讨厌苹果的香味甚于火绳枪击发的火药味，有人怕老鼠，有人看到鲜奶油就想吐，还有些人则看到蓬松的羽绒被就逃之夭夭。"这些诡异的习性都是良好关系与生活的绊脚石。它们都是可以避免的，因为年轻人的可塑性很强。

至少在一定程度之内，年轻人的习性很容易被改变。蒙田很快就改掉了圆滑的毛病。蒙田说，不管再怎么努力，你都无法真正改变本性。你可以引导它或训练它，但无法摆脱它。蒙田在另一篇随笔中写道："只要愿意聆听自己的声音，任何人都可以发现自己有一套习性，一种与生俱来的性格，它会顽强地抗拒教育。"[44]

不难想象皮埃尔不像蒙田那样对人性持宿命论；他认为年轻的蒙田可以被塑造，因此实验再麻烦也值得一试。皮埃尔一贯抱持着"人定胜天"的信念，像建设与开发庄园一样，着手打造与培育儿子。

可惜的是，跟其他计划一样，皮埃尔培养儿子的工作并没有完成——至少蒙田是这么认为的。六岁时，蒙田突然被从原本特别为他打造的温室中移出，并且像其他孩子一样被送进学校念书。终其一生，蒙田深信这是他自己的错：他的冥顽不灵——他的"本性"——终于让父亲对他放手不管。然而，蒙田的父亲也许只是屈服于传统，特别是过去给他建议的人此时已不在他身旁出谋划策。然而更有可能的是，皮埃尔早就打算在蒙田到达某个岁数时送他到学校上课。蒙田不了解父亲的盘算，因而将父亲的做法解读成对自己的批评，但这一切完全是子虚乌有。这是个多阶段的进程，从农民家庭到学习拉丁文再到学校，目的是让蒙田成为一名完美的绅士，除了具有独立心灵，必要时也能够融入社会。在这种情况下，到了一五三九年，蒙田必须与其他同年龄男孩一起就读于波尔多的吉耶讷学校（Collège de Guyenne）。[45]

蒙田至少要在这所学校待上十年，直至一五四八年。虽然他终将适应这里的生活，但起初，学校的一切带给他的是极大的震撼。首先，在乡野过着无拘无束生活的蒙田，必须试着习惯城市的环境。波尔多离蒙田家约四十英里，即使骑快马也要数小时才能抵达。这趟旅程必须横渡多尔多涅河，因而格外费时。渡船在绿意盎然的和缓山丘与葡萄园边接上旅客，下船的地方则是波尔多商业区的核心——一个完全不同的世界。

城市四周围起高墙，与外界完全隔绝，居民密集地聚居于岸边。十六世纪的波尔多，面貌与今日迥然不同，彼时古老的街道已于十八与十九世纪被拆除，取而代之的是大道与巨大的乳脂色建筑，使波尔多披上一层略微抽象的外衣。在蒙田的时代，波尔多完全不是乳脂色。它是一座人口稠密的城市，拥有约两万五千居民，繁忙、热闹。波尔多濒临的河川上驶满货船，岸边设有卸货码头。这里的货物主要是葡萄酒，空气中混杂着腌渍的鱼、盐与木材的气味。[46]

抵达吉耶讷学校之后，人的心情为之一变。这座学校位于城内一处宁静的区域，周围环绕着榆树，远离市中心商业区的嘈杂喧嚣。虽然蒙田对此地有所批评，但不可否认，这的确是一所优秀的学校。这所学校的课程与教学方法肯定会让现代人震惊，所有的教学内容都以死背拉丁文为核心。蒙田在这门课上显然有很大的优势，老师们想必会对他的表现感到吃惊。在学校里，师生间的交谈必须以拉丁文进行。就跟在蒙田家一样，在学校里经常可以听见古怪的、不自然的对谈声调——然而，两者之间也只有这点类似。在学校里，没有人弹奏轻柔的乐曲，学校的教育也不强调快乐。但更令小蒙田震撼的是，他不再是世界的中心。

蒙田现在必须学习与其他人和睦相处。早上的课程是研讨文学作品，通常使用的是西塞罗这类最无法引起年轻学子兴趣的作家的作品。下午，学生在毫无具体例子的情况下学习抽象的文法。到了晚间，由老师朗读文章并分析，学生则要记忆与复诵这些内容。

起初，对拉丁文的精通使蒙田轻易地超越了同侪。然而，其他没那么优秀的学生也给他造成了不良的影响，甚至使他的拉丁文大为退步。因此，蒙田说，他离开学校时，所拥有的知识反而比入学前少了。[47]

事实上，吉耶讷学校算是相对前卫而开放的学校。对于学校生活，蒙田颇乐在其中，只是不愿坦承。到了高年级时，学生在演说与辩论上力求表现，当然完全使用拉丁文，但关注的与其说是内容，不如说是铺陈的方式。蒙田在这个阶段习得修辞的技巧与批判性的思维，而这将影响他的一生。蒙田或许也是在这个时期开始使用"笔记本"（commonplace book），记下阅读时看到的知识片段，并且发挥自己的创意，将片段加以分类比对。之后，十几岁的蒙田开始研习更有趣的课程，包括哲学。然而遗憾的是，学校传授的不是他喜欢的讨论如何生活的哲学，而是亚里士多德的逻辑学与形而上学。课程中也有轻松的内容，学校的新教师马克-安东尼·穆雷（Marc-Antoine Muret）自己写作与执导剧作，蒙田在当中饰演一个角色。事实证明，蒙田是个天生的演员，（他自己写道）拥有出人意料的"自信神情，以及灵活的声音与动作"。[48]

这些事情全发生在吉耶讷学校特别艰难的时期。一五四七年，高瞻远瞩的校长安德烈·古维亚（André Gouvéa）在保守政治派系的施压下被迫离职。[49]他前往葡萄牙，并且带走了最优秀的教师。次年，波尔多爆发动乱，盐税引发的暴动带给蒙田的父亲极大的压力。法国西南地区传统上一直是免除盐税的，国王亨利二世（Henri II）刚登基就突然开征这项税捐，不满的情绪随即蔓延开来。[50]

反抗的群众集结示威，从一五四八年八月十七日到二十二日，暴民们在街头恣意纵火焚烧税吏的房子。有些人看到貌似有钱人家的房子就攻击，事态逐渐扩大成全面性农民暴动。几名税吏被杀，尸体被拖到街上，成堆的盐巴覆盖其上。民众通过这种方式表达诉求。最糟糕的事件是，驻防波尔多的陆军中将兼总督（国王的官方代表）特里斯坦·德·莫兰（Tristan de Moneins）遭私刑处死。莫兰驻守在波尔多巨大的皇家要塞特隆佩特堡闭门不出，但群众在堡外聚集，向他大声叫嚣。莫兰或许是想以面对面商谈的方式赢得民众的尊敬，于是大胆出城，但这是个错误——他被民众活活打死。[51]

蒙田当时十五岁，学校因暴乱而停课，他闲来无事便上街一探究竟。他亲眼目睹莫兰被杀，那幅景象令他终生难忘。他的内心产生一个疑问（或许是第一次），这个疑问将以各种不同的面貌在他的《随笔集》中出现：是抵死不从才能赢得敌人的尊敬，还是任由对方处置、摆出低姿态，才能说服对方或引起对方的同情？

在这个例子里，蒙田认为莫兰的错误在于他根本没搞清楚自己想做什么。他一方面勇敢地面对群众，另一方面又丧失自信，表现出屈服的样子，如此一来便释放出混杂的信息。莫兰也低估了暴民扭曲的心理。民众一旦陷入狂暴难制的状态，如果不对其使用怀柔策略，就只能镇压，这时候你不能期望他们像正常人一样同情你。莫兰似乎不了解这一点，以为民众会跟他一样，怜悯一个示弱的人。

莫兰当然是个勇者，因为他毫无武装地置身于"一群疯子"当中。然而他唯一能全身而退的希望，就是从头到尾保持大无畏的态度。

> 他必须前后态度一致，绝不能放弃自己的角色。他后来遭受的惨剧，起因于他一看到危险迫近就陷入恐慌。他的勇气不翼而飞，表情也变得畏畏缩缩，说话的声调里充满恐惧，眼神里流露出惊惶与悔恨。他试图躲藏的行径激怒了群众，说他是自掘坟墓也毫不为过。

莫兰被杀的一幕，以及那个星期接连出现的混乱场景，令蒙田感到震撼，也让他深刻体会到冲突的心理状态极其复杂。一个人身处危机之中，要做出正确的选择并不容易。这场暴动之所以能够平息，主要归功于蒙田未来的岳父杰弗里·德·拉夏瑟涅（Geoffrey de La Chassaigne），是他促成双方的和解。然而波尔多将因为这一连串不服从的行为受到严惩。同年十月，蒙莫朗西骑士统帅（Constable de Montmorency）率领一万大军进驻当地。"骑士统帅"这个官衔原本的职务是"主掌皇家马厩"，此时已成为大权在握的重要官职。军队在波尔多停留了三个月，蒙莫朗西在此地实行恐怖统治。他鼓励士兵像占领外国土地那样抢掠杀戮，凡是被直接指认曾参与暴动的人，即被处以车轮刑或火刑。波尔多在物质、财政与道德上遭受彻底的羞辱，丧失独立的司法管辖权，当地火炮与火药全数充公，"法院"（parlement）被解散，而且有一段时间必须接受法国其他地区行政长官的统治。波尔多还必须向军队支付其占领期间所需的所有费用。当莫兰的遗体被掘出，并且重新安葬于主教座堂时，波尔多的官员必须跪在蒙莫朗西的住所前乞求饶命。[52]

在蒙田父亲的四处奔走下，波尔多逐渐恢复各项权利，并且在国王的密切关注下重新恢复繁荣。令人惊讶的是，如果我们把时间拉长来看，这场暴乱的确达成了目的——在暴乱的震撼下，亨利二世决定不征收盐税。然而，代价实在太过高昂。

正当波尔多逐渐走出阴霾之际，一五四九年，城市爆发瘟疫。虽然疫情为期不长，规模也不大，但已足够让每个人不安地检视自己的皮肤，或是一听到咳嗽声就提心吊胆。瘟疫也使学校暂时停课——蒙田此时或许已经离开波尔多。他大约在一五四八年左右毕业，即将展开人生的下个阶段。

我们不清楚在瘟疫爆发到一五五七年这段漫长的时间里，蒙田做了些什么。他也许回到家乡的庄园，也许被送进某类学院接受最后阶段的学校教育：年轻人在此学习贵族应有的技能，如骑马、决斗、打猎、歌唱与跳舞，还要学习纹章学。（若真是如此，蒙田唯一专心学习的大概就是骑马，他日后表示自己只擅长骑马。）在这期间，蒙田势必也研习了法律。在迈入成年时，他一定在学校里积累了身为年轻成功的"领主"所需的能力与经验（尽管他不喜欢这类经验）。在各种探索中，有一样最能取悦父亲，那就是他对书籍的热爱，以及书籍为他开启的世界。书籍不仅使蒙田不受吉耶讷葡萄园的限制，也使他从十六世纪枯燥乏味的学校课程里解脱。

4

我们问：

如何生活？

How to live?

●

蒙田说：

多读书，然后忘掉你读的那些，把自己变笨一点

Read a lot, forget most of what you read,
and be slow-witted

我们无法想象蒙田会像伊拉斯谟或诗人佩脱拉克（Petrarch）那样，把书本当成圣物来亲吻。

如果蒙田发现有人觉得他是一名治学认真的学者，他可是会发火的。

蒙田阅读的原则是从奥维德那里学来的：读书是为了追求乐趣。

"如果遇到艰涩难懂的书，"他写道，"我不会继续苦思下去，我的做法就是放下这本书。我不做没有乐趣的事。"

阅读

蒙田对文学的兴趣，差点因为他过度钻研西塞罗与贺拉斯（Horace）作品的文法而胎死腹中。幸好在学校某些老师的协助下，他得以维持对文学的爱好。老师看见蒙田阅读娱乐性质的书籍时，并没有将它们没收。他们或许还会悄悄地留下几本其他的书，让蒙田在不经意间发现——老师们刻意这么做，使蒙田在享受阅读的同时，又能体验青少年反抗师长的乐趣。[1]

蒙田在七八岁时找到一本不属于他那个年纪的孩子阅读的作品，这部作品将改变他的人生，那就是奥维德的《变形记》（*Metamorphoses*）。[2] 这本书收集了大量古代神祇与人类不可思议地变化外形的故事，要说文艺复兴时代有什么书与这部作品最为相似，大概非童话大全莫属。《变形记》与格林童话、安徒生童话一样，充满恐怖而有趣的内容。它迥异于学校的课本，足以让充满想象力的十六世纪男孩一边读一边瞪大眼睛，两只手因为害怕而紧抓着书不放。

在奥维德的书中，人会变化外形，会化身为树木、动物、星辰、水流或无形的声音。他们能改变性别，甚至会变成狼人。一个名叫丝奇拉（Scylla）的女子走进一座有毒的池子，发现自己变成四肢像狗一样的怪物，她无法从怪物的躯体里脱身，因为怪物就是她。猎人阿克特翁（Actaeon）变成一头雄鹿，遭到他自己养的猎犬猎捕。伊卡洛斯（Icarus）飞得太高，结果太阳熔化了蜡制的双翼，使他活活摔死。国王与王后变成了两座山。女神萨玛西丝（Samacis）纵身跳入俊美的赫马弗洛狄特斯（Hermaphroditus）沐浴的池子里，像乌贼紧抓猎物一样用整个身体包裹着他，直到两人的身体合而为一，成了一个雌雄同体的人。一旦开启了对这类事物的兴趣，蒙田便开始大量阅览其他有着类似故事的书籍：先是维吉尔的《埃涅阿斯纪》（Aeneid），然后是泰伦提乌斯（Terence）、普劳图斯（Plautus）的作品，以及当时流行的各种意大利喜剧。蒙田在阅读学校禁止的书籍时意识到，阅读是可以很有乐趣的。这是他求学期间遇到的少数几件好事之一。（"然而，"蒙田补充说，"这里毕竟是学校。"）[3]

蒙田在幼年时的一些探索发展为他一生的爱好。虽然《变形记》带给他的刺激随时光流逝而逐渐消散，但蒙田仍经常在《随笔集》里提到这些故事。他仿效奥维德的风格，在不同主题之间不停穿插，不写引导之语，也不遵循任何秩序。虽然成熟时期的蒙田坦言《埃涅阿斯纪》中的一些段落可能"需要整理一下"，但这无损于维吉尔在他心目中的地位。[4]

蒙田更想知道人们真实的作为，而不是谁想象人们做了什么，因此他的喜好对象很快就从诗人转变为史家与传记作家。蒙田说，从真实的人生故事中，你可以看到人性极其复杂的一面。你不仅能学习人的"多样与真实"，也能了解"人的性格是以千奇百怪的方式组合而成的，而人无时无刻不面临着各种威胁"。[5]在所有史家中，蒙田最喜欢塔西佗，他说自己曾一口气读完他的《历史》（History）。他喜爱塔西佗从"私人行为与性格"的角度来分析公共事件，也惊讶于塔西佗如此幸运地活在一个"诡谲而极端"的时代，就和他自己一样。事实上，蒙田提到塔西佗时表示："你可以说，塔西佗描写的是我们这个时代。"

蒙田希望传记作家不仅能够描述传主的外在行为，也尝试利用各项证据重建其内在世界。他最喜爱的作者正是这方面的翘楚：希腊传记作家普鲁塔克（生于约公元四十六年，卒于一二○年左右）。他的巨著《希腊罗马名人传》（*Lives*）透过各种主题将希腊与罗马名人两两关联，进行比较性的叙述。普鲁塔克之于蒙田，正如蒙田之于后世的读者：他是可遵循的典范，是观念的宝库，他的作品拥有丰富的名言、轶事可资引用。"普鲁塔克的著作无所不包，涵盖一切可能的内容，无论你选择的主题有多古怪，他都能进入你的作品中。"蒙田最后的说法毋庸置疑，因为《随笔集》有几个段落几乎是一字不改地引用普鲁塔克的作品。没有人认为这么做是抄袭，从另一个角度来看，这可以说是对伟大作家的仿作，而当时的人也认为这是相当好的练习。此外，蒙田对自己"窃取"的句子做了些微调整，也许是在完全不同的语境下引用这些句子，也许是特意在文章末尾表现出存疑的语气，以规避抄袭的嫌疑。

蒙田喜爱普鲁塔克的写作方式：描述各种形象、对话、人物、动物与事物，而不是冷冰冰地陈列抽象的说辞与论证。蒙田说，普鲁塔克的作品充满了"事物"。如果普鲁塔克想告诉我们活得好的诀窍在于知足常乐，那么他会讲故事来说明这点，例如有人朝自己的狗扔石头，结果没砸中狗，反而误伤了后母，这人于是叫道："也没那么糟嘛！"如果普鲁塔克想说明人总是忘记生活上的许多好事，而惦记着坏事，那么他会说，苍蝇没办法安稳地停在镜子上，因为光滑的镜面会让它四处滑动，除非落在粗糙的表面，否则它不可能立定脚跟。普鲁塔克从不留下完整的结局，但他开启的各项主题却延伸出各种可供探索的可能。他表示，我们可以随心所欲地谈论任何主题，但他不是引导话题的人，我们可以自由决定是否要接着他的主题谈论下去。

蒙田还喜爱普鲁塔克作品中强烈的个人色彩："我觉得我甚至可以感受到他内心深处的灵魂。"这是蒙田在普鲁塔克作品中追寻的东西，也是后世读者在蒙田作品中追寻的东西：与相隔数世纪的古人心灵相通。阅读普鲁塔克时，蒙田忘却了彼此的时间隔阂——他与普鲁塔克相距的时间比他与我们相隔的时间更久。蒙田写道，自己所爱的人无论是已死了一千五百年（如普鲁塔克）还是十八年（如他的父亲），对他来说并没有太大差别。两人都一样遥远，也一样贴近。[6]

蒙田将自己喜爱的作者拿来与父亲相提并论，充分显示了他阅读的方式：把书当成人，欢迎它们加入自己的家庭。这个嗜读奥维德的叛逆小子，有天将会拥有藏书千册的书房，但这些书并非随意收集而来，其中某些继承自他的朋友拉博埃蒂，其他则是自行出资购得。[7]蒙田并非有系统地收集书籍，精美的装订或罕见的奇书并不是他收藏的重点。蒙田绝不重蹈父亲的覆辙，盲目地以收集书籍与崇拜作者为能事。我们无法想象蒙田会像伊拉斯谟或诗人佩脱拉克那样，把书本当成圣物来亲吻；他也不可能像马基雅维利（Machiavelli）那样，在读书前必先换上最好的衣服。马基雅维利写道："我脱掉尽是尘土与臭汗的工作服，换上宫廷礼袍。穿上这身华服，我就能进入古人的殿堂，接受他们的热忱欢迎。"蒙田一定会觉得这种想法荒谬可笑。他比较喜欢与古人平起平坐地对话，有时甚至会揶揄他们，例如他曾嘲弄西塞罗炫耀才学，还要维吉尔再加把劲。[8]

蒙田也说自己最缺乏的就是努力，无论阅读还是写作都是如此。"我随意翻览这本书，然后又匆匆翻阅另一本书，"他写道，"毫无次序也毫无计划，得到的全是片段的印象。"如果蒙田发现有人觉得他是一名治学认真的学者，他可是会发火的。有一次，他意识到自己说了书籍可以抚慰人心这种话，便随即补上一句："其实我跟那些不知书为何物的人没什么两样，我几乎不看书。"他讲话时也经常这么起头："我们这种几乎不碰书的人……"蒙田阅读的原则是从奥维德那里学来的：读书是为了追求乐趣。"如果遇到艰涩难懂的书，"他写道，"我不会继续苦思下去，我的做法就是放下这本书。我不做没有乐趣的事。"[9]

事实上，蒙田有时的确会下苦功，但只有在他认为值得的时候才如此。在蒙田的藏书中，有些还留存着他做的批注，比较知名的有卢克莱修（Lucretius）的《物性论》(*On the Nature of Things*)[10]——这显然是一部值得细读的作品。它风格独特、观念大胆，一看就知道是蒙田喜欢的类型，不难想见蒙田会不厌其烦地钻研它。

蒙田形容自己是个心性不定的人，拿到书往往只是随便翻上几页，然后打个哈欠把书扔到一旁。这种描述倒是挺符合蒙田的形象，他总是在自己的写作中营造一股粗浅地涉猎文艺的气氛。但从蒙田在卢克莱修作品上留下的批注可以看出，他绝不只是一名业余的文艺爱好者。然而不可否认，他的确跳过了不少令他厌烦的部分，毕竟他从小到大接受的教育就是如此。皮埃尔告诉他，不管学习什么，都必须"和缓而自由，无须过于严谨拘束"。[11] 父亲的这句话成了蒙田一生奉行的准则。

迟缓而健忘的蒙田

蒙田说他遍览群书，但总是看过就忘。"记忆是件好用的工具，如果没有记忆，下判断会变成一件难事，"他接着便补了一句，"像我就没什么记性。"[12]

> 我大概是最没有资格谈论记忆的人，因为我几乎没
> 什么记性。我想天底下应该没有人跟我一样健忘。[13]

蒙田坦承这给他添了不少麻烦，而最让他懊恼的是，如果外出骑马时脑子里刚好浮现绝妙的想法，此时苦于手边无纸笔，就只好任由珍贵的点子从脑中消失。蒙田又说，要是他能记得更多梦境里的东西就好了，他引用泰伦提乌斯的句子："我的脑子到处都是裂缝，才想到什么，马上就从四面八方流出去。"[14]

蒙田经常为有记忆障碍的人辩护。举例来说，他读到林塞斯提（Lyncestes）的故事时，内心充满了"愤怒"与"切身的憎恶"。林塞斯提被指控阴谋颠覆亚历山大大帝，被迫在士兵面前自清。他默记了一篇讲稿，然而当面对军队时，他脑子里早已一团混乱，把稿子也忘个精光。结果他只讲了几句话就开始结巴，说话吞吞吐吐，旁边的军士听了不耐烦，索性拿起长枪将他刺死。他们认为林塞斯提的语塞证明他心里有鬼。"这家伙死得还真冤啊！"蒙田叫道。这件事充其量只能证明人在压力之下，大脑负担太重，会把记忆里的内容忘得一干二净，就像惊慌的马儿将背上的担子全抖落到地上一样。[15]

撇开这种危及性命的极端例子不提，背稿绝不是件好事，自然的谈话通常较容易引起听者的兴趣。蒙田在公众面前发言时，总是试着冷静下来，摆出"自然而未经演练的样子，仿佛演说全是即兴发挥"。他尤其避免分点叙述（"接下来我要讨论六种可能的做法……"），这么做无趣且容易出错，讲者要么会漏掉其中几项，要么讲到最后可能多讲出好几项。[16]

蒙田有时就是无法记住事物最重要与最有趣的部分。他曾有幸与法国殖民者从巴西带来的图皮族人（Tupinambá）见面，他仔细聆听这些人被问到对法国有何看法时的回答。图皮族人说了三件事，每一件都让蒙田印象深刻，但蒙田准备在《随笔集》里记下这段对话时，却发现自己只记得其中两件。这还不是最糟的。在一封已出版的描述拉博埃蒂（蒙田最好的朋友）去世的信里，蒙田坦承，他已经不太记得朋友临终时的情景与遗言。[17]

蒙田承认的缺点,完全悖反文艺复兴时期口齿伶俐、能言善辩的典范。当时普遍认为思想清晰就能辩才无碍,而演说流畅取决于清楚掌握一连串的论证,并且善用名言警句与华丽辞藻来装饰自己的言辞。记忆术的学习者努力练习串连话题的技巧,好让自己能滔滔不绝地讲上好几个钟头,甚至发展出一套哲学性的自我改善计划。但蒙田对此兴趣索然。

有些读者从一开始就不相信蒙田的记性像他说的那么差,蒙田因此很不高兴,甚至在《随笔集》中抱怨。但怀疑者振振有词,说蒙田似乎能轻轻松松地想起自己读过的每一句话,《随笔集》中到处可见引自其他书籍的文字——蒙田曾说自己的脑袋像一只漏水的瓶子,这只是从别处引用来的诸多比喻之一。因此,如果蒙田的确如他宣称的那么健忘,那他应是个极为勤勉的人。这些引文若非通过回忆写下,就有可能是他先前看书时抄录的。有些人可能对蒙田的说法感到不悦,大约与他同时代的诗人多米尼克·博迪耶(Dominique Baudier)表示,蒙田哀叹自己的记忆力奇差无比,让他感到"作呕与可笑"——真是极端的反应。十七世纪的哲学家尼古拉·马勒伯朗士(Nicolas Malebranche)认为蒙田说谎,对于一名标榜自己诚实的作家来说,这是一项严重的指控。[18]

然而这项指控并非空穴来风,蒙田的记性肯定比他自己所宣称的好。但不可否认,我们每个人总会抱怨自己记性欠佳,这是人类不完美的表征之一。我们不难想象蒙田在成长过程中过惯了惬意的日子,几乎没有人逼迫他强记任何事情,由此可知他的记忆力并未经过训练。蒙田虚心地表示自己记性不好，其实表现的是一种他认为比记性更重要的美德——讽刺的是，这项美德就是诚实。古语说得好，记性不好的人不适合说谎。如果蒙田无法完整记住自己编造的故事，那么他最好诚实。此外，也因为记性不好，蒙田的演说总是简短，讲述的轶事也总是简洁明了，因为长的故事他记不住，而这也使他拥有高明的判断力。记忆超群的人脑袋里总是装了一堆信息，但蒙田的脑子却因为少了大量资料的堆砌，得以顺畅地运用常识来下判断。最重要的是，他听了就忘，所以也很少将人们的批评放在心上，因此几乎不会产生愤懑不平的情绪。简单地说，蒙田形容自己仿佛坐在一条能让人忘却一切不如意的魔毯上，自在地游历世界。[19]

蒙田的记忆也有表现绝佳的时候（其实他若真的想记，就能记住），那就是重述个人经历时，例如对落马事件的重述。蒙田描述这起事件时并不是井然有序地重建事情的来龙去脉；相反，他试图恢复内在的感受——仍不完整，因为赫拉克利特的时间之流不断推着他往前走，但我们可以说他拼凑的图像已极为接近原貌。十八至十九世纪的心理学家杜格尔德·斯图尔特（Dugald Stewart）认为，记忆力不佳反而有助于蒙田恢复内在感受，而后重述个人经历。[20]蒙田这种"无心的"记忆深深吸引了普鲁斯特（Proust），过去的记忆在毫无征兆的情况下突然出现在脑海中，或许是由闻到许久未闻的气味，或许由尝到许久未尝的滋味而引发。只有置身于各种被遗忘的事物之中，这种情况才有可能发生，此时只需要一股适切的情绪与充足的时间，就能召唤出尘封的记忆。

蒙田当然不喜欢死记。他在谈到自己的记忆时说："我想求它，但必须装出若无其事的样子。它想记的时候自然会记，它不会顺着你的意思去做。"你愈是努力回想过去，愈是想不起来。相反，蒙田说，记住事情最有效的方式，就是努力地忘记它。[21]

"我只是顺其自然地轻松记忆，"蒙田说，"如果严格地要求自己记忆，那我什么也记不住。"自然而然地记忆，这点的确符合蒙田的风格，他总是想做什么就做什么，不愿勉强自己。童年的时候，他经常看起来一副懒散的样子，显得一无是处，而从各方面来看也真是如此。蒙田写道，尽管父亲不断鼓励他多做点事，但"懒散、漫不经心与呆滞，让人不禁怀疑我是否一辈子都要与慵懒为伍，甚至连玩耍都提不起劲"。[22]

蒙田认为自己不只是懒散，还有点迟钝。他的智力无法理解最浅显的事物："天底下的事无论多么简单，总是能难倒我。只要是与动脑有关的游戏，像是西洋棋、纸牌，我顶多学个皮毛。"他的"理解力迟缓"，"想象力薄弱"，"脑袋迟钝"，再加上记忆力差，说是"无药可救"也不为过。[23]他的能力似乎全睡着了，而且还发出微弱的呼噜声；他的脑子似乎正在开茶会，只是客人全睡死了。

然而与记忆力差一样，迟钝也是有好处的。蒙田虽然事情懂得慢，但一旦理解就能触类旁通。还只是个孩子时，他就说过："我只要看到了什么，一定看得非常仔细。"此外，蒙田刻意把自己的迟钝当成一种掩护，隐藏一些"大胆的观念"与个人的想法。[24] 他外表看似驽钝，实际上却得到比机智更重要的东西，那就是周延的判断能力。

可以称蒙田为现代"慢活运动"（Slow Movement）的典范。"慢活"始于二十世纪晚期，在休闲风气的推波助澜下，逐渐成为民众关注的焦点。与蒙田一样，慢活的支持者也将缓慢当成一项道德原则。这项运动始于施滕·纳多尔尼（Sten Nadolny）的小说《发现缓慢》（*The Discovery of Slowness*），书中描述北极探险家约翰·富兰克林（John Franklin）的生平。富兰克林的生活与思考步调完全遵循自然法则，他就像一只享受长时间按摩且抽了一袋鸦片烟的老树懒一样迟缓。富兰克林被他人当成小孩一样嘲弄，但他抵达极北之地时，发现自己的性格在当地如鱼得水：在此地，人们可以依照自己的步调生活，日子过得悠闲平静；人们有充足的时间思前想后，避免做出匆促的决定。《发现缓慢》于一九八三年在德国上市后一直畅销，甚至被宣传成另类的管理手册。与此同时，意大利也发起了"慢食运动"（Slow Food），这场运动原本是为了抗议麦当劳在罗马设立分店，最后却衍化出讲求生活质量的人生观。[25]

蒙田应该很了解缓慢的好处。对他而言，缓慢开启了通往智慧的道路，也培养了稳健节制的精神气韵，这种精神可以制衡当时在法国盛行的过度与狂热。蒙田很幸运，本性完全不受过度与狂热这两种情绪影响，也不像其他人那样容易被热情冲昏头。"我几乎从未离开原有的立场，就像笨重而全无生命力的尸体。"蒙田写道。一旦确定立场，他就能轻易地抗拒任何威胁，他的本性令他"难以屈服于恐吓与暴力"。[26]

蒙田有诸多特质，缓慢只是其中一项。蒙田年轻时其实是个容易发怒的人，而且经常感到不安。他在《随笔集》中说："我不知道是控制心灵比较难，还是控制肉体比较难。"[27]或许，蒙田选择缓慢只是因为这么做适合他。

"把所学抛诸脑后"与"迟钝一点"，成了蒙田回应"如何生活"的两个最佳答案。它们使蒙田睿智地思索，而不只是能言善辩；它们使蒙田免于像其他人一样沦为狂热观念与愚弄欺诈手段的受害者；它们使蒙田在自己思想的引导下生活，即做自己真正想做的事。

迟钝与健忘是可以培养的，但蒙田相信他的迟钝与健忘完全出于天性。他很小就表现出特立独行的倾向和异于常人的自信。蒙田说："我记得在我非常年幼时，身旁的人就已注意到我的身体流露出某种难以言喻的气质，而我的举止则透露了自负与近乎愚蠢的自尊。"虚荣心是肤浅的，然而蒙田并未沉溺其中，而只是把它当成外表的"点缀"。[28]蒙田内在的独立使他冷静自持。年轻的他已准备好陈述自己的心声，也准备好让其他人聆听他要吐露的一切。

动乱中的年轻蒙田

想维持冷静自重的态度并不像蒙田说的那么容易，尤其是像他这种身材矮小的男子——蒙田对于这个外形上的缺憾一直耿耿于怀。女孩子个子矮没什么关系，他说道，她们只要展现出其他方面的美丽，就能弥补身高的不足。但就男性来说，体格是"唯一审美的标准"，而这恰恰是他缺乏的。

> 身材矮小，那么尽管额头宽阔饱满，眼神清澈柔和，鼻子大小适中，口耳小巧玲珑，牙齿洁白如贝，茶色的胡须浓密滑顺如栗子壳，卷发似波浪流淌，头形浑圆，气色红润，表情怡人，体味清新芬芳，四肢比例完美，你仍然无法成为英俊的男子。

仆役从未仰视蒙田，而且，他带着随从进宫时，总会遇到一个令人气恼的问题："主人在哪里？"面对这种情况，蒙田无计可施，除非立即跳上马背——这是他最喜爱的消遣。[29]

只要造访蒙田的塔楼，就能了解他说的是实情：塔楼的入口只有五英尺高。当时的人个子普遍比现代人矮小，而这扇门早在蒙田住进这里之前就已存在。显然，蒙田进出时并不需要特别低头，所以他从未因感到不便而叫人把这扇门的顶端敲掉。当然，我们无从确认他为什么不改造这扇门，也许真的是因为他个头矮小，但也有可能是因为他生性懒惰，不想大兴土木。

蒙田告诉我们，他虽然矮小，但体格强健、厚实，举止优雅。他经常挂着拐杖外出散步，且总是"做作地"倚在拐杖上。他晚年的穿着与父亲一样，喜欢朴素的黑白色调，不过年轻时追随流行的穿衣风格："把披风当围巾，把披风的风帽挂在一边肩膀上，长袜中的一只特别松垮。"[30]

有一段文字生动描绘了年轻时期的蒙田，这是年纪稍长的好友拉博埃蒂写给他的诗。[31] 在指出蒙田的缺点的同时，这首诗也透露出这些缺点正是蒙田的魅力所在。拉博埃蒂认为蒙田很优秀，他的人生理应前途光明，但他也可能虚掷自己的才华而一事无成。蒙田需要一名冷静且睿智的导师从旁指引，拉博埃蒂扛起了这一重担，但蒙田经常顽固地拒绝旁人给他指点。他太容易受到年轻美丽女性的吸引，也过于自满。"我的家族给了我庞大的财富，我的年少给了我无穷的精力，"拉博埃蒂在诗里让蒙田如此满意地说道，"事实上，现在就有一名甜美的女孩正对着我笑。"拉博埃蒂把蒙田比拟成受命运眷顾、外表俊美的阿尔西比亚德斯（Alcibiades），以及擅长建功立业却在道德的十字路口犹豫不决的海格立斯（Hercules）。蒙田最吸引人的地方，也是他最大的缺点。

拉博埃蒂写这首诗的时候，蒙田已离开学校很久，已进入波尔多高等法院工作。蒙田在波尔多完成学业后，有关他的生平记载便一片空白；等到再有他的消息时，他已经是波尔多的年轻法官。

蒙田能够当上法官，想必一定在某处攻读过法律。他学习的地点不可能在波尔多，比较可能的城市是巴黎或图卢兹（Toulouse），也许这两个地方蒙田都曾待过。[32] 从《随笔集》的描述来看，蒙田对图卢兹相当熟悉，而他也花了相当多的篇幅描述巴黎。蒙田告诉我们，他小时候就非常喜欢巴黎——这里的

"小时候"可能是指二十五岁以前的某个时期。"我喜爱这座城市，"蒙田说，"甚至包括它的缺点与瑕疵。"蒙田向来以身为加斯科涅人*为荣，但只有在巴黎，他才能自在地当个法国人。不管从哪方面来看，巴黎都是一座伟大的城市："人口众多，居于地理枢纽，最重要的是，你不可能在别的城市拥有如此富足、舒适而多样的生活。"

蒙田在哪里攻读法律并不重要，重要的是他能将所学派上用场。一如父亲的期望，他终于展开自己的法律与政治事业。从此，蒙田在波尔多工作了十三年。各种版本的传记对蒙田这段时期的记载都不多，通常是一些补缀性质的叙述，然而这段岁月（从蒙田即将满二十四岁到刚过完三十七岁生日）其实相当重要。他退休返乡，在自己的庄园种植葡萄、蛰居塔楼伏案写作时，已经累积了相当丰富的公职经验。从几篇早期创作的随笔可以看出，当时的蒙田谈起自己的工作仍记忆犹新。而后来的随笔，写的是更难写的内容。

蒙田的第一个职位并不在波尔多，而是在波尔多附近的佩里格（Périgueux），这座小镇就在蒙田庄园的东北方。佩里格法院于一五五四年设立，随即在一五五七年遭到废除。设立该法院的主要目的是筹钱，借由贩卖法院公职来赚取收入。后来法院被废除，主要是因为权力更大的波尔多高等法院不承认佩里格法院，令前者更为光火的是，佩里格人员的薪水居然比他们高。

---

* 加斯科涅人（Gascon）：法国南部地区居民。——译注

一五五六年底，蒙田前往佩里格上任，任职时间虽短暂，但他的法律生涯由此展开。往后一连串事件的发生，加快了蒙田进入波尔多政治圈的脚步。佩里格法院被废除，当地工作人员转调波尔多，蒙田也是其中一员，转职名单上有他的名字。波尔多的法官不欢迎佩里格的人前来，但他们对这波人事调动没有置喙的权力。为了发泄怨气，他们处处为难佩里格的人员，除了将其安排至狭小的办公室，还不分配僚属供他们差遣。这种怨憎的情绪不难理解——尽管转调到波尔多，佩里格人员的薪水依然比波尔多的人员高。一五六一年八月，佩里格来的人员终于被减薪，这回轮到他们不高兴了。蒙田此时二十八岁，是资历尚浅的法官，但还是接受推举，代表大家向法院提出申诉。从波尔多的文书记录来看，此次发言是蒙田被法院所有人熟知的开始。他虽然使出刚磨炼好的演说诀窍——即兴展现魅力——却未能奏效。高等法院驳回抗议者的申诉，薪水照减。[33]

尽管官场上明争暗斗不断，在波尔多高等法院的生活肯定比在佩里格有趣。波尔多法院是法国八个高等法院之一，虽然它的特权仍未完全恢复，却已掌握了比其他高院更大的权限。波尔多法院负责绝大多数的地方法律与民政案件，可以否决国王的诏令，或在国王颁布民众不喜欢的法律时，向其提出正式抗议信——在这个多灾多难的时代，抗拒王命的景象经常可见。

起初，蒙田每天处理的多半是法律案件，而非政治案件。[34]他在调查庭（Chambre des Enquêtes）工作，负责评估案情过于复杂、大审议庭（Grand' Chambre）的法官无法立即解决的案子。

蒙田要研读细节，做出摘要，并且写下自己的法律见解，交给评议员。此时还轮不到蒙田判案，他只要写出明智而清晰的总结，切实抓住当事人的观点即可。蒙田或许从这份工作中体会到应该从多个的角度观看人类的处境，这种观点贯串了整部《随笔集》。

从蒙田的工作内容可以看出，十六世纪的法律需要从业人员全神贯注于案牍，但烦琐的寻章摘句工作经常让人吃不消。所有的法律辩论必须依据成文的法令，符合既定的范畴。案例事实是次要的，最重要的是法典、条例、成文的风俗、司法文件，以及评释与批注——这些文书可说是卷帙浩繁。即使处理简单的案子也需要研读无穷无尽的冗言赘语，而这类工作总是交给资历浅的法官处理，蒙田就经常成为这项烦琐工作的"受害者"。

在各种二手文件中，蒙田最讨厌的是司法评释：

> 这是诠释诠释，而不是诠释事物。这是讨论书的书，而不是讨论某个主题的书：我们只是不断地彼此批注。[35]

拉伯雷曾讽刺每件案子总会产生堆积如山的案牍：他笔下的人物布里德古斯法官（Judge Bridlegoose）会花上几个小时阅读与思索，到了最后时刻却以掷骰子的方式下决定，他认为这比任何方法都要可靠。[36]许多作家也抨击律师的腐败无能。蒙田抱怨说，整体而言，司法不公的印象深植人心，民众对官司唯恐避之不及。蒙田提到当地发生的一个案件：一群农民发现一名男子倒在路旁，身体被刺伤。这名男子恳求农民给他水喝，扶他站起来，但这群农民一哄而散，没有人敢碰他，他们害怕攻击的罪名会落到自己头上。这些人一个个被找出来之后，蒙田与他们谈话。"我能跟他们说什么呢？"他写道。他们害怕是应该的。蒙田提到另一件案子：某人已经被判有罪，而且即将被处死，此时有一伙人承认犯下杀人案的是他们。按理说应该马上停止行刑，但并没有。法院表示：这样会立下判决被推翻的恶例，所以必须继续行刑。[37]

蒙田并非十六世纪唯一呼吁司法改革的人，他提出的许多批评与当时法国开明的掌玺大臣米歇尔·德·洛皮塔（Michel de L'Hôpital）若合符节，后者推动一系列措施的实施，促成真正的改革。[38]蒙田还有一些独创且影响深远的论点。对他而言，当时司法最大的问题是未考虑到根本的人性事实：人会犯错。我们希望审判能够定案，但我们也知道最终的审判结果不可能完全公正。证据总是充满瑕疵，错漏百出；而雪上加霜的是，法官自己也会犯错。[39]诚实的法官不会认为自己的判决完美无瑕——法官受自身偏见的影响甚于证据，就连午餐吃得好不好都会影响判决。这种事相当自然且难以避免，但明智的法官至少能意识到自己并非完人，会反省自己可能做出错误的判决。他知道事缓则圆，会再三考虑自己最初的见解，谨慎做出最后的判断。法律至少有一项好处：充分显示出人类的不完美——这是个值得省思的哲学教训。

如果司法界人士容易犯错，那么他们制定的法律也好不到哪里去，因为法律是人类意识的产物。[40] 既然法律容易出错的事实无法改变，我们只能承认与适应这个事实。这种对不完美的迂回的自我怀疑、自知与承认，成为蒙田对各种主题（不只是法律）思考的普遍特征。我们有理由相信这种思维源自他早年在波尔多法院的经历。

除了法律，蒙田还做与政治有关的工作，他将在这个领域充分感受到人类的局限与不可靠。蒙田经常出差到其他城市，其中有几次前往巴黎，每次都会停留一个星期左右。[41] 除了拜会巴黎高等法院，蒙田有时还必须进宫。进宫这件事，尤其使他见识到人性真实的一面。

蒙田首次进宫觐见的国王是亨利二世。他应该亲眼见到了国王，因为他抱怨亨利"从来没有叫对这位来自加斯科涅（Gascony）的绅士的姓名"[42]——或许是因为蒙田在此时仍使用具有地方色彩的姓氏：埃康。一五四七年，亨利二世继承父亲弗朗索瓦一世的王位，但显然不像父王那么英明。亨利缺乏弗朗索瓦的政治才能，因此极为倚重左右的建言。然而他听取的建议来自徐娘半老的情妇黛安娜·德·普瓦捷（Diane de Poitiers），以及强势的王后凯瑟琳·德·梅迪奇（Catherine de' Medici）。亨利二世的软弱是法国日后陷入动乱的主因，敌对派系利用主上的无能进行权力斗争，内部倾轧主导了法国往后数十年的政局。权力竞争主要在三大家族间发生：吉斯家族（the Guises）、蒙莫朗西家族与波旁家族（the Bourbons）。与欧洲其他国家一样，这些家族的政治野心和法国既有的宗教紧张形势合流，使得冲突范围扩大。

在宗教事务上，亨利二世比弗朗索瓦更强势。直到一五三四年，弗朗索瓦才因新教的传播愈来愈具威胁而下令镇压异端。法国宗教改革领袖约翰·加尔文（John Calvin）逃往日内瓦，并且在当地成立流亡的革命总部。往后，法国新教主流不是宗教改革初期出现的温和的路德派，而是加尔文派。加尔文派对法国王室与教会权威构成真实的威胁。[43]

今日的加尔文派是规模很小的教派，但他们的意识形态仍有强大的影响力。加尔文派最根本的信条是"完全堕落"，认为光凭人类无法产生美德，一切必须仰赖上帝的恩典，无论是救赎还是改信加尔文派，都要依靠上帝的意旨。人类几乎没有对自己负责的能力，因为一切都由神预先决定，没有任何妥协的余地。面对上帝，你只能完全顺从，而上帝将赋予信徒无可匹敌的力量：你虽放弃自己的意志，但上帝的国度会成为你的后盾。尽管如此，这并不表示你可以袖手旁观，无所事事。路德派倾向于不过问世俗，只依照自己的良知过活；加尔文派则不然，他们积极参与政治，努力在世间传播上帝的意旨。十六世纪的加尔文派信徒通常先在瑞士的一所特殊学院接受培训，然后带着禁书进入法国传教，以辩才颠覆政府。到了十六世纪五十年代，"胡格诺派"（Huguenot）逐渐成为法国内外加尔文派信徒的代称。"胡格诺派"一词可能源自早期流亡到国外的改革派分支，当时称"盟友派"（Eidgenossen 或 confederates），这一称呼后来固定下来，不仅法国新教徒这么称呼自己，就连新教徒的敌人在攻击新教徒时也使用这个名称。

面对新教的威胁，天主教会起初的响应是从内部进行改革。因此，蒙田成长时接触的天主教会主要倡导灵魂的自我探索与自我质疑，宗教机构并不强调运动。但往后教会内部主战派势力抬头，罗耀拉（Loyola）于一五三四年创立天主教耶稣会（Jesuit），与宗教敌人进行思想斗争。而从十六世纪五十年代开始，法国反新教运动从思想论辩转为诉诸暴力，这群人没有严密组织，被概括地称为"天主教同盟"（Leagues）。他们不想通过论辩的方式驳倒异端，而试图以赤裸裸的武力将对方从地球表面抹除。天主教同盟与加尔文派水火不容，双方对宗教的狂热也不分轩轾。天主教同盟反对法国国王对新教的宽容，而随着时间推移，反对宽容的声浪愈来愈大。

在天主教同盟的压力下，亨利二世很快屈服了。他制定严格的异端法，甚至要求巴黎高等法院设立宗教法庭，专门审理宗教案件。从一五五七年七月开始，亵渎圣人、出版禁书与非法传教最高可以判处死刑。然而在推动这些措施的同时，亨利有时会收回成命，让胡格诺派有喘息的机会，例如他允许某些地区信仰新教，或者减轻对异端的刑罚。然而只要亨利稍微放宽对新教的政策，天主教团体就会发起抗争，此时亨利便转而加强压迫新教的力道。亨利的做法反反复复，两边都不讨好。

与此同时，法国国内还有让人忧心的其他问题，例如失控的通货膨胀，受害最深的是底层贫民，获利最大的则是地主乡绅。地主可以借此获取更多地租，并且趁机兼并贫农的土地，这是蒙田家族世代以来惯用的手法。对于运气欠佳的阶级来说，经济危机促使他们走向极端。人类带着原罪，并为这个世界带来许多苦难，因此人类必须顺服唯一而真实的教会，才能取悦上帝。然而，谁能代表真正的教会呢？

法国在宗教、经济与政治上蓄积的不满，是内战发生的主因。这场持续到十六世纪末的内战，从一五六二年，也就是蒙田二十九岁时开始，直到一五九八年，也就是蒙田已去世多年后才结束。十六世纪六十年代之前，法国忙于与意大利及其他地区的战事，为国内的紧张局势提供了一个宣泄的出口。一五五九年四月，《卡托-康布雷齐和约》结束了好几场对外战争，民众的注意力又回到国内。经济萧条，国内充斥着大量无业的复员军人。于是，和平的到来反而在国内引发更惨烈的战争。

随着和约签订，王室开始联姻。然而，在庆祝婚礼的比武大会上发生了一件不幸的事，人们认为这是预示日后内战爆发的第一个不祥征兆。在比武大会上，喜爱马上竞技的国王亲自上场一展身手。但在比试中，对手折断的长矛意外撞开国王的面甲，一块木头碎片从国王眼睛的上缘刺进脸部，国王被抬到场外。他在床上躺了几天，看似神志清醒，然而由于木头碎片已然插进脑中，第四天，他开始发高烧，而后于一五五九年七月十日去世。

新教徒认为亨利二世的死是上帝惩罚他打压他们的结果，然而亨利的死对他们来说有害无益。王位依序由他的三个儿子继承：弗朗索瓦二世（François II）、查理九世（Charles IX）与亨利三世（Henri III）。前两任国王都是幼冲即位，分别在十五岁与十岁登基。这三任国王的健康状况都不好，大权掌握在母亲凯瑟琳·德·梅迪奇手中，而他们均无法平息宗教冲突。弗朗索瓦二世即位不久就因结核病去世，之后查理继位，一直统治到一五七四年。查理即位之初由他的母亲摄政，凯瑟琳试图在宗教与政治派系间求得平衡，可惜成效不彰。

在十六世纪六十年代的十年里，蒙田一直待在波尔多发展法律事业。而从十六世纪六十年代初开始，法国就面临着主少国疑、党派倾轧、经济艰危与宗教冲突日益严重的难题。一五六〇年十二月，掌玺大臣洛皮塔在一场演说中表述当时弥漫的气氛，说："要让持不同信仰的人和平相处、和谐相待与维持友谊，简直是痴人说梦。"这是个美好而不可能实现的理想。想要政治一统，首要条件就是要宗教统一。一名西班牙神学家表示，如果"每个人都认为自己的上帝才是唯一真实的上帝……而其他人都是盲目的，遭到了欺骗"，那么国家绝对不可能长治久安。绝大多数的天主教徒认为这是不证自明的道理，连提都不需要提。即使是新教徒，也认为他们如果拥有自己的国家，也一定会要求宗教统一，即所谓"一个国王、一种信仰与一套法律"（Un roi, une foi, une loi）。[44] 这些持不同信仰的人唯一的共同点，就是都仇视主张妥协的人。

洛皮塔与盟友并未推动现代意义下的宗教宽容或"宗教多元"，但他确实认为，要想让新教徒迷途知返，重点是让天主教会更具吸引力，而非以恐吓胁迫的方式逼迫新教徒放弃新教。在洛皮塔的主导下，十六世纪六十年代初，异端法稍微放宽。一五六二年一月的敕令允许新教徒在城外公开做礼拜，但在城内只能私下做。

与先前的妥协一样，这项措施两面都不讨好。天主教徒觉得遭到背叛，新教徒则大受鼓舞，认为自己应该提出更多要求。而就在几个月前，威尼斯大使表示有一股"强烈的恐怖氛围"正在法国境内蔓延；如今这种恐惧已经发展成近在咫尺的灾难。

导火线于一五六二年三月一日点燃，地点是东北部香槟（Champagne）地区的瓦西镇（Vassy，也作"Wassy"）。五百名新教徒聚集在镇上的一座谷仓里做礼拜，这项举动是违法的，因为这类集会只能在镇外进行。吉斯公爵（duc de Guise）是天主教激进派领袖，刚好带着一队士兵经过此地。公爵听说有这么一场聚会，于是率兵前往。根据生还者的描述，他纵容士兵冲进谷仓，并且呐喊："把他们杀个精光！"[45]

胡格诺派的信众开始反击。他们早已预料会遇上这种麻烦，已经做好防卫的准备。他们将士兵赶出谷仓，然后堵住谷仓大门，接着爬到屋顶的鹰架上——那里早已屯集了一些石块——拿起石块朝着吉斯的士兵丢掷。士兵一方面以火绳枪射击屋顶上的信众，另一方面设法再度攻入谷仓。新教徒开始四散逃命，许多人从屋顶摔下来，有些人则在逃跑时中弹。在这场骚动中，大约有三十人死亡，一百多人受伤。

这起事件的后果充满戏剧性。法国新教领袖、孔代亲王路易一世·德·波旁（Louis I de Bourbon, prince de Condé）呼吁新教徒起身抵抗接下来可能出现的攻击。许多新教徒拿起武器，天主教徒的回应方式是也拿起枪——双方这么做与其说是出于仇恨，不如说是因为恐惧。查理九世此时才十二岁，母后凯瑟琳·德·梅迪奇以他的名义下令调查瓦西镇事件，然而与公开听证一样，这场调查最后不了了之，而且时间已经太迟。双方领袖连同他们的支持者群聚巴黎，吉斯公爵进城时刚好遇见孔代亲王率领的新教群众，两人只是轻按剑柄的圆头，冷冷地向对方打招呼。

艾蒂安·帕基耶（Étienne Pasquier）是该事件的密切关注者。他是蒙田的朋友，也是一名律师。他在书信中指出，几乎每个人都认为瓦西镇的屠杀是一场战争。[46]"如果允许我评估这起事件，我会告诉你，这是一场悲剧的开端。"他说得没错，双方的冲突不断升级，最后演变成赤裸裸的战争，法国内战就此展开。这场战争虽然残酷但为时不长，第二年吉斯公爵遭到枪杀，天主教徒顿失领袖，只能勉强与新教徒订立和约。然而问题并未获得解决，双方仍感到不满，于是第二次内战于一五六七年九月三十日爆发，这次也是由一场屠杀引起，只不过换成了新教徒杀害天主教徒，地点是尼姆（Nîmes）。

一般都用复数形式表述法国内战，但我们也可以将这些内战视为一场长期战争，只是中间穿插了几段和平时期。蒙田与当时的法国人通常称这些冲突为"动乱"（troubles）。比较公认的说法是，法国前后一共爆发了八次动乱，我们可以简要地列出这些动乱，从而了解蒙田的人生受这些战争的影响有多大：

> 第一次动乱（一五六二至一五六三年），始于瓦西
> 镇新教徒遭到屠杀，终于《昂布瓦斯和约》（*Peace of*

Amboise）签订。

第二次动乱（一五六七至一五六八年），始于尼姆天主教徒遭到屠杀，终于《隆朱莫和约》(*Peace of Longjumeau*）签订。

第三次动乱（一五六八至一五七〇年），始于新的反新教法颁布，终于《圣日耳曼和约》(*Peace of Saint-Germain*）签订。

第四次动乱（一五七二至一五七三年），始于在圣巴泰勒米日（St Bartholomew's Day），巴黎和其他地区对新教徒的屠杀，终于《拉罗谢尔和约》(*Peace of La Rochelle*）签订。

第五次动乱（一五七四至一五七六年），始于普瓦图（Poitou）与圣通日（Saintonge）的冲突，终于《王弟和约》(*Peace of Monsieur*）签订。

第六次动乱（一五七六至一五七七年），始于布洛瓦三级会议（Estates-General of Blois）通过反新教法，终于《普瓦捷和约》(*Peace of Poitiers*）签订。

第七次动乱（一五七九至一五八〇年），始于新教徒攻下诺曼底（Normandy）的拉费尔（La Fère），终于《弗雷克斯和约》(*Peace of Fleix*）签订。

第八次动乱（一五八五至一五九八年）。最漫长与最惨烈的一次内战，始于天主教同盟的暴动，终于《维尔凡条约》(*Treaty of Vervins*）签订与《南特诏令》

（*Edict of Nantes*）颁发。

每一场内战都重复了第一次与第二次内战的模式。和平状态往往因为突如其来的屠杀或挑衅而中止，随之而来的便是战争、围城与举目可见的苦难，直到其中一方示弱，双方缔结和约为止。和约通常无法令双方都满意，但他们会先休养生息，直到下次挑衅出现时再厮杀——然后相同的模式又重来一遍。事实上，就连最后一次和约也未能生效。此外，敌对的阵营并非泾渭分明，至少有三大派系参与了绝大多数的动乱，目的主要是控制国王。法国的这几场内战与同时期欧洲其他国家爆发的战争一样，属于宗教战争，但这些战争也具有浓厚的政治意义。

最初，一场对外冲突的结束使内战一触即发；到了一五九五年，法王亨利四世（Henri Ⅳ）对西班牙宣战，这一场对外冲突彻底终结了经年累月的内战。当时的人们其实很清楚矛头对外的好处。在最后一次"动乱"期间，蒙田发现有很多人希望将战火移往国外。暴力需要疏解，就像伤口感染流脓一样。然而蒙田对于这种做法的伦理性五味杂陈："我们居然为了一己之便而启衅邻国，我不认为上帝会赞许这种不义的行径。"[47]然而这是法国需要的，而亨利四世这位法国不世出的英主，也确实为法国带来了和平。

回到十六世纪六十年代，这场漫长的内战刚开始，人们做梦也没想到恐怖将持续很久。蒙田在高等法院任职期间经历了第一次到第三次动乱。即使在和平时期，政治气氛也是非常紧张。到了第三次动乱结束时，蒙田已经受够了，决定从公职退休。在此之前，他在波尔多担任的职务使他置身于极其复杂的派系关系之中。波尔多是座天主教城市，但四周围绕的是信奉新教的地区，波尔多城内新教徒亦不在少数，这些人随时可能做出破坏偶像与其他具有威胁性的行为。

一五六二年六月二十六日深夜，也就是瓦西镇发生屠杀几个月后，波尔多爆发了一场相当严重的暴力冲突，一群新教暴民攻击象征政府权力的特隆佩特堡。这场暴动最后遭到镇压，不过与"盐税暴动"一样，随后的惩罚之严厉远甚于暴动之残酷。为了给管理无方的波尔多当局一点教训，国王派遣新任陆军中将布莱兹·蒙吕克（Blaise Monluc）前来"平定"地区暴乱。

蒙吕克知道"平定"指的是"大屠杀"，于是不经审判就绞死大量新教徒，或在车轮上打断他们的四肢。他攻下泰罗布（Terraube）这个村落之后，杀死许多村民，并且将他们的尸体全部弃置在井里——由于数量实在太多，几乎站在井边伸手就可以摸到堆上来的尸首。数年后，蒙吕克写回忆录时，还记得一名叛军首领被俘后向他讨饶的情景。蒙吕克一把掐住他的喉咙，重重地将他往石头十字架上一摔，用力过猛的结果是，不仅石头碎了，那人也死了。"如果我不这么做，"蒙吕克写道，"我会遭到世人的嘲笑。"有一名信奉新教的、曾追随蒙吕克在意大利打仗的陆军上尉许多年前，希望老长官念及旧日情谊网开一面，然而蒙吕克当场就杀了他，理由是他知道这个人有多勇猛善战——是个危险的敌人。这些场景不断出现在蒙田的随笔中，有人求饶，有人思忖着要不要饶恕，这当中牵扯的道德两难吸引了他的注意。什么样的道德两难？蒙吕克说过，杀戮一直是最有效的解决方式："绞死一个人，要比在战场上杀死一百个人更有效。"事实上，他在当地处决的人太多，以致绞刑台不敷使用，他因而要求木匠制作更多绞刑台、用来轧断四肢的车轮，以及执行火刑的木柱。绞刑台挂满尸体时，蒙吕克便改用树木来行刑，他夸耀道，人们只要循着路旁在树上晃荡的尸体，就能知道他在吉耶讷的行进路线。结束这场行动时，他说，此后这个地区应该不会再生事。幸存的人应该了解什么叫沉默是金。[48]

蒙田认识蒙吕克（这是日后的事），对蒙吕克的兴趣主要是他私底下的个性——特别是他未能扮演好父亲的角色这件事——而非他的公众行为。[49]蒙吕克的儿子年纪轻轻就去世了，丧子之痛始终折磨着他，令他痛悔不已。蒙吕克向蒙田坦言，他太晚才了解自己对待儿子的方式过于冷酷，事实上，他非常疼爱儿子。他误信当时流行的教养方式，以为父母不该对子女流露任何情感。"可怜的孩子，他对我的印象大概只有愤怒与鄙夷的神情，"蒙吕克说，"我努力克制、折磨自己，仿佛戴着一副毫无意义的面具。""面具"这个词用得恰如其分——一五七一年，蒙田退休没多久，蒙吕克的脸遭火绳枪射中而毁容，此后他外出时都用面罩遮住伤疤。蒙吕克这名心狠手辣的将领，在毁容前已无人敢正视他那如面具般冷酷的神情，毁容后他又戴上一副真正的面具，更令人不寒而栗。

在动荡的十六世纪六十年代，蒙田经常为了在高等法院的工作到巴黎出差。一五六二年大部分时间与一五六三年初，蒙田都不在波尔多，尽管他从巴黎返回波尔多就像现代人开车或搭火车回一样方便。一五六三年八月，挚友拉博埃蒂逝世，蒙田此时一定回到了波尔多。一五六三年十二月，蒙田应该也在波尔多，因为当时发生了一起离奇的事件。市府档案里关于蒙田的记载并不多，但很多集中在这个时间，因此值得我们特别留意。

就在前一个月，天主教极端派人士弗朗索瓦·德·佩吕斯·戴斯卡（François de Péruse d'Escars）公然挑战温和派的高等法院院长雅克-贝诺瓦·德·拉吉巴东（Jacques-Benoît de Lagebâton）。戴斯卡大刺刺地走进法庭，当面指控拉吉巴东没有资格担任院长。拉吉巴东当场反驳他的指控，但过了一个月，戴斯卡故技重施。为了反制，拉吉巴东拟了一份支持戴斯卡的法官名单，这些人或许会为了钱与戴斯卡共谋。令人惊讶的是，蒙田的名字赫然出现在名单里，过世不久的拉博埃蒂也在其中。一般认为这两个人是拉吉巴东坚定的支持者——与拉吉巴东一样，拉博埃蒂也积极支持掌玺大臣洛皮塔，至于蒙田，则在《随笔集》里公开赞扬过洛皮塔的派系。然而另一方面，戴斯卡也是蒙田家的朋友，拉博埃蒂养病时曾暂住戴斯卡家中。蒙田与戴斯卡的关系引发拉吉巴东的疑虑与联想，因此蒙田必须接受调查。

所有被告都有权在高等法院为自己辩护——蒙田又有了展现辩才的机会。在所有人之中，蒙田是最引人注目的发言者。"他展现出特有的活力。"档案中的注记这么写着。蒙田在总结陈词时表示"他叫得出全体法官的名字"，然后拂袖而去。

法官叫住蒙田，问他这句话是什么意思。蒙田回答说，他不是拉吉巴东的敌人，拉吉巴东不仅是他个人的朋友，也是他家族的朋友，但是——蒙田在提到"但是"时故意拉高音量——他知道依照惯例，被告有向原告提出反诉的权利，而他也准备行使这项权利。蒙田再次让现场的人满头雾水，其实他是暗示，行为不妥当的人不是他，而是拉吉巴东。蒙田未再多做说明。法院方面向他施压，希望他撤回反诉，蒙田照做了，这起事件就这样不了了之。这起诉讼案件无关紧要，很快就被大家遗忘。[50]

真相依然成谜，但有一件事是确定的，那就是这时的蒙田完全不同于《随笔集》所展示的冷静、节制的作者形象，也难以让人联想到他自称的年轻时一看到书就想睡的模样。蒙田向来以"活力充沛"著称，总是来去匆匆，提出各种不着边际的指责，说起话来杂乱含糊，没有人能确定他话里的意思。蒙田在《随笔集》里坦承："我天生想到什么就说什么，尽管无伤大雅，却足以毁了我的工作。"[51] 这句话让人不禁怀疑，他是否因为口无遮拦而葬送了自己在高院的前程（不一定是因为这件案子，也许是因为别的事情）。

年轻的蒙田行事鲁莽，这并不让人意外，真正令人惊讶的是他居然与顽固的极端主义者为伍。他的政治效忠对象扑朔迷离，我们难以猜测他对特定主题会有什么看法。但蒙田的立场与其说是信念，不如说是一种个人忠诚。他的家族与两派政治人物都有来往，因此两边他都不愿得罪。或许因为如此，双方冲突造成的紧张局势使他不得不反复无常。拉吉巴东对他的指控是一种侮辱——不仅对他是如此，对拉博埃蒂来说更是如此，因为后者已不可能再为自己申辩。事实上，拉吉巴东质疑的是蒙田心目中最高尚的人物，这个人大概也是蒙田一生中最敬爱的人，而他这辈子已不可能再见到这个人。因此，蒙田发出无助的怒吼，完全是可以理解的。[52]

到目前为止，迟缓与健忘似乎可以作为"如何生活"的好答案。它们可以充当绝佳的掩饰，使人们有充足的空间仔细思考，做出周详的判断。但人生中的一些体验能燃起更强烈的热情，驱使人们追寻另一种答案。

5

我们问：

如何生活？

How to live?

●

蒙田说：

经历爱与失去

Survive love and loss

拉博埃蒂死后，蒙田收起叛逆的性格。他将拉博埃蒂的藏书搬进书房，从自己最珍贵的财产中挪出一块空间给他的朋友。

蒙田尽可能地写下记忆中拉博埃蒂逝世的过程，并将这名年轻哲学家的遗言传诸后世。写下拉博埃蒂的一切，这个想法终使蒙田完成《随笔集》。

拉博埃蒂：爱情与暴政

　　蒙田遇见拉博埃蒂是他二十五岁左右时的事。[1] 两人都在波尔多高等法院工作，见面之前均已耳闻彼此的大名。拉博埃蒂听说蒙田是个坦率而早熟的年轻人；蒙田知道拉博埃蒂是一名前途看好的作家，他的手稿《论自愿为奴》(De la Servitude volontaire) 在当地流传，引发不少争议。蒙田最早读到这篇文章是在十六世纪五十年代晚期，他后来写了一篇谢词，感谢这篇文章让他结识了作者。这篇文章开启了一段美好的友谊："如此完美无缺的关系肯定世间少有……需要多少因缘际会才能交到这样的朋友，只有非常幸运的人才能得到这个千载难逢的机会。"[2]

　　这两名年轻人虽然对彼此感到好奇，但一直没有机会见面。两人的碰面其实相当偶然。他们参加了一场在波尔多举行的宴会，从闲聊中发现"彼此非常契合，仿佛相交多年的旧识"[3]；从此，他们成为最好的朋友。蒙田与拉博埃蒂结识六年，但由于两人有时会分别被派到外地工作，六年之中有三分之一的时间分隔两地。即使是这么短的时间，也足以让他们像相处一辈子的好友一样亲密。

　　从有关蒙田与拉博埃蒂的描述，你会得到一种印象，拉博埃蒂的年纪似乎比蒙田大，而且更为睿智。事实上，拉博埃蒂只比蒙田年长两岁。他既不英俊也不潇洒，却给人一种聪明、亲切、言之有物的感觉。拉博埃蒂与蒙田不同，他们相识时他已经结婚，而且在高等法院担任较高的职位。同事眼中的拉博埃蒂既是作家又是公职人员，而此时的蒙田还没有自己的作品，只写过法律文书。拉博埃蒂获得了众人的关注与尊敬——如果你能回到十六世纪六十年代初期，对那些认识拉博埃蒂的人说他在现代之所以出名，主要因为他是蒙田的好友，而不是因为他本身的才学，他们绝不会相信。

拉博埃蒂给人一种成熟稳重的感觉，这可能跟他幼年即成为孤儿有关。一五三〇年十一月一日，拉博埃蒂生于市集城镇萨尔拉（Sarlat）一栋优美而华丽的建筑物里，此地离蒙田庄园约七十五英里。拉博埃蒂的父亲在五年前兴建了这座宅邸，与蒙田的父亲一样，他也是个精力旺盛的人，但在拉博埃蒂十岁时就去世了。拉博埃蒂的母亲不久也撒手人寰，留下他独自一人。他的叔叔——名字也叫艾蒂安·拉博埃蒂——收养了他，而且让他接受当时流行的人文主义教育，不过不像蒙田的父亲那么极端。

与蒙田一样，拉博埃蒂后来也攻读法律。一五五四年，他娶了已经有两个孩子的寡妇玛格丽特·德·卡尔（Marguerite de Carle），其中一个孩子后来嫁给了蒙田的弟弟托马斯·德·博勒加尔（Thomas de Beauregard）。同年五月，也就是蒙田到佩里格上任的两年前，拉博埃蒂进入波尔多高等法院工作。往后当佩里格的法官转调到波尔多，仍然领取较高薪资时，拉博埃蒂的心里恐怕也不是滋味。

拉博埃蒂在波尔多高等法院的表现相当杰出。撇开一五六三年发生的诡异指控不提，他给人的印象一直是一副信心十足的样子。院方放心地把敏感的任务交付给他，让他担任协商者的角色——日后，蒙田也将担任这一角色。在同事心中，拉博埃蒂相当可靠。他行事稳重、工作认真且有责任感。他与蒙田的个性有着天壤之别，然而令人不解的是，这两个人一拍即合，成为知心好友。他们有许多特别的共同点：心思细腻，对文学与哲学充满热情，以及决心像他们从小喜欢的古典时代的作家与军事英雄一样拥有美好的人生。这些特质拉近彼此的距离，也使他们有别于其他受过相同教育但厌恶冒险的同事。

我们现在知道的拉博埃蒂的形象，主要来自蒙田的描述——十六世纪七十和八十年代，蒙田带着悲伤的心情追思已经过世的好友。他的描述创造出一种怀旧的迷雾，使人必须眯着眼睛辨识拉博埃蒂的真正形象。拉博埃蒂呈现的蒙田形象则清楚许多，他的十四行诗明确地表达出他对蒙田的看法，包括他希望蒙田精益求精。拉博埃蒂的诗刻画的不是冻结在记忆中的蒙田的完美形象，而是活生生的、不断转变的蒙田。他不确定蒙田是否能改正性格上的缺点，因为他看到的蒙田一直将精力虚掷在宴会与追求美女上。[4]

虽然拉博埃蒂提到蒙田时像个循循善诱的长者，但他的关怀却不像家人间的情感："蒙田，你我紧紧相系，这不仅出于天性，也基于德行；这是爱的甜蜜引诱。"蒙田在《随笔集》里也用相同的口吻表示友情攫住了他的意志，"引领我的意志融入拉博埃蒂的意志之中，两者合而为一"，而友谊也攫住了拉博埃蒂的意志，"引领他的意志融入我的意志之中，两者合而为一"。这种说法看似诡异，但在当时并不罕见。[5] 在文艺复兴时代，虽然关于同性恋的暗示令人惊恐，但男性好友在书信往来时却时常表现得像热恋中的青少年，而时人也习以为常。与其说他们彼此爱恋，不如说他们爱上了崇高的、理想的友谊，如同希腊与拉丁文学表现的那样。两名出身上流社会的年轻人的这种联系，象征着哲学的至高境界：一起研究学问，接受彼此的监督看护，鼓励彼此提升生活的技艺。蒙田与拉博埃蒂着迷于这种典范，他们见面时，或许都正追寻着这样的可能，而相聚时间的短暂使他们免于对这一理想的幻灭。在诗中，拉博埃蒂表达了自己的期许，希望自己与蒙田的名字能一同流传后世，就像历史上"著名的莫逆之交"一样。他的心愿的确实现了。

蒙田与拉博埃蒂似乎认为他们的关系足以与古典时代的典范——哲学家苏格拉底与他的俊美小友阿尔西比亚德斯——相比。拉博埃蒂曾在诗中将蒙田比拟成阿尔西比亚德斯。相对地，蒙田则暗示拉博埃蒂宛如苏格拉底：他拥有智慧，但更令人惊讶的是他的丑陋。[6] 苏格拉底的外表极不讨喜，蒙田毫不避讳地表示拉博埃蒂的"丑陋掩盖了他美丽的灵魂"，而这正呼应了柏拉图《飨宴篇》(Symposium) 里阿尔西比亚德斯把苏格拉底比拟成森林之神西勒诺斯（Silenus）的小塑像的情节，这种塑像在当时经常被用来收藏珠宝与其他贵重物品。与苏格拉底一样，这些塑像的脸孔与身形相当丑怪，但里面收藏的东西价值连城。蒙田与拉博埃蒂显然乐于扮演这两种角色，而且还刻意强调这一点。至少，对蒙田来说是如此。拉博埃蒂如果因此感到被冒犯，他的哲学尊严

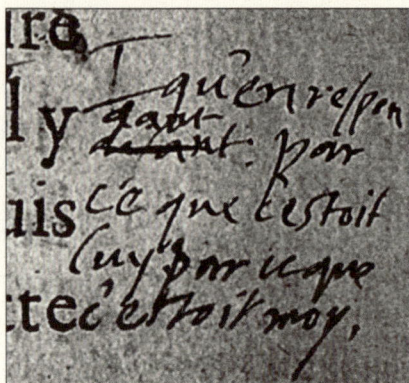

蒙田在《随笔集》(波尔多本)页缘处写道:
"只能说:因为是他,因为是我。"

绝不可能允许他勉强装出乐在其中的样子。

根据柏拉图的说法,丑陋的苏格拉底婉拒了俊美的阿尔西比亚德斯的殷勤追求,但不容怀疑的是,他们的关系充满挑逗与肉体诱惑。蒙田与拉博埃蒂也是如此吗?今日已很少有人认为他们之间存在性爱关系,尽管性关系说仍有追随者。他们表达友谊时使用的语言非常醒目,不仅拉博埃蒂的十四行诗如此,蒙田在随笔中也形容他们的友情具有超验的神秘性,像爱的狂潮般将他们席卷。蒙田平日的稳健与独立,在提到拉博埃蒂时消失无踪。他写道:"我们的灵魂融合得天衣无缝,无法分离。"任何文字都无法形容这种关系,他在页缘写下注记:

> 如果你硬要我说明我为什么爱他,我觉得这实在难以说清,只能说:因为是他,因为是我。

文艺复兴时代的友情,和古典时代的一样,理当建立在当时被普遍接受的风俗上。只有如此,这些友情形式才具有哲学价值。蒙田对友情的描述"不可能脱离当时通行的惯例"。事实上,蒙田坦承:"我们的友谊没有其他模式可以用来形容与比拟,自成一家，只能自己描述自己。"如果一定要找出一个参考点，还是只能以《飨宴篇》为例。阿尔西比亚德斯同样对苏格拉底的魅力意乱情迷，说："有好几次，我多么希望他能从世间消失，但我知道，如果那一天真的到来，我的悲伤将远超过我的解脱。事实上，我不知道该拿他怎么办。"[7]

拉博埃蒂在十四行诗里不像蒙田那样纠结，他的情感不像蒙田的那样带着回忆的感伤。他与蒙田类似的、关于个人吸引力与非理性的话语并未显现在十四行诗里，而是表现在其余的作品中，甚至出现在他写给一些女性的平庸情诗里。事实上，这类情感也隐约表现在他早期谈论政治的文章中——这篇论文在波尔多被广泛传阅，蒙田就是因为这篇文章才得知拉博埃蒂这个人的。

拉博埃蒂完成《论自愿为奴》这篇论文时还很年轻。根据蒙田的说法，拉博埃蒂当时才十六岁，这篇文章只是他作为学生的习作："按照一个共同的主题从各种书籍中搜集上千份资料拼凑而成。"蒙田很可能是故意淡化这篇文章的严肃性，因为这篇文章引发不少争议。他既不希望毁了拉博埃蒂的名声，也不希望自己因为他的文章惹上麻烦。然而，这篇文章其实不像蒙田说的那样稚气未脱；相反，它显示出拉博埃蒂的早慧。有作家说过，拉博埃蒂是政治社会学领域的阿蒂尔·兰波（Arthur Rimbaud）。[8]

《论自愿为奴》谈的是历史上的暴君为何能轻松地支配群众，明明群众只要拒绝被支配，就能让暴君的权力瞬时瓦解。民众不需要革命，只要停止合作，不提供奴隶与阿谀者来支持暴君，便能推翻暴政。然而，即使君主残暴地虐待臣民，臣民也不会这么做。君主愈是让人民挨饿，愈是忽视他们，人民就愈敬爱君主。尼禄（Nero）暴虐无道，他去世时罗马人仍同声哀悼。尤利乌斯·凯撒（Julius Caesar）遇刺身亡时也是如此——拉博埃蒂并不欣赏凯撒，这点很不寻常（蒙田也对凯撒有所保留）。凯撒"废弃法律与自由，在我眼里，这样的人一无是处"，但他却广受民众爱戴。暴政跟爱情一样神秘，令人难以理解。[9]

拉博埃蒂相信，暴君可能使用某种手段来催眠人民——在拉博埃蒂那个时代还没有"催眠"这个词。换句话说，就是人民迷恋上了暴君。他们丧失自己的意志，以暴君的意志作为自己的意志。"一百万人可悲地让人在脖子上架起牛轭，不是出于强迫，而是受惑于君主的名号"，真是一幅可怕的景象，"其实他们根本不需要惧怕，因为君主只有一个人，而且他也不值得众人敬爱，他总是野蛮而毫无人性地对待臣民"。[10]然而，民众就是不愿从梦中醒来。拉博埃蒂叙述这些人仿佛中了巫术。如果巫术只迷惑了少数人，那么施法的人可能会被绑上火刑柱；然而当整个社会都被蛊惑时，就不会有人质疑巫觋了。

拉博埃蒂对政治权力的分析，像极了蒙田从拉博埃蒂身上感受到的神秘力量："因为是他，因为是我。"暴君的魅力就像咒语或春药，这一点可以从晚近历史中一连串独裁者身上清楚地看出。乌干达独裁者伊迪·阿明（Idi Amin）的追随者在访谈中被问及为什么如此忠心地敬爱领袖时，他的回答就跟蒙田提到拉博埃蒂或阿尔西比亚德斯提到苏格拉底时一样：

你也知道，爱这种东西就是这么一回事：你看到有男人爱上一个独眼的女人，你问那名男子为什么爱上那个丑女人，你以为对方真的愿意告诉你吗？事情的真相只存在于他们两人之间。正是这种说不出来的东西，使我爱他，使他也爱我。[11]

暴政创造了一出臣服与支配的戏码，就像蒙田形容的激烈战争场景。百姓心甘情愿地放弃，而这只会让暴君得寸进尺，夺走他们的一切——如果他决定送他们上战场，那么他还要夺走他们的生命。人性中有种东西驱使着人们"打心底忘却自由"。整个体制从顶端到底层，每个人都被为奴的意愿与习惯的力量催眠，因为他们的眼睛只能看到这些东西。然而，民众需要的只是清醒，一旦清醒，就不会再与暴君合作。[12]

拉博埃蒂又说，有些人能挣脱束缚得到自由，通常是因为他们研读了历史而眼界开阔。[13]他们得知历史上的暴政总是雷同时，自然会发现自己身处的社会的困境。这些人不愿接受自己出生后就面临的处境，因此想尽办法逃离，并且从不同的角度来观察每件事情——蒙田在《随笔集》中曾提到这种独特的思考与写作诀窍。可惜呀，拥有自由精神的人太少，产生不了影响。他们无法通力合作，只是孤独地活在"他们自己的想象里"。

从这里不难理解蒙田在读了《论自愿为奴》之后，为什么急着想见文章的作者。这是一部大胆的作品，无论蒙田是否同意其中的论点，这篇文章都令他感到震惊。文中对习惯的力量所做的反思（这也是蒙田《随笔集》的关键主题），以及阅读史书与传记可以让人获得自由的观点，都与蒙田自己的想法不谋而合。而文章呈现出的进取精神与思考能力，也令蒙田心有戚戚焉。

拉博埃蒂写这篇论文时，或许没有鼓动革命的意思。他只准备了少量复本以流通，从未打算印行出版。他就算有此意，目的也只是敦促统治精英为自己的行为负责，而非呼吁下层阶级起而夺权。[14] 他如果能多活几年，也许会因作品造成的影响感到恐慌。就在他去世十年后，《论自愿为奴》成为新教激进派的指导文件，并被命名为《反对定于一尊》(Contr'un)。它产生更大的影响，鼓动起反对法国君主的风潮。一连串新教出版物刊载了这篇论文，先是《警醒法国人与周邻》(Reveille-matin des François et de leurs voisins，1574)，然后是西蒙·古拉特（Simon Goulart）不同版本的《查理九世时代法国回忆录》(Mémoires de l'estat de France sous Charles IX，1577)。[15] 古拉特的作品具有煽动性，得到同样具有煽动性的响应。一五七九年五月七日，波尔多高等法院公开烧毁古拉特的第二版作品，就在两天后，蒙田获得出版《随笔集》的首次官方批准。无怪乎蒙田想强调拉博埃蒂的作品是年轻时的习作，不会对任何人构成威胁。

《论自愿为奴》漫长而多彩多姿的发展历程从此展开。即使到了现在，《论自愿为奴》有时仍被用来号召群众，至少被用于鼓吹原则性的抗争。第二次世界大战期间，《论自愿为奴》在美国被改为《反独裁者》(Anti-Dictator)。[16] 书页的边缘上注记了一些醒目的主题，例如"绥靖政策是没有用的"与"为什么独裁者要演说"。日后，无政府主义者与自由意志主义者团体也使用《论自愿为奴》做宣传，他们自行添加激进的前言与评注。拉博埃蒂的名声之所以能流传后世，除了因为他是蒙田的朋友，也因为他被当成了无政府主义者的英雄。

无政府主义者与自由意志主义者最赞赏拉博埃蒂的地方，在于他与甘地颇为相似的观念：要让社会从暴政中解脱，要做的事情只有一项，就是宁静地拒绝合作。有一篇今人写的序言指出，拉博埃蒂鼓励人们进行"匿名的、低调的、个人式的革命"[17]——这是人类所能想象的最纯粹的革命。"唯意志论者"援引拉博埃蒂的观点来支持自己的论点，认为应该回避一切政治活动，包括民主投票，因为它会产生一种假象，好像国家会因为投票选举而具有正当性。早期有些唯意志论者基于这一点而反对妇女持有投票权：既然男人不应该投票，那么女人也不应该。[18]

《论自愿为奴》在政治上提倡"宁静拒绝"的做法，这种思想显然对蒙田深具吸引力。蒙田也认为在面对政治压迫时，最重要的就是维持个人的心灵自由——这种想法可能意味着脱离公共生活，而非参与其中。《论自愿为奴》坚持以不合作的方式来维护自身的正直，从这点来看，它宛如蒙田自己写的一篇随笔。我们可以把它当成蒙田早年仍喜争论时所写下的论述不够周延的作品。蒙田阅读《论自愿为奴》时的感受，很可能跟几个世纪之后爱默生阅读他的《随笔集》时的感受相同。蒙田也许也会禁不住叫嚷："我觉得仿佛是自己写下了这部作品，它由衷地说出了我的想法与经验。"[19]

　　早在胡格诺派挪用《论自愿为奴》为新教宣传之前，蒙田就已经打算将这篇文章收录到他的《随笔集》里，不过他还是忠实地标上了拉博埃蒂的姓名。蒙田准备将这篇文章摆在《论友谊》的后面——这篇随笔是蒙田投入情感最多的作品。蒙田把《论自愿为奴》收录在自己的书中，把它当成《随笔集》最重要的篇章，如同众星拱月一般。[20]

　　然而，当蒙田把书交给出版社时，局势已有了变化。《论自愿为奴》被当成革命的宣传品，如果蒙田出版这篇论文，不仅无法表彰拉博埃蒂的才学，反而可能引起众怒，造成相反的效果。蒙田只好撤下这篇论文，但他留下一小段简介，说明删除的始末。他写道："我发现有些居心不良、企图颠覆与改变政府现状的人四处传播这篇论文，但这些人毫不考虑自己是否真有能力改善现状，还利用这篇论文来'偷渡'自己的想法，因此我改变心意，不在这本书中发表这篇论文。"或许就是在这个时候，蒙田称这篇论文是拉博埃蒂年轻时的练笔。

　　做了这件事之后，蒙田又改变心意。他不想让拉博埃蒂看起来言不由衷，于是增添了一段注记，提到拉博埃蒂对自己写下的东西深信不疑——他不是那种说一套做一套的人。蒙田甚至说他的朋友宁可出生在威尼斯共和国，也不愿生在法国的地方小镇萨尔拉。咦，等等！这么说岂不是让拉博埃蒂更像叛国贼吗？此时蒙田话锋一转："但拉博埃蒂心里铭记着一个至高无上的准则，他必须以最虔敬的心，遵守并服从他出生之地的法律。"总而言之，蒙田身陷拉博埃蒂的论文引发的混乱之中。或许，他曾窝在出版社的某个角落，在印刷前的一刻潦草地写下这些话，胳肢窝还夹着已经被移除的手稿。

考虑到当时波尔多已开始焚毁《论自愿为奴》，我们不得不说，蒙田公然提起这篇文章是相当大胆的举动，更别提他还撰文为拉博埃蒂辩护。然而，蒙田内心还是一如既往地充满矛盾，一方面小心翼翼地放弃出版，另一方面却勇气十足地提出不同的看法。此外，在讨论作者为何要写这篇文章时，蒙田还说出他的真实的姓名。[21] 或许已经有不少人知道拉博埃蒂就是作者，但就连新教的出版物，也很少直接标出拉博埃蒂的名字。

决定删除《论自愿为奴》之后，蒙田写道："我打算用其他文章取代这篇严肃的论文，这些文章与《论自愿为奴》同时完成，但内容较为轻松活泼。"蒙田选了拉博埃蒂作的几首诗，这些诗不是写给蒙田的，而是写给一位身份不明的年轻女性的，一共有二十九首。然而，几年后，蒙田再度改变主意，删了这些诗。最后留下的只有他自己写的介绍与献词，再加上一小段注记："这些诗还有别的版本。"[22] 这一整章，也就是《随笔集》第一卷第二十九章，前后被删改了两次。蒙田似乎完全不想遮掩删改留下的残余与漏洞，他甚至是特意让读者注意到这一点。这样的行为实在太过诡异，因此引起许多揣测。蒙田是否只是慌乱地增删文字，完全没考虑到要做整理，抑或他是故意如此，为的是给我们一个提醒？

近年来流传着一种激进的说法，认为《论自愿为奴》实在太接近蒙田的风格，几乎可以推论它就是蒙田本人的作品。《论自愿为奴》谈到习惯、天性、观点与友谊——这四项主题在《随笔集》中反复出现。它强调内在自由是通往政治抵抗的道路，这也是蒙田的立场。这篇文章充满古典时代的例证，这点与《随笔集》相同。它给人的"感觉"就像一篇随笔。它具有说服力、娱乐性，而且经常离题。作者时常岔开话题谈起另一件事，例如讨论十六世纪的七星诗派（Pléiade），谈完后再补上一句"我差点忘了，回到我们的主题吧"或"回到原先讨论的主题吧，真是怪了，我居然在不知不觉中讲到别的地方去了"。[23] 一般说来，年轻人的习作应该不会出现这种以戏谑方式带过杂谈的做法，不过这种写作的确充满了生机与活力。作者跟我们说话的方式，仿佛是一群人坐在一起，一边啜饮葡萄酒一边闲聊，或者是在波尔多的街角巧遇，就这样聊了起来。人们不禁怀疑：该不会《论自愿为奴》的真正作者是蒙田，而不是拉博埃蒂吧？

然而，《论自愿为奴》肯定是拉博埃蒂写的，理由是他的手稿复本曾在波尔多流传。不过今日留存下来的复本并非出自拉博埃蒂之手，全是其他人制作的。而能够证实这篇论文确实曾在波尔多"流传"的唯一证人，却是蒙田本人。此外，指出文章作者是拉博埃蒂的也是蒙田，而蒙田还说这篇文章是学生习作。或许这名十几岁的"兰波"并不是早熟而睿智的拉博埃蒂，而是个性急躁、在高院各个法庭来回穿梭的蒙田；又或许，这篇文章根本不是年轻人写的，而这正可解释文本中为什么会出现错误的时代信息；再或者，就像某些一头热的阴谋论者所说，是蒙田自己写了这篇文章，而他故意在文中加入有时代错误的句子，好让聪明的读者看出其中的名堂。

第一个称《论自愿为奴》是蒙田所作的，是特立独行的阿瑟-安托万·阿曼戈（Arthur-Antoine Armaingaud）。他于一九〇六年提出这一观点。在此之前，他已提出许多令人震怒的见解，而在引起轩然大波之后，他往往是两手一摊，一副事不关己的样子。当时几乎没有人同意阿曼戈的见解，即便到了现在，也只有极少数人支持。尽管如此，他的假设还是获得了新生代非主流派的认同，其中比较著名的有丹尼尔·马丁（Daniel Martin）与戴维·刘易斯·薛佛（David Lewis Schaefer）。薛佛与阿曼戈一样，专注于寻找蒙田革命思想的蛛丝马迹。马丁则倾向把《论自愿为奴》当成一本字谜书，认为书中充满各种线索。他表示："把《论自愿为奴》从《随笔集》中删除，就好像把长笛从交响乐团剔除一样。" [24]

认为蒙田写了这么一篇激进、无政府主义倾向的论文，又故布疑阵埋下各种暗示，好让眼光锐利的读者看出其中奥妙，这种想法确实颇具吸引力。就跟各种阴谋论一样，这种猜测能引发人们拼凑真相的兴趣，也增添了蒙田的魅力：一名骨子里想革命的男子，工于心计的阴谋家。

我们从《随笔集》里看到的一些迹象显示，蒙田如果愿意，确实有能力玩弄这种把戏。有一次，为了帮助一名罹患阳痿却深信自己是被下了符咒才会如此的朋友，蒙田略施小技，不跟朋友讲大道理，只拿了一件睡袍与一枚刻着"天使图案"、看似被施了魔法的纪念币给他。蒙田告诉他，每次行房前务必用这枚纪念币进行一连串仪式。首先将它贴于肾脏的位置一会儿，然后将它绑在腰上，再跟妻子躺下，并且将睡袍覆盖在两人身上。[25]这个建议奏效了。虽然结果是好的，但蒙田觉得有些良心不安。从这点可以看出，蒙田如果觉得有必要或特别有趣，确实会使出骗人的伎俩。

不过，整体来说，蒙田确实很少要这种把戏，他更愿意表现出诚实与坦率，以及自己拙于猜谜的一面。[26]当然，诚实与拙于猜谜也有可能是他装出来的。但是，如果蒙田是个不折不扣的骗子，我们便不得不怀疑他在书中说过的每一个字——若真是如此，我们可就要晕头转向了。而且，这样也会产生各种难解的状况。如果拉博埃蒂并未写下《论自愿为奴》，那么他显然不是蒙田在《随笔集》中形容的那个人，[27]而成了一个没有明确轮廓与清晰特质的人物，在聪明的蒙田眼里无足轻重。如果拉博埃蒂没有任何特殊之处，如果他不是那种能写出《论自愿为奴》的饱学之士，蒙田为什么会如此爱他？拉博埃蒂一定有什么过人之处，蒙田才会钟情于他，而这个特点绝非俊美的外形——除非蒙田在这一点上也对我们说了谎。

如果人们认真看待他们的感情故事，那么阴谋论的说法就难以成立。如果蒙田称《论自愿为奴》是拉博埃蒂所作，只是为了掩盖他本人才是真正的作者这一情况，那么他显然是在玩弄对拉博埃蒂的追忆——蒙田在回忆拉博埃蒂时，几乎是将其当成偶像来崇拜。当《论自愿为奴》在波尔多广场被公开焚毁时，蒙田居然透露这篇论文的作者是拉博埃蒂，他这么做令人感到吃惊。然而，如果拉博埃蒂并非文章的作者，这件事将会更令人惊骇，简直是背叛，甚至是仇恨拉博埃蒂的行为。从蒙田《随笔集》（包括未出版的旅行日记）中对拉博埃蒂的描述，实在看不出他对拉博埃蒂有任何怨恨。

蒙田与拉博埃蒂的深厚感情有助于解释为什么这两个人的写作风格如此类似。他俩无话不谈，完全融进了彼此，但这并不是作家与笔名的相融，而是共同发展出他们的观念和思想的两个作家的相融。他们经常争论，经常意见相左，但也不断"吸取"彼此的观念。在他们相处的短暂时光中，蒙田与拉博埃蒂一定时常从早晨聊到深夜。他们谈论习惯，反对既有的观念，改变观看世事的角度，讨论暴政与个人自由。起初，拉博埃蒂把自己的观念陈述得较为清楚；而后，蒙田或许逐渐超越了他，并开始从拉博埃蒂未尝试过的角度来思索风俗与观点。最后，这些想法全汇聚到《随笔集》之中，这本书也成为从各方面表彰拉博埃蒂的作品。蒙田与拉博埃蒂的心灵紧紧交织，即使运用世界上最具批判性的工具，也无法将它们分离。

我们有充分的理由相信，蒙田与拉博埃蒂可以这样携手共度数十年，成为现代版的雅典思想家。然而，年轻的苏格拉底即将离开宴席，提早踏上归途。

拉博埃蒂：死亡与哀悼

这事要从一五六三年八月九日说起，拉博埃蒂当天待在戴斯卡开阔的庄园里（前面提过，戴斯卡背叛了波尔多高等法院的拉吉巴东）。拉博埃蒂与蒙田约好当天共进晚餐，都在准备离开戴斯卡的宅邸时突发胃痛、腹泻，不能下地。他差人告诉蒙田他病了，可否改由蒙田前来看他。蒙田赶来了。接下来我们知道的一切，全来自蒙田写给父亲的信里的漫长描述，后来蒙田还出版了这封信。[28]

来到戴斯卡宅，蒙田发现朋友深陷痛苦之中。拉博埃蒂告诉蒙田自己一整天待在外头，染上风寒，然而病情看起来没那么简单。两人都想到有可能是感染了鼠疫。当时疫情已蔓延到当地、波尔多与阿吉内（Agenais），而拉博埃蒂最近去过阿吉内出差。拉博埃蒂就算还没有感染鼠疫，以他当时衰弱的身体来看，也有感染鼠疫的危险。蒙田劝他搬到疫情不太严重的地区，跟他的妹妹与妹夫［雷斯托纳克家族（the Lestonnacs）］一块儿住。但拉博埃蒂身体太过虚弱，无法外出。事实上，已经太迟了，几乎可以确定他染上了鼠疫。

蒙田当晚离开了，第二天早晨，拉博埃蒂的妻子前来通知他，说她丈夫的病情愈来愈严重。蒙田再度来到戴斯卡宅，在拉博埃蒂的请求下，留在那里过夜："他极为恳切又极其坚持地要求我尽可能陪在他身边，我的内心极为难受。"第二天晚上，蒙田又留下来过夜。拉博埃蒂的病情持续恶化。星期六，拉博埃蒂坦言自己的病具有传染性，而且不容乐观——表明他知道自己的确染上了鼠疫。他再次要求蒙田留下，但不希望他停留太久，以免也被感染。蒙田未理会他的提醒。"我不会再离开他。"他写道。

星期日，拉博埃蒂极其衰弱且深受幻觉困扰。在度过这段危险期后，拉博埃蒂说他"似乎陷入一场巨大的混乱之中，眼前乌云密布，浓雾中伸手不见五指，所有的事物一团凌乱，毫无秩序"。蒙田安慰他说："死亡不会比你看见的更糟，我的兄弟。"拉博埃蒂听了便回答，的确，最糟的状况也就是如此。此时，他告诉蒙田，他已不抱任何希望。

拉博埃蒂决定交代身后之事，要蒙田好好照顾他的妻子与叔叔，不要让他们过于悲伤。拉博埃蒂准备好之后，蒙田把他的家人叫进房间。他们围坐在床边，"尽可能不哭丧着脸"。拉博埃蒂向他们交代遗言，并且明确表示将绝大多数的藏书赠予蒙田。之后，他要求把教士找来。拉博埃蒂做临终告别时神志相当清楚，蒙田一度认为病情有好转的可能，然而他把事情交代完毕后再度陷入昏迷。

几个小时之后，仍在床边守候的蒙田对拉博埃蒂说，与在一旁目睹死亡的自己相比，直接面对死亡的拉博埃蒂表现出更大的勇气，这点令他"深感惭愧"。蒙田向拉博埃蒂承诺，他会牢记拉博埃蒂树立的典范，直到自己的大限之日来临。很好，拉博埃蒂说，你能这么做就太好了。他提醒蒙田，他们过去已经就"死亡"之类的主题做过许多次富有启发的讨论。他说，死亡是"我们思考的真正对象，也是哲学的真正主题"。

拉博埃蒂握着蒙田的手，安慰他说，自己这一生已经历许多比死亡更痛苦也更艰难的事。"当人生走到尽头，"他说，"我已做好万全准备，也谨记学到的教训。"拉博埃蒂与这个时期的蒙田一样，奉行古人的教训，已经多次想象过自己的死亡。他又说，无论如何，他这辈子活得健康，也活得够久，感到心满意足——这种想法也有古人的智慧相呼应。他了无遗憾。然而，拉博埃蒂真的已享尽天年了吗？"我将满三十三岁，"他说，"上帝待我不薄，我活到现在，人生充满健康与喜乐。世事无常，如此幸福的日子不可能一直持续下去。"老年只会为他带来痛苦，很可能会让他变得吝啬贪婪，能避免变老反而是件好事。蒙田露出忧伤的神情，拉博埃蒂叮咛他一定要坚强。"怎么了，我的兄弟，难道你希望我心存恐惧？如果我感到恐惧，除了你，还有谁能为我消除恐惧？"

拉博埃蒂充满勇气与理性的智慧，正在践行完美的斯多葛式死亡。蒙田也有应尽的责任：要协助朋友保存勇气，并且担任死亡的见证者；要详细记录这段过程，让其他人也能从拉博埃蒂的故事中获益。这么做或许也能起到一点很实际的作用，让拉博埃蒂看起来更加高尚而勇敢。或许根本无须如此。拉博埃蒂深受古典美德的熏陶，直到死前，他都力图让自己符合心目中哲学典范的形象。如蒙田所言："他的心灵以其他时代而非我们这个时代为准绳。"[29]

然而，蒙田与拉博埃蒂并非同一类型的人物。从蒙田的文字可以看出，他真正的性格乃是多疑，对令人尴尬的小事特别在意，对事实总是不吐不快。蒙田对临终前的拉博埃蒂的描述甚至带有不敬的成分。他后来写下拉博埃蒂临终的场景，评论道：

"整个房间充斥着号啕的哭声，尽管如此，他还是连珠炮般地说着，让人觉得有点冗长。"

隔天，星期一早晨，拉博埃蒂时而清醒时而昏迷，靠醋与葡萄酒稍微恢复体力。他责备蒙田："你难道看不出来吗？你现在为我做的不过是延长我的痛苦！"不久，他突然丧失视力，身旁的人哀伤恸哭。由于看不见，他对哭声感到恐惧。"主啊，是谁为我哀痛逾恒？在安详与宁静之中，我感到无比安适，他们为什么一再来搅扰？让我耳根清净一点吧，我求你们。"

拉博埃蒂喝了一小口葡萄酒，视觉又恢复了，但江河日下的身体已不可救药。"他的四肢，乃至于他的脸，都已冰冷；濒死的身体上全是汗水，几乎摸不到脉搏。"

星期二，拉博埃蒂接受临终仪式，他要教士、叔叔与蒙田为他祈祷。他叫嚷了两三次，其中一次喊道："好的！好的！该来的总是会来，我已等候多时，我的脚步强健而坚定。"

晚上，"毫无生气、徒具人形"的拉博埃蒂再度出现幻觉。他向蒙田描述这次看见的景象："不可思议，无穷无尽，且难以形容。"他试着安慰自己的妻子，说有故事要告诉她。"但我现在要合眼了。"他说。然而看到妻子惊慌的样子，他又改口道："我要睡了。"

她离开房间，拉博埃蒂对蒙田说："我的兄弟，拜托，靠近一点。"床边还有许多人在，蒙田说他们"全是亲朋好友"。在文艺复兴时代，很少有事情是一个人做的，送终更是如此。拉博埃蒂的妻子似乎是唯一被叫出房间的人。

此时，濒死的拉博埃蒂变得激动，在床上猛烈翻滚，开始提出诡异的要求。蒙田写道：

> 他非常激动，而且不断求我给他一个位置，我因此怀疑他已经丧失判断力。即使我非常轻柔地提醒他，他已经被病魔牵着鼻子走，这些不是向来神志清醒的他会说的话，他也不理会我的劝告，反而更使劲地嚷道："兄弟，我的兄弟，'你'拒绝给我位置吗？"我不得不努力说服他，他还有气息，还能说话，显然还拥有身体，当然有自己的位置。"是啊，你说得没错，"他回道，"我是有位置，但不是我需要的位置；等我死了，我在人世间就没有任何位置了。"

拉博埃蒂的话很难回应，蒙田试着安慰他："上帝很快会给你一个更好的位置。"

"我已经在那儿了吗？"拉博埃蒂说，"三天了，我挣扎着要走，却走不了。"

往后几个小时，拉博埃蒂时常喊叫，蒙田写道："他只是想知道我是否还在身旁。"蒙田一直陪着他。

到了此时，蒙田的描述逐渐与开头的写法不同，除了更具情感，也有些怪诞。他把拉博埃蒂说过的话与做过的事巨细靡遗地记录下来，无论它们是否具有哲学意涵。拉博埃蒂已经偏离他想效法的典范。他说自己需要一个位置时，似乎是无意识说出的，就跟几年后蒙田无意识地胡言乱语与撕扯自己的紧身上衣一样。

凌晨两点，拉博埃蒂终于平静下来，这似乎是个好兆头。蒙田离开房间去告诉拉博埃蒂的妻子，两人都对病情的改善感到高兴。但一个小时之后，当蒙田回到房里，拉博埃蒂又躁动起来。他呼唤蒙田的名字一两次，然后叹了一口气，便没了气息。拉博埃蒂死了。"一五六三年八月十八日，凌晨三点左右去世，享年三十二岁九个月又十七天。"蒙田这么写道。

这次近距离观察死亡，或许是蒙田第一次就近观察自己深爱的人死去。实际景象令人震撼，尤其鼠疫是令人闻之色变的病症，不过蒙田丝毫未提及他个人对被传染的恐惧。蒙田在目击死亡时产生的念头，日后在他自己面临死亡时浮现于脑海：他希望人能平静安详地经历死亡，就算看起来不是如此。他曾与拉博埃蒂讨论过这个问题：蒙田认为人死的时候看起来虽然痛苦，但内心应该感到平静；拉博埃蒂却不这么认为。[30] 现在，想必蒙田非常希望自己的想法是对的。他希望拉博埃蒂在身体冒汗与挣扎的同时，内心能感到极乐与至福。往后蒙田提到自己失去意识的经历时，又重提这个话题。他想问朋友"看吧，你并不觉得痛苦，是吗？"，他希望拉博埃蒂回答"是的，我不痛苦"。

蒙田借由文字来纾解情绪，但他依然悲伤，且这种痛苦随着时间流逝逐渐加深。拉博埃蒂死后，一切都成了"阴暗而沉郁的深夜"。十八年后，蒙田到意大利旅行，在日记里写道："清晨写信给多萨（d'Ossat）先生，想起今天是拉博埃蒂先生的忌日，内心满溢着痛苦。这股情绪持续很久，挥之不去，带给我莫大的伤害。"蒙田还在《随笔集》里提到，他多么希望在意大利觅得真正的朋友，与他志同道合、兴趣相投。"在旅途中，我一直深切地想念一个人。"

> 没有情感的交流，任何愉悦都没了滋味。更不要说我想出什么有趣的事，身旁没有人可以分享，我会转而恼火。[31]

蒙田从不排斥有人取代拉博埃蒂地位的可能。塞内卡曾提出忠告：智者很容易交到新朋友，并且脸不红气不喘地换掉旧朋友。蒙田有时会在《随笔集》里向一些可能的人选提出吸引人的呼唤：他希望他的作品能够取悦"一些相称的人物"，这些相称的人物会进而与他交往。然而，蒙田并不认为真有人能够取代拉博埃蒂的地位。他一直感到沮丧：

> 我不与命运安排我认识且生活上不可缺少的那一千人好好相处，却执迷于……追求不可能再次相逢的人，这不正是我愚蠢的性格造成的吗？[32]

蒙田冷淡或不愿搭理他人时——有时会如此——我们应该想到拉博埃蒂。蒙田写道，我们不应该让其他人"跟我们粘得太紧，以免大家未来分开时非得撕下一层皮或扯下一块肉不可"。[33]这是一个曾遭受锥心之痛的人会说的话。

拉博埃蒂在世时，蒙田有时会违逆其精益求精的劝告，但现在已没有人苦口婆心地叮咛他。拉博埃蒂死后，蒙田收起叛逆的性格，毫无保留地听从挚友过去的劝诫——拉博埃蒂曾要求他做的事，他都愿意做到，包括给他一个位置。

他将拉博埃蒂的藏书搬进书房，从自己最珍贵的财产中挪出一块空间给他的朋友。然后，蒙田尽可能地写下记忆中拉博埃蒂逝世的过程，并将这名年轻哲学家的遗言传诸后世。他准备将拉博埃蒂的著作付梓。最后，蒙田退休后，以拉博埃蒂为自己新事业的向导。在书房的墙上，除了退休时写下的字句，蒙田还写下其他的一些句子。文字已模糊难辨，但他显然想在未来"辛勤工作"，以作为对拉博埃蒂的缅怀，因为拉博埃蒂是十六世纪所能找到"最甜蜜、可爱，也最亲密的朋友"。[34] 拉博埃蒂将监督蒙田在书房里的一举一动，将成为蒙田的文学守护天使。

死去的拉博埃蒂从蒙田现实人生中不完美的伙伴，摇身一变成了他塑造的理想典范。与其说拉博埃蒂是个人，不如说他变成了一种哲学技巧。塞内卡曾建议他的追随者以这种方式"使用"他们的朋友。他说，如果找到值得赞赏的人，就应该把他当成在你身旁聆听你说话的听众，这样你才能努力改善自己，以符合更高的标准。塞内卡又说，如果你想为自己而活，你就应该为别人而活——特别是为你自己选择的朋友而活。[35]

如果这么做能带来安慰，蒙田当然愿意尝试这种技巧。蒙田为拉博埃蒂死后出版的作品撰写献词时写道："他仍然如此完整而生动地活在我的心里，我几乎无法相信他已长眠于九泉之下，此生不复与我有任何联系。"[36] 让拉博埃蒂继续活在自己心中，是实现拉博埃蒂临终心愿的一种做法，也能纾解蒙田的寂寞。此外，蒙田也运用转移注意力的技巧，帮助自己克服丧友之痛。最重要的是，他发现写作具有疗愈的效果。把拉博埃蒂的死亡与临终告别以文字的形式保存下来，蒙田重新经历当初的过程，也因此成功度过这段历程。他无法忘怀拉博埃蒂的一切，但学会了在没有对方的世界里生活，人生因此改变。写下拉博埃蒂的一切，这个想法终使蒙田完成《随笔集》：这真是最高明的哲学技巧。

6

我们问：

如何生活？

How to live?

●

蒙田说：

略施小技

Use little tricks

猛烈的攻击、争论、失去朋友，这些都是人生在向你咆哮质疑，如同老师一天到晚盯着你有没有专心上课。

就连烦闷也属于此类。

无论发生什么事，不管它多么突然，你都应该以适当的方式来回应。

正因如此，蒙田认为，学会如何"适切地"生活，是一项"了不起的人生成就"。

小诀窍与生活的艺术

对学院派哲学家，蒙田总是嗤之以鼻，厌恶这些人的学究气息与说话时的不着边际。然而对另一项哲学传统，蒙田却表露出无穷的向往，那就是伟大的实用主义学派。这个学派专门探索以下问题：如何面对朋友的死亡？如何鼓起勇气？如何在艰难的道德处境下坚持善行？如何让生命充实？蒙田面临悲伤与恐惧，遭遇日常生活中微不足道却令人气恼的事情时，往往求助于这类哲学。[1]

其中最著名的三种思想体系是斯多葛主义（Stoicism）、伊壁鸠鲁主义（Epicureanism）与怀疑论（Scepticism）。这三种哲学统称"希腊化时代哲学"，起源于公元前三世纪，希腊的思想与文化在这个时期传播到罗马与地中海其他地区。这三种哲学在细节上略有不同，但本质极为接近，让人难以区别。与其他人一样，蒙田往往根据自己的需要交替混用这些哲学理念，有时也会比较它们之间的差异。

这三个学派目标相同，都想实现某种生活方式，也就是古希腊文中的"eudaimonia"，我们通常将之翻译成"幸福""快乐"或"富足"。"Eudaimonia"意指在各方面都过着良好的生活，除了富足快乐之外，还要成为品德高尚的人。这三个学派都认为通往"eudaimonia"的最佳途径是"ataraxia"，这个词也许可以翻译为"冷静"或"免于焦虑"。[2] "Ataraxia"意指"均衡"，是一种让心情维持平静的技巧，使你不致在一帆风顺时扬扬得意，也有助于你在遭受挫折时免于意气消沉。必须学习控制情绪，才不会受到情绪的打击与拉扯，才不会像被狗群争抢的骨头。

在如何获得平静这个问题上，三个哲学流派间存在分歧。举例来说，三者对人们该与真实世界妥协到什么程度，有不同的看法。公元前四世纪，伊壁鸠鲁（Epicurus）建立最早的伊壁鸠鲁社群，要求追随者离开自己的家人，像小型教派一样共居于隐蔽的"庭园"（garden）。怀疑论者则完全相反，他们跟一般人一样投入喧嚣的公共事务，差别在于抱持的心态与一般人大不相同。斯多葛学派介于伊壁鸠鲁学派与怀疑论者之间，该学派最著名的作家是塞内卡与爱比克泰德（Epictetus）。他们的读者主要是罗马的精英阶层，这些上层人士平日忙于处理事务，没有闲工夫待在庭园里，但他们无论身处何地，都渴望一处宁静、安详的绿洲供自己休息。

斯多葛学派与伊壁鸠鲁学派在理论上也有许多共通点。他们认为有两项重大弱点会削弱人们享受人生的能力：无法控制情感，以及鲜少专注于当前的事物。人们只要改正这两个弱点，学习"控制"与"专注"，剩下的问题就能迎刃而解。但症结在于这两件事实在太难做到，没有人能硬着头皮做成；你必须悄悄地从侧面前进，略施小技才能达成。

因此，斯多葛与伊壁鸠鲁等思想家努力设计出各种技巧与思想实验。例如，想象今日是你人生的最后一日，你准备好面对死亡了吗？甚至可以想象这个时候——"现在！"——是你人生的最后一刻，你的感受是什么？你有遗憾吗？如果重新来过，有什么事是你想改变的？在这一刻，你是生龙活虎，还是充满恐慌、否定与悔恨？这个实验让你检视对你来说什么是重要的，而且提醒你时间如何持续地从指间流过。

　　有些斯多葛学派学者甚至为"最后时刻"的实验找来了道具与配角。塞内卡提到一个名叫帕库维乌斯（Pacuvius）的富人，此人每天为自己举行隆重的丧礼，丧礼以一场宴席作结。宴席过后，他躺在棺架上，让人从桌旁抬到床上，此时所有宾客与仆役齐声吟诵："他享尽天年，此生无憾。"你可以用更简单、更廉价的方式获得同样的效果，你只需要在心里想象死亡，并且专注地投入其中。伊壁鸠鲁派作家卢克莱修建议人们想象自己的死亡，并且考虑两种可能：如果这一生衣食无缺，可以像一名酒足饭饱的宾客一样，满足地离席；如果这一生贫病交迫，那么失去生命又何妨，反正你的人生本来就一无所有。这么做也许对于实际临终时的你起不了抚慰的作用，但如果你在世时这么思考，将有助于改变人生观。[3]

　　思想实验的目的是促成态度的转变。如果你失去至亲好友或珍视的宝物，可以试着用不同方式看待这样的事。你可以想象自己从不认识那个人，或从未拥有那件物品。[4]你怎么可能想念从未认识的人或未曾拥有过的东西呢？只需一念之转，就能产生全然不同的情感。普鲁塔克两岁的女儿死了，他在写给妻子的信上提到这种方式：他劝妻子回想女儿出生前的时光，假装他们又回到了过去。这么做是否成功安抚了妻子，我们不得而知，但至少让她有事可做，免于继续沉溺于一望无际的悲伤之海。蒙田与拉博埃蒂熟悉这封信，拉博埃蒂曾将它翻译成法文，由蒙田编辑后付梓。想必蒙田每次遭逢丧子之痛时都会想起这封信；而当拉博埃蒂去世时，他更是如此。他们成为朋友的时间如此短暂，要蒙田回想认识拉博埃蒂前的平静时光，应该没什么困难。

这种想象的技巧不仅可以用于极端的状况，也能用在日常生活中，它甚至可以有效排遣轻微的烦闷或沮丧。如果你对自己拥有的一切感到厌倦，普鲁塔克建议，你可以假装自己失去一切，并且极度想念这些东西。[5]无论这些东西是你喜爱的盘子、朋友、情妇，还是幸运地生活在和平时代且身体健康，想象失去可以神奇地让你重新感受这些事物的可贵。这种做法跟想象死亡一样：假装自己“现在”失去了某件东西，你会马上感受到这件东西的价值。

重点是培养专注力——“prosoche”，另一个重要的希腊语词汇。“专注”是所有诀窍的根本。它要求倾听内在世界，因此能看清外在世界，因为失控的情感会扭曲现实，如同泪水会模糊视线。塞内卡说，凡是能看清世事、洞察世界真实面貌的人，绝不会厌烦人生。[6]

此外，你只要不是在这世上梦游，就一定能正确地回应各种处境。一如爱比克泰德所言，这些处境就好像突然提出的问题。猛烈的攻击、争论、失去朋友，这些都是人生在向你咆哮质疑，如同老师一天到晚盯着你有没有专心上课。就连烦闷也属此类。无论发生什么事，不管它多么突然，你都应该以适当的方式来回应。正因如此，蒙田认为，学会如何"适切地"（à propos）生活，是一项"了不起的人生成就"。[7]

斯多葛学派与伊壁鸠鲁学派都是借由训练与冥想来达成这个目标。就像网球选手每天花好几个小时练习截击与杀球，他们利用反复训练的方式刻画习惯的沟渠，使心灵循着沟渠活动，就像水在河床上流动。这是一种自我催眠。信仰斯多葛派的罗马皇帝马克·奥勒留（Marcus Aurelius）有做笔记的习惯，借此训练自己从不同的角度看待事情：

> 你烤肉或烘烤类似食物的时候，脑子里可以想着这是鱼、鸟或猪的尸体，那真是有趣极了。同样，佛勒努斯酒（Falernian wine）只是葡萄汁，滚紫边的礼袍只是染了贝血的羊毛！性交不过是薄膜的摩擦与黏液的突然射出。[8]

奥勒留也曾想象自己飞上云端，[9] 从高空俯瞰人类渺小的烦忧。塞内卡也曾这么做过："想象自己置身于辽阔舒展的时光深渊中，然后思考整个宇宙；将我们的短促人生与无穷相比。"[10]

斯多葛学派还有一种做法，就是想象时间不断循环。[11] 苏格拉底再度降生，然后跟他第一次来到人间时一样，在雅典教书；每一只蝴蝶舞动双翅的方式都跟第一次一样；每一片云朵掠过头顶的速度也没有改变。你将再度出生在世间，拥有与先前相同的思想与情感，一次又一次，永不停止。这个想象看似可怕，却能让人感到安慰——就像前述的观念一样，它使人们的烦忧看起来短暂而微不足道。此外，因为你遭遇过的事将再度纠缠着你，因此每一件事都很"重要"。没有任何事应该遭到遗漏，也没有任何事应该遭到遗忘。沉思这一点可以迫使你更多地留意自己每天是怎么过的。它是一项挑战，但也引导出听天由命的态度——这就是斯多葛学派所说的"热爱命运"（amor fati）。斯多葛学派的爱比克泰德写道：

> 不要企求每件事都称心如意，而要希望该发生的事情能够发生，那么你的人生便会充满平静。[12]

人应该心甘情愿地接受原本就会发生的事，不应该徒劳地想扭转命运。蒙田觉得要他这么想并不难，因为他的天性即如此。"如果必须再活一次，"他开心地写道，"我会照我原来活的方式再过一遍。"[13] 但绝大多数人必须通过学习才能做到这一点，因此才需要心灵的练习。

塞内卡有一个极端的技巧，可以用来学习"热爱命运"。他有气喘的毛病，严重时几乎能让他窒息。[14] 他经常觉得自己快死了，但他也学习如何把气喘发作当成哲学思考的良机。当咽喉闭锁，肺挣扎着要呼吸时，他会试着接受发生在自己身上的事：他会向气喘说"好的"，我"接受"这些事，必要的话，我也"愿意"因此而死。症状减轻时，他觉得自己变坚强了，因为他对抗恐惧而且战胜了它。

斯多葛学派对于他们最害怕的事物，往往急于施予无情的心灵训练。而伊壁鸠鲁学派则倾向于避开恐怖的事物，将心思专注于正面的事物上。斯多葛学派会绷紧肚子的肌肉，让对手打他的肚子。伊壁鸠鲁学派则尽可能避免挨打，一旦遇上坏事，会躲得远远的。如果把斯多葛学派比作拳击手，伊壁鸠鲁学派就相当于东方的武术家了。

蒙田觉得多数时候伊壁鸠鲁学派的想法与他较为契合，因此接受他们的观念，并加以发展。蒙田说他很羡慕疯子，因为他们总是心猿意马——若一个人将伊壁鸠鲁学派的"闪躲"发展到极致，就会变成这个样子。疯子有着扭曲的世界观，但这又如何，重点是他很快乐。蒙田重述了几则古典时代的故事，例如里卡斯（Lycas）每天四处游荡，且顺利地保有一份工作，但他一直认为自己看到的一切全是舞台上的戏剧表演。医师治好他的幻觉后，他感到十分难过，于是控告医师夺走了他生活的乐趣。另一则类似的故事是，一个名叫斯拉西劳斯（Thrasylaus）的男子，相信每艘进出比雷埃夫斯（Piraeus）当地港口的船只只为他一人载运货物。他每天都很高兴，每当有船安全进港，他便雀跃不已，至于这些货物有没有真的运到他手中，他似乎一点也不在意。可惜啊，弟弟克里托（Crito）治好他的妄想症后，他的快乐时光也随之结束。[15]

不是每个人都能拥有疯狂带来的好处，但是想让生活轻松一点儿的人，有时可以考虑少用一点理性。尤其在悲伤的时候，蒙田了解自己不可能光靠嘴巴的提醒就能从悲痛中恢复。他的确尝试了斯多葛学派的一些诀窍，而且敢于长期而专注地回想拉博埃蒂的死，并将其记录下来。但绝大多数时候，蒙田还是觉得把注意力转向别的事物对自己较为有利：

> 痛苦的念头一直萦绕在我的脑海；我发现，换个想法要比压抑想法有效。我可以换个完全相反的念头，如果没办法这么做，就想一个完全不同的东西。换个想法总能抚慰、消除与驱散烦闷。我若无法对抗它，就逃避它——为了逃避，我会躲藏起来，会耍点伎俩。[16]

蒙田也使用相同的技巧来帮助别人。有一回，他试着安慰一名因丈夫去世而真的陷入悲伤的妇人（蒙田提到有些寡妇的悲伤是装出来的）。[17]蒙田起初想的是比较寻常的哲学方法：提醒她悲伤无益，或者说服她这辈子已不可能再见到丈夫。但蒙田后来决定用不同的方式："慢慢地偏移我们的谈话，逐步转到邻近的话题，然后再远离一点。"寡妇起初没注意到这点，但到了最后，其他的话题引起了她的兴趣。因此，蒙田写道，在她察觉发生了什么事之前，"我不知不觉地偷走令她痛苦的念头，让她保持好心情。只要我陪着她，她就能获得充分的抚慰"。蒙田承认他的做法并未根除她的悲伤，只是让她度过眼前的危机，接下来将由时间冲淡她的苦闷。

蒙田的有些技巧来自他阅读的伊壁鸠鲁学派作品，有些则来自得来不易的亲身经历。"我曾遭受沉重悲伤的打击。"[18]蒙田这么说时，显然是想起了拉博埃蒂。如果只凭理性来拯救自己，他恐怕早已一蹶不振。蒙田知道自己需要"一帖猛药"，于是想尽办法让自己坠入新的感情中。他没有说对象是谁，而这点无关宏旨，重点是他因此找到抒发情感的对象。

类似的诀窍对于另一种不受欢迎的情感同样有用，那就是愤怒。蒙田曾成功排解"年轻王子"（此人或许是纳瓦尔的亨利，也就是日后的亨利四世）报仇雪恨的莽撞情绪。蒙田并未告诉王子要放弃报复的念头，也没劝他忍辱负重或警告他此举可能造成悲惨后果。蒙田从头到尾都没有提到与愤怒或报复有关的事：

> 我不提报复心切的事，只是让王子想象一幅完全相反的美丽景象，他将因为宽厚与仁慈而获得荣誉、爱戴与善意。我激起了他的野心，让他忘记报复的事。[19]

晚年时，蒙田也曾用转移注意力的方式使自己免于对年老与死亡的恐惧。随着岁月流逝，人逐渐走向死亡。蒙田无法拒绝死亡，但不一定非得直接面对死亡。相反，他选择面向另外一边，回顾自己的年轻岁月与童年时光，借由愉快的回忆让自己平静下来。因此蒙田说，他努力"别过头去，不让自己直视前方的狂风暴雨"。[20]

蒙田成为规避话题的高手，他甚至觉得有些政治权谋也令人激赏，但前提是这些伎俩不能用来支持暴政。蒙田相当欣赏古希腊时代洛克里人（Locrians）的君主萨勒库斯（Zaleucus）为国家减少额外开支的方式。[21] 他下令，妇女只有在喝醉的时候，才能拥有好几名女仆服侍在侧；只有为娼妓的妇女可以穿金戴银，拥有华美的服饰；做皮条客的男子才可以炫耀自己的金戒指。这个方法十分奏效：金饰与大批随从一夜之间消失无踪，但没有人起而反对，因为没有人觉得非反对不可。

从自己的濒死经验，蒙田了解到最能化解恐惧的做法就是顺其自然："不要为此烦心。" 从失去拉博埃蒂的哀痛中，他发现这是度过悲伤最有效的办法。大自然有自己奏鸣的韵律。转移注意力之所以有用，正是因为它符合人性："我们的心思无法停留于一处。" 我们容易走神，总是逃避痛苦与错失快乐，"仅仅扫过它们的表皮"，完全出于天性。我们所要做的就是顺着自己的本性。[22]

蒙田从斯多葛与伊壁鸠鲁学派的作品中撷取自己需要的养分，正如他的读者从《随笔集》中撷取他们需要的部分，不去为其余部分烦心。对于与蒙田同时代的人来说，他们从蒙田那里撷取的养分，多半来自与斯多葛及伊壁鸠鲁学派有关的篇章。他们把蒙田的书诠释成生活手册，称赞他是具有古风的哲学家，足以与古代哲人平起平坐。蒙田的朋友帕基耶说他是"法文世界的塞内卡"。[23] 蒙田在波尔多的朋友与同事弗罗里蒙·德·雷蒙（Florimond de Raemond）也称赞他有勇气面对人生的痛苦，并且建议读者从他的著作中寻找智慧，特别是学习如何看待死亡。克劳德·艾斯匹利（Claude Expilly）在其十四行诗（发表于一五九五年出版的蒙田著作中）中推崇《随笔集》的作者是"气度恢宏的斯多葛派"，而且热切地提到他在写作中表现出来的男子气概与无畏精神，以及他总能让最软弱的灵魂获得勇气。[24]艾斯匹利认为蒙田"充满勇气的随笔"将受到后世的赞扬，因为蒙田就像古代的贤哲一样，教导人们如何好好地说话、好好地生活与好好地死亡。

艾斯匹利的说法预示了往后几个世纪蒙田在读者心中形象的转变，因为每一代的读者都从蒙田的作品中获得各自需要的启发与智慧。每一股热潮里的读者或多或少都从蒙田的书中寻找自己预期的东西，将自己的想法投射到他身上。最早阅读蒙田作品的人是文艺复兴时代晚期的读者，这些人大多属于新斯多葛与新伊壁鸠鲁学派，深受如何好好生活与如何在面对痛苦时获得"eudaimonia"等问题的吸引。他们把蒙田当成自己的一分子，使他成为畅销作家。他们的热情支持，奠定蒙田作为实用派哲学家与生活艺术指导者的名声的基础。

被奴役的蒙田

蒙田将拉博埃蒂与自己合而为一的做法——拉博埃蒂仿佛是鬼魂，也仿佛是蒙田所有行动的秘密参与者——似乎与他转移注意力、不受悲伤影响的想法有所矛盾。然而，这种做法确实可以转移注意力：它使蒙田走出丧友之痛，并且从全新的角度思考当下的人生。蒙田一方面保有自己的观点，另一方面又想象拉博埃蒂如果尚在人世可能会怎么想。借由这种方式，他使自己随时在不同的观点间游走。或许蒙田正因此得到灵感，说出这样的话："不知何故，每个人的内心似乎都有两个我。"[25]

蒙田曾说，如果他的内心没有分化出自己及想象中的拉博埃蒂，那么他可能写不出《随笔集》。蒙田也提到，如果没有"倾诉的对象"，他很可能只会出版书信集这类模拟传统的文学作品。[26]但蒙田没有这么做，相反，他在心里想象自己与拉博埃蒂对话。现代评论家安东尼·维尔登（Anthony Wilden）把蒙田的作品比拟成黑格尔（G. W. F. Hegel）哲学的主奴辩证：拉博埃蒂成了蒙田想象中的主人，命令他工作，而蒙田则成了自愿的奴隶，以辛勤的笔耕维系主奴关系。[27]这是一种"自愿为奴"的形式。《随笔集》就是这样诞生的，几乎可以说是蒙田为排遣悲伤与寂寞的副产品。

拉博埃蒂死后留下的大量未出版手稿，以更加现实的形式，让蒙田沦为文学的奴隶。这些稿子除了《论自愿为奴》（假设它真的是拉博埃蒂的作品），其他既不独特，也非原创。但将这些手稿整理起来，总比任由它亡佚遗失好。无论是出于拉博埃蒂的要求，还是蒙田自身的意愿，总之，蒙田成了拉博埃蒂身后作品的编辑——一份吃力不讨好的工作，但也促使他走上文学之路。

令人相当惊讶的是，拉博埃蒂做事向来有条不紊，但他遗留的稿子却杂乱无章。蒙田在某部将要出版的拉博埃蒂的作品的献词中提到，他"勤奋地收集拉博埃蒂散置各处的笔记与文稿"。[28]这是一项辛苦的任务，但他确实发现不少值得出版的作品，包括拉博埃蒂的十四行诗，此外还有一些古典作品的翻译，例如普鲁塔克为帮助妻子走出子女早夭的伤痛而写的书信，以及色诺芬（Xenophon）《家政论》（Oeconomicus）的第一部法文译本。这是一篇讨论如何完善管理地产与土地的论文——刚好契合蒙田的需要，此时他正要辞去在波尔多的法官工作。

将手稿分类整理之后，蒙田准备将这些作品付印出版。他到巴黎与出版商接洽，并且进行宣传。他为拉博埃蒂的每部作品找到合适的金主，并且为这些具有影响力的人物写下优美而奉承的献词，其中包括洛皮塔与波尔多的一些大人物。至于普鲁塔克给妻子的信，这部作品是题献给蒙田自己的妻子。虽然献词的写法通常有一套制式，但蒙田的笔调却相当生动而具有个人风格。蒙田也增补了一篇更具个人特色的文章到拉博埃蒂的作品集之中，那是他对拉博埃蒂死亡的描述。蒙田出版拉博埃蒂的作品，充分显示他已与拉博埃蒂的回忆结为文学伙伴，他们两人也将共同迎接美好的未来。此外，洽询出版的过程使蒙田进一步了解出版界的工作方式，也认识到时尚巴黎人的阅读口味，这些信息有助于他未来的事业发展。

蒙田在给父亲的信里描述了拉博埃蒂的死，这是相当奇怪的做法。或许是皮埃尔要蒙田这么做，他过去曾提出类似的要求。一五六七年左右，皮埃尔交给蒙田一项非常具有挑战性的文学任务，其中一部分用意就是希望蒙田成为作家。

皮埃尔一开始这么要求，是为了让儿子不要再懒散下去。这算是一种"偏方",看起来是件苦差事,其实是为了蒙田好。即使已经三十五岁,蒙田还是带有青少年的倔脾气。他对法官这份工作不是很满意,也不愿担任廷臣。他鄙视法律,对于庄园的开发与建设也漠不关心。此外,虽然蒙田对文学有兴趣,此时还看不出来他有从事写作的打算。皮埃尔也许感到自己来日无多,而认为蒙田必须尽快做好承担责任的准备。蒙田需要挑战。

米修想写东西,好吧,那就让他写!皮埃尔交给蒙田一本一个世纪前加泰罗尼亚神学家所写的五百页对开本书籍,里头全是生硬的拉丁文。皮埃尔说:"有空的话就把它翻译成法文,然后交给我。办得到吧,儿子?"

这种做法很可能会让蒙田放弃文学志愿,而这或许就是皮埃尔的目的。这本书不但冗长无趣,所主张的神学观点也与蒙田不相合。但这反而使他从神游中醒来。编辑拉博埃蒂的作品及书写描述朋友临终的书信,恐怕都不如父亲交代的翻译任务更能点燃蒙田日后写作《随笔集》的热情。

这本书是《自然神学,或创造物之书》(*Theologia naturalis*, *sive liber creaturarum*)。一四三六年,雷蒙·塞邦(Raymond Sebond)完成此书,但此书一直到一四八四年才出版,不过这个时间仍远早于蒙田与皮埃尔生活的时代。[29] 这本书是皮埃尔一位爱书的朋友送他的,书中的拉丁文对他来说太难,因此他把它扔到一旁的书堆里。几年后他整理书堆,这本书的某些特质(也许是艰涩难懂的内容)让他想起陷入迷惘的儿子。

皮埃尔先是丢开这本书,然后又拿起它,这种立场的转变可能与他对教会的爱憎有关。一五五八年，《自然神学，或创造物之书》被列入《禁书目录》(*Index of Prohibited Books*)，随后又在一五六四年被解禁，因为它提倡的是一种"理性"的神学，而教会对于如何看待这类神学的态度模棱两可。争论的核心，在于宗教的真实是否可以通过理性论辩或检视自然界的证据来证明。塞邦认为可以，与蒙田及教会（有一段时间是如此）的立场相左。蒙田倾向于信心主义（Fideism），也就是认为不应该尽信人类的理性或努力，并且否认人类可以借由信仰以外的事物来获取宗教真理。蒙田对于信仰或许不抱热情，但十分厌恶人类的妄自尊大——结果是一样的。

于是，蒙田必须翻译这本厚达五百页的神学论著，而且这本书论证的是他不赞成的主张。"对我来说，这是一项十分诡异且从未尝试过的工作。"蒙田写道。在《随笔集》中，蒙田把这件事说成是无意间从事的工作。"在闲暇无事时偶然接到这个要求，"蒙田说，"我那无可挑剔的父亲下的命令岂可违抗，我只能尽力而为。"然而，这本书的翻译工作显然工程浩大，蒙田花了一年多的时间才完成。[30] 他或许对于自己从翻译中得到的各种灵感感到惊讶。这本书对他的刺激，就好像沙粒刺激牡蛎一样。在翻译的过程中，蒙田一定不断在心里说"但是……不过……"，乃至于"不！不！不是如此"——翻译迫使他分析自己的想法。蒙田在翻译时或许未曾深刻质疑过此书，但数年后他接到为这本书写辩护文的委托时［或许是玛格丽特·德·瓦卢瓦（Marguerite de Valois）的委托，她是国王的妹妹，也是新教徒纳

158

瓦尔的亨利的妻子]，也就要为一本他认为毫无道理的书辩护时，他须深思一番。

这篇文章就是蒙田的《为雷蒙·塞邦辩护》(*Apology for Raymond Sebond*)[31]，它同时也是《随笔集》第二卷第十二章（亦称《辩护》）。《辩护》是《随笔集》里最长的文章，篇幅远大于其他各章，几乎可以说与其他各章不成比例。在一五八〇年版的《随笔集》中，其他九十三章的平均篇幅是九页半，但《辩护》占了两百四十八页。尽管如此，它的风格与其他各章完全一致。它吸引读者阅读，而且就像其他章节一样，交织了各种复杂而离题的陈述。从某些方面来讲，它也赋予了《随笔集》一定的重要性。少了这篇文章，《随笔集》在往后几个世纪里将不会具有如此大的影响力——读者将不再那么怨恨这本书，但相应地，阅读它的人也将大为减少。

"辩护"意味着"维护"，因此这篇论文一开始的确维护了塞邦。然而蒙田只为塞邦辩护了半页，随后文字便出现巨大转折。其转折幅度之大表现在，往后蒙田的说词与其说是在为塞邦辩护，倒不如说是在攻击塞邦。如同评论家路易·孔斯（Louis Cons）所言，蒙田支持塞邦，"就像绳索支持被绞死者"。[32]

如此一来，蒙田怎能说这篇文章是在为塞邦"辩护"呢？在此，蒙田使用了相当简单的技巧。他声称要为塞邦辩护，企图驳倒那些想以理性论证推翻塞邦理论的人。蒙田首先证明理性论证"普遍"带有谬误，因为人类的理性是不可靠的。因此，为了替塞邦这名理性论者辩护，反驳其他理性论者对塞邦的攻击，蒙田主张凡是以理性为根据的宣示一概毫无价值。蒙田的辩护固然驳倒了塞邦的敌人，却也对塞邦本人造成更致命的伤害——蒙田对此心知肚明。

尽管《辩护》的篇幅庞大且论述复杂，但这丝毫不减它的娱乐价值，这是因为蒙田借用了普鲁塔克的技巧：以大量事例建构自己的论点，每个段落的故事与事实就像锦簇花团般竞相绽放。几乎每一则故事都是人类理性毫无用处与人类力量极其微薄的例证，同时也显示人类的愚蠢与痴妄——蒙田自己也不例外，而他对此坦承不讳。

蒙田从普鲁塔克的作品中引用了许多例子，但这篇未起到辩护作用的《辩护》真正的力量来源却不是普鲁塔克，或者说不止普鲁塔克。蒙田还求助了希腊化时代哲学的第三个学派，它也是希腊化哲学中最诡谲的思想潮流，即皮浪的怀疑论（Pyrrhonian Scepticism）。

7

我们问：

如何生活？

How to live?

●

蒙田说：

凡事存疑

Question everything

怀疑论使蒙田赞颂不完美。

对蒙田来说，摆脱不完美是不可能的，理由显而易见，没有人能超脱人性。

任由自然与怀疑主义两相结合，使蒙田成为新类型思想家的英雄。

这些思想家不会成天紧盯着某件东西，更不会睁圆了双眼，让自己活像只静止不动的猫头鹰。

相反，他们眼皮半眜，狡狯地看着人类，观察他们的模样——而且从观察自己开始。

我唯一知道的就是我一无所知，甚至连这点我也不确定

与斯多葛主义和伊壁鸠鲁主义相比，怀疑论显得格外特殊。斯多葛主义与伊壁鸠鲁主义是两条通往平静与"富足"（human flourishing）的道路。它们教你如何面对生活上的困难，使你精神专注，养成勤于思考的好习惯，让你能运用一些技巧说服自己不要钻牛角尖。怀疑论关心的范围则较为狭窄。怀疑论者总被当成不断追寻证据的人，对于旁人相信的表象，他们总是存疑。怀疑论者给人的印象是只专注知识方面的问题，对于如何生活则漠不关心。然而在文艺复兴时代与产生怀疑论及其他实用哲学的古典时代，对于怀疑论却有不同的看法。

与斯多葛主义和伊壁鸠鲁主义一样，怀疑论也是一种疗愈心灵的形式，至少皮浪（Pyrrho）的怀疑论就是如此。皮浪主义源自希腊哲学家皮浪，他去世的时间大约在公元前二七五年。到了公元二世纪，塞克斯都·恩披里柯（Sextus Empiricus）更严谨地发展了皮浪的学说。〔其他的怀疑论，如"教条的"（Dogmatic）或"学院的"（Academic）怀疑论，则未能广泛传布。〕世上流传着一个皮浪主义对人有奇怪影响的说法，这个说法显然来自亨利·艾蒂安（Henri Estienne，与蒙田同时代人，是最早将塞克斯都的作品翻译成法文的学者）阅读塞克斯都的《皮浪主义哲学概要》（*Hypotyposes*）时的反应。有一天，艾蒂安在书房工作，在

处理了大批例行公事之后，他感到有些厌烦，于是随意翻阅旧书箱里的一些文稿，结果发现一本书。他一开始读这本书便笑得开怀，心中的厌烦不翼而飞，而且重新恢复了思考的活力。[1] 同时代另一名学者姜提安·埃尔韦（Gentian Hervet）也有类似的经验。他也是在雇主的书房里不经意地翻阅塞克斯都的作品，即刻感到有个光明而愉悦的世界在眼前展开。[2] 塞克斯都的作品也许不能教导或说服读者，却能让人们发出咯咯的笑声。

今日的读者即使细读《皮浪主义哲学概要》（下文简称《概要》），可能仍旧搞不懂这本书哪里有趣。《概要》跟一些哲学作品一样，里面有一些生动活泼的例子，然而读起来并不至于让人捧腹大笑。我们搞不懂这部作品为什么能消除艾蒂安与埃尔韦的倦怠，也不清楚这部作品何以能对蒙田产生这么大的影响——蒙田从《概要》中发现了完美的解救之道，认为这本书可以把人从雷蒙·塞邦提出的人类极为重要这一郑重而夸大的观念中解放出来。

《概要》疗愈人心的关键，在于它显示生命中没有任何事情需要严肃看待，就连皮浪主义本身也可草草带过。教条的怀疑论总是认为知识不可能存在，这种思维充分表现在苏格拉底说过的一句话上："我唯一知道的就是我一无所知。"皮浪的怀疑论从这个论点出发，但之后又说，事实上，"甚至连这点我也不确定"。这样的哲学原则形成一种循环，不断地吞噬自己，最后只剩下荒谬。

皮浪主义者以这种思维来处理生活上遭遇的种种难题，这种思维可以简单地用一个字来表示，即希腊文"epokhe"，意思是"存而不论"，或者是蒙田的法语说法："je soutiens"——不予置评。[3]这句话征服了所有敌人。它瓦解了对方，使对方在你眼前崩解成细小的原子。

这种说法听起来就像斯多葛或伊壁鸠鲁"漠不关心"的观念，可以让人精神为之一振。不过它（跟希腊化时代的其他观念一样）确实管用，这才是最重要的。"存而不论"有如难解的禅门公案，是一种简洁、奥妙而不可解的问题。例如："一只手能拍出什么声音？"这类说法起初只会让人更困惑，但日后却开启了一道海纳百川的智慧之门。皮浪主义与禅门的亲缘性并不令人意外，皮浪曾追随亚历山大大帝前往波斯与印度，对东方哲学稍有涉猎。当然这里指的东方哲学不是禅宗（当时尚未存在），而是禅宗的前身。

"存而不论"这个技巧可以让你发笑且心情愉快，因为你可以省去为各种问题寻找确定答案的麻烦。我们可以借用怀疑论史家艾伦·贝利（Alan Bailey）举的例子[4]，如果有人宣称撒哈拉沙漠的沙粒数量是偶数，并且征询你的看法，你的自然反应可能是"我没有意见"或者"我怎么知道"。又或者，你想让自己的说法听起来有点哲学味："我存而不论"——即"epokhe"。如果第二个人说"鬼扯！撒哈拉沙漠的沙粒数量明明就是'奇数'"，你还是可以不慌不忙地说自己"存而不论"。事实上，你在响应时应该不露任何情感，因为塞克斯都认为这么做才真的叫"存而不论"：

我无法判断人们说的这些事哪些可信，哪些不可信。

或者：

　　我现在无法对大家正在研讨的事项明确表示支持或
反对。

又或者：

　　我深入考察过的所有事物确有其理，但与这些事相
反的事物也言之凿凿。两者同样合理，也同样不合理。[5]

　　特别是最后一段陈述，大家应该默记下来，这应该可以让那
些提出古怪主张（例如撒哈拉沙漠的沙粒数量）的人闭嘴。复诵
这些话，你会感到平静。当人们不知道某件事的答案，而这件
事有没有答案也没那么重要时，就不要钻牛角尖，免得让自己不
愉快。

　　对皮浪主义者来说，即使面对更复杂的问题，这种做法仍然
管用。为了让某人觉得好受而撒谎，是对的吗？"存而不论。"我
的猫比你的猫好看吗？我比你仁慈吗？爱使人幸福吗？世上存在
正义之战吗？"存而不论。"更有甚者，一名真正的皮浪主义者在
响应一般人认为答案一目了然的问题时，也同样"存而不论"。
鸡生蛋吗？其他人真的存在吗？我现在正注视着一杯咖啡吗？全

部都可以"存而不论"。

皮浪主义者这么做，不是为了让自己极度不安定或陷入偏执的怀疑泥淖中。相反，他们这么做是为了让自己轻松面对一切，借此走向"平静"（这是怀疑论者与斯多葛学派、伊壁鸠鲁学派的共同目标），进而获得快乐与富足。皮浪主义者的做法最明显的好处，是不用担心自己出错。如果他们赢得论证，就表示他们是对的；如果他们输了，那也只是证明他们的确有理由怀疑自己的知识。皮浪主义者尤其喜欢跟人唱反调，而他们这么做只是为了好玩。蒙田写道：

> 如果你说雪是黑的，他们就会反过来说雪是白的。如果你认为雪既不是黑的也不是白的，那么他们会认为雪既是黑的又是白的。如果你说自己在稍加考虑之后认为自己一无所知，他们一定会说你知道。没错，如果你引用一句肯定的格言，向他们担保你对这件事有所怀疑，他们会无视你的回应，仍然认为你并无怀疑，或者坚称你无法判断和证明自己有所怀疑。[6]

如果你赏他一记重拳，这次他们会闭嘴了吧！但即使如此也无法阻止他们，因为他们对于人们朝他们生气这件事毫不在意，而且也不受肉体痛苦的影响。谁说痛苦比愉快糟呢？即使碎裂的骨头插进他们的脑袋，要了他们的命，那又怎样呢？活着真的比死了好吗？

"多好啊，怀疑使人安适！"蒙田之后的爱尔兰诗人托马斯·摩尔（Thomas Moore）写道：

> 驶离错误的浪头
>
> 终于航抵你平静的港口，真是惬意，
>
> 船只在起伏的怀疑中摇曳，
>
> 我笑着迎接与世无争的海风！[7]

这种安适自在的感受实在太强烈，人们一眼就能看出怀疑论者与一般民众的不同。即便如此，这些怀疑论者也与隐居在庭园里的伊壁鸠鲁学派南辕北辙，因为他们宁可融入真实世界。一些关于皮浪的奇特故事说他极为冷漠、平静，几乎对任何事都没有反应。外出时，即使碰上断崖或遇上迎面而来的马车，他也不为所动，照样沿着自己的路线往前走，因此他的朋友总要跟在他身旁，替他排除危难。而且，根据蒙田的记载，"如果皮浪开始谈起某件事，他绝对会坚持把这件事说完，就算他的谈话对象已经离开，他依然故我"——因为他不想受外在变化的影响而偏离内在现实。

与此同时，其他故事却显示，即使像皮浪这样的人，也无法随时保持冷漠。[8]他的朋友有次意外发现他与妹妹发生"激烈争吵"，于是指控他违背自己的信条。"什么，跟这个蠢女人吵架也算数吗？"皮浪回道。另一次，他被人发现正在躲避一条凶暴的狗。皮浪坦承："要完全抛弃人性实在是太难了。"

蒙田非常喜爱这两则故事。其中一则呈现的皮浪，行为完全脱离常轨；另外一则呈现的皮浪，与一般人没什么两样。此外，与真正的怀疑论者一样，蒙田也尝试对这些故事存而不论。然而实际上，蒙田认为皮浪跟他一样，都是普通人，他觉得皮浪只是努力让自己目光敏锐，不把所有的事视为理所当然：

> 他不想让自己麻木不仁；他希望成为活生生的、能思索和推论的、可以享受一切自然愉悦与舒适的、能施展精神能力和运用自己身体的人。

蒙田认为皮浪拒绝接受的，是一般人最容易用来自欺的托词，也就是那些"被编排、安排好的固定真理"。[9] 这是怀疑论传统最吸引蒙田的地方，他喜欢的不是怀疑论为了逃避痛苦与悲伤而采取的极端方式（对此，蒙田比较欣赏斯多葛学派与伊壁鸠鲁学派的做法，认为他们比较贴近实际生活），而是怀疑论以一种权宜且质疑的眼光看待所有事情，这也正是蒙田自己的处世之道。为了让自己铭记在心，他特地在一五七六年打造几枚纪念章，上面不仅刻了塞克斯都的神奇咒语"存而不论"，还附上了蒙田家的家徽及天平图案。[10] 天平是象征皮浪的另一个图像，用来提醒蒙田维持平衡，在面对事情时不能只是接受，而要仔细权衡。

蒙田使用的图像很不寻常，但这种将个人喜爱的名言警句刻在纪念章或钱币上的做法却是当时的习尚，既可作为"备忘录"，又可作为个人归属或认同的象征。如果蒙田不是生在十六世纪，而是成长于二十一世纪初的年轻人，我敢打赌他会把皮浪的话文在身上。

　　如果纪念章是用来提醒蒙田牢记这些原则的，那么这个做法确实管用。怀疑论不仅成为他工作的指引，也引导他的家庭生活，甚至影响了他的写作，例如《随笔集》浓厚的怀疑论笔调，如字里行间经常出现的"或许""某种程度来说""我认为""对我而言"等用语。蒙田自己也提到，这种说法可以"缓和、减轻我们提出观点时的草率"[11]，这印证了文学批评家胡戈·弗里德里希＊说的，蒙田的思想是一种"谦逊"哲学。蒙田的作品中没有任何多余的装饰，它们是蒙田最纯粹的思想。有数百万人曾活跃在历史上，却无法完全掌握他们的真实事迹，这是蒙田一直在想并困惑不已的事。"即使我们得知的过去是真的，也有人可以作证，但这些已知的部分与未知的部分相比，不过是九牛一毛。"蒙田认为，即使是最具好奇心的人，所掌握的知识也是微不足道的；相较之下，这个世界是多么让人吃惊。[12]我们可以再次引用弗里德里希的说法，蒙田"渴望得到惊奇的感受，因此不断追寻独特的、不可名状的与不可思议的事物"。[13]

　　而在所有不可思议的事情当中，最让蒙田吃惊的还是他自己——一个最难以理解的现象。数不清有多少次，蒙田注意到自己的想法从一个极端转到另一个极端，或者是喜怒无常，情感在

＊　胡戈·弗里德里希（Hugo Friedrich, 1904—1978）：德国的罗曼斯语研究者，专精法国古典文学研究。——译注

转瞬间波动得十分剧烈：

> 我的步子变得如此不牢靠与不稳定，我觉得自己摇
> 摇晃晃，随时有可能滑倒。我的视线变得极不可信，只
> 因为肚子空空如也，我便觉得自己与饱食之后判若两人。
> 如果健康对我微笑，搭配上和煦晴朗的日子，那么我是
> 个好脾气的人。如果我的脚趾头长了鸡眼，那么我将摇
> 身一变，成为摆着臭脸、一点儿也不可亲的家伙。[14]

就连最简单的知觉也不可信。如果他发烧或吃药，那么他将
食不知味、目不辨色。轻微的感冒足以令心智昏迷，痴呆则会使
其完全瘫痪无用。中风或脑部损坏足以令苏格拉底成为两眼无神
的白痴。如果患有狂犬病的狗狠狠咬了他一口，他会胡言乱语。
狂犬的唾液将使"所有的哲学——如果哲学化身为人——口出狂
言"。而这正是重点：对蒙田而言，哲学"是"人。哲学寄居在
个别的、会出错的人类身上，因此，哲学充满了不确定性。"在
我眼里，哲学家几乎未曾触及这点。"[15]

不同物种的知觉能力呢？蒙田正确地猜出（在他之前的塞
克斯都也猜对了）其他动物对色彩的知觉与人类不同。或许"看
错"的是我们，而非它们。我们无从得知色彩真正的样子。动物
拥有的能力，我们要么缺乏，要么虽拥有却相当微弱，也许这些
能力当中有部分是充分理解世界的关键。"我们运用与统合五官
来获得真理，然而或许我们需要八到十种感官的一致结论，才能

真正而确实地掌握事物的本质。"[16]

这段看似寻常的陈述，却带有令人震撼的观念：我们之所以无法如实地观察事物，是因为天性的限制。[17]人类的视角不只是偶然导致错误，而是先天就局限人类的认知，如同我们理所当然地（并高傲地）认为狗的智力有限。唯有拥有非凡能力的人，才能超脱自己眼前的一切，进而领悟这一观点。蒙田就是如此，他能摆脱肉眼看见的景象，以皮浪的存而不论的思路重新审视一切。就连原初的怀疑论者也未能提出如此激进的主张。这些怀疑论者怀疑周遭的一切，但他们通常未能思及自己内在的灵魂其实也充满了不确定性。而蒙田总是如此怀疑：

> 我们与我们的判断，连同世间一切生命短暂之物，不断流逝，永不止息。因此，我们无法用一件事来确切衡量另一件事，因为判断的与被判断的都处于永恒的变迁与运动之中。[18]

这种说法似乎造成了僵局，它否定了认知事物的可能，因为没有事物能被其他的事物衡量。尽管如此，这种说法仍为我们开启了新的生活方式。它让事物变得更复杂，也更有趣。世界变成多维度的风景，每个观点都应该被列入考虑的范畴。我们要做的就是谨记这项事实，才能如蒙田所言，"从自身的不足中得到智慧"。[19]

即使是蒙田，想保持专注也需要持续的努力："我们必须绷紧灵魂，才能意识到自己错误百出。"《随笔集》可以帮助他发现这一点。通过写作，蒙田把自己当成实验室里的小白鼠。他手里拿着笔记本，将自己的一举一动仔细地记录下来。每当察觉自己的诡异行径时，他便禁不住感到雀跃，甚至对自己的记忆模糊感到高兴，因为这提醒他自己有缺陷，使他不致错误地坚信自己绝对正确。[20] 蒙田只在一件事上不持"凡事存疑"的态度，那就是他始终谨慎地陈述自己认为正确无疑的宗教信仰。他谨守天主教会既成的教义，在这一点上没有任何讨论的空间。

蒙田对宗教信仰的态度同样令现代读者感到吃惊。今日，怀疑论与有组织的宗教通常水火不容，后者代表了信仰与权威，而前者则与科学和理性为伍。在蒙田的时代，这条界线画在不同的地方。现代意义的科学在当时并不存在，而人们不认为少了上帝的支持，人类理性还能单独存在。当时的怀疑论者顶多怀疑人类心灵是否真能发现事物的本质。当时的教会也不赞成"理性神学"的信仰观，因此理所当然地把皮浪主义视为盟友。[21] 皮浪怀疑论抨击人类的傲慢，所以特别有助于对抗新教的"创新说法"，即个人的理性与良知高于教会的教义。

所以，在长达数十年的时间里，天主教一直支持皮浪主义，认为亨利·艾蒂安翻译的塞克斯都作品与蒙田的《随笔集》可以有效地对抗异端邪说。蒙田对教会的支持，不仅表现在他对傲慢理性的攻击上，也表现在作品中到处可见的信心主义。蒙田写道，我们从上帝手中获得宗教，靠的是"超凡的灌注"，[22] 而非我们一己之力。上帝提供茶包，我们提供热水与杯子。如果我们无法直接从上帝那里获得启益，那么我们可以信任教会，它是由上帝授权的巨大茶壶，里面已预先泡好了信仰。蒙田清晰地表达他承认教会有权管辖他的宗教信仰，甚至可以监督他的思想。[23] 蒙田写道，当人们一窝蜂地标新立异时，无条件遵循教会使他好几次免于犯错：

> 若非如此，我大概已经随波逐流。由于上帝的恩典，我免于心猿意马，良知未受到搅扰或妨碍。我依然坚信自上古流传至今的信仰，并且对于今日出现的各色各样的宗派说辞无动于衷。[24]

我们很难分辨蒙田所说的"妨碍"指的是灵性上的阻碍，还是指被贴上异端标签、书籍被焚所带来的不便。对于秘而不宣的不信仰者来说，信心主义是个现成的托词，表面装出信仰上帝的样子，就能规避所有不信仰的指控。理论上，只要表明自己是个虔诚的信徒，那么其余时刻再怎么世俗，都不会有人管你。对于一个在每个细节上都顺服上帝与教会教义的人，你还能指控他什么呢？事实上，教会终究还是察觉到其中隐含的危险，因此到了下个世纪，也开始严词抨击信心主义。然而在蒙田那个时代，主张信心主义的人还不至于受到责难。蒙田是否属于这一种人呢？

我们很难看出蒙田对宗教存有真正的兴趣。《随笔集》并未提到太多基督教的观念。蒙田似乎对牺牲、悔改、救赎无动于衷，他既不畏惧地狱，也不渴望天堂。他对女巫与魔鬼横行人间，远不如对猫儿如何让小鸟陷入恍惚而从树上坠下有兴趣。蒙田沉思死亡时，显然忘记自己应该相信来生。他如此形容死亡："我愚蠢地一头栽进死亡……如同陷入寂静而黑暗的深渊。它一个箭步将我吞没，瞬息间将我包围。我深深睡去，没有任何感受，也不再感到痛苦。"往后一个世纪的神学家对于这段无神论的描述感到惊恐。此外，蒙田对耶稣基督也兴趣缺缺。他提到苏格拉底与加图（Cato）为了崇高目的而死，却不愿提起钉十字架，这起关乎救赎的神圣事件未能引起蒙田的热情。他更关心的是世俗道德——怜悯与残忍的问题。正如现代评论家戴维·昆特（David Quint）做的总结，蒙田或许认为基督钉十字架带给人类的信息是："别把人钉上十字架。"[25]

另一方面，蒙田不可能是个彻底的无神论者；在十六世纪，几乎不会有人是无神论者。因此，我们无须讶异蒙田会受信心主义吸引；信心主义不仅与蒙田的怀疑论哲学相符，也投合他的脾气——尽管蒙田喜爱独立，但他不喜欢事必躬亲，特别是对于他没有兴趣的事。此外，虽然蒙田确实接受信心主义主张的上帝高高在上的说法，但真正吸引他的却是眼前实际的"世俗"之事。

无论如何，蒙田终其一生均未与教会出现严重冲突，对于一个行事如此自由、生活在天主教与新教交界处，同时还在宗教战争时期担任公职的人来说，这的确是了不起的成就。十六世纪八十年代，蒙田到意大利旅行时，宗教裁判所的官员的确检查了他的《随笔集》，而且把他们不太同意的地方挑了出来，列出一张清单。其中一项是蒙田使用了"命运"（Fortune）这个词，而未使用官方准许的"神意"（Providence）。（神意来自上帝，自由意志在当中有挥洒的空间；命运则如同饼干碎裂，没有人能决定碎成什么样子。）[26] 其他一些地方则是蒙田引用了异端诗人的文字，以及他为背教皇帝尤里安（Julian）开脱，还有他建议以自然与自由的方式养育孩子。尽管列出一堆问题，宗教裁判所对于蒙田的死亡观、他对女巫审判的保留态度，以及（尤其是）他的怀疑论，其实并不怎么介意。

事实上，《随笔集》之所以首次出版就广受欢迎，与这本书的怀疑论思想关系密切；当然，书中的斯多葛主义与伊壁鸠鲁主义也颇能迎合读者的胃口。《随笔集》吸引了好学而独立思考的人士，但绝大多数的正统派教会成员也对此书爱不释手，例如蒙田在波尔多的同事雷蒙就很喜欢《随笔集》。雷蒙是个热忱的天主教徒，在自己的作品中写道，他深信敌基督（Antichrist）即将到来，而且认为《启示录》里记载的一切将要成真。雷蒙奉劝人们阅读蒙田的作品，加强自身的信仰以对抗异端。他尤其推崇其中的《为雷蒙·塞邦辩护》一文，认为这篇优美的文章有许多例证可以让人们了解自己对于这个世界有多么无知。雷蒙在自己的作品《敌基督》（*L'Antichrist*）中的某章借用了一些这样的故事，将这章命名为《无法解释的奇闻》。他问，为什么一头愤怒的大象一见到绵羊马上就冷静下来？为什么把野牛拴在无花果树下，它就会变得温驯？鲫鱼如何利用身上的小钩抓住船身，使船在海中动弹不得？雷蒙的语气和蔼可亲，而且对于大自然的奇观表现出极大的惊奇。他的行文经常会让我们忘记他其实是利用这些例子，警醒民众世界末日即将到来。信心主义促成了一些古怪的联结，极端主义者与世俗的温和派人士都对自身的无知感到惊奇，并因此被联系在一起。[27]

正统派教会人士认为早期的蒙田是虔诚的怀疑论哲人，宛如皮浪与塞内卡再世。他的作品不仅抚慰人心，还能提升民众的道德水平。因此，到了下一个世纪，当人们开始避谈蒙田的名字，他的《随笔集》也被列入《禁书目录》达一百八十年之久，这样的转折不得不让人感到惊讶。

这一切，起源于某个人们认为微不足道的主题：动物。

动物与恶魔

蒙田最喜欢以动物故事针砭人类的自负心态，这些让雷蒙兴致盎然的故事，有许多出自普鲁塔克之手。蒙田喜欢这些故事，不仅因为它们富有娱乐性，也因为它们带有严肃的寓意。描绘动物聪明敏锐的寓言，充分显示了人类的能力并不特别高明。事实上，有很多事动物做得比人类做得好。

举例来说，动物善于分工合作。牛、猪与其他生物为了自卫，会群聚起来。如果有鹦嘴鱼吃了渔夫的鱼饵，其他鹦嘴鱼会赶过来咬断鱼线，让它逃脱。如果一只鹦嘴鱼被渔网网住，那么其他的鹦嘴鱼也会将自己的尾巴伸进网中让它咬住，再将它拖到网外。即使不是同类，动物也懂得互助，例如领航鱼会引导鲸鱼，而有些鸟类会清理鳄鱼齿间的残渣。[28]

鲔鱼显然很了解天文学。冬至的时候，鲔鱼群会待在水里一动不动，直到来年春分。鲔鱼也懂得几何学与算术，因为曾有人看见一群鲔鱼组成了六面全等的正立方体。[29]

在道德上，动物证明它们至少可以跟人类一样高尚。以悔恨这件事情来说，谁能赢得了大象呢？因为一时脾气失控而杀死照顾自己的人，它悲恸莫名，于是绝望地将自己活活饿死。还有雌翠鸟，它会忠实地用肩膀背负受伤的伴侣，直到自己死去为止。这些可爱的翠鸟也显露出科技本领：它们会用鱼骨建造一个既能当巢又能当船的东西；为了测试成品是否漏水，它们会聪明地先在岸边试验，然后再将其推入海中。[30]

动物在许多方面的能力胜过我们。人类的脸色会变，但并非出于自我的控制。我们在困窘时脸红，害怕时脸色苍白。我们跟变色龙一样，会在偶然的状况下改变颜色。但跟章鱼比就差远了，无论何时何地，它都可以随心所欲地变换色彩。我们与变色龙只能以崇拜的目光看着无所不能的章鱼——这对人类的自负来说是个很大的冲击。[31]

然而，人类仍坚持自己不同于其他生物。我们认为自己更接近上帝，与变色龙或鹦嘴鱼迥然不同；我们从不认为自己与动物同列，也不思考动物会怎么想——我们从来不曾停下来追问动物是否拥有心灵。然而对蒙田来说，光是看到狗在做梦就足以说明动物跟人类一样拥有内在世界。梦见罗马或巴黎的人，他的内心浮现的是罗马或巴黎的幻影；同样，梦见野兔的狗，必然看见一只虚幻的野兔在梦境里奔跑。我们看见睡梦中的狗儿脚爪抽动，就知道它正在追逐。它看见了一只野兔，尽管那是一只"没有毛皮或骨骼的野兔"。[32]动物的内在世界就跟我们的一样，充满了虚构的幻影。

蒙田的动物故事对于早期的读者来说，有趣又无害。就算提到道德层面，主要也是一些有益于道德发展的说法，例如人类应该谦逊，不能自以为能够主宰或了解上帝创造的世界。然而当十六世纪走入历史，十七世纪来临时，人们逐渐对于人比章鱼"低等"或"无能"的描绘感到不安——这种说法与其说是谦逊，不如说是贬抑。到了十七世纪六十年代，人们不再认为讲述许多动物故事的《辩护》是提升人类智慧的百宝箱；相反，它被视为前一个世纪道德沦丧的明证。蒙田轻易接受人类注定犯错与具有兽性的说法，使他的作品成为十七世纪攻击的目标，几乎被当成魔鬼的把戏。

这种态度的转变，可以从一六六八年雅克-贝尼涅·波舒哀（Jacques-Bénigne Bossuet）主教在讲道坛上提出的抨击中看出。他说蒙田：

> 喜欢动物甚于人类，喜欢动物的本能甚于人类的理性，喜欢动物简单、纯真而平易的本性……甚于人类的优雅与恶意。但告诉我，狡猾的哲学家，你如此聪明地嘲弄人类的自以为"比动物优越"，是否认为人类能认知上帝并不是什么大不了的事？[33]

这种挑战的语调是前所未有的，同样新奇的是，人们开始觉得必须护卫人类的尊严，使其不受"狡猾的"敌人污蔑。十七世纪的人们不再认为蒙田是哲人；相反，他被视为骗子与破坏者。蒙田的动物故事与他对人类虚荣的揭穿，尤其令新时代两位最伟大的作家——勒内·笛卡儿（René Descartes）与布莱斯·帕斯卡——感到心烦意乱。这两个人对彼此并无好感，因此他们异口同声地反对蒙田，就更值得注意了。

笛卡儿是近代初期最伟大的哲学家，他对动物感兴趣，主要是为了与人类做对比。[34] 人类拥有意识与非物质的心灵。人类可以反思自己的经验，并说出"我想"这样的话，但动物不能。对笛卡儿而言，动物缺乏灵魂，它们只是机器。动物被设计成能行走、奔跑、睡眠、打哈欠、打喷嚏、狩猎、吼叫、搔痒、筑巢、哺育后代、吃喝与排泄，但它们这么做，如同钟表的自动机械装置，只是单纯地转动齿轮到处活动。笛卡儿认为，狗无法区别远近，也没有真实的经验。狗无法在内在世界中创造出野兔，并在原野上追逐它。狗可以打呼，它的脚爪可以抽动，但笛卡儿认为这不过是肌肉收缩与神经被刺激所致，是脑子里的机械运作造成的。

笛卡儿无法认真地与动物交换眼神；蒙田可以这么做，而且真的这么做了。蒙田有一句名言，他沉思说："当我跟我的猫玩耍时，谁知道是它在陪我消磨时间，还是我在陪它消磨时间？"他又说："我们一起玩耍嬉戏，但我有想消磨时间的时候，也有不想玩耍的时候，而猫也一样。"[35] 蒙田会相对地站在猫的角度来看自己，正如他平常用自己的视角看猫。

蒙田与猫（A.迪奇菲尔德绘）

蒙田与猫之间的小小互动，是《随笔集》中最吸引人、最重要的段落。它捕捉到了蒙田的信念：所有生物共同分享着这个世界，但每个生物各有自己一套知觉世界的方式。"蒙田的所有想法全包含在这么一句漫不经心的句子里。"一名评论家说道。蒙田的猫声名远播，不仅启发了一篇完整的学术文章，连菲利普·德桑（Philippe Desan）的《蒙田字典》(*Dictionnaire de Montaigne*)也专为它编写了一个条目。[36]

蒙田描写动物时，充分发挥了他来回转换视角的技巧。蒙田说，我们很难了解动物的心思，同样地，动物一定也很难了解人类的想法。"这种缺陷阻碍了动物与我们的沟通，与其责怪动物不会说话，为什么不反省自己听不懂它们的语言呢？"

> 我们对动物表情达意的方式稍有了解，动物对我们也是如此。动物讨好、威胁与乞求我们，我们对动物也是如此。[37]

蒙田每次看着他的猫，都会发现猫回头看他，他因此想象自己在猫眼中的样子。不同物种之间虽然存在着障碍，却能感受到彼此，对于笛卡儿（以及跟他同时代的人）这种对不同物种间的互动感到不安的人来说，这类交流是绝不可能发生的。

笛卡儿的问题出在他的整个哲学结构完全建立在"绝对确定性"的基础上，而绝对确定性只能存在于清楚明晰的意识观念中。这种观念没有空间容纳蒙田暧昧、含糊的思维，无论他思索的是精神错乱的或染上狂犬病的苏格拉底，还是狗的感官比人类来得优越的主张。这些复杂的问题为蒙田带来乐趣，却让笛卡儿不敢掉以轻心。讽刺的是，笛卡儿对纯粹确定性的追求主要是从对皮浪怀疑论的理解中产生的，而皮浪怀疑论却是经由蒙田流传下来——蒙田是近代世界的皮浪主义大师。

一六一九年十一月，笛卡儿得出了解答。在此之前他游历各地，遍览各种民情风俗。此时身在日耳曼的他，把自己关进一个小房间里，房内有个烧火的炉子用来取暖。就这样，他整天不间断地思考。笛卡儿从怀疑论的假定出发，认为世界上没有任何事物是真实的，因此他之前抱持的信念都是虚假的。[38] 然后他缓慢地、一步步地谨慎推论，"就像一个单独在黑暗中行走的男子"，以经过逻辑证明的信念取代虚假的信念。这纯粹是一段精神历程：他一步接一步地移动时，身体仍在火堆旁，我们可以想象他的眼睛一直盯着余火，持续数小时之久。火炉前的笛卡儿或许弓着身子，就像罗丹（Rodin）的"沉思者"（*Thinker*）一样，这个形象与蒙田跑上跑下，从书柜里拉出书本，经常分神注意别的事情，把一些奇怪的想法告诉仆人以助记忆，在晚宴中与邻人热烈讨论，或是在森林中骑马时得到最珍贵灵感的形象大异其趣。即使已经"退休"，蒙田仍在人群中思考，四周总是不乏物品、书籍、动物与人群。反观笛卡儿，则需要静止的隐遁。

在火炉旁，笛卡儿逐渐编织出一条推论的链子，他认为每个部件都已牢牢地铆接在一起，环环相扣。笛卡儿的第一项发现是他自身的存在不容怀疑：

我思，故我在。

以这个确定无疑的说法为根据，笛卡儿借演绎法进行推论，认为上帝必定存在，因为他对上帝的存在具有一种"清楚而明晰"的观念，这种观念肯定来自上帝本身。因此，其他能让他产生清楚而明晰的观念的事物，也一定为真。笛卡儿甚至大胆地在他的作品《沉思录》(*Meditations*) 中提出最后这个论点，他写道："我清楚而明晰地知觉到的事物，不可能不为真。"[39]这是哲学上最令人震惊的一段陈述，也是人们所能想见的与蒙田行事方式差异最大的一种说法。然而，笛卡儿的思考却是从蒙田喜爱的怀疑论中产生的——怀疑一切，甚至怀疑自己。欧洲哲学的核心因此被打上了一个巨大的问号。

笛卡儿所谓的绝对无误的理论之链，听起来有点荒谬，但如果把这条链子放在十六世纪的观念脉络里，似乎就合理多了——笛卡儿主要是为了摆脱十六世纪的观念才提出这种主张的。有两项重要的思想传统透过蒙田传承到笛卡儿这一代，一个是拆解一切事物的怀疑主义，另一个是以信仰为基础、将所有事物结合起来的信心主义。笛卡儿不想接受这类思想传统，反对信心主义。但现实摆在眼前，要摆脱传统并不是那么容易。

笛卡儿真正创新的地方是很少有人像他一样如此渴求确定性。笛卡儿的另一个特点在于他具有普遍的极端主义精神。为了摆脱怀疑主义，他对怀疑主义做出令人难以想象的延伸，就好像把粘在鞋底的口香糖拉成一条线。人不可能像漂浮在"空想之海"那样一直怀疑下去，也不可能像蒙田与皮浪主义的创造者那样，把不确定性当成一种生活方式。对笛卡儿来说，充满怀疑是他生命中的一个危机。我们可以从《沉思录》中看出他的茫然：

> 昨日的沉思使我的心中充满疑云，疑云至今徘徊不
> 散……我无法将双脚稳稳踏到底，也无法泅游以让头部
> 露出水面。[40]

这是十七世纪的世界与蒙田的世界最为不同的地方，十七世纪从怀疑论中得到的是一场梦魇。在"昨日的沉思"中，笛卡儿——他总是善于使用生动的隐喻来形容自己的主张——甚至将自己的不确定性拟人化，描绘出一个饱受惊吓之人的样子：

> 我想这个世界并没有真实的上帝，也没有决定真理
> 的最高主宰；这个世界有的是邪恶的魔鬼，他的狡猾欺
> 诈强大无比，总是无所不用其极地让我上当。我想，天

空、空气、大地、色彩、形状、声音与一切可见的外在
事物，全是他用来欺骗我的幻觉与陷阱。我会认为自己
是没有手、没有眼、没有血肉与感官的人，我只是误以
为自己拥有这些东西。[41]

　　在笛卡儿的时代，恶魔仍被视为真实骇人之物，与在蒙田的
时代一样。有些人认为它们让这个世界陷入迷雾，就像在微生物
里塞满污染物。它们与它们的主人撒旦可以用空气编织幻象，可
以制造光影的变化，可以搅乱你的思绪，让你以为自己看见了野
兽与怪物。[42]恶魔有计划地愚弄我们，使我们看不清整个外在世
界的真实面貌，也看不清自己，进而疯狂。更糟的是，也许上帝
本身就是个骗子[43]——笛卡儿曾做出这样的暗示，但很快就收回
这句话。

　　诡异的是，笛卡儿拥护纯粹理性，誓要击败想象的把戏，却
想尽办法以小说手法玩弄读者的感情。与绝大多数恐怖故事作家
一样，笛卡儿的动机本质上是相当保守的。恶魔对事物的秩序构
成威胁，但终究会被击败，而世界也会在更稳固的基础上恢复常
态——如果未恢复，那就表示基础不够稳固。在恐怖小说中，怪
物经常在故事末尾威胁要卷土重来——它并没有被彻底击败，故
事还留个尾巴。笛卡儿不希望还有续集，认为自己已经彻底弥补
了漏洞，然而事实并非如此。在他信誓旦旦要完成结尾的同时，
他的主张也开始分崩离析。

　　最终我们还是找到了摆脱困境的方式，只不过不是笛卡儿

提出的挑战极端主义，而是与蒙田的精神更为贴近的实用主义妥协。现代科学并不寻求完全的确定性，在理论上容许些微的怀疑。在实务上，科学家根据一套公认的准则从事研究，以观察来验证假说。我们看到漏洞，但并不十分挂心。就像蒙田安然接受人必犯错的天性，我们接受世界的原貌，也接受没有任何事是确定的这项事实。恶魔在一旁伺机而动，但日子还是得过下去。

蒙田的皮浪主义在十七世纪衍生出更焦虑与更自我分裂的意识，也难怪会出现笛卡儿的恐怖故事。蒙田也曾对自己的存在感到焦虑，说"不知何故，每个人的内心似乎都有两个我"，也提到"我们无法与人沟通"。但笛卡儿对溺死在怀疑中的恐惧，恐怕是蒙田无法了解的。[44]

今日，许多人也许更容易了解笛卡儿的恐惧。蒙田，以及从怀疑论衍生出来的皮浪主义者，他们内心的安适反而无法让现代人产生共鸣。将一切事物的根基归于虚无，这种观念显然无法产生抚慰人心的效果。

我们的虚无感主要来自笛卡儿对蒙田的反面解读，还有一部分来自一位十七世纪的蒙田门徒与反对者。这个人对皮浪主义思想的不安，比笛卡儿还要严重，他就是帕斯卡——哲学家、神秘主义者，同时是恐怖故事作家。

巨大的诱惑机器

帕斯卡最让人记忆深刻的作品是他的《沉思录》(*Pensées*)，

这本书并不是用来惊吓他人的，而是作者用来警醒自己的。帕斯卡从未致力于写出体系完备的神学论文，这本《沉思录》只是将他写下的杂乱的神学观点集结起来。要是他真的完整地写完了这本书，恐怕它就不会那么引人入胜了。事实上，帕斯卡留给我们的是一部极其神秘的文学作品，字里行间充分流露出他试图逃避他所认为的蒙田《随笔集》带有的危险力量。

一六二三年，帕斯卡生于克莱蒙-费朗（Clermont-Ferrand）。早在幼年时，他就已展现出数学与发明才能，甚至设计出了初具雏形的计算器。三十一岁时，帕斯卡待在皇家港修道院（Port-Royal-des-Champs），他产生了幻象，事后在纸上描述这段经验，并把这段文字命名为"火"：

> 确实。具体。感受，愉悦，和平。
>
> 耶稣基督的上帝。
>
> 你的上帝将是我的上帝。
>
> 世界与万物终归尘土，唯有上帝才是永恒。
>
> 唯有遵循福音书的指示才能找到他。
>
> 庄严的人类灵魂。
>
> 正义的圣父，世人不识你，但我识你。
>
> 愉悦，欣喜，快乐，喜极而泣。[45]

圣灵的显现改变了帕斯卡的人生。他把这张纸缝进衣服里，这样就能随身携带。从此以后，帕斯卡把所有的时间都放在神学写作上，这些神学笔记日后便构成了《沉思录》。帕斯卡从事这项工作的时间并不长。他在三十九岁的盛年因脑溢血而去世。

帕斯卡与笛卡儿几乎没有共同点，两人唯一的相同之处就是对怀疑论相当着迷。帕斯卡以一种兴高采烈的神秘情绪，表达对笛卡儿信仰理性的厌恶，并且对于"几何学精神"[46]接管哲学表示哀悼。帕斯卡对理性的厌恶，照理来说应该使他接近蒙田——事实上也的确如此，因为《随笔集》一直是他不断阅读的作品。但帕斯卡也觉得，透过蒙田传承下来的皮浪怀疑论传统实在太令人不安，他在阅读《为雷蒙·塞邦辩护》时，总是念不完一页就赶紧拿出笔记本，激烈地倾泻他的想法。借用诗人艾略特（T. S. Eliot）使用的词来形容他们两人的关系——帕斯卡把蒙田描绘成"大敌"（the great adversary）[47]。这个词一般只用在撒旦身上，但这个比喻很恰当，因为蒙田是让帕斯卡感到痛苦的人物，蒙田不断地吸引他，诱惑他。

帕斯卡对皮浪怀疑论感到恐惧。不同于十六世纪的读者，帕斯卡强烈意识到皮浪怀疑论对宗教信仰构成威胁。到了这个时期，怀疑论已不再是教会的朋友；它是魔鬼的属下，因此必须加以反抗。但这里存在着一个问题，因为每个人都看得出来，要驳倒皮浪怀疑论几乎是不可能的。[48]与它争论只是巩固了它的主张，显示所有事物都是有争议的；另一方面，如果你维持中立，那便证明了它的观点，显示存而不论是好的。

《沉思录》有一篇短文，记述了帕斯卡与皇家港修道院院长艾萨克·勒梅特·德·萨西（Isaac Le Maître de Sacy）之间的对话。帕斯卡总结了蒙田的皮浪主义论点，以及蒙田论点的不足：

> 他怀疑一切，而不断怀疑的结果是，就连怀疑本身
> 也受到怀疑；也就是说，他怀疑自己是否真的怀疑，甚
> 至怀疑仅剩的最后命题。他的不确定因此陷入无穷无
> 尽的循环。他与主张一切不确定的论点矛盾，也与主
> 张一切并非不确定的论点龃龉，因为他不想主张任何
> 论点。

蒙田"因怀疑一切而居于有利的位置，无论成功或失败，都
能加强他的论点"。[49]你可以感受到那股挫败感：谁能敌得过这样
的对手？但我们必须抵抗。这是个道德责任，若不如此，怀疑将
如洪水般冲走一切事物，包括我们所知的世界、人性尊严、理智
与对上帝的信仰。艾略特也说过：

> 在所有作家当中，蒙田是最难以摧毁的。你可以借
> 由投掷手榴弹来驱散迷雾，而蒙田就是迷雾，是气体，
> 是阴魂不散的流动元素。他不讲道理，含沙射影，引诱
> 并影响你；或者，当他开始讲道理，你必须小心他另有
> 图谋，而非真的想用论证来说服你。[50]

帕斯卡无法对抗蒙田，因此不得不阅读蒙田的书，并写下
感想。他与《随笔集》角力，却因为靠得太近而找不到挥拳的角

度。如果拉博埃蒂像个看不见的朋友盘旋在蒙田的书页上，那么，蒙田就像永恒的敌人与共同作者，在帕斯卡的字里行间与帕斯卡纠缠。与此同时，帕斯卡知道真正的戏剧正在他的灵魂深处上演。他坦承："我从蒙田作品里看到的一切不是蒙田，而是我自己。"[51]

帕斯卡可能也曾看着自己的笔记本，念道："不是从我自己，而是从蒙田身上，我得到在这里所写的一切。"因为他习惯近乎一字不漏地大量誊抄：

蒙田：我们是这般为了相同的事哭泣与大笑。

帕斯卡：我们因此为了相同的事哭泣与大笑。

蒙田：他们想摆脱自己，远离身为人的一切。这简直是疯了：他们并未变成天使，反而成了野兽。

帕斯卡：人既非天使亦非野兽；人无论想当天使还是野兽，都不可能快乐。

蒙田：把一名哲学家放进用细铁线与粗网眼构成的笼子里，然后将笼子吊在巴黎圣母院的塔顶上，他有充分的理由相信自己不可能坠落，但（除非他当过尖塔修理工）他还是无法看着这极度高耸的景象而不感到害怕与全身僵硬……在两座塔楼的宽阔间隔之间搭上一根横梁，我们必须走过去，但没有任何哲学智慧能有如此坚定的意志，能使我们鼓起勇气，如履平地般走过。

帕斯卡：如果你把世界上最伟大的哲学家放在宽度足够他行走的木板上，而底下是深不见底的断崖，那么无论有多么充分的理由足以说服他自己是安全的，他的想象力终究会居于上风。[52]

哈罗德·布鲁姆（Harold Bloom）在《西方正典》(*The Western Canon*)中称《沉思录》是"不求甚解的恶例"[53]，即帕斯卡未能领会蒙田的思想。然而，帕斯卡在照抄蒙田文字的过程中，也改变了后世对蒙田的印象。即使他用的是蒙田的字句，但从不同的角度去诠释了它们。就像豪尔赫·路易斯·博尔赫斯（Jorge Luis Borges）的二十世纪主角皮埃尔·梅纳德（Pierre Menard）写了一本刚好与《堂吉诃德》一模一样的小说，帕斯卡在不同时代以不同性格写下相同的文字，因此创造出全新的内涵。

情感的差异才是重点。蒙田与帕斯卡对于人性较不讨喜的部分有着类似的洞察——他们窥破了"人性的，太人性的"领域，这里潜伏着自私、懒惰、卑鄙、虚荣与无数的人性缺点。但蒙田以宽容且幽默的眼光看待它们，而对帕斯卡来说，这些缺点造成的恐怖，远非笛卡儿的理性所能应付的。

帕斯卡认为，人一定会犯错的特质令人无法忍受："我们认为人类的灵魂是崇高的，而无法想象这种想法是错的。因此，我们无法不看重人类的灵魂，人类全体的幸福完全奠基在这份重视之上。"[54]对蒙田来说，人类的缺点不仅可以忍受，甚至值得额手称庆。帕斯卡认为人性的局限不可接受；蒙田整个哲学的立论点则完全与帕斯卡相反。即使蒙田说"我们不可能掩饰自己原本的样子"[55]——这种话帕斯卡也一直挂在嘴边——他的语气仍是雀跃的，还添了一句：人类与其说是邪恶的，不如说是愚蠢的。

帕斯卡的立场似乎总是偏向极端，要么是极度绝望，要么就是极度欣喜。他的写作就像驾着飞车疾驰一样惊心动魄，带领读者穿过巨大的空间与不相称的天平。他思索世界的虚无与自己躯体的渺小，于是说道："凡是用这种方式观察自己的人，都对自己感到惊骇。"[56]正如笛卡儿掀起皮浪主义者安抚心灵的毛毯——怀疑一切事物，结果发现里头藏着怪物——帕斯卡同样用上了斯多葛派与伊壁鸠鲁派喜爱的伎俩即想象的空间之旅与人类渺小论，结果走进了恐怖之域：

> 思忖我们的盲目与苦难，观察沉默不语的宇宙，遭世界狠心遗弃的人类迷失在宇宙阴暗的一角，不知是谁将我们舍弃于此，也不知自己最终的结局，死后将会如何。我们茫然无知，我感到恐惧，就像人在睡梦中被一把抓起，放置在一座恐怖的、无人的荒岛上，醒来后完全不知道将发生何事，也苦于无求生之门。[57]

这样的描述初看令人觉得刺激，但数页之后，人们便转而渴求蒙田随和的人文主义风格。帕斯卡希望人们能随时将终极事物放在心上，那广大无垠的虚无空间、上帝与死亡。但很少有人能长久抱持这样的想法。我们容易分心，意识很容易被具体事务与个人事务吸引。帕斯卡对此大为光火："世人都在想什么？难道都不想正经事吗？整天只想着跳舞、弹鲁特琴、唱歌、吟诗作对、持矛比武……"[58] 蒙田也喜欢思索大问题，但他更喜欢阅读与观察庄园里的牲畜；他旅行时会注意路上发生的各种事，留意邻人如何教养子女，这些都是他探索人生的方式。帕斯卡写道："人总是注意小事而忽略大事，这显示人类意识的冷淡与混乱。"[59] 蒙田的说法则跟他完全相反。

一个世纪之后，极度讨厌帕斯卡的伏尔泰写道："我大胆支持人们反对这位崇高的厌世者。"他把《沉思录》里五十七处引文从头到尾审视一遍，逐条驳斥。伏尔泰写道：

> 对我来说，当我看着巴黎或伦敦时，我找不出帕斯卡所说的绝望的理由。我看到的城市完全不像无人的荒岛，反倒是熙熙攘攘、富足繁荣，一片升平景象，而人类的幸福莫过于此。理智清醒的人会因为不知道人类如何正视上帝而跑去上吊吗？……我们为什么要对自己的存在感到恶心呢？人生并不像某些人试图说服我们相信的那样充满苦难。把世界看成牢房，把人类视为囚犯，这么想的人脑子已经烧坏了。

伏尔泰因此反驳帕斯卡说蒙田是"大敌"的指控：

蒙田对于自己的描绘全无狡诈欺瞒，读来令人愉快！因为蒙田描绘的正是人性本身。反观帕斯卡，则完全以贬损蒙田为能事……十足的卑鄙猥琐！ [60]

伏尔泰对于蒙田的信条极为熟悉，例如《随笔集》最后一章的这段话：

我充满感激地接受大自然为我做的一切，我对自己感到满意，也自豪自己能这么想。我们若拒绝、否定，乃至于扭曲馈赠者的礼物，就等于冤枉了伟大而无所不能的馈赠者。[61]

豁达地接受生命，泰然地面对自我，这种态度要比皮浪怀疑论更让帕斯卡愤怒。这两种态度相辅相成。蒙田怀疑一切事物，但也明确地肯定一切熟悉的、不确定的与日常的事物——因为我们拥有的就是这些。怀疑论使蒙田赞颂不完美，而不完美正是帕斯卡乃至于笛卡儿一直想摆脱的——可是功败垂成。对蒙田来说，摆脱不完美是不可能的，理由显而易见，没有人能超脱人性[62]：我们无论提升自我到什么程度，身上总带着人性。在《随笔集》最后一卷结尾的最终版本中，蒙田写道：

了解如何正确地享受人生，我们就能实现绝对完美与神圣。我们寻求其他的可能，因为我们不了解自己生命的用处；我们往外寻求，因为我们不了解自己的内在。然而，就算我们踩上高跷也毫无意义，因为即便踩上了，我们还是要运用自己的双腿。就算坐世界最崇高的宝座，我们还是要靠自己的屁股才能坐上去。[63]

与皮浪主义一样，这个"屁股"论点是不可能反驳的；然而，帕斯卡似乎还是非反对不可，因为这个论点带有道德上的危险。帕斯卡表示，蒙田把"方便与冷淡"原则放在最优先的位置，这种做法是有害的。[64]帕斯卡对此极为忧虑，乃至陷入无望的愤怒中，仿佛蒙田占有他无法拥有的优势似的。

类似的愤懑也可以从同时代另一名读者的反应中看出，他是哲学家尼古拉·马勒伯朗士。马勒伯朗士是理性论者，和帕斯卡相比，其立场更接近笛卡儿。然而与帕斯卡一样，马勒伯朗士对于蒙田一切淡然处之及接纳怀疑的态度深表不满。

马勒伯朗士承认蒙田的书是持久畅销的作品——这本书当然会大卖，他苦涩地写道。蒙田善于说故事，而且能激发读者的想象力，大家都喜欢他的书。"他的观念是错的，但很动听；他的表达无礼而粗鲁，但读起来很过瘾。"然而，在蒙田的作品中找乐子是很危险的，就像泡在舒服的浴缸里，蒙田使你的理性沉睡，然后让你喝下他的毒药。"阅读一位作者的作品时，心灵不可能完全不采纳他的意见，也不可能完全不受作品多彩多姿的表达影响。因此，原有的观念受到新思想的沾染并与之混合，变得混淆模糊。"[65]也就是说，阅读令人愉悦的作品会使笛卡儿"清楚而明晰"的观念受到污染。蒙田既不提出任何主张，也不说服你信从任何主张；他不需要这么做，因为他只以"诱惑"为能事。马勒伯朗士刻画出一个近乎恶魔的人物。蒙田愚弄你，就像笛卡儿的恶魔，引诱你陷入怀疑与精神的放纵之中。

这些邪恶形象延续了很长一段时间。一八六六年，文学学者纪尧姆·基佐（Guillaume Guizot）仍然称蒙田为法国作家中的大"引诱者"。艾略特也这么看他。吉塞勒·马蒂厄-卡斯泰拉尼（Gisèle Mathieu-Castellani）形容《随笔集》是"一部巨大的诱惑机器"。[66] 蒙田以一种事不关己、漫不经心的口吻施咒，假装不在乎读者——这些伎俩都是为了吸引读者阅读，进而沉迷其中。

在这种机器的引诱下，现代读者通常会像芭芭丽娜[*]一样，往后一靠，享受其中的愉悦。十七世纪的读者感受到较大的威胁，因为他们比较认真地看待理性与宗教的问题。

然而，即使在十七世纪，还是有人因为蒙田能让他们感到愉快而喜爱他的作品，其中有些人还为蒙田辩护。警句家让·德·拉布吕耶尔（Jean de La Bruyère）在他的《论品格》（Caractères）中表示，马勒伯朗士没看懂蒙田的重点，他过于强调理性思考，因此无法"领略自然产生的想法"。[67] 任由自然与怀疑主义两相结合，使蒙田成为新派思想家的英雄。这些新派思想家松散地结合了机智与反叛性格，因而被称为放荡主义者（libertins）。[68]

---

* 芭芭丽娜（Barbarella），一九六八年电影《太空英雌芭芭丽娜》（Barbarella）中的主人公，她经常在片中摆出性感与满足的姿态。——译注

在英语中，"放荡主义者"让人联想起声名狼藉如同卡萨诺瓦*一般的人物，但放荡主义者不完全如此（事实上，卡萨诺瓦这个人也不肤浅）。虽然有些放荡主义者确实不断追寻性自由，但他们也希望得到哲学自由——自由思想的权利，无论是在政治、宗教，还是其他领域。怀疑论是通往内在与外在自由的自然途径。

放荡主义者有不同的团体，从重要的哲学家如伽桑狄（Pierre Gassendi）到地位较不重要的学者如弗朗索瓦·拉莫特·勒瓦耶（François La Mothe le Vayer）、幻想作家西拉诺·德·贝热拉克（Cyrano de Bergerac）。贝热拉克以科幻小说闻名于世，写过描绘登月之旅的作品。（他因为鼻子特别大而在一篇故事中担任要角，这篇故事日后的名声大过他的科幻小说。）蒙田的第一个编辑玛丽·德·古尔奈（Marie de Gournay）可能是一名秘密的放荡主义者，她的许多朋友均属此类。[69]另一名放荡主义者是让·德·拉封丹（Jean de La Fontaine），他的寓言故事深具普鲁塔克风格，而且以动物的聪明与愚蠢为主题。[70]拉封丹的表达较为和缓，因而他的作品见容于世，但还是对人类尊严构成挑战。这些故事的设定与蒙田相同：动物与人类由同一种物质构成的。

放荡主义一直是属于少数人的运动，但影响力相当深远。从放荡主义者发展出的十八世纪启蒙运动哲学家，赋予蒙田危险但正面的新形象，而这个形象就此固定下来。启蒙哲学家建

---

* 卡萨诺瓦（Casanova），十八世纪意大利的大情圣。——译注

立了不是很激进的沙龙社交圈，如警句家拉布吕耶尔与弗朗索瓦·德·拉罗什富科（François de La Rochefoucauld）。后者的《箴言集》(*Maximes*) 集合了对人性的蒙田式简短观察：

> 有时我们看自己就像看别人一样陌生。

> 自以为比别人聪明，最容易受骗。

> 世事偶然无常。

拉罗什富科有一句箴言中肯地评论了蒙田在十七世纪的困境：

> 我们以为自己不可能激怒别人，但通常这样最容易激怒别人。[71]

与蒙田一样，许多放荡主义者与警句家说的话，往往围绕着如何好好生活这个问题打转。放荡主义者重视一些品质，例如"bel esprit"，这个词也许可以翻译成"美好的精神"，但当时有一名作家为这个词下了更好的定义："快乐，活泼，像蒙田的《随笔集》一样充满热情。"放荡主义者也追求"正直"，这意味着道德良好的生活，但也包括"好的沟通"与"好的伙伴"，这些说法都是根据一六九四年法兰西学术院（French Académie）编篡的字典而来。[72]

帕斯卡这种人甚至不想好好生活，因为这会使他们分心于世俗事务，忘却了终极关怀。我们可以想象帕斯卡两眼直盯着开阔的天空，眼神充满神秘、恐怖与至福，就和笛卡儿以同样的专注盯着炽热的火炉一样。这两个例子里都有沉默，也都有长久地凝视一个地方的眼神，其中充满敬畏、沉思、警戒或恐怖。

放荡主义者与其拥有"美好精神"的伙伴并不凝视事物。亲爱的！这些思想家不会成天紧盯着某件东西，无论那件东西是在天空的高处还是低处，更不会睁圆了双眼，让自己活像只静止不动的猫头鹰。相反，他们眼皮半眯，狡狯地看着人类，观察他们的模样——而且从观察自己开始。这些蒙眬的睡眼比笛卡儿"清楚而明晰的观念"或帕斯卡精神的狂喜更能看清生命的真谛。几个世纪之后，尼采说道，对于人类行为与心理学（也包括哲学）的观察，真正最有价值的部分"通常最早出现在一些社交圈的观察与陈述里，人们在这上面所做的各项努力，往往不是为了科学知识，而是为了机智地卖弄风骚"。[73]

尼采发现了其中的讽刺意味，因为他厌恶职业哲学家这个群体。对他来说，抽象的体系一无是处，真正有用的是批判性的自我省察：能够窥知自己的动机，并且接受它们。这就是尼采喜爱警句家拉罗什富科与拉布吕耶尔，以及他们的前辈蒙田的原因。他称蒙田为"最自由、最强有力的灵魂"，又说："此人写的作品的确增添了在这个世上生活的乐趣。"蒙田显然想出不少生活诀窍，而这正是尼采一直想做的：没有微不足道的憎恨或遗憾，接受已经发生的事，不要妄想去改变它。这名随笔作家漫不经心地写道："如果必须再活一次，我会照我原来活的方式再过一遍。"这句话体现了尼采毕生希望达成的期许。蒙田不只做到了，甚至对这件事轻描淡写，仿佛这没什么特别的。[74]

与蒙田一样，尼采既质疑一切也接受一切。帕斯卡最讨厌的蒙田的特质——无止境的怀疑，"安于怀疑"，冷静沉着，愿意接受不完美——反而一直深受其他人的喜爱。自放荡主义者以降，至尼采，直到今日许多极崇拜尼采的人士，均是如此，已成另一项传统。

遗憾的是，在十七世纪，厌恶蒙田的人比支持他的人更有势力，前者甚至有组织地提出禁止蒙田作品的直接要求。一六六二年，帕斯卡过世之后，他先前的同事皮埃尔·妮科尔（Pierre Nicole）与安托万·阿尔诺（Antoine Arnauld）完成的《皇家港逻辑学》（Logique du Port-Royal），对蒙田进行攻击，还成为畅销书。[75]这本书于一六六六年发行第二版，并且公开呼吁将《随笔集》列入天主教会的《禁书目录》中，因为书中具有反宗教的危险内容。这项要求在十年后获得重视，一六七六年一月二十八日，《随笔集》被列为禁书。蒙田之受到责难与他的阅读者有关：喜欢他的书的是一些恶名昭彰之辈，如纨绔子弟、文人、无神论者、怀疑论者与放浪形骸之人。

蒙田的作品在法国的销路自此一路下跌。从一五八〇年第一次出版到一六六九年，《随笔集》每两三年再版一次，编辑把受欢迎的部分作了修订，特别是具有浓厚皮浪主义色彩的段落。受到查禁之后，完整的版本无法在天主教国家出版或售卖，没有任何法国出版社愿意碰这本书。有好几年时间，《随笔集》只印行删节版或在法国以外出版，通常也是法语本，被走私到法国国内，供一些不遵从教会命令的人阅读。

蒙田说过，某些书"因为遭到查禁而变得销路更好、流传更广"。[76]从某种程度来说，他的作品也是如此。法国查禁《随笔集》，反而让这本书势不可当。在遭禁后的一个世纪里，蒙田作品深受反叛的启蒙哲学家喜爱，甚至吸引了臻于成熟的政治革命分子的注意。

然而整体来说，查禁确实让蒙田作品的销量在作者殁后大幅降低。在法国，他的读者相当有限；但在其他国家，他的作品却能迎合各类读者的口味，不管是社群的反叛者还是支持者，都能从他的书里得到灵感。令人惊讶的是，《随笔集》足足被查禁了近两百年的时间，直到一八五四年五月二十七日才得到解禁。这是一段漫长的流放，蒙田实际引发的"震颤"其实只发生在十七世纪晚期，但作品遭受查禁的时间却远逾于此。

帕斯卡曾说："我从蒙田作品中看到的一切不是蒙田，而是我自己。"[77]这句话就像一句可吟咏的咒语，贯穿了我们接下来要讲的故事。往后几个世纪，每位新读者都从《随笔集》中找到了自我，而且为这本书增添了新的可能的意义。以笛卡儿来说，他从《随笔集》中发现的是来自他内心的两个梦魇般的人物：反抗逻辑的恶魔与能够思考的动物。笛卡儿看到它们马上就躲藏起来。帕斯卡与马勒伯朗士发现自己在安于怀疑的床榻上受到诱惑，感到恐惧，于是逃之夭夭。

放荡主义者看到相同的景象，但他们的反应却是扬起眉毛，开心地笑了。他们也从蒙田身上认出了自己。他们较为晚近的子孙尼采也看到相同的景象，并把蒙田送回他的哲学故乡：送回希腊化时代哲学三大流派的核心，以及他们对如何生活所做的探索。

我们问：

如何生活？

How to live?

●

蒙田说：

在店铺后面
保留一个私人房间

Keep a private room behind the shop

可能的话，我们应该拥有妻子、子女、财富，以及最重要的——健康；但我们不能过于执着于这些事物，以免幸福完全受它们主宰。

我们必须在店铺后面保留一个完全属于自己的小房间，使我们可以在这里享有真正的自由。

在这里，我们的日常对话只存在于自己的内心；在这里，我们谈笑风生，仿佛自己没有妻儿，没有家当，也没有仆役随从。

一旦真的失去了这些事物，我们也不会感到不舍。

勉为其难地做爱

回到一五六〇年代，当时尚在人世的蒙田仍思索着如何生活的问题。他以希腊化时代的三个哲学传统来管理自己的人生，并且协助自己走出失去拉博埃蒂的哀痛。蒙田成功将他的怀疑论和他对天主教教义的虔诚融合在一起，对这种结合在当时还没有人感到不妥。此时蒙田也完成了第一项重要的文学工作，也就是翻译雷蒙·塞邦的作品。然后他又为拉博埃蒂的作品撰写献词，并且将自己描述朋友去世的信件出版。这段时期还出现了一项转折：蒙田完成了终身大事，成为一家之主。

蒙田似乎颇有女人缘，至少他的外形很能吸引女性的注意。蒙田曾经讽刺地说，女人宣称她们只喜爱男人的心灵之美，然而"无论男人的心灵多么睿智而成熟，我从未见过女人喜爱男人是为了他的内在美。最能赢得她们喜爱的通常是岁月尚未留下痕迹的肉体"。[1] 尽管如此，蒙田的机智、幽默、随和，乃至于容易沉迷于思索或高声谈话的特质，都是他魅力的来源。甚至连拉博埃蒂死后，蒙田在情感上的故步自封，也能引起女性对他的兴趣。愈难得到的愈能激起欲望。事实上，蒙田看上某个人时，他的冷漠很快就消失了："我采取主动，而且热切投入。我不会掩饰我的爱慕之情，无论到哪儿，我总会设法引起对方注意。"[2]

蒙田热衷性事，而且毕生沉溺其中。直到过了中年，体力、欲望，连同吸引力都大不如前时，他才歇手——这些全记录在

《随笔集》最后一卷，他在其中写下不少哀叹文字。蒙田说，被拒绝固然令人沮丧，但因为怜悯才愿意跟你在一起，则更令人觉得不堪。[3] 蒙田不愿纠缠那些对他没兴趣的人。[4] "我讨厌跟毫无感情的肉体在一起，"这与跟死尸做爱没什么两样，就像在一则故事里，"一名丧心病狂的埃及人在为女性尸体涂上防腐药物、裹上尸布之后，居然色欲熏心起来。"性关系应该是相互的。[5] "事实上，在性爱的欢愉中，我给予对方的愉悦比对方给予我的狂喜，更能让我产生甜蜜的想象。"[6]

然而，蒙田很写实地提到他与女性做爱的状况。她们有时会心不在焉，"那种感觉像是勉为其难地跟你做爱"。或许她跟你做爱时，脑子里正幻想着与另一个人缠绵。"要是她一边吃着你的面包，一边想象自己蘸着别人更美味的酱汁呢？"[7]

蒙田知道女性对性事的了解远超男性的预期。事实上，女性的想象力使她们期待太高，等到面对现实时，不免有落空之感。"在欲望与希望驱使下，她们想象中的阳物总是比实际的大三倍。"蒙田看着不负责任的壁画，嘴里喷喷地说道："那群年轻人在宫殿的走道与楼梯间画了这么大的东西，这不是给大家找麻烦吗？女人看了这些画，必定会残酷地藐视全天下的男性。"[8] 人们可以从这句话推知蒙田的阴茎很小吗？是的，事实上，蒙田后来在同一篇随笔中坦承，自然待他"不公又不仁"。此外，他还引用了几句古典时代的作品：

即使是已婚妇女——她们懂的可多了——

看到男人的东西短小，也会露出鄙夷的神情。⁹

他毫无愧色地透露："我们的人生有部分痴愚，部分明智。无论是谁，只能毕恭毕敬地描写，而且要依照惯例略去一半以上的人生不提。"在蒙田看来，这似乎不太公平，诗人写的是诗文，应该容许他们有更多题材可写。蒙田引用当时文人的两个句子为例：

> 如果你的孔隙已非隐约可见的细缝，那么让我一死了之。
> ——泰奥多尔·德贝兹（Théodore de Bèze）

> 一件友善的工具可以让她满意，把她照顾得服服帖帖。
> ——圣杰雷（Saint-Gelais）¹⁰

尽管蒙田的"友善工具"经历了各种冒险，他还是做了所有负责任的贵族（尤其身为广大庄园的继承人）都必须做的事：娶妻。

蒙田的妻子名叫弗朗索瓦·德·拉沙赛涅（Françoise de La Chassaigne），来自波尔多一个颇具声望的家族。婚礼于一五六五年九月二十三日举行。这段婚姻主要是由双方家族努力促成的。这是传统的做法，就连配偶的年纪也符合当地风俗。蒙田注意到自己的年纪（他自称是三十三岁，实际上是三十二岁）接近亚里士多德建议的适婚年龄。他以为亚里士多德说的是三十五岁，实际上是三十七岁。如果说蒙田比适婚年龄稍微年轻一点，那么他的妻子似乎比一般的适婚年龄稍微年长一些：她生于一五四四年十二月十三日，在结婚当天将满二十一岁。[11] 在这个年纪结婚，适合生育的时间还是相当长的。不幸的是，子女带给这对夫妻的多半是沮丧与悲伤。尽管蒙田比妻子年长十岁以上，但他的选择显然跟许多男人一样，娶了一个跟自己母亲相似的女人，而这个决定并未让他特别幸福。

蒙田不常在《随笔集》里提到弗朗索瓦；就算提到，听起来也仿佛是在说自己的母亲安托瓦妮特，差别只在于他的妻子嗓门更大。"妻子总有一种倾向，喜欢跟丈夫唱反调，"蒙田写道，"她们总是找借口跟丈夫作对。"[12] 蒙田写作时，或许经常想到弗朗索瓦，因此才写下这么一段话，述说对仆役发没有用的脾气毫无意义：

> 我劝告……我的家人不要对着空气发脾气，一定要确认自己的责骂是不是真的传进自己要骂的那个人的耳朵里。因为一般来说，他们总是在那个人出现之前就大呼小叫，然后在他离开后又痛骂好一段时间……没有人因为他们的责骂受到惩罚或影响，唯一受苦的只有在他们身旁必须忍受他们大声吼叫的人。[13]

我们可以想象蒙田捂着耳朵逃回塔楼的景象。

蒙田赞扬哲学家苏格拉底的许多优点，其中一项就是他拥有与悍妻共同生活的高超本领。蒙田认为这项磨难足以与苏格拉底遭雅典公民大会以毒药赐死相提并论。他希望自己能像苏格拉底那样忍耐与幽默，也相当喜爱苏格拉底给予阿尔西比亚德斯的回答。后者问苏格拉底如何受得了妻子的唠叨，他回答说，这就和住在磨坊附近的人一样，一旦听惯了水车转动的声音，就不觉得难受了。蒙田也欣赏苏格拉底把这种经验转化成哲学"诀窍"的做法，这么做有助于自身精神的提升，即利用妻子的坏脾气来训练自己忍受灾厄的能力。[14]

除了个性强悍，弗朗索瓦也相当长寿。她比蒙田多活了近三十五年，于一六二七年三月七日去世，享年八十二岁。她也比所有子女都活得久，包括唯一一个顺利长大成人的孩子。蒙田的母亲也比蒙田长寿。人们免不了产生这样的想象，他大概是因为夹在母亲与妻子之间才早死的。

比较详细的弗朗索瓦生平记载集中在她晚年的时候，此时蒙田已去世多年。这段时期的弗朗索瓦相当虔诚，她女儿的第二任丈夫夏尔·德·加马什（Charles de Gamaches）说她每个星期五与四旬斋一半的日子都遵守斋戒，即使在七十七岁高龄时亦然。她一直与精神导师多姆·马克-安托万·德·圣贝尔纳（Dom Marc-Antoine de Saint-Bernard）神父有密切的书信往来，其中几封书信留存至今。[15] 神父送她橙子与柠檬，她则回赠以榅桲果酱与小额捐款。弗朗索瓦经常向他诉苦，提及自己遭遇的金钱困扰与法律麻烦。她的最后一封信显示她在一些商业交易上终于能够松一口气："上帝保佑，我终于能保住亡夫与孩子们生活过的这栋房子。"有时候，她的语气相当热切："说真的，要是您有个三长两短，我大概也活不下去了。"另一方面，导师想来拜访她时，她也担心他的安全："我宁可死也不愿见您在这种天气上路。"弗朗索瓦年轻时也许没那么焦躁，但对金钱与法律事务的关注却数十年如一日。至少我们可以大胆地说，她在生活事务方面比蒙田精明得多。这并不困难，我们每个人都是这么过日子的——如果蒙田自己的描述可信的话。

弗朗索瓦与丈夫通常在城堡的不同角落各自生活。蒙田有自己的塔楼，弗朗索瓦的塔楼则在围墙的另一端，那里是"夫人的塔楼"（Tour de Madame）。[16]（这座塔楼在十九世纪初被改建为鸽舍后便倾倒了，今日已不复存在。）主楼留给蒙田的母亲做起居空间，蒙田结婚之后，她就一直住在这里，直到一五八七年。两座塔楼看起来就像是这对年轻夫妻逃避彼此与母亲的隐秘处所。在作品中，蒙田对于母亲在他们生活中所扮演的角色三缄其口；他所描述的全家人晚上一起玩牌的情景，独缺老太太的身影。

家人散居城堡各处的情景令人难受，但这幅情景中肯定还是有着和乐的时光，而且不管怎么说，城堡内很少有空无一人之处。这里总是人来人往，有仆役、雇工、宾客及其侍从，有时还有孩子。蒙田并不像戈门格斯特伯爵＊那样整天窝在自己的塔楼里，他喜欢外出走动。"如果我就这么一直坐着，我的思想会睡

＊ 戈门格斯特伯爵（Gormenghast earl）：英国作家马尔文·皮克（Mervyn Peake）的小说《歌门鬼城》（Gormenghast）的主角。小说描述一个与外界隔离的国度，戈门格斯特伯爵就住在这个国度正中央的城堡里。

着。除非我的双腿开始移动，否则我的心智不可能运转。"[17] 男性与女性生活空间隔开在当时很常见，丈夫与妻子应该有不同的生活领域。当时崭新的现代化房屋，通常根据这种观念来设计。一四五二年，莱昂·巴蒂斯塔·阿尔伯蒂（Leon Battista Alberti）在他的《论建筑》（*De re aedificatoria*）中指出："丈夫与妻子应该分房睡，不只是为了确保丈夫不会因为妻子即将临盆或生病被影响，也是为了他们晚上睡觉时不会被彼此吵醒，即使是在夏日。"[18] 蒙田家生活空间的安排符合这个潮流，唯一的差异是户外的回廊把他们的"房间"隔开，而塔楼同时也是蒙田的工作室。

以当时的标准来看，蒙田夫妇的婚姻幸福吗？有些评论者认为它是一场灾难，另一些人则认为那是那个时代典型的现象，蒙田的婚姻甚至可以说是比较好的。平心而论，这段关系并没有差到让人觉得可怕的程度，只能说有点令人不满意。蒙田的传记作家唐纳德·弗雷姆（Donald Frame）引自《随笔集》的一句话或许能简要说明蒙田的婚姻生活："我注视着妻子，眼神有时冷淡，有时充满爱意。如果有人认为我是装出来的，那么他一定是白痴。"[19]

蒙田将他首次出版的作品献给妻子弗朗索瓦，充分表现出他的情感。这是拉博埃蒂翻译的作品，是普鲁塔克在子女死后写给妻子的信。在献词里表现出对妻子的疼爱之情，这种做法在当时并不多见，甚至有人认为这么做有点老土。蒙田却高傲地表示："要说就让他们去说……你跟我，我的妻子，我们过过老派法国人的日子。"他的献词充满温暖的语调，甚至言及："我相信自己在这个世界上没有比你更亲密的人。"妻子在蒙田心中的地位，不下于拉博埃蒂。[20]

　　无论蒙田对弗朗索瓦怀有何种情感，这些情感或许都是在婚后而非婚前培养的。他进入婚姻生活，就像一名放弃抵抗的犯人被铐上手铐。"若我可以选择，那么即便智慧女神自愿下嫁，我也会敬谢不敏。然而有很多事不是我们说了就算，习俗与日常生活都帮我们决定得好好的。"蒙田并不在意旁人为他安排这门亲事，他总觉得这种事别人可以做得比他更好。但他仍需要理由说服自己，因为他"还没做好准备，对此事也有一点反感"。如果他有选择的自由，他不会选择婚姻。"像我这种心还没定下来、痛恨任何拘束或义务的男人，并不是那么适合婚姻。"往后，他努力扮演好自己在婚姻中应该扮演的角色，一直忠于自己的婚姻——他曾说，这场婚姻比他预想的成功。从某方面来说，他感到满足，因为他发现自己置身于不愿接受的新情况中，却能有此表现，已经相当不错。"无论是令人感到不便的事还是其他的事，无论它怎么丑陋、邪恶与令人讨厌，一旦与之相处久了，也可以接受它。"[21]

　　幸好弗朗索瓦并不丑陋也不惹人嫌恶，蒙田甚至还觉得她极具魅力——弗罗里蒙·德·雷蒙在《随笔集》的页缘做了如此批注。他们婚姻的主要问题出在必须按时行房这一婚姻"原则"上，蒙田不喜欢这种动弹不得的感受。他不情愿地履行配偶的责任。如他所言，他"勉为其难"地做该做的事好生下孩子。这点也出现在雷蒙的页缘批注中，完整的文字如下：

我常听作者说，虽然充满爱意、激情与青春活力的他娶了极为美丽而惹人疼爱的妻子，但跟她做爱完全是为了履行婚姻义务。除了妻子未遮盖的双手与脸孔外，他从未见过她的身体，就连她的胸部长什么样子也不知道——而他与其他女子有过放荡不羁的风流韵事。[22]

这段话在现代读者眼里，相当令人震惊，但这种现象在当时却很普遍。丈夫对自己的妻子表现出热恋的样子，在道德上是不容许的，因为这么做可能会让妻子变成花痴。基于婚姻关系的性交，次数应尽可能少，而且不应该产生欢愉的感受。在一篇几乎通篇谈性的随笔中，蒙田以亚里士多德的智慧作为借镜："一个男人……应该谨慎自持地抚摸妻子，如果过度挑动她的情欲，则狂乱的快感可能使她失去理智。"医师也警告，过于放荡的性爱会使精液在女性的体内凝结，使其无法受孕。因此，丈夫如果想痛快地宣泄欲念，最好是到别处寻欢，尤其是在造成损害也没有关系的地方。蒙田说："波斯国王会邀请妻妾前来参加宴饮，等到酒酣耳热，国王想毫无拘束地享受声色之乐时，会打发妻妾各自回到自己的寝宫。"他另外再找一群能让他寻欢作乐的女子前来。[23]

在这一点上，教会的观点与亚里士多德、医师及波斯国王一致。当时的告解者手册记载，丈夫与自己的妻子行有罪的淫行，要比与其他女子行有罪的淫行更需要以苦行来赎罪，因为丈夫的做法可能败坏妻子的感官，甚至可能会对她的灵魂造成永久的伤害，因此违背了先生对太太应尽的责任。如果一名已婚女子"无论如何"都会染上放荡的习性，那么她最好是在无须负这份责任的男子身上养成这个习性。根据蒙田的观察，绝大多数的女人似乎喜欢这么做。[24]

蒙田谈到女性时经常有一些有趣的嘲讽，但他的说法也有符合传统的一面。与当时的人不同，蒙田似乎不认为妻子只是用来传宗接代的。他心目中的理想婚姻不只是肉体上的结合，也包括心灵的契合——这样的婚姻甚至比理想的友谊更完整。然而婚姻与友谊毕竟不同，婚姻不是自由选择的，必须受限于各种拘束与义务。此外，要与女性建立崇高的关系相当困难，因为绝大多数女性在智性上有所欠缺，而且没有蒙田所说的"坚强"特质。[25]

蒙田认为女性精神软弱，这种说法足以让一些女性感到颓唐丧志。乔治·桑（George Sand）曾坦承蒙田的话"伤了她的心"[26]——蒙田曾在其他方面给了她很大的启发，正因如此，她受的打击很大。然而，别忘了十六世纪时绝大多数的女性是什么样子。她们未能接受教育，通常是文盲，而且与外面的世界少有接触。有些贵族家庭会聘请家庭教师来教导女儿，但与维多利亚时代一样，这些教师教的绝大多数都是乏味的科目，像是意大利语、音乐与家务算术。唯一值得拥有的是古典教育，而女性几乎无法接触。十六世纪拥有学问的女性可说是凤毛麟角，像是玛格丽特·德·纳瓦尔（Marguerite de Navarre），她是故事集《七日谭》（*Heptameron*）的作者。还有诗人露易丝·拉贝（Louise Labé）——假设真有此人，而不是像最近有人指出的，这只是一群男性诗人共同使用的笔名。她鼓励女性"稍稍把心放在卷线杆与纺锤以外的地方"。[27]

法国在十六世纪确实出现了女性主义运动，而且构成了"女性论战"（querelle des femmes）的一个面向，赞成与反对女性的知识分子争论女性能力的问题。支持女性的人似乎占了上风，然而这场激辩并未给女性的生活带来多少变化。

蒙田经常被批评是反女性主义者，然而他如果也参加这场论战，或许会站在女性这一边。蒙田的确写了这么一句话："当女性拒绝接受这个世界施行的生活准则时，她们并没有错，因为这些准则是男性制定的，她们并没有参与。"蒙田也相信，就本性来说，"男人与女人是同一个模子刻出来的"。蒙田很清楚人们在评价男女的性行为时抱持着双重标准。与亚里士多德不同，蒙田认为女人的激情与需求和男人并无不同，然而她们纵情声色时，却遭受远比男人严厉的指责。蒙田喜欢站在不同的立场设想问题，因此了解自己对女性的看法充满偏见，完全不可靠，但女性对男性的看法也是如此。他对整件事的观点浓缩在下面这句话里："我们几乎在各方面对女性做了不公正的评断，但女性也对我们有相同的误解。"[28]

偏见无法避免，因此我们无须惊讶蒙田竟认为在家中最好的做法，就是尽可能不要出现在女眷生活的地方。他让她们过她们想要的家庭生活，如此一来，他自己也能拥有独处的时间。在一篇谈隐退的随笔中，蒙田写道：

可能的话，我们应该拥有妻子、子女、财富，以及最重要的——健康；但我们不能过于执着于这些事物，以免幸福完全受它们主宰。我们必须在店铺后面保留一个完全属于自己的小房间，使我们可以在这里享有真正的自由，并将其作为主要的隐遁与独处之所。在这里，我们的日常对话只存在于自己的内心，它的内容极为私密，以致完全不需要与外在的联系或沟通；在这里，我们谈笑风生，仿佛自己没有妻儿，没有家当，也没有仆役随从。一旦真的失去了这些事物，我们也不会感到不舍。

"店铺后间"或"店铺后面的小房间"（从"arrière boutique"翻译过来），这些词语在蒙田的作品中反复出现，但它们早已超脱了语境限制。蒙田自顾自地远离家庭生活，不只是担心自己有一天将因失去家庭而痛苦；他寻求远遁与隐退，更在于建立"真正的自由"，以及思考与内省所需的空间。

蒙田有充分的理由让自己养成斯多葛派的超然态度。他在很短的时间内接连失去了好友、父亲与弟弟，而后又几乎失去所有的子女——全都是女儿。他在作为日记本的波特星历里记下这一连串生离死别的过程：

一五七〇年六月二十八日：托瓦妮特（Thoinette）。蒙田写道："这是我们婚后第一个小孩。"又说："孩子在两个月后死去。"

一五七一年九月九日：莱奥诺尔出生——唯一活下来的女儿。

一五七三年七月五日：未取名的女儿。"她只活了七个星期"。

一五七四年十二月二十七日：未取名的女儿。"大约三个月后死去，在急迫中匆促为她施洗"。

一五七七年五月十六日：未取名的女儿。一个月后死去。

一五八三年二月二十一日："我们生下另一个女儿，取名叫玛丽，由波尔多市议员乔里雅克（Jaurillac）先生，也就是她的舅舅，以及我的女儿莱奥诺尔为她施洗。她在数日后撒手人寰。"[29]

蒙田写道，他几乎失去所有的孩子，但他"并不悲伤，至少毫无怨言"，因为这些孩子都在很小的时候去世。当时的人通常不会跟婴孩建立感情，因为孩子的死亡率很高，但蒙田表现得比一般人更加事不关己。十六世纪七十年代中期，蒙田甚至表示他失去了"两三个"孩子，不太确定数目似的。他搞不清楚数字的习性，不单表现在孩子早夭的事上；同样的例子还包括他搞不清楚自己落马的日期，他说这件事发生在"第三次内战期间，还是第二次？我其实记不太清楚了"。蒙田在普鲁塔克作品的译本里写给妻子的献词，细节更是错得离谱，他说他的大女儿"活了两年"，其实她只活了两个月。[30] 或许这是单纯的笔误，而不是他真的记错了。又或者是刚好相反？像蒙田这样的人，什么事都可能发生在他身上。

蒙田知道，生活中的其他劫难也不会像困扰别人那样令他烦恼：

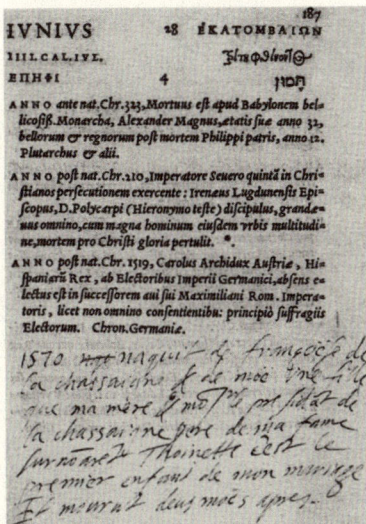
蒙田记下女儿托瓦妮特的夭折

> 我看过太多悲惨的事，如果这些事发生在我身上，我应该会无动于衷。尽管我亲身经历过不少残酷的事，但我对这些事不屑一顾。我不敢向人夸示我的冷漠，因为这只会令我感到羞赧。[31]

有人猜测蒙田在写这段时想到了妻子或母亲可能撒手人寰。若是如此，他并没有机会看到这两件事情发生。或许蒙田是在回想父亲的死，又或者是在想着城堡在战争中沦陷，以及庄园陷入火海的样子。蒙田似乎认为自己可以应付任何事，但有一项例外，那就是拉博埃蒂的死：这件事令他心烦意乱，使他不愿再与任何人建立紧密的关系。

其实蒙田并没有想象中那么超然。他在描述孩子的死时文字虽然平易，却充满酸楚。他可以在《随笔集》里以生花妙笔描摹为人父亲的悲伤——只要那不是他自己的事。蒙田谈论忧伤的随笔完成于十六世纪七十年代中期，当时他已失去几个孩子，因此文中出现一些对丧子之痛的描述。他也充满感情地提到上古时代（希腊神话中）的尼俄柏（Niobe）：她先失去七个儿子，而后又失去七个女儿。她哭得如此伤心，最终化为一块哭泣之石——"当意外远非我们所能忍受时，我们势必会在过度的悲伤中变得既聋又哑且麻木瘫软"。蒙田无论是否感同身受，都一定知道那是什么滋味。[32]

蒙田身为贵族，却未能尽到最主要的责任——生下嗣子以继承家业，但他确实拥有一个健康的孩子：莱奥诺尔。[33]她平安长大，蒙田也给予她无限的疼爱。莱奥诺尔于一五七一年出生，蒙田大概是在一五七〇年正式退休后不久有了这个孩子。她因此是蒙田中年危机与精神重生下的产物。或许正因如此，她拥有格外充沛的生命力。她是蒙田仅存的子女，一直活到一六一六年。她结过两次婚，育有两个女儿。

莱奥诺尔长大后，绝大多数的时间里，蒙田都让她待在女眷生活的地方，就像他待在自己专属的塔楼一样。"女人自有一套神秘的办事之道，我们不能打扰她们。"蒙田如此写道，似乎在暗示有人蹑手蹑脚地离开不欢迎他的地方。事实上，有一次他无意间听到一件他认为对莱奥诺尔不太好的事情，但他并未干预，因为他知道自己一定会被冷言冷语地赶到一旁。莱奥诺尔大声朗读一本书给家教听，书中出现"fouteau"这个字，意思是山毛榉，但它的发音让人联想起"foutre"，也就是性交。纯真的孩子根本不会对这个字有任何联想，但女教师却慌张地呵斥她不要念出声来。蒙田觉得这么做是错的："就算跟二十个仆人厮混六个月，也比不上这位高尚的老太太对她的训斥与责骂，后者更容易让她对这个邪恶音节的意思、用处与使用的结果充满想象。"但蒙田还是保持缄默。

蒙田谈起莱奥诺尔时总是用把她当成小孩子的语气，即使她已届适婚年龄。她"还没发育成熟，身子骨儿纤细柔弱"。他认为这是妻子造成的，她过度保护这个孩子。而蒙田也认为应该让莱奥诺尔跟自己一样，尽可能轻松快乐地成长。蒙田表示，他们夫妻都同意，如果女儿犯错，顶多只是口头上狠狠教训一番——然而实际上所谓的教训，也不过是"轻轻叨念几句"罢了。[34]

尽管蒙田声称自己几乎完全不插手养育女儿的事，但从《随笔集》的一些段落，可以看出他与家人相处的温馨画面。他描述全家一起玩游戏的情景，包括大家一起赌点小钱："我拿着牌，把两枚硬币当成两枚金币，斤斤计较。"蒙田一家人也喜欢玩字谜游戏。"我们在家里玩游戏，看谁能找出最多的同时与一对极端有关的词"。例如"sire"这个词，既能作为国王的头衔，也能用来表示地位低下的商人；又如"dames"这个字，最高尚与最卑下的女人都可以使用。[35]这里出现的不是冷淡、漠不关心的蒙田，也不是轻视女人、不理睬孩子的蒙田；这里的蒙田是居家好男人，努力地在满是女人且她们经常对他感到不满的家中，扮演好一家之主的角色。

实际的责任

蒙田坦承自己在家中一无是处，这种说法洵非虚语。蒙田乐意把管理庄园的工作交给妻子，她与母亲安托瓦妮特一样擅长这类事务。蒙田很高兴弗朗索瓦能在他外出旅行或工作时担起治家重任；或许他待在家里时，也希望弗朗索瓦继续照管家中的大小事。蒙田拙于管理，这可能是他经常离家的主因之一。"倘若所有的事都要由你来处理，一睁开眼便诸事烦心，真是苦不堪言。"[36] 他写道。

管理庄园确实有辛苦的一面，蒙田抱怨"总是有解决不完的问题"。[37] 庄园最主要的工作就是酿酒，葡萄盛产的时节，一年可以生产数万公升的葡萄酒，但并不是年年如此。一五七二年到一五七四年，恶劣的气候造成葡萄歉收——蒙田刚开始撰写随笔就是在这个时候。另一次歉收发生在一五八六年，士兵在邻近的乡野肆虐，造成严重破坏。为了弥补损失，蒙田运用他在波尔多高院的影响力，将庄园里剩余的酒出清。这说明在有需要的时候，蒙田还是有解决问题的能力的。然而，蒙田对于酿酒生意的整体掌握，可以从一句话看出——他说自己一直到晚年才了解"葡萄酒发酵"[38] 是什么意思。

蒙田做了自己该做的事，但也承认自己并不喜欢这些事，所以总是尽可能花最少的气力去做，这也是他从未尝试扩大或建设庄园的原因。皮埃尔从事这类工作，主要是基于工作本身的挑战性及工作带给他的快乐——他就是这样的人。皮埃尔总是亲力亲为，忙得不亦乐乎，但也总是虎头蛇尾，留下许多未完成的工作。皮埃尔的做法如此，蒙田不遑多让，对于庄园的管理，他的两句座右铭就是"一动不如一静"与"没彻底坏掉就别去修它"。

蒙田如果真的找到做事的动力，那么会干劲十足。"我可以辛勤工作而不以为苦，但前提是我心甘情愿，由欲望来引导我从事这份工作。"他不喜欢强迫自己去做他认为乏味的事。蒙田表示，在长达十八年的管理庄园的生涯中，他从没搞清楚过土地权状，也没仔细看过契约。[39] 他不仅欠缺能力，还心不甘情不愿：

> 我不会使用筹码计算，用笔算也不行；我们使用的钱币，绝大多数我都不认识；除非很明显，否则无论在田里还是在谷仓中，我都无法辨识谷物的不同，也无法分清甘蓝与莴苣的差异。我甚至不知道主要农具的名称或最基本的农业原理，对于这些事情，小孩都比我清楚。此外，我对机械技术、贸易与商品所知有限，对各种水果、葡萄酒与食物也一知半解，更不用说训练鸟类、医治马匹或狗这样的事。既然已经说了这么多丢脸的事，再多说一样也无妨，不到一个月前，我被人发现不晓得做面包时要使用酵母。[40]

蒙田列举自己不会做的事，以这种方式说明自己的缺点，[41] 日后他用同样的方式列举巴西"食人族"生活中不存在的事物。食人族没有仆役、法官、契约与私有财产，但也因此少了欺瞒、贫穷、背叛、嫉妒与贪婪。少了这些事物反而是一种福分。

蒙田并不是不想学习。基本上，他同意实际操作的技巧有其用处，也赞赏一切具体而明确的事物。尽管如此，他对这些事仍兴趣缺乏，如果逼迫他去做，反而会适得其反。之所以如此，可能与他童年时经常听轻柔的鲁特琴有关："从小到大，老师从不逼我，我总是随兴所至，顺着自己的步调。这使我在服侍他人这方面显得软弱无能。我无法取悦别人，只能取悦自己。"这段话透露了蒙田些许真实的动机：他想要过"自己的"生活。不切实际反而让他自由。"极度懒散，极度独立，部分是天性使然，部分是刻意为之。"这是蒙田对自己性格的总结。他只听命于"自由与懒散"。[42]

蒙田知道，这么做除了要受妻子的苛责，也要付出一点别的代价。经常有人利用他的无知占他便宜。然而对蒙田来说，偶尔破财还是比浪费时间追问每一分钱的下落、紧盯仆役的一举一动划算。无论如何，即使再怎么努力防止，还是免不了有人想诈取你的钱财。[43]蒙田最喜爱的一个愚蠢例证来自他的邻居，财大势大的特朗侯爵（marquis de Trans）热尔曼-加斯东·德·富瓦（Germain-Gaston de Foix）[44]。他在晚年成了一个吝啬鬼，整天在家里颐指气使。他的家人与仆役表面上忍受他厉声责骂与克扣粮食，暗地里却想方设法满足自身所需。"在他家的每个角落，每个人都找到了生活下去的办法。他们在赌博挥霍之余顺便交换信息，嘲弄主人无用的怒火与不切实际的空话。"不过，蒙田反思了一下，觉得这一切并不打紧，反正这个老头深信自己掌握了家中权柄，只要他乐在其中就好了。

"我最不想遇到的事就是劳心与麻烦，"蒙田写道，"让自己冷漠与放松是我唯一愿为之付出努力的事情。"我们可以想象帕

222

斯卡读到这段话时，血压又要升高了。蒙田宣称他晚年最想要的，是一个能为他背负所有责任的女婿。[45] 然而，要是蒙田真受到外人的资助与迎合，他对独立的热爱恐怕又会站出来大声反对——而蒙田也确实基于这个立场作了完全相反的陈述：

> 我不接受任何义务的束缚。[46]

> 我不接受任何公开的援助……接受别人的资助不仅可怜而且危险。[47]

> 我痛恨凡事为别人或依靠别人，而非为自己或依靠自己。[48]

蒙田写下这些话时，想的其实不是庄园管理，而是法国新王亨利四世希望得到他的支持与效忠。此时蒙田年事已高，以近乎高傲的姿态回绝了这一请求，然而这只是反映了他毫不做作的一面。在他的自我描述中，"懒散"占了一半，另一半则是"自由"。蒙田甚至幻想能成为埃利斯的希庇亚斯（Hippias of Elis）。[49] 希庇亚斯是公元前五世纪的希腊诡辩学派哲学家，他尝试过自给自足的生活。为此，他学习烹饪，自己理发、刮胡子、缝制衣物与鞋子，一切所需都独立完成。这是个不错的想法。因此，蒙田若想自给自足，就必须拿起针线缝补自己的紧身上衣，必须自己种地、烘焙面包、制作制鞋所需的皮革。但是，蒙田做得到吗？恐怕他自己也知道这是个难以实现的梦想。

与过去一样，蒙田使这个话题陷于矛盾与妥协之中。尽管声称自己能力不足却依然无法摆脱责任，蒙田还是会努力做好分内的工作，甚至比他所说的还要认真而尽责。

尼采提到某些拥有"自由精神之人"[50]，他们自足于"较低的地位或仅能满足基本需求的财富。他们设法以这种方式过活，以免经济条件的巨大变化，乃至于政治结构的革命会倾覆他们的生活"。尼采又说，这样的人倾向于与周遭的人维持"谨慎而简洁的关系"。这听起来像极了蒙田在家中的安排，不禁使人猜想尼采是否以蒙田作为蓝本，尤其尼采又提到这个人"必须相信，一旦有人指责他缺乏爱，那么正义的精神将会为其门徒与追随者辩护"。

以蒙田来说，他是第一个跳出来这样指责自己的人。其他人把蒙田的话语视为鼓励，以刺耳的语调不断地予以传扬，因而少了蒙田自身或尼采的讽刺感。但蒙田的作品或他的性格却从未如此直截了当。无论蒙田如何极力说服我们相信他生性冷漠而超然，他的其他形象还是徐徐浮现：在高等法院中一跃而起与人激辩，与拉博埃蒂热情对话，甚至在炉火旁与妻子和女儿为了几枚铜板认真地玩游戏。蒙田面对"如何生活"这个问题给予的一些解答确实令人心寒：管好自己的事、专注于自我的感受、远离麻烦、在店铺后面保留自己的房间——但其实他还提供了一个几乎完全相反的答案，那就是……

9

我们问：

如何生活？

How to live?

●

蒙田说：

与人自在地相处

Be convivial：live with others

蒙田喜欢加入人群。他喜欢与人交谈胜于其他娱乐。

甚至到了宁可牺牲自己的视觉，也不愿丧失听觉或说话能力的地步，因为他认为交谈比阅读有趣多了。

对蒙田来说，"放松与和蔼可亲"不只是有用的才能，也是让自己好好生活的关键。

欢愉而善于交际的智慧

"有人天生喜欢独处、腼腆而且个性内向。"蒙田写道。他自己可完全不是如此：

> 我健谈且善于表现自我。我总是敞开胸怀，什么事
> 都可以谈，生来就容易找到伙伴与朋友。[1]

蒙田喜欢加入人群。他喜欢与人交谈胜于其他娱乐。他喜欢交谈，甚至到了宁可牺牲自己的视觉，也不愿丧失听觉或说话能力的地步，因为他认为交谈比阅读有趣多了。交谈无须严肃，蒙田最喜欢的就是"敏锐而令人惊奇的机智言谈，朋友之间尽可插科打诨，嬉笑怒骂"。只要能交谈，便是好事，但前提是大家说话必须基于善意与友谊。这种社交仪态应该从小开始培养，好让一些内向害羞的人能早日走出孤僻独处的世界。"与人相处，可以让自己的判断力更加敏锐。如果我们只是活在自己的小世界里，那么我们的眼界将只及于自己的鼻尖。"[2]

蒙田喜爱公开辩论。"没有任何主题吓得倒我，也没有任何信仰能冒犯我，哪怕与我的看法对立，尽管放马过来。"他喜欢听到与自己的见解相左的看法，因为许多有趣的对话往往因此展开，而且可以刺激思考。蒙田喜欢通过与人互动的方式来思考，像笛卡儿那种盯着火的方式，他可是敬谢不敏。他的朋友雷蒙形

容蒙田的谈吐"极为惬意且优雅"。然而，一旦蒙田不是那么惬意，或者当他为某个主题所激，他说话的音量可就只能以"喧哗"来形容。蒙田容易激昂的性格使他总是轻率发言，而他也鼓励其他人这么做。在他的宅邸，众人无话不谈。雷蒙说，在蒙田的庄园里，"你不需要等候谁，也不用担任谁的护花使者，更不用理会繁文缛节（喔，那些是多么烦人与作践自己的规定啊）"。[3] 每个人都可以随心所欲，想独处的客人也可以自行离去，不必担心这样可能会冒犯主人。

蒙田不仅讨厌形式化的礼节，也对无聊的家常话感到不耐烦。自顾自地讲自己的事的情景，也让他感到厌烦。有些朋友总是围在一起聚精会神地聊奇闻轶事，但蒙田比较喜欢一来一往的自然谈话。出门参加正式晚宴时，宾客们的谈话总是惯常的酬酢，蒙田经常无法集中注意力；如果有人突然对他说话，他常会做出不恰当的回应，"连小孩都不如"。蒙田觉得可惜，因为即使在肤浅的场合与人简单交谈，也能产生价值：可以拉近人与人之间的距离；此外，人们若能轻松地谈笑风生，岂不是能为晚宴平添一点愉快的气氛？[4]

对蒙田来说，"放松与和蔼可亲"不只是有用的才能，也是让自己好好生活的关键。他试着培养所谓的"欢愉而善于交际的智慧"，这句话令人想起尼采为哲学下的著名定义：欢愉的智慧。[5] 尼采和"放荡主义者"一样，同意蒙田的看法，认为有人情味、在交际中善于理解相当重要，只不过尼采自己不一定做得到。尼采的人际关系常常让他满身是伤。然而在他早期的作品《人性的，太人性的》(*Human, All Too Human*) 中，曾有篇感人的段落，他写道：

> 在多到不可胜数的微小但予人深刻印象的事物中，有一种智慧应被赋予比伟大而罕有的事物更多的关注，那就是善意（goodwill）。我指的是人与人之间互动时表达的友善，眼神流露的微笑，握手，一举一动中表现出的和蔼可亲。每个老师、官员都应该以这样的态度履行自己的职责。这是人性的持续展现。我们可以这么说，它是普照大地的光辉，可以滋养万物……善意、友好与敦厚有礼……要比著名的驱力，即所谓的"怜悯""慈善"与"自我牺牲"，能对文化做出更多贡献。[6]

对蒙田来说，要获得友好的善意并不难。他很幸运，因为无论在家里还是在事业上，他的确很需要旁人的友善对待。蒙田必须与波尔多的同事愉快相处；另外，他也必须在工作中取悦外交人员、国王与战场上令人惧怕的军阀。他还必须与因宗教狂热而陷于盲目的对立者建立和谐关系。而在他的庄园周围，也有许多需要他去交际的邻居——这些人并不是那么容易讨好。《随笔集》偶尔提到他们，他们的每次出现都伴随着有趣的故事，比如奇裔的特朗侯爵，他来自当地势力强大的弗瓦家族；让·德·吕西尼昂（Jean de Lusignan）为自己的成年子女举办太多宴会，因此把自己累坏了；拉罗什富科觉得用手帕擤鼻涕太恶心，直接用手指擤更卫生。蒙田也将《随笔集》的一些篇章献给当地的贵族女性，如顾尔松女伯爵黛安娜·德·富瓦、玛格丽特·德·格拉蒙（Marguerite de Gramond）与埃斯蒂萨克夫人（Mme d'Estissac），她的儿子后来跟蒙田一起去意大利。[7] 与蒙田交游的女性中有一位最为重要，她后来成为纳瓦尔的亨利（也就是日后的法王亨利四世）的情妇，此人就是基什与格拉蒙特女伯爵（comtesse de Guiche et de Gramont）黛安娜·丹都安（Diane d'Andouins），人称"科丽桑德"（Corisande），这个名字来自她最喜爱的骑士小说中的角色。

　　为了维持与这些朋友的关系，蒙田必须参与许多他并不喜欢的流行娱乐。有客人的时候，他可能会为了宾客而把森林里的鹿赶出来，但他本人其实有点害怕打猎。不过，蒙田至少可以成功躲过马上比武，他认为这种竞技既危险又无意义。他也尽可能地避免参与当时流行的室内娱乐，包括诗文游戏、纸牌与画谜——蒙田承认他对这些游戏并不擅长，或许这是他不想参加的原因之一。[8]

　　蒙田的庄园里经常出现一些巡回艺人，像是杂耍演员、舞者、驯狗师与长得"奇形怪状"的人，这些人主要依靠巡回表演为生。蒙田答应让他们演出，但显然对这些自以为有趣的表演缺乏兴趣，例如从远处将小米粒扔进针眼的特技表演。蒙田感兴趣的是有意义的新奇事物，例如他在鲁昂（Rouen）看到的图皮族人。他会不辞辛劳，长途跋涉去调查畸形儿，比如，有个孩子出生时身上还粘着一具没有头的婴儿躯干。他曾在梅多克看到一个雌雄同体的牧羊人，还遇到了一个没有手臂的男子，此人能用自己的双脚为手枪装填子弹并且开枪，此外，他还能穿针引线、缝衣服、写字、梳头与玩纸牌。就像那个把小米粒扔进针眼的人一样，这个失去双臂的人也是靠展示自己为生，但蒙田觉得他比扔小米粒的人有趣多了。蒙田写道，人们说这些人是"怪物"，但这些人与自然并不相违，只是长相跟我们习以为常的样子不同。[9]谈到真正的奇闻怪事，蒙田另有人选：

> 在这个世界上，我没有看过比自己更丑怪与更不可思议的人。我们因为长久使用自己的身体而习惯于自己身体的奇怪之处，但我愈仔细端详与认识自己，愈觉得自己身形之诡异令人吃惊，而我也愈来愈不了解自己。[10]

因此，蒙田的庄园成为繁忙的十字路口，来自四面八方的人们川流不息地在此交会。[11]从气氛来看，这里与其说是私人的住宅，不如说像是一座村落。蒙田即使到塔楼写作，也很少独自一人或是在静默中工作。周遭总是有人谈话与走动。从塔楼的窗子望出去，马厩里马匹进进出出，鸡鸣与狗叫不绝于耳。到了酿酒时节，四周不断传来压榨葡萄的响声。甚至在烽火四起之时，蒙田也比其他城主更愿意开放庄园——在这么危险的时刻，很少有人会做这种决定。

从某方面来说，蒙田的世界成了一个自给自足的宇宙，有着自身的价值与自由的气氛。但是，他从未让他的世界成为一座堡垒。不管是谁，只要来到他的门前，他总是热烈欢迎，但他也清楚其中的风险。蒙田坦承，这么做有时意味着不知道自己会不会在睡梦中被散兵游勇杀害。[12] 但原则实在太重要。蒙田写下"我总是敞开胸怀，什么事都可以谈"，这显然不是随口说说的应酬话，他确实想与其他人维持自由而真诚的沟通——即使对方可能想杀了他。

坦率、怜悯与残酷

乔瓦尼·博特罗（Giovanni Botero）是意大利政治作品作家，曾在十六世纪八十年代于法国定居。他提到当时法国乡间充斥着杀人越货的贼寇，家家户户莫不加派人手"看管葡萄园与果园；门锁、门闩与獒犬，能用来看门的全用上了"。博特罗显然没到过蒙田的庄园。蒙田描述他家唯一的看守人是"一名根据古代习尚与礼仪设置的门房，与其说他负责防守，不如说他必须合宜而优雅地迎接客人进门"。[13]

蒙田坚持这种生活方式，因为他决心反抗胁迫，不想沦为看管自己的狱卒。吊诡的是，蒙田相信门户洞开可以让他更安全。地方上重兵防守的庄园反而遭受了比他更严重的攻击。蒙田引用塞内卡的话来解释："重重锁链反倒引起窃贼觊觎，大门敞开则让宵小兴趣缺乏。"戒备森严说明这个地方藏有贵重之物；有老门房欢迎入内的庄园，反而让人动不起歪脑筋。此外，内战时构筑的防御工事几乎毫无用处："你的手下可能就是你该提防的人。"高垒深壁防不了内贼，还不如以慷慨与荣誉来感化敌人。[14]

事实证明蒙田是对的。他曾邀请一小队士兵进到庄园，结果发现这些人原本计划利用他的好客抢夺此地，然而他们放弃了。主事者告诉蒙田，他一看到主人的"面容与真诚"，马上就"打消念头"。[15]

在庄园以外的世界，蒙田的坦率使他免于受到暴力伤害。有一次，蒙田穿过某个危险的农村森林地带，结果遭到十五到二十名蒙面男子的攻击，然后是一群骑马的弓箭手的追击，这场严重的袭击事件显然是经过策划的。蒙田被这帮盗贼带往密林深处，他的财物被洗劫一空，行李箱与钱箱也被拿走。这群人还讨论该如何分配蒙田的马匹与其他行李；更糟的是，他们打算拿他当人质来勒索，但无法决定要多少赎金。蒙田听到他们讨论赎金的问题，发现他们把价码定得太高，这表示如果没有人付得出这笔钱，他就得赔上性命。蒙田忍不住打断他们的讨论。他说，他们已经拿到想要的东西，接下来无论提出多少赎金，都没有意义。他们一毛钱也拿不到。显然，这个时候开口说话十分危险，但蒙田说完之后，这群强盗的态度有了一百八十度的转变。他们围在一起讨论一番，之后首领走向蒙田，气氛似乎变得友善起来。他取下面罩——极富意义的动作，表示两人现在可以面对面，就像正常的互动——说他们决定让他走。他们甚至还给蒙田一些钱财，包括他的钱箱。蒙田日后写道（如同那名首领的解释）："因为我的神情及说话时的语气坦率且坚定，我保住了一命。"[16] 自然而诚实的表情，加上面对威胁时的勇敢，使他活了下来。

这种情况可能在任何时间发生在任何人身上，蒙田经常思考怎么做才是良策。是直接面对与挑战敌人好，还是虚与委蛇、人家说什么就做什么好？是该向施暴者求饶，希望他良心未泯放过自己，还是说这么做太过鲁莽？

问题在于，每一种回应都有危险。正面反抗也许让人印象深刻，却也可能激怒对方。听话也许能让对方心生怜悯，但也可能遭到轻视，让对方因此认为杀死你就像踩死一只虫那样不必多虑。至于诉诸人性，那也要看对方有没有人性！

在暴力泛滥的十六世纪面对这些问题，并不比在上古时代的地中海战场上面对这些问题或是在现代城市的巷弄内面对抢匪容易。这是亘古不变的难题，蒙田不认为有明确的好答案。尽管如此，他仍不断思考这个问题。在《随笔集》中，他经常提到两个人对立的场面，失败的一方也许讨饶，也许昂然不屈，另一方则可能饶恕或要了他的命。

蒙田在第一篇随笔中提到，十五世纪阿尔巴尼亚的军事英雄斯坎德培（Skanderbeg）在盛怒下准备杀死麾下的一名士兵。这名士兵向他讨饶，但斯坎德培不为所动。在绝望中，士兵抽出利剑反击，此举反而让斯坎德培印象深刻，他怒气消散，饶了这个人的性命。另一个故事提到威尔士亲王爱德华（Edward, Prince of Wales）走过被攻陷的法国城镇，下令将自己所到之处看见的民众全部杀死，直到他遇见三个负隅顽抗之人。他赞赏他们的勇气，于是饶了他们的性命，而后又收回成命，饶了全城百姓的性命。

这两篇故事显示反抗是比较好的做法，但蒙田在同一篇随笔中却提到另一则下场完全不同的故事。亚历山大大帝攻打加沙城（Gaza），发现敌将贝提斯（Betis）"只身一人，部属全舍弃他，盔甲也残破不堪，全身满是鲜血与伤口，却仍苦战不降"。与爱德华一样，亚历山大也赞美他的英勇，但这只是暂时的。当贝提斯坚持不屈服，甚至无礼地直视亚历山大的脸孔时，亚历山大耐性尽失。他持剑刺穿贝提斯的脚后跟，再将其以马车拖行，直到断气为止。这名战败的将领错估了形势，没搞清楚自己面对的是什么样的对手。[17]

另外一些故事同样清楚地显示屈服会带来危险。蒙田对于陆军中将特里斯坦·德·莫兰的事记忆犹新。一五四八年，此人在盐税抗争者面前表现得太过怯懦，结果在波尔多街头被处以私刑。当一个人示弱却引发对方的狩猎本性时，万事休矣。如果你面对的是一名猎人，那么几乎没有活命的希望。蒙田想象一头雄鹿在历经数小时的追逃后，筋疲力尽，受困于一处，没有别的选择，只能任由猎人宰割——"用眼泪乞求怜悯"。这么做是缘木求鱼。[18]

无论想起多少抗争场景，似乎都没有得到一致的诠释与固定的解答，而这也是这些故事令蒙田着迷的原因。在每一起事件中，失败者要做决定，胜利者也必须做出抉择。如果他误判形势，可能会对自己不利。如果他饶恕的对象把他的慷慨当成弱点，那么下次被杀的可能是他自己。如果他过于严厉，那么将引发一连串的反叛与报复。

对于这个问题，基督教的做法比较简单：胜利者要表现出怜悯，受害者要完全顺服。但在真实世界里，这么做显然不可行——绝大多数基督徒在充满暴力的宗教战争时代，不可能做到这一点。蒙田对于神学关注不多，依然埋首于古典作品，似乎完全忘记基督教的存在。对他来说，真正的难题是心理上的而非道德上的。就算与道德有关，也是古典哲学使用的广义的"道德"，也就是说，不是死守某个教条定义，而是学习如何在真实生活中做出公正而明智的决定。

整体来说，蒙田认为受害者与胜利者都应该设法让双方达成最大的互信——就像善良的基督徒一样，失败的一方应该寻求怜悯，胜利的一方应该施予怜悯，但双方都应该开诚布公，"无私坦荡"，不要畏畏缩缩，也不要摇尾乞怜。双方应该展现出"纯粹的自信"。[19]

但这无法适用于雄鹿，因为狩猎关系破坏了同情的前提；遭指控的人与拷问的人之间似乎也无法产生同情——狂热与职责的要求阻碍了这种可能。战争扭曲了正常的心理，暴民的歇斯底里正是心理扭曲的表现。在古典时代，乃至于在蒙田的时代，士兵在战场上的行为不受限制的原则与事实是被普遍接受的。他应该处于"狂怒"状态：无所畏惧，充满狂暴，你无法也不该期望他们做到自制或施予怜悯。

蒙田从最极端的例子发现了"狂怒"的可怕。他不喜欢凯撒在开战前用言语煽动士兵在战场上做出野蛮行径的做法：

在刀光剑影中，虔敬之心实属无用，

战场上面对父亲，难免感到迟疑，

但尽管拿起刀剑，朝那张令人崇敬的脸砍去。[20]

在所有著名的战士中，蒙田最推崇的是底比斯将军伊巴密浓达（Epaminondas），他以能在战场上克制"狂怒"而闻名于世。有一次，战火方殷，"在鲜血与刀剑的恐怖中"，伊巴密浓达发现站在自己面前的是曾招待自己留宿的朋友。他转过身去，饶了这人的性命。这个行为看起来不值一提，但在战场上，军人总是杀红了眼，克制狂乱几乎不可能。蒙田写道，伊巴密浓达证明了他"掌控住战争"，在狂热之际，他使战争"受到仁慈的束缚"。[21]

蒙田怀疑"狂怒"的传统只是一种借口。"我们还是不要试图证明这些邪恶、血腥与奸诈的倾向是合理的。"[22]残忍本身已经够糟了，以崇高的心灵状态作为借口从事残忍的行为，则更低劣。蒙田哀叹宗教狂热分子的神圣热忱，他们相信上帝要求他们从事这类极端而毫无道理的暴力行为，是为了让他们表现自己的虔诚。

残忍让人作呕，蒙田禁不住产生这种感觉。他"矛盾地"写道，自己"残暴地"痛恨残忍。他对残忍的嫌恶完全出于本能，就像他坦率的神情一样。因此蒙田无法忍受狩猎，就连看到鸡被扭断脖子或是兔子被狗攫住，都会心惊胆战。蒙田喜欢站在对方的角度思考，这使他可以假想猫怎么看事情，也使他在看到兔子被撕成碎片时，不自觉地浑身难受。[23]

如果蒙田不愿看到痛苦的兔子，那么他更不能忍受人类受到折磨与司法杀戮，而这些在当时都极为常见。"即使是依法处决，无论理由多么充分，我都无法全程观看。"身为法官，蒙田有必须做出死刑判决的时候，但他总是拒绝这么做。"我不愿意让人痛苦，因此经常无法做到理智。当情势看来非判处死刑不可，我还是难以主持正义。"[24]

蒙田不是当时唯一反对狩猎或拷问的作家，他不寻常的地方在于所秉持的理念——发自内心地站在对方的立场上思考。提到鲁昂的巴西原住民时，蒙田惊讶于这些原住民用"一半"来形容人。他们看到有些富有的法国人狼吞虎咽地饱食终日，而"另一半"却饥饿得瘫软在富人家门前时，这些原住民感到十分困惑。而对蒙田来说，所有人都有着相同的生命元素，其他生物亦然。"单一而相同的本性主宰了生命的进程。"[25]即使动物与人类不那么类似，我们还是有责任同情它们，因为它们具有生命：

> 人性中具有的某种面向与一般性的责任，不仅使我们喜爱具有生命与情感的动物，也使我们喜爱树木与植物。我们要以正义待人，对于其他具有感受的生物要施予怜悯与仁慈。其他生物与我们之间存在着某种联系，某种相互的义务。

这项义务不仅适用于琐事，更适用于生死攸关的大事。我们应该以仁慈与同情（尼采称之为"善意"），哪怕是微不足道的仁慈与同情，去对待其他生物。在这段文字之后，蒙田提到他的狗：

> 我不介意承认自己极为软弱、幼稚，我的狗即使在
> 不适当的时间找我玩耍，我也无法拒绝。[26]

　　蒙田宠爱他的狗，因为他可以想象狗儿的想法，他可以"感
觉"到狗儿有多么想排遣无聊与吸引主人注意。帕斯卡因此嘲笑
蒙田，说蒙田骑马，却不认为自己有权这么做，而且想着"动物
是否也能这样役使人类"。[27]事实上，蒙田的这种想法正中尼采
下怀，尼采的例子也许会令帕斯卡发怒。根据（不太可靠的）传
闻，尼采在精神崩溃之前，曾在都灵（Turin）环抱马的脖子痛哭
失声。

　　在其他不像尼采那么感情用事的读者中，有一个人深受蒙
田讨论残忍的随笔影响，他就是弗吉尼亚·伍尔夫的丈夫，伦纳
德·伍尔夫（Leonard Woolf）。在其回忆录中，伍尔夫认为蒙田
的《论残忍》远比人们普遍理解的意义深远。他表示，蒙田"最
早表达出个人对残忍深刻的恐怖感受。他也是第一位彻头彻尾的
现代人"。这两种特征紧密联系，蒙田的现代性恰恰表现在"他
对于自己与其他人（乃至于人类以外的生物）的个别性有着深刻
的体会与热切的兴趣"。

　　伍尔夫认为即使是一头猪或一只老鼠，也能感受到"我"的
存在，而这正是笛卡儿极力否定的主张。但伍尔夫并非通过笛卡
儿式的理论，而是通过个人的经验得出这个观点的。他回忆自己

小时候曾被要求淹死几只多出来的、才出生一天的犬崽——我们应该认为，对一个孩子来说，这的确是项可怕的工作。伍尔夫照做了，但对此感到非常难受。数年后，伍尔夫写道：

> 乍看之下，这些出生一天的犬崽是一堆微小、眼盲、蠕动、与一般物体无异的事物或东西。我把其中一只放进水桶里，一件诡异而可怕的事情随即发生。这个眼盲、形体难辨的东西拼命挣扎求生，用脚爪奋力拍击水面。我突然理解到它是一个个体，就像我一样。它是一个"我"。在水桶中，它正经历我将经历并将与之对抗的死亡，它和在无垠的海上溺水的我一样努力求生。我感受到这一切，也感受到一个可怕而不文明的事物，要把水桶中的"我"淹死。

成年后的伍尔夫阅读蒙田作品，便回忆起这个场景。他把这份领悟运用在政治上，特别是用于反思自己对于二十世纪三十年代的记忆，当时整个世界似乎即将陷入野蛮主义之中，微小的个别自我几无容身之地。伍尔夫写道，以全球为尺度来看，任何单一的生物都显得微不足道，但从另一个角度来看，这些"我"是"唯一"真正重要的事物。唯有政治能认识到这些"我"时，未来才有希望。[28]

心理学家威廉·詹姆斯在提到意识时也有类似的说法。我们不了解狗的经验，比如它们为什么"喜欢将骨头埋在篱笆底下，喜欢嗅树干与灯柱下的气味"。狗也不了解我们的经验，不知道我们为什么要一直盯着书本看。但是这两种意识状态有着共同的特质：完全投入在某件事情所产生的"热情"与"兴奋"之中。即使彼此感兴趣的对象不同，这股兴奋之情应能让我们了解人与狗之间的相似之处。而这样的认识，应能让我们产生同情与仁慈。忽略这种相似性是最糟糕的政治错误，也是最糟糕的个人错误与道德错误。[29]

在了解威廉·詹姆斯的观点，以及伦纳德·伍尔夫与蒙田的想法之后，我们不能再像独居于房间里的笛卡儿那样，只关注自己的想法。我们生活在一个人与人密切相关的世界，我们可以跳出自己的观点，去了解其他人的想法，哪怕只是短暂地了解。这种能力正是本章回应"如何生活"这个问题的答案，"与人自在地相处"，这是通往文明的最大希望。

10

我们问:

如何生活?

How to live?

●

蒙田说:

从习惯中觉醒

Wake from the sleep of habit

"习惯"使一切事物变得淡而无味,令人昏昏欲睡。

"换个视角"是让人们重振精神的一种方式。蒙田喜爱这种技巧,在他的写作中经常可以见到这个技巧。

蒙田描述这些残暴的行为……其实在法国国内也有同样恐怖的事,只是大家习以为常。

他写道:"我难过的不是这类行为的野蛮与令人恐惧;平心而论,真正让人难过的,是我们对自己的野蛮与恐怖视而不见。"

一切全看你怎么想

　　站在另一个人或其他动物的角度看世界，这种观察技巧对某些人来说也许是一种本能，然而即便无此本能，我们也能靠后天培养来补足。小说家总是这么做，伦纳德·伍尔夫思索自己的政治哲学时，他的妻子弗吉尼亚则在日记中写下这段话：

　　　　我记得我躺在一个凹洞旁，等待伦纳德回来，蘑菇，看到一只红色野兔迈着大步走到旁边，突然想起"这是大地的生命"。我发现这只兔子如此贴近土地，进而领悟到自己是只演化后的兔子；仿佛有个月球造访者看着我似的。[1]

　　这个诡异的、几近幻觉的时刻，使弗吉尼亚意识到在某个视觉未受习惯麻痹的第三者眼中，她与兔子会是什么样子。弗吉尼亚因此能以陌生的角度重新审视原本习以为常的事物——这是一种心理技巧，就如同希腊化时代的那些哲学家，曾想象从遥远的星辰观看到的人世会是什么样的景象。与其他类似的技巧一样，这种做法有助人们对一些事物投以适当的注意。"习惯"使一切事物变得淡而无味，令人昏昏欲睡。"换个视角"是让人们重振精神的一种方式。蒙田喜爱这种技巧，在他的写作中经常可以见到这个技巧。

蒙田喜欢的做法是检视世界各地南辕北辙的风俗习惯，这些前所未见的、出人意表的习惯总让他惊讶不已。他的随笔《论习惯》与《说说古人的习惯》介绍了许多国家的风俗。有的地方，女性站着小便，男性蹲着小便；有的地方，孩子到十二岁时还在吃奶；有的地方，人们认为孩子生下来第一天就吃奶会有生命危险；有的地方，人们要剃光身体左半边的毛发，而让右半边的自由生长；有的地方，父亲到了一定岁数就要被子女杀死；有的地方，人们会在棍子上绑块海绵来洗屁股；还有的地方，人们把前面的头发留长，而把后面的头发剪短，跟我们刚好相反。《为雷蒙·塞邦辩护》中也有类似的介绍，例如秘鲁人会把自己的耳朵拉长，而东方人会把自己的牙齿涂黑，因为他们认为露出白牙是粗俗的表现。[2]

每种文化皆拥有不同的习惯，但每种文化的主体都以为自己的风俗放诸四海皆准。如果你生活在把牙齿涂黑的国家，你会以为黑牙才是世界上唯一美丽的事物。知道其他地方拥有不同的风俗，有助于我们打破偏见，哪怕只是获得片刻的启发也好。蒙田写道："这个广大的世界有如一面镜子，我们必须看着这面镜子，从适当的角度认识自己。"[3]知道世界上有这么多奇风异俗之后，我们将会用不同的眼光看待自己的存在。我们的眼界由此开启，因此知道自己的风俗习惯其实跟别人的一样怪异。

蒙田对转换视角产生兴趣，始于他在鲁昂对图皮族人的观察，这个过程令他体验到惊奇。图皮族人看待法国人的方式让蒙田有大梦初醒的感觉，就像弗吉尼亚在山坡上的领悟一样。这个见闻刺激了蒙田，使他从此对新世界充满兴趣。直到蒙田出生前数十年，欧洲人才知道"新世界"的存在；尽管如此，这个未知的半球仍让欧洲人感到惊异，不敢相信它是真的。

蒙田出生时，绝大多数欧洲人已相信美洲确实存在，而非出于幻想。有些人已经食用辣胡椒与巧克力，少数人则在吸食烟草。马铃薯的栽种已在进行，不过这种作物的外形类似睾丸，许多人还因此以为这种食物只能做催情剂。[4]从美洲回来的旅人传播着食人族与活人献祭的故事，并且提到当地金银矿产多到令人难以置信。随着欧洲生活日渐穷困，许多人考虑移民到美洲，于是殖民地如霉菌孢子般扩散到美洲东岸。绝大多数殖民地由西班牙人建立，但法国人也想碰碰运气。蒙田年轻时，法国的新殖民冒险事业蒸蒸日上。法国拥有强大的舰队与设备优良的国际港口，波尔多就是其中最重要的一座。

十六世纪中叶，法国几次发动远征，却接连遭遇失败。法国殖民者把国内的宗教冲突带往殖民地，使他们在当地的成果毁于一旦。法国在巴西建立的第一个殖民地〔十六世纪五十年代由尼古拉·迪朗·德·维尔加尼翁（Nicolas Durand de Villegaignon）建立，地点靠近今日的里约热内卢〕，因天主教徒与新教徒的分裂而遭葡萄牙人趁机夺取。十六世纪六十年代，主要由新教徒建立的法属佛罗里达（Florida）被西班牙夺占。此时，法国本土也爆发全面内战，庞大的航海事业所需的金钱与组织变得更难取得。法国错失在海外积累财富的首次机会，这个机会最终使得英格兰与西班牙赚进大笔财富。等到法国恢复秩序，准备再度进军海外时，早已错失大好时机。[5]

　　蒙田与同时代的许多人一样，对凡是与美洲有关的事物都神往不已，然而神往中也夹杂着对殖民征服事业的嘲讽。蒙田珍惜而且牢记他与图皮族人的对话——这些图皮族人搭乘维尔加尼翁返航的船来到法国——并且在自己的塔楼橱柜里收藏了许多南美纪念品："他们的床、绳索、木剑与打斗时用来保护手腕的木镯，还有几根一端开口的大木棍，敲打木棍产生的声响可以作为跳舞的节拍。"[6] 这些物品大概是从一名家仆那儿得来的，这名家仆曾在维尔加尼翁建设的殖民地生活过一段时间。这名仆人也介绍一些水手与商人给蒙田认识，以满足他的好奇心。这名仆人本身是个"朴实的粗人"，但蒙田认为这刚好使他成为一名完美的目击者，因为他不会忍不住去渲染或过度诠释他所看到的一切。

　　除了对话，蒙田也阅读与美洲相关的所有作品。他的藏书包括法文译本的洛佩斯·德·戈马拉（López de Gómara）《西印度群岛史》（*Historia de las Indias*）与巴托洛梅·德·拉斯卡萨斯（Bartolomé de Las Casas）《西印度毁灭述略》（*Brevísima relación de la destruccion de las Indias*）。此外还有晚近的法国人写的作品，其中知名的是关于维尔加尼翁殖民地的两种针锋相对的描述，两名作者分别是新教徒尚·德·莱里（Jean de Léry）与天主教徒安德烈·特维（André Thevet）。在这两人的作品之中，蒙田更喜爱莱里的《航往巴西的历史》（*Histoire d'un voyage fait en la terre du Brésil*，1578），因为这本书以同情而精准的眼光观察图皮族社会。身为新教徒，莱里的观点恰如其分。他赞扬图皮族人赤身裸体，不像法国人那样在身上装饰襞襟与裙褶。他发现图皮族老人很少有白头发，怀疑这是因为他们很少挂心于"猜忌、贪婪、争讼与口角"。莱里也推崇他们在战争中的勇气。图皮族人拿起华丽的刀剑参加血腥的战争，但是为荣誉而战，并非为了征服或贪婪的目的。他们通常在战争结束后大摆宴席，主菜就是俘虏来的人犯。莱里曾亲自参加过一次这样的宴席。当天夜里，他从吊床上醒来，看见一名男子自暗处朝他走近，手里挥舞着一条烤人腿，看起来触目惊心。莱里吓得跳起来，把在场的图皮族人逗得哈哈大笑。之后，有人向他解释，那名男子只是一位好客的主人，想让他尝尝人腿的滋味，莱里这才释怀。莱里说，他觉得跟图皮族人在一起，比"跟国内那群不忠而堕落的法国人在一起"安心。事实上，他日后在法国内战中看到同样骇人的情景。一五七二年冬天，在桑塞尔（Sancerre）围城战中，身陷这座山城的莱里，亲眼看见镇民为了存活而吃起人肉。[7]

蒙田热切地阅读莱里的作品，他在《论食人族》中谈到自己与图皮族人的接触，并且遵循莱里的做法，除了比对法国，也提到欧洲优越论。之后的《论马车》也提及印加人与阿兹特克人涂上金箔的花园与宫殿，如何让欧洲各国的建筑相形失色。[8]但最让蒙田感兴趣的还是单纯的图皮族人，他用一连串否定句来赞扬他们：

在这个国家……没有买卖，不识文字，不懂算术，不设官长，无蓄奴之风，无贫富之别，不订契约，无财产继承，亦无财物需分配，无工作职业，只知休憩闲游，爱无等差，共同照顾亲族，无衣裳，不务农，不用金属，不饮酒，不食谷物，亦不崇尚德行。找不到词汇来表示说谎、背叛、虚伪、贪婪、嫉妒、轻视与饶恕。[9]

在古典文学中，这种"否定列举"是一种常见的修辞形式，早在"新世界"被发现之前就已经出现。它的历史甚至可以追溯至四千年前苏美尔人的楔形文字文学：

很久以前，世界上没有蛇，没有蝎子，

没有鬣狗，没有狮子，

没有野狗，没有野狼，

没有害怕，没有恐怖，

人类没有对手。[10]

这种文学手法再次出现在文艺复兴时代对"新世界"的描写上，并不令人意外。这项传统一直有传人，十九世纪，赫尔曼·梅尔维尔（Herman Melville）描述马克萨斯群岛（Marquesas）上的泰皮（Typee）这座快乐谷时，说这个地方"没有抵押权人行使终止回赎权，没有拒付票据，没有到期账单，没有口头之债……没有贫穷的亲戚……没有赤贫的寡妇……没有乞丐，没有债务监狱，没有傲慢、狠心的富翁，总而言之——这里没有金钱"！[11] 他的描写透露出，人生活在近乎自然的平静生活中，就能像生活在伊甸园里的亚当与夏娃那样幸福快乐。斯多葛派特别强调这种"黄金时代"的幻想，[12] 塞内卡就想象了一个财产不囤积、武器不用来施加暴力，以及污水管线不再污染溪流的世界。没有房子，人类可以睡得更安稳，因为半夜里木头不会发出吱呀声响，把你从睡梦中惊醒。

蒙田了解这种幻想，也有这种幻想。他写道，就像野生果实一样，这些野人仍维持着纯粹的自然特色。他们能如此勇敢，因为他们的战争行为未受贪婪污染。[13] 图皮族的吃人仪式绝非堕落，相反，它显示出原始民族最好的一面。受害者在等待死亡降临时，表现出惊人的勇气，甚至奚落俘虏他们的人。蒙田还记得图皮族人唱的一首歌，一名将死的犯人用话撩拨敌人动手，希望对方吃个饱足。犯人唱道，你们吃我的时候，要记得是在吃自己的父亲与祖父——过去我吃了他们，所以你们尝到的会是"你们自己"的肉！这是相当原始的对立场面：失败的人终必一死，但他以斯多葛派的精神来面对敌人。这意味着，如果人类只顺应天性行事，那么他们随时能做到图皮族人这样。

蒙田《随笔集》里有两首《食人族之歌》[14]，这首战俘之歌即其中之一。另一首歌也是图皮族人唱的，是一首情歌，蒙田曾在一五六二年在鲁昂听他们唱过。他对这首歌赞誉有加，形容图皮族语是"一种柔软的语言，有着悦耳的声音，就像希腊语的语尾一样"。他把这首歌的歌词翻译成散文：

> 蛇，蝰蛇，请停下来。我的姐姐要画下你身上的花
> 纹，做条精美的腰带，让我送给我的情郎。如此，你的
> 美丽将流传后世，永远受人称颂。

与当时欧洲过度雕琢的诗文相比，蒙田更喜欢图皮族情歌简洁中的雅致。他在另一篇随笔中提到，如此"纯粹自然的诗歌"[15]、他住的吉耶讷地区流行的传统短诗，以及从"新世界"传入欧洲的歌曲足以跻身上乘作品之林。就连古典诗人的作品也无法与其相比。

蒙田的《食人族之歌》后来脱离《随笔集》，独自发展的它不起眼却令人印象深刻。夏多布里昂（Chateaubriand）在《墓中回忆录》（*Mémoires d'outre-tombe*）里借用了这首歌，让一名吸引人的北美原住民女孩唱类似的歌曲。这首歌后来传到德国，在十八世纪发展成"艺术歌曲"（Lied）的形式——正是因为这首歌，德国人开始注意到蒙田的作品。这两首食人族歌曲，搭配几段对德国火炉的恭维之词，是德国人在尼采之前对蒙田作品感兴趣的唯一表现方式。《蝰蛇，请停下来》被几位一流的德国浪漫主义诗人翻译成德文，比如埃瓦尔德·克里斯蒂安·冯·克莱斯特（Ewald Christian von Kleist）、赫尔德（Johann Gottfried Herder）与伟大的歌德——他把这两首歌曲译为《美洲野蛮人的情歌》（*Liebeslied eines Amerikanischen Wilden*）与《犯人的死亡

之歌》(*Todeslied eines Gefangenen*)。德国浪漫主义者对关于爱情与死亡的歌曲情有独钟，因此他们寻求蒙田作品抄本的热情并不令人意外。比较令人惊讶的是，他们从蒙田的作品里撷取这两首歌，却对他的其他随笔视若无睹。不过这种事倒很常见，每个读者或多或少都是如此。[16]

跟莱里一样，蒙田也遭受一些指责，有人认为他们过度浪漫地看待"新世界"的原住民。然而蒙田就是因为太了解人心的复杂，才想要返璞归真，希望人能像野生果实一样活着。其实他知道美洲文化跟欧洲文化一样愚蠢而残酷。他最反对残忍，因此当他毫无保留地记述"新世界"里宗教的残忍时（有些确实非常血腥），其中的意义更值得我们深思。"他们焚烧活人，而且烤到一半又把人从火盆里拖出来，扯掉他的内脏。另外有些人则是被活活剥皮，女性也会被这样对待，他们甚至将血淋淋的人皮直接盖在自己身上，当成衣服或是某种乔装。"[17]

蒙田描述这些残暴的行为，但也指出这种行为可能被过度夸大了，因为欧洲人对这种事少见多怪。其实在法国国内也有同样恐怖的事，只是大家习以为常。在提到"新世界"的活人献祭时他写道："我难过的不是这类行为的野蛮与令人恐惧；平心而论，真正让人难过的，是我们对自己的野蛮与恐怖视而不见。"[18]蒙田希望他的读者能睁大眼睛"看清楚"这个事实。南美原住民并不是因为自身的特质而吸引人，而是因为他们像一面理想的镜子，可以让蒙田与他的同胞"从适当的角度认识自己"，让自己从得意自满的美梦中醒来。

高贵的野蛮人

十八世纪的德国读者对蒙田的兴趣，主要集中在他的"民歌"（Volkslieder）上；但新时代的法国读者却重新发现了蒙田，他们从食人族与镜子中，挖掘出比蒙田期望的还多的意义。

许多读者都受到一七二四年出版的时髦版本激励。《随笔集》在法国仍是禁书（禁令已颁布五十年），但它却被源源不断地从英格兰走私到法国，流亡英格兰的法国新教徒皮埃尔·科斯特（Pierre Coste）甚至印制了崭新的十八世纪版本。科斯特谨慎处理蒙田作品中具颠覆性的部分，但他的做法不是将有争议的文字删除，而是添入非蒙田的作品，特别是拉博埃蒂的《论自愿为奴》。科斯特把这篇文章收录到一七二七年版的蒙田《随笔集》里。这是这本新教小册子从十六世纪完成以来首次得以完整出版，同时也是第一次与《随笔集》合成一部著作。这两部作品的结合改变了蒙田作品原本的调性，赋予它政治与叛逆的气息，使蒙田具有了以冷静哲学掩饰狂暴内心的作家形象。科斯特塑造的蒙田形象至今仍深植人心：一个神秘的激进分子，将自己隐匿在谨言慎行的面纱背后。在科斯特的编辑下，蒙田看起来就像一名提倡思想自由的启蒙运动"哲士"（philosophe），只是早生了两个世纪。跟许多人一样，十八世纪的读者在蒙田的作品中看到了自己，惊讶于蒙田居然等待了这么长的时间，才遇到懂得欣赏他的一代人。[19]

新时代的"启蒙"读者，对于蒙田笔下英勇的图皮族人投以热情的回应。蒙田描绘的食人斯多葛主义者完全符合新时代的幻想：高贵的野蛮人。这个近乎完美的形象，结合了原始的朴实与古典的英雄主义，因而成为人们崇拜的对象。这类崇拜者认同蒙田的看法，相信这些食人族具有自己的荣誉感，可以作为欧洲文明的借鉴。但他们却忽略了蒙田的另一种看法，那就是"野蛮人"跟其他民族一样也有缺点，一样野蛮而残忍。

德尼·狄德罗（Denis Diderot）是喜爱蒙田笔下图皮族人的作家之一。他也是一名哲学家，所编纂的《百科全书》（Encyclopédie）集当时知识之大成。此外，他还写下无数哲学小说与对话。狄德罗在开始写作生涯时已经读过蒙田的《随笔集》，他喜欢蒙田的作品，而且经常在自己的文章中引用其文字以表示致敬——通常他都会告诉读者那是出自蒙田的作品（但不是每次引用都如此）。狄德罗在一七九六年完成的小书《布干维尔航海记补遗》（Supplément au voyage de Bougainville，下文简称《补遗》）中，兴高采烈地提到欧洲人近来发现的南太平洋民族，刚好与蒙田和美洲原住民的相遇前后辉映。与图皮族人一样，这些太平洋岛民也过着简单的生活，可以说是活在上帝的恩宠之中。但他们的文化也有令人不悦的部分，只不过因为欧洲人对他们所知甚少，所以略而不提。这本书留下很大的想象空间，尤其狄德罗提到岛民们过着享乐主义的日子，想跟谁做爱就跟谁做爱。在《补遗》中，狄德罗还让大溪地岛民奉劝欧洲人：顺着本性就能得到快乐，不待他求。这些话正是狄德罗的同胞想听的。[20]

卢梭是另一位受蒙田影响的作家，在他笔下，高贵的野蛮人被提升到更高的层次——由卢梭批注的《随笔集》至今尚存。[21]与狄德罗不同，卢梭把原始社会视为极其完美之物，甚至不存在于真实的世界中，就连太平洋上的岛屿也一样——并非真实存在。原始社会只是一种理想，用来对照真实社会的混乱，因为按照卢梭的定义，所有现存的文明都是腐败的。

在《论人类不平等的起源》（*Discourse on the Origin of Inequality*）中，卢梭想象如果没有文明的束缚人类会是什么样子。"我看到动物……在橡树下饱餐，在最近的溪边喝水止渴，然后又回到方才的树下睡觉。"大地给了这个自然之人所需要的一切。大地并未娇宠他，而他也不需要娇宠。从呱呱坠地开始，他就遭逢困难，这使他有能力对抗病痛，而他也强壮到足以徒手击退野兽。他没有斧头，但有足以折断粗大树枝的肌肉。他没有弹弓或枪炮，但可以猛力掷出石头击毙任何猎物。他不需要马匹，因为他跑得跟马一样快。唯有当文明使人"学习社交与成为一名奴隶"时，人才失去了男子气概，变得软弱而畏首畏尾。人也学会了绝望。卢梭说，从来没听说过"自由的野蛮人"会自杀。人甚至失去了本性中该有的怜悯之心。如果有人在哲学家的窗下割开另一个人的喉咙，哲学家很可能会用手捂住耳朵，假装什么也没听到；野蛮人绝对不会这么做。[22]自然之人不可能对同类的声音置若罔闻——蒙田也曾受到召唤，这召唤要他同情所有受苦的同类。

如果我们把时间颠倒过来，想象蒙田坐在单人沙发上阅读卢梭的作品，他读到什么时候才会把书扔到一旁？这一想象颇令人好奇。一开始，他可能觉得深受吸引，认为这个作家与自己心意相通。然而读了几段之后，蒙田可能有所动摇，甚至皱起眉头。"不过，我不知道……"随着卢梭愈来愈咄咄逼人，蒙田开始喃喃自语起来。他想要暂停一下，从其他的角度来思索。蒙田会问，社会真的让我们冷酷无情吗？分工合作不是比单打独斗更好吗？人真的生来自由吗？难道人不是一生下来就充满弱点而不完美吗？人际关系与奴役必定相伴而行吗？此外，真的有人力气大到从远处扔石头就能毙猎物而不需要弹弓？

卢梭从未停止或调转方向。他大步前行，而且沿途招揽他的读者一同前进。他成了当时最受欢迎的作者。然而，尽管卢梭的观念来自蒙田，但只需阅读几页卢梭的作品，就能了解他与蒙田有多大的不同。蒙田并未沉溺于对原始社会的幻想，他总是对自己所说的一切有所保留，即使是当下正说着的事。他那句"不过，我不知道"总会在关键时刻出现。此外，蒙田的整体目的不同于卢梭。他不认为现代文明是腐败的，而认为人类看待世界的"视角"在本质上才是腐败与片面的。这种观点也适用于图皮族人。图皮族人观察鲁昂的法国人，正如莱里与特维在巴西观察原住民一样，双方都带有一己之见。想走出错误诠释的迷雾，唯一的希望就是提醒自己错误诠释的存在；也就是说，唯有了解自己带有偏见，才能够避免偏见。然而即便如此，也只能提供不完美的解决方案。我们永远都无法摆脱自身的局限。

狄德罗与卢梭这类作者，他们注意的不只是"食人的"蒙田，也重视蒙田作品中提到的简单而自然的生活方式。卢梭的作品中引用《随笔集》最多的是《爱弥儿》(*Émile*)。这是一本极为成功的教育小说，改变了一整代人的孩童教育，使父母转而采用"自然的"养育方法。蒙田建议，父母与老师应该温和地教育孩子，让他们凭借自己的好奇心来认识世界，并且借由旅行、对话与经验来开阔孩子的视野。与此同时，孩子也要像小斯多葛派一样，接受艰苦的体能训练。这些说法显然取材自蒙田讨论教育的随笔，但卢梭在书中只偶尔提到蒙田，而且通常是严词批评。

卢梭在自传《忏悔录》(*Confessions*)——这部作品描绘自我的技法或许受到蒙田的影响——的开头再次侮辱蒙田。在最初的序言（日后的版本将它删除了）中，卢梭为了否认自己受到蒙田的影响而写道："我认为蒙田是个十足的伪君子，他刻意以直言无隐的方式欺骗大众。他所描绘的自己的缺点，总是些让人喜爱的缺点。"如果蒙田误导了读者，那他卢梭就是历史上第一个诚实而完整地描述自我的人了。他的确如此评论自己的自传："这是世界上唯一一部描绘人的本性与和它相关的一切事实的作品，不仅前无古人，也后无来者。"[23]

《随笔集》与《忏悔录》确实不同，不只是因为《忏悔录》采取了从幼年时期描述到长大成人的叙事文体，《随笔集》则是一口气写下包罗万象的内容，还因为两部作品在目的上也存在着差异。卢梭写《忏悔录》是因为他觉得自己与众不同，才华横溢，有时又相当邪恶。他希望趁这个结合了各种特征的独特人格消失之前，将自己完整地呈现出来：

> 我了解人。我跟我见过的人完全不同，我敢这么
> 说，我在这个世上是独一无二的……大自然塑造出来的
> 我是好是坏，这要留给阅读我的作品的人来评判。[24]

与卢梭相反，蒙田认为自己是个彻头彻尾的平凡人，唯一不
寻常的地方是习惯把事情写下来。他"全身上下"[25]无一处与一
般人无异，因此乐于作为其他人的镜鉴——他认为图皮族人也扮
演着这样的角色。这是《随笔集》的主旨所在，如果人们无法从
他身上看出自己，那么读他的书要做什么呢？

当时有些人注意到卢梭与蒙田之间有着可疑的类似之处。卢
梭被指控剽窃蒙田的作品，修士约瑟夫·卡若（Joseph Cajot）
写了一篇露骨的文章《卢梭抄袭〈论教育〉》（*Rousseau's
Plagiarisms on Education*），表示蒙田与卢梭唯一的差异是蒙
田没有那么装腔作势，文字也比较简洁清晰（这应该是唯一一
次有人以"简洁""清晰"来形容蒙田的作品）。另一名评论家
尼古拉·布里凯尔·德·拉迪斯梅里（Nicolas Bricaire de la
Dixmerie）则创作了一篇对话录，让卢梭在文中承认自己抄袭了
蒙田的观点。但卢梭认为两者并不相同，因为他的表现"充满启
发"，而蒙田的文字却很"冷漠"。[26]

卢梭生活的时代推崇装腔作势、给予启发与充满热情。拥有
这些特质，意味着你与"大自然"产生了联系，不再只是冷冰冰

的文明制度的奴仆。你是野蛮而真诚的，充满"食人风"。

十八世纪的读者接受蒙田对图皮族的赞美，也认同他在《随笔集》里表达的对自然的看法。这些读者逐渐发展为成熟的浪漫主义者，并且在十八世纪末与十九世纪初支配了思想潮流。等到浪漫主义者与蒙田分道扬镳时，蒙田的形象也变得与过去迥然不同。

"从习惯中觉醒"最初是以温和而叛逆、心灵开放的形式，来回应如何好好生活的问题，而后却逐渐蜕变成某种更具煽动性，乃至鼓吹革命的形式。经过浪漫主义的渲染之后，我们很难再将蒙田看成是冷静而温和的希腊化的智慧源泉。此后，蒙田的读者将持续为蒙田加温，使他的形象变得愈来愈狂野。

11

我们问：

如何生活？

How to live?

●

蒙田说：

温和稳健

Raising and lowering the temperature

文艺复兴时代的读者沉迷于各种极端，写诗时要出神忘我，正如战争时要狂暴，恋爱时要狂热。

在这三件事上，蒙田似乎拥有一只内置的恒温器，只要温度升到某一个点就会自动断电。

他说："超越常理的性格总是让我感到恐惧。"

适切的生活才是"伟大而辉煌的杰作"——这般华丽的语言，描述的却是一点也不华丽的特质。

保持心灵的平静

十八世纪末与十九世纪初的读者发现，喜欢自己建构出来的蒙田并不是什么难事。他们除了欣赏蒙田对美洲原住民的赞美，也对他的各种特质做出响应——例如他坦白说明自己是什么样的人，愿意探索自己性格上的

散发的浪漫蒙田

矛盾、漠视传统，以及想打破僵化的习惯。读者喜爱蒙田对人类心理的探讨，特别是他发现在同一个心灵中可以同时存在不同的冲动与欲望。此外，这是第一次有数量庞大的读者表明对他的写作风格及混乱失序深深喜爱。他们喜欢蒙田在任何时刻不假思索地说出脑子里的念头或心里的感受，从不停顿下来加以组织和整理。

浪漫主义读者尤其钟情于蒙田对拉博埃蒂的强烈感受，因为唯有在这个地方，蒙田才显露出充沛的情感。他们的故事最后以悲剧收场，因而更显凄美。蒙田在回答他们为什么彼此热爱时，只淡淡地说了一句："因为是他，因为是我。"这句话也成了一句标语，象征着人与人彼此吸引的神秘性与超越一切的力量。

浪漫主义作家乔治·桑提到自己年轻时沉迷于蒙田与拉博

埃蒂之间的情感，认为这是她渴望已久的灵魂伴侣的模范——日后，她也确实从福楼拜与巴尔扎克这些作家朋友那里得到这份情感。诗人阿方斯·德·拉马丁（Alphonse de Lamartine）也有类似的感受。他在一封给朋友的信里提起蒙田："我最赞赏他的地方，就是他与拉博埃蒂的友谊。"在此之前，拉马丁已经在信中借用蒙田的话来描述自己对这位朋友的感情："因为是你，因为是我。"他把蒙田当成知交，并写道："我的朋友，蒙田，没错，朋友！"[1]

因蒙田而起的这些响应充满了活力与热情，与此相应的是愈来愈多的人前往他的塔楼"朝圣"。[2] 许多人在好奇心驱使之下来到蒙田的庄园，一到这里，就陷入狂热。他们痴迷地站立冥想，感应蒙田的魂魄在他们身旁如活人般来回走动，他们甚至会在某个时刻表现得像被蒙田"附身"。

在上个世纪，这种热潮可说是绝无仅有。蒙田的子孙住在这座庄园里，一直到一八一一年，在这期间的大部分时间里，没有人来搅扰他们。他们将塔楼的一楼改造为马铃薯仓库，二楼的卧房有时充当狗舍，有时用来养鸡。当浪漫主义访客的规模从涓涓细水汇聚为股股洪流时，原本存放马铃薯并畜鸡的塔楼也就顺应时势，恢复为蒙田昔日工作时的样子。[3]

这些前来瞻仰、访问的举动对浪漫主义者来说似乎是理所当然的。如果你想响应蒙田的作品，一定会想亲自前来造访他的旧居，从他居处的窗户望出去，看着他每天观赏的景色；或者在他可能坐着写作过的地方稍事停留，凝视桌案，仿佛蒙田的文字即将鬼魅般地在你眼前浮现。姑且不论底下庭院的喧嚣，以及书房的鼎沸人声，你大可把这座塔楼想象成一座修道院的房间，在此居住的蒙田宛如一名隐士。早期的参观者夏尔·孔庞（Charles Compan）提到塔楼书房时说：

> 我们赶紧跨过门槛吧。如果你的心跟我的一样无以名状地悸动，如果对伟大人物的缅怀使你萌生深切的敬意，那么谁能拒绝这位充满人性的作家呢——快进去吧！

到蒙田庄园朝圣的传统，甚至延续到浪漫主义时代结束之后。一八六二年，加永侯爵（marquis de Gaillon）记述他到塔楼参观的情景，用恋人般的语言总结与其分离的痛苦：

> 然而每个人终究要离开这间书房，这方小室，这座可爱的塔楼。再会了，蒙田！离开这个地方等于与你分离。[4]

投入蒙田怀抱的热情一直存在一个基本的问题，那就是蒙田本人——许多人幻想出的蒙田形象，与实际的蒙田根本是冲突的。把《随笔集》的内容翻出来，比对人们对他的诠释，你就会发现错误怎么挑都挑不完。在这当中，错得最离谱的首推热血澎湃的浪漫主义者。他们的想法与蒙田说过的话时常完全相左：

我是个懒散驽钝的人，从来没产生过愤慨激昂的情绪。

我喜欢温和稳重的人。

纵然我有过分的行为，但这些行为也严重不到哪里去，因为我做不出极端或诡异的事。

依我看，最美好的人生，是符合一般常识、安于秩序、不追求奇迹亦不标新立异的人生。[5]

诗人拉马丁就是其中一位受挫的读者。他第一次阅读蒙田作品时就把他当作英雄来崇拜。他随身带着《随笔集》或将它放在案上，只要一有需要就拿起来阅读。然而，日后他却以同样的热忱反对自己的偶像：他认为蒙田根本不了解生活的苦难是什么。拉马丁在信中向朋友解释道，他只有在年轻时才喜欢《随笔集》——他说的是九个月前的事，那时他首度在信中提及自己对这本书充满兴趣。现在的他二十一岁，已经饱受痛苦的折磨，并且发现蒙田过于冷静与节制。拉马丁猜想自己可能会在多年以后，也就是到了老年，当更多苦难令他的心灵枯竭之时，会重新阅读蒙田。至于当下，这名随笔作家的稳重只让他浑身不舒服。[6]

乔治·桑也提到，她发现蒙田带有斯多葛派或怀疑主义式的"冷漠"时（均衡或冷静对她来说是个老掉牙的人生目标），便

蒙田在费拉拉拜访塔索

"不再是蒙田的门徒"。她曾喜爱蒙田与拉博埃蒂之间的情谊，认为这是蒙田充满温情的表现，但光是这点还不够，于是她逐渐对蒙田感到厌倦。[7]

对浪漫主义读者来说，蒙田作品最令他们不悦的话，出现在他一五八〇年到意大利旅行时，那是一段描述他在费拉拉（Ferrara）探望名诗人托尔夸托·塔索（Torquato Tasso）的文字。就在那一年，塔索出版了他最著名的史诗作品《被解放的耶路撒冷》（Gerusalemme liberata），并且广受好评。然而在此之前，塔索已经因为精神错乱而被送进疯人院，跟一群忧郁的疯子生活在恶劣的环境里。蒙田经过费拉拉时顺道去探望塔索，却被眼前的景象吓得说不出话来。然而在同情之余，他也怀疑塔索是咎由自取，因过度沉溺于诗意的狂喜而无法自拔。灵感的光芒引领他走进非理性的世界，"强光使他眼盲"。看到天才沦为白痴，蒙田悲从中来。不仅如此，塔索的境遇还让他感到愤怒——真是太可惜了，居然这样糟蹋自己的天赋！蒙田知道写诗需要某种程度的"狂热"，但如果狂热到让自己无法再提笔写作，那么狂热还有什么意义？"如果百发百中的射手脱靶的次数跟不善射的射手一样，两者还有什么差别!"[8]

在回顾蒙田与塔索这两位风格截然不同的作家时,浪漫主义者推崇他们,但也同意蒙田的说法,认为塔索过度沉溺于诗的世界而把自己搞疯了。他们可以理解蒙田的悲伤,但无法理解也不能原谅蒙田的愤怒。浪漫主义者推崇耀眼的才华,认同忧郁,认同深度幻想中的身份。然而,他们不认同愤怒。

蒙田显然"不是诗人",反对他的读者费拉瑞特·沙勒(Philarète Chasles)如此骂道。朱尔·勒菲弗-德米耶(Jules Lefèvre-Deumier)哀叹蒙田的"斯多葛式冷漠"无视他人的痛苦——这似乎误解了蒙田对塔索的看法。[9]问题其实出在浪漫主义者自身的偏见上。在蒙田探望塔索这件事上,浪漫主义者认同塔索,不认同蒙田。他们认为蒙田代表的是不懂得谅解的世界,这样的世界总是与他们作对。尼采的这段话也许能对蒙田产生警示的作用:

> 稳健认为自己是美好的,但它没有发现,在不稳健的
>
> 人眼中,稳健看起来是黑色而单调的,因此是丑陋的。[10]

其实在这种处境下,真正扮演反叛者的反而是蒙田。蒙田赞扬稳健与冷静,怀疑过度诗意的价值,这么做等于是与他当时的潮流相左,也与浪漫主义者的精神相悖。文艺复兴时代的读者沉迷于各种极端,写诗时要出神忘我,正如战争时要狂暴,恋爱时要狂热。[11]在这三件事情上,蒙田似乎拥有一只内置的恒温器,

只要温度升到某一个点就会自动断电。这是蒙田如此推崇伊巴密浓达这名古典时代战士的原因，此人在乱军之中仍然能保持头脑清醒；这也是蒙田重视友情甚于热情的原因。他说："超越常理的性格总是让我感到恐惧。"[12] 蒙田珍视的特质是好奇、善交际、有同情心、热爱同胞、适应力强、有智性而能够反思、能从别人的角度看事情，以及"善意"——这些特质没有一项能与火热炽烈的灵感相容。

蒙田甚至主张真正伟大的灵魂是在"平凡"[13] 中寻得的——这是个令人震惊的说法。吊诡的是，这也是个极端的说法。现代人大部分认为平凡是一种匮乏、受限的状况，这是现代教育导致的认知。蒙田这么说的时候，我们不知道该从什么角度去理解他的话。他是否又在跟读者玩游戏？就像有些人怀疑蒙田提到自己记忆力不好与思考迟钝，只是一种开玩笑的说法。或许某种程度来说真的是如此，但蒙田说这句话时似乎是认真的。蒙田不信任野心勃勃的人；对他来说，想超越众人，最终只会让自己连人都当不了。[14] 有些人就像塔索一样，想超越极限，却适得其反，连最寻常的能力都失去了。想当个真正的人，意味着在行为上不仅要跟一般人一样，还要做到"稳当"（ordinate）。根据《牛津英语词典》（Oxford English Dictionary）的定义，"稳当"指的是"合于秩序，进退有节；井井有条，规律，稳健"。它意味着适切地生活，正确地评估事物的价值，在每个场合做出恰当的表现。蒙田说，适切的生活才是"伟大而辉煌的杰作"——这般华丽的语言，描述的却是一点也不华丽的特质。对蒙田来说，平凡不等于愚笨。

"愚笨"指的是思虑不周或无法从别人的角度思考；"平凡"指的是接受自己与他人相同这一事实，以及接受自己彻头彻尾是一个"人"。这种说法与卢梭认为自己独一无二的想法简直是天壤之别。对蒙田来说：

> 天底下最美好与最合乎道理的事，就是良好而适切地扮演"人"这个角色；天底下最难获得的知识，就是如何好好地生活，以及如何顺乎自然地生活；最野蛮的病症，则莫过于轻视自己的存在。[15]

蒙田知道，人性不一定能遵循这一智慧。人类虽然渴望得到幸福，在情感上希望得到安宁，想让自己的能力获得充分发展，但每隔一段时间总会有别的事物驱使人类毁灭自己的成果。这就是弗洛伊德所说的"塔纳托斯原则"（The Thanatos Principle）：朝向死亡与混乱的驱动力。二十世纪的作者丽贝卡·韦斯特（Rebecca West）如此描述这项原则：

> 我们当中只有一部分人神智正常：喜爱愉悦与长久幸福的日子，想活到九十几岁，然后平静地死去，想住在自己亲手建造的房子里，希望这栋房子能继续庇荫子孙。另一部分人则几近疯狂：喜欢不愉快的事甚于愉快的事，喜爱痛苦与黑夜里的绝望，想死于灾难，让人类倒退到文明初始之时，让我们的房舍化为灰烬，只留下

焦黑的地基。[16]

韦斯特与弗洛伊德都尝过战争的滋味，蒙田亦然，所以他不可能忽视战火中暴露的人性黑暗面。对于蒙田关于稳健与平凡的描述，从法国内战的角度来解读方能理解：战争造成的过度与极端，只会让人类陷入非人的状态。法国第三次"动乱"结束于一五七〇年八月，之后的和平维持了两年。就在这段和平时期，蒙田生活在自己的庄园，开始撰写《随笔集》。然而，作品尚未完成，和平便突然而令人震惊地中止，接下来的事件使人充分体会到人性黑暗的一面。

12

我们问：

如何生活？

How to live?

蒙田说：

守住你的人性

Guard your humanity

蒙田赞赏的寻常生活与平凡，在末世里无人聆听。

末日迫近的征兆大量出现，显示上帝不再赐予大地温暖。

新教与天主教极端主义分子纷纷投入"神圣崇拜"的怀抱，愿意将自己的所有奉献给上帝。

蒙田说，你不能只梦想着天堂与宗教的超验境界，而拒绝面对真实的凡俗世界。

恐怖

跟过去的和平协议一样，一五七〇年的《圣日耳曼和约》无法让所有人满意。新教徒总希望得到更多，认为条款承诺得不够，他们只获得了有限的崇拜自由；天主教徒则认为和约过于宽松，担心新教徒会把这些让步当成鼓励，也担忧他们可能针对具正当性的天主教君主发动全面革命，并且开启另一场战争。天主教徒对于战争的预测是正确的，但对于谁该为这场战争负责，他们猜错了。

局势日渐紧张，一五七二年八月于巴黎举行的庆典使紧张的气氛达到高峰。这场庆典是为了庆祝天主教徒玛格丽特·德·纳瓦尔与新教徒纳瓦尔的亨利的王室婚礼。三个主要派系的领导人带着不悦的心情前来参加这场盛会，包括温和的天主教国王查理九世，激进的新教领袖、海军上将加斯帕尔·德·科里尼（Gaspard de Coligny），与极端的天主教徒吉斯公爵。每个派系都对其他派系充满疑惧。狂热的煽动者在巴黎鼓动百姓，激起民众情绪，要他们起而反对这场婚礼，希望借这个机会扫除他们心中的异端领袖。

婚礼于八月十八日举行，随后是连续四天的官方庆典。活动结束时，确实有许多人松了一口气。然而在一五七二年八月二十二日，也就是庆典最后一日的深夜，新教领袖科里尼从卢浮宫步行返家时，有人用火绳枪对准他射击。他的手臂被打断，没有丧命。

消息在城内传开。第二天早上，胡格诺派信徒川流不息地前来探望科里尼，誓言为其复仇。许多人相信（大部分历史学者也如此认为），这场暗杀行动的幕后指使者是国王及王太后凯瑟琳·德·梅迪奇——他们想借由杀死新教领袖，使新教徒的暴乱胎死腹中。倘若真是如此，国王查理可就失算了，攻击科里尼使新教徒群情激愤。然而更危险的是，刺杀行动也使天主教徒惶恐不安。预料新教徒将起而报复，巴黎的天主教徒集结起来，准备保护自己的身家安全。国王或许也感到气馁，体认到叛军领袖受伤比死去还要危险。于是在他授意之下，皇家卫队闯入科里尼的住所，在床上杀死这名受伤的男人。他们终于完成了先前未完成的工作，但手法极为拙劣。这是八月二十四日清晨发生的事，那天是圣巴泰勒米日。[1]

杀手砍掉科里尼的头，然后迅速地将它送往皇宫；首级被拿香油做了防腐，送去罗马向教宗讨赏。而科里尼遗体的其余部分就没有这么好的"待遇"，被扔出窗外，天主教群众将其放火焚烧，并在市区内拖行。尸体在焖烧中碎成尸块，群众拖着破败的尸身游街。随后的数日，他们继续肢解它。

科里尼家发生的暴乱，使巴黎天主教徒与新教徒大为恐慌。天主教暴徒冲上街头，抓住并杀害任何看上去像是新教徒的民众，冲进他们知道的新教徒的家中——许多人仍在睡梦中，浑然不知城内发生了什么事。暴民们将他们拖到屋外，割开他们的喉咙，将他们的身体砍成碎片，然后放火焚烧，或将尸体扔进河里。暴行煽动了愈来愈多的群众，并且激起更严重的残暴行径。一则报道提到，一个名叫马蒂兰·吕索（Mathurin Lussault）的男子错不该应门，因而被杀。他的儿子听到喧闹声，下楼查看究竟，也被刺死。吕索的妻子弗朗索瓦从楼上的窗户跳到邻居的院子里逃命，却跌断双腿。邻居试图帮她，但攻击者一拥而上，扯着她的头发将她拖到街上。他们想抢她的金手镯，于是砍掉她的双手，接着又用烤肉的铁叉把她叉死。最后，他们把她的尸体扔进河里。她的双手被狗衔走，过了几天，人们还可以在屋外看到那双手。同样的景象在巴黎各处不断上演，许多尸体被扔进塞纳-马恩省河，据说河水都给染红了。[2]

无论查理原先基于什么动机主导暗杀（如果真是他指使的话），他绝对想不到会引发这样的后果。他下令军队镇压暴乱，但为时已晚。屠杀在巴黎市内持续了近一个星期，而后蔓延至全国各地。光是发生在巴黎一地的屠杀——日后被称为"圣巴泰勒米大屠杀"——就造成五千人死亡。在这一事件引发的暴行里，法国总共有一万人左右被杀。[3]城市就像渔船驶进龙卷风一样被卷入暴乱之中，包括奥尔良、里昂、鲁昂、图卢兹、波尔多，以及无数小城镇。

即使对传统战场上的"狂暴"蒙田都感到厌恶，更何况受害者是一般百姓的杀戮。整体来说，参与杀戮的人也是平民，只有在少数地区出现士兵或官员参与的现象，波尔多即一例。原本相安无事的状况到了十月三日便完全改变，当时狂热的天主教市长夏尔·德·蒙费宏（Charles de Montferrand）策划与推动了这场暴动，甚至拟了一张攻击对象的清单。在绝大多数地区，流血事件通常是在混乱的状况下发生的，而攻击者平日都是和善的良民。在奥尔良，暴民不杀人的时候就在小酒馆庆祝，根据史家的记载，他们"唱歌、弹琴、弹吉他"。有些暴民队伍的主要成员居然是妇女或孩子。天主教认为孩童的参与是一项征兆，显示上帝也支持这场屠杀，所以才让纯真的孩子也参与其中。许多人认为，这场杀戮的规模超乎人类的想象，一定是因为背后有神意的主导。这绝不是人的力量所能造成的，而是上帝传达给人类的信息，就像歉收或彗星一样，是末日将至的凶兆。一枚于罗马打造的大屠杀纪念章，上面显示胡格诺派被打倒，但打倒他们的不是凡人，而是挟神圣之怒、手执武器的天使。新教宗格列高利十三世（Gregory XIII）似乎对法国发生的事相当满意。除了纪念章，教宗还委托乔治·瓦萨里（Giorgio Vasari）在梵蒂冈的国王厅（Sala Regia）绘制一幅著名的壁画。法国国王也加入感恩祈祷的行列，并且下令打造两枚纪念章，其中一枚把国王描绘成与许德拉（Hydra）打斗的海格立斯，另一枚则描绘他坐在王座上，手持象征胜利的棕榈叶，旁边环绕着赤裸的尸体。[4]

法国国王查理九世下令打造的纪念章

胡格诺派组织起来，集结军队展开反击，战争再次爆发。整个十六世纪七十年代，法国一直笼罩在战争中，只有几次短暂的停战。以圣巴泰勒米事件作为分水岭，在此之后，战争变得更加无法无天，也更为狂热。除了一般的战事，失控的士兵还到处肆虐，造成更大的破坏。即使在停战期间，乱兵抢掠如故，因为他们没有主子，也没有薪水。农民纷纷逃往野外，藏匿于森林，因为在城镇只能坐以待毙，有时甚至会被乱兵凌虐取乐。这是报复相寻的自然状态。一五七九年，外省律师让·拉鲁维埃（Jean La Rouvière）向国王请愿，希望陛下协助当地的农村贫民——这群"可怜的、殉难的与遭到遗弃的人"只能仰赖土地为生，如今却一无所有。他听闻许多恐怖的事：

> 有人被粪肥活埋，被丢到井内与沟渠中，自生自灭，像狗一样痛苦地哀号；有人被钉在箱子里闷死，被封在塔内饿死，或者被吊死在深山与密林之中；有人被架在火上烤，腿部的脂肪滋滋作响；有人的妻子被强奸，怀孕的妇女被堕掉胎儿；有人因子女被绑架而被勒索，甚至，子女在父母面前被活活烤死。[5]

这一连串的战事是由宗教热忱所驱动的，但战争的痛苦进一步催生人们关于天启的想象。天主教徒与新教徒都认为事件即将发展到超出常态的状况，因为局势看起来将发展成上帝与魔鬼的最后决战。这就是天主教徒欢欣鼓舞地庆祝"圣巴泰勒米大屠杀"的原因，他们把大屠杀看成是战胜邪恶的证明，是将无数误入歧途的民众赶回真正的教会，使他们的灵魂及时得救。

这样的救赎相当要紧，因为时间已经不多。当末日来临之时，基督将会再临，这个世界将被抹除，每个人都必须在上帝面前交代自己的行为。其间没有妥协的空间，无须考虑对方的立场，敌对的信仰也没有相互理解的可能。蒙田赞赏的寻常生活与平凡，在末世里无人聆听。

末日迫近的征兆大量出现。十六世纪七十与八十年代接连出现饥荒、歉收与酷寒，显示上帝已不再赐予大地温暖。天花、斑疹伤寒与百日咳在全国范围内蔓延，而在传播至各地的疾病中，最糟糕的莫过于鼠疫。《启示录》中的四位骑士似乎已经脱缰而出，他们是瘟疫、战争、饥荒与死亡。狼人在荒野漫游，连体婴在巴黎出生，一颗新星在天空爆炸。即使是那些对宗教没那么狂热的人，也感到整个世界似乎正加速走向某个不可知的结局。蒙田的编辑玛丽·德·古尔奈在晚年时回忆，她年轻时的法国就像一个遭到舍弃的混乱世界，"人们不禁觉得国家将走向最终的毁灭，而非恢复旧貌"。有些人认为末日已经非常接近，语言学者，同时也是神学家的纪尧姆·波斯特尔（Guillaume Postel）在一五七三年的信中写道："八天之内，人类将会灭亡。"[6]

撒旦也知道自己在地上逞凶的时间已然不多，于是派出恶魔大军把所剩无几的最后一批脆弱灵魂带走。它们确实是大军。让·维耶（Jean Wier）在他的《恶魔的蛊惑》（De praestigis daemonum，1564）中算出路济弗尔（Lucifer）麾下至少有七百四十万九千一百二十七个恶魔，分别由七十九名魔王带领。此外还有女巫。十六世纪六十年代之后急剧增加的女巫案件，充分证明末日即将来临。只要一发现有女巫，法院会马上烧死她们，但撒旦补充女巫的速度，远比法院烧死女巫的速度快。[7]

当时的恶魔学家让·博丹（Jean Bodin）表示，面对如此的危机，证据标准必须降低。巫术问题如此严重，难以用一般的证据和方法查明，要社会坚守"法律规定与正常程序"是缓不济急。传言可以视为"几近真实"，如果村里每一个人都认为某个女人是女巫，我们就有充分的理由把她抓去拷问。为了审理这种案件，法院甚至搬出中世纪的拷问技巧，包括把嫌犯放进水里看她们会不会浮起来，以及用烧红的铁块烙烧犯人。随着证据标准的降低，被定罪的"女巫"人数也持续增加，而"女巫"人数的增加又进一步"证明"这场危机的真实性，于是进一步修正法律的必要性得到确认和强化。历史上有太多例子显示，想破坏传统法律，最有效的方式就是主张当前的犯罪极其危险以及其背后有不寻常的力量在指使、操弄。任意拷问与轻率定罪似乎获得普遍的认同，几乎没有反对的声音。只有极少数的作家除外，如蒙田。他认为拷问无助于获知真相，因为人为了避免痛苦，什么话都说得出口。此外，只根据某人的猜疑就把人架起来烤，"这代价未免太大"。[8]

神学家警告世人提防一个重大的事项，那就是敌基督将要来临。在往后的日子里，这类征兆如雨后春笋般大量出现：一五八三年，非洲某国家的一名老妪生下的婴孩长着猫牙，这个婴孩发出成人的声音，自称是弥赛亚。与此同时，巴比伦有一座山突然裂开，里面出现一根深埋于地底的柱子，柱子上面用希伯来文写着："我诞生的时刻即将到来。"蒙田在波尔多高院的后继者雷蒙是敌基督故事的专家，同时也是狂热的女巫焚烧者。他的作品《敌基督》（*L'Antichrist*）分析了天上的恶兆、草木的枯萎、收成的减少、人口的迁徙，以及战争中残暴的乃至吃人的事例，他认为这些现象充分证明撒旦即将到来。[9]

在这样的局势下，参加群众暴力是为了让上帝知道你站在他那一边。新教与天主教极端主义分子纷纷投入"神圣崇拜"的怀抱[10]，愿意将自己的所有奉献给上帝，并且弃绝在世上的一切。在这样的时代里，如果还有人在意自己的日常琐事，轻则会被指责道德有瑕疵，重则会被指控是撒旦的信徒。

事实上，许多人的确过着自己的生活，而且尽可能地远离动乱。他们甘于过平凡的日子，而这正是蒙田所认同的智慧的表现。即使相信撒旦与上帝之间的战争即将降临，这些人对此事的兴趣也远不及他们对宫廷丑闻与纵横捭阖的外交的关心。许多新教徒在一五七二年后一声不响地放弃信仰或隐匿宗教立场，此举等于默认今世的生活比来世的信仰更为重要。但也有少数人走向反面的极端，过分激进，居然想对天主教发动全面性的战争，甚至想杀死国王——这位该为科里尼与所有受害者负责的"暴君"。在这种大环境下，拉博埃蒂的《论自愿为奴》突然被胡格诺派激进分子搬上台面，并且出版。他们将这本书重新包装后进行宣传，所宣传的却是拉博埃蒂自己从未主张过的观点。[11]

结果，弑君是毫无必要的举动。查理九世在一年半后，也就是一五七四年五月三十日因病去世。王位由凯瑟琳·德·梅迪奇的另一个儿子继承，是为亨利三世。但他比查理九世更不得人心，就连天主教徒也不喜欢他。十六世纪七十年代，天主教极端派人士（称为"天主教同盟"）获得愈来愈多的支持，在能干而深具野心的吉斯公爵领导下，这些极端分子给国王制造的麻烦并不比日后的胡格诺派带来的麻烦少。从这时起，法国的内战将成为三方之间的战争，而国王经常是最弱的一方。亨利偶尔尝试将天主教同盟收归自己的阵营，以减弱他们造成的威胁，但这些极端派人士拒绝国王的好意，还将国王形容成乔装打扮的撒旦喽啰。

对天主教同盟来说，亨利三世可能太稳健了，但他在其他方面却相当极端，这显示他完全不了解蒙田的"稳健"是什么意思。蒙田与亨利三世见过几次面，他不怎么喜欢亨利。一方面，亨利的宫中聚集的都是些纨绔子弟，他把宫廷变成了腐败、奢侈且充满愚蠢礼仪的地方。他年轻时每晚外出跳舞，穿着深紫色绸缎织成的袍服与紧身上衣，戴着珊瑚色手镯，把身上的披风剪成一条条缎带。他开启了四袖衬衫的流行时尚，两个袖子用来穿，另外两个袖子拖在后面，就像翅膀一样。他的其他一些装模作样的做法更让人觉得奇怪，像是用餐时使用叉子而非刀子与手指，穿睡衣睡觉——有时还会洗头。另一方面，亨利也公开主张夸张的神秘主义与悔罪仪式。他对王国面临的问题愈感到烦心，就愈常参与鞭笞者的行列，和他们一起赤足，艰难地走在铺满鹅卵石的街道上，一边吟唱赞美诗，一边鞭笞自己。[12]

　　蒙田认为，如果解决政治危机必须仰赖祈祷与极端的精神惕厉，那简直是把治国当儿戏。他对加入祈祷行列毫无兴趣，也不相信彗星、诡异的雹灾、丑怪的新生儿或任何末日征兆。蒙田指出，凭借这类现象提出预言的人，经常把话说得含混不清，往后不管发生什么事，他们都能宣称自己的预测正确。在蒙田眼里，绝大多数的巫术指控只是人类想象的结果，与撒旦无关。他喜欢的还是自己的座右铭："我存而不论。"[13]

　　蒙田的怀疑主义招来一些温和的批评，当时波尔多有两位人士，马丁-安托万·德尔·里奥（Martin-Antoine del Rio）与皮埃尔·德·朗克雷（Pierre de Lancre），他们警告蒙田，以人类的想象力来解释末日，在神学上相当危险，因为这会使人忽略真实的威胁。[14]总体来说，蒙田小心翼翼地避免招来严厉的质疑，但对拷问与审判女巫的公开反对，确实对他的名声造成损害。蒙田在许多人心目中属于一群思想家所组成的派系，这群人被其敌对者称为"政治派"（politiques）。[15]政治派人士的特点是，他们认为法国的问题与敌基督或末日无关，纯粹只是政治问题。他们主张从政治层面去寻求解决方法，所以才有了"政治派"的绰号。他们在理论上支持国王，相信法国唯一的希望是统一在一位具正当性的君主之下；然而私底下，他们中的绝大多数人都希望能出现一名比亨利三世更能激励人心、凝聚"共识"的君主。不过，政治派仍忠于国王，也寻求与其他党派达成共识，希望战争早日停息，为法国的未来奠定基础。

遗憾的是，能将极端天主教徒与极端新教徒拉在一起的共通点，竟是对政治派的敌视。"政治派"这个词本身即代表了无神的指控。这些人只专注于政治的解决方式，而不在意自己的性灵。他们是戴着面具的人，是骗子，就像撒旦一样。"他披着羊皮，"当时的人提起典型的政治派人士时如此说道，"却是只不折不扣的狂暴的狼。"[16] 政治派人士不同于真正的新教徒，他们试图传递的并不是自己本来的面目。他们既然如此聪明、富有智能，也就没有借口说自己是受撒旦欺骗的无知受害者。蒙田与政治派的关联，使他有充分理由强调自己的坦率与诚实，以及他身为天主教徒的正统性（不过，说自己诚实像是一只披着羊皮的狼会做的事）。

　　天主教同盟指控政治派不可信任，但政治派也反过来指控天主教同盟放纵激情，因而失去了判断力。这真是太奇怪了，蒙田反思说，基督教怎么会这么频繁地引导人们走向过度的暴力，并且让这些人陷入毁灭与痛苦：

　　　　热忱支持我们朝向仇恨、残忍、野心、贪婪、责难与背叛直奔而去时，我们总是跑得比谁都快。相反，若要我们朝着善良、仁慈与稳健前进，除非奇迹出现，让我们拥有极少数人才拥有的这些特质，否则我们一动也不动。

　　"没有什么仇恨能超过基督徒的仇恨。"[17] 蒙田甚至这么写道。他不喜欢目露凶光的基督教狂热分子，宁可期待斯多葛风格的贤者：一个行为道德、情感稳健、判断力良好且知道如何生活的人。

政治派里的确有许多人笃信斯多葛哲学。他们不鼓吹革命或弑君，而是建议接受眼前的生活，奉行斯多葛派"热爱命运"的原则。他们也提倡斯多葛派的连续观，认为世界或许会以盛衰相寻的方式持续循环，而非加快脚步一味地朝末日前进。宗教党派想象天上集结了准备进行善恶决战的大军时，政治派则认为一切迟早尘埃落定，人们将会恢复理智。[18] 在这个末日审判时代，他们是唯一一群能够系统地转换自身视角，并思索当"动乱"成为历史时该怎么做的人。唯有他们能明确地计划该如何建造这个世界的未来。

蒙田因持斯多葛派观点，在作品中对战争的轻描淡写到了令人震惊的程度。传记作家不约而同地强调蒙田的战争经验，其理由很充分：战争确实深刻影响了他的生活。有些评论者以战争作为理解蒙田的基础，然而当我们阅读这类作品后回头来看《随笔集》，将会感到十分惊讶。我们会发现蒙田在书中说"看到我们的战争如此轻柔而温和，我感到惊奇"这样的话，以及"如果一百年后人们还记得我们这个时代有过内战，那已经很了不起了"。蒙田说，生活在现代的人总是把事情看得很严重，因为他们无法超脱自己的视角：

　　　　只要有人把自然之母的伟大造化当成一幅画作，只要有人在她的脸庞上发现万事万物的千变万化，只要有人能在画中找到自己，而且不止找到自己，还发现了一整个王国在画中不过是极为纤细的画笔绘上的小点，这个人就能以真实的尺度来评价事物。

蒙田以古老的斯多葛训示提醒当时的人：避免让自己的情感陷入困难的处境中，试着从不同的角度、以不同的意义尺度来想象自己的世界。古人就是这么做的，他们从高处俯瞰自己遭遇的苦难，就像看着蚁窝乱成一团。蒙田写道，占星家警告会有"巨大而迫近的动乱与变迁"，但他们忘了一个简单的事实，无论事情再怎么糟糕，日子还是要过。"我并不感到绝望。"蒙田淡淡地添了一句。[19]

不可否认，蒙田是幸运的。一连串的战争毁了他的庄稼，使他担心自己在睡梦中被杀，而且迫使他参与自己亟欲避免的政治活动。十六世纪八十年代，战争使他陷入更大的麻烦，此时内战已接近尾声，却进入最惨烈的阶段。然而，我们看不出这些经历在蒙田身上留下过深刻的伤痕；他也许曾经参战，却从未在《随笔集》中提及。简言之，他在最糟的处境中得到了最好的结果。然而，绝大多数人并不会因此停止沉湎于哀伤。

蒙田是对的，日子还是要过。"圣巴泰勒米大屠杀"虽然恐怖，但带来的是连绵不绝的个人苦难，而非世界末日。敌基督并未降临。如蒙田所料，只过了一代的时间，人们便对自己经历过的惨烈战争记忆模糊。之所以如此，部分是因为蒙田与政治派人士确实恢复了国内秩序。他摆出一副随和且自在的样子，但在挽救国家方面的贡献远大于同时代的狂热分子。他有部分工作直接涉及政治，然而他最大的贡献是远离政治，写下了《随笔集》。在许多人眼中，这部作品使他成为英雄。

英雄

认为蒙田是英雄的人，通常把他当成与众不同的人：一名反对英雄主义的英雄。蒙田晚年确实完成了一些令人称道的工作，但人们尊敬他并不是因为他在公共事务上做出了伟大贡献，而是因为他顽固地坚持在非常时期维持正常的生活，以及他拒绝牺牲自己的独立。

当时有许多人是这么看蒙田的：伟大的斯多葛派政治思想家于斯特斯·利普修斯（Justus Lipsius）要蒙田继续写作，因为人们需要可遵循的典范。[20]十六世纪过去，经过很长一段时间之后，斯多葛派的蒙田早已被人遗忘，但处于乱世的读者，仍视蒙田为模范。他的《随笔集》提供实际的智慧来解决各种问题，例如如何勇敢地面对胁迫，如何在门户洞开与居家安全之间找到平衡点。他也提供了某种更加含糊而朦胧的东西，那就是如何在公共灾难中存活下去，又不至丧失自尊。你可以直截了当地向敌人求饶，却不做任何妥协，或者选择以不设防的方式保卫自己的财产，如此你可以安然地度过一场没有人性的战争，却又能维持住自己的人性。蒙田的这段表述对于曾在二十世纪经历战祸，或是遭遇法西斯主义独裁统治的读者来说，特别具有吸引力。在这些时代里，文明社会的结构似乎已经倾颓崩坏，一切无法恢复旧观。蒙田一方面对这种感伤投以最少的同情，另一方面却抱持着最大的确信——他提醒读者，一切终将恢复常态，人们的感伤将不复存在。

许多读者对于《随笔集》的这个面向有所回应，其中突出的首推奥地利犹太裔作家斯蒂芬·茨威格。茨威格在第二次世界大战期间被迫流亡南美，借由撰写与蒙田有关的个人长篇随笔获取平静，使自己不再受到苦难的搅扰。对他来说，蒙田是一位非典型的英雄。

年轻的茨威格在十九世纪与二十世纪之交的维也纳首次翻阅《随笔集》时，并未对此书留下深刻印象。他与之前的拉马丁和乔治·桑一样，觉得这本书过于冷静，缺乏"灵魂与灵魂间通电的感受"，他无法从中找到与自己生活的关联。"对一个二十岁的年轻人来说，蒙田先生在《国王待客的礼仪》和《评西塞罗》中的漫谈闲扯，能有什么意思？"即使蒙田谈到理应吸引人们目光的话题，例如性与政治，他那"温和节制的智慧"以及不要涉入世界太多才属明智的想法，也令茨威格倒尽胃口。"年轻人生性不喜欢听劝，更何况要他们保持温和或存疑。每一种怀疑似乎都是一种限制。"青年渴望信仰，希望被唤醒。

此外，在一九〇〇年，似乎没有保卫个人自由的必要。"长久以来，它不就是个不证自明的事物吗？自人类被从暴君手下与奴役之中解放之后，它不是一直被法律与习惯保障着吗？"茨威格那一代人（他生于一八八一年）认为繁荣与个人自由只会不断成长。有什么理由让人相信会走回头路？没有人觉得文明正面临危机；没有人被迫退缩到自己私人的自我中，以保存精神自由。"蒙田毫无意义地晃动枷锁，发出嘈杂的声响，而我们认为这道枷锁早在很久之前就已断裂。"[21]

当然，历史证明茨威格这一代人是错的。正如蒙田自己成长于一个充满希望的世界，而后却眼见其堕落败坏，茨威格也生于一个最幸运的国家与世纪，却亲眼看见它们四分五裂。人们又铸出枷锁，而它比过去的更牢固，也更沉重。

茨威格在第一次世界大战中幸免于难，但随后而来的却是希特勒的崛起。他逃出奥地利，沦为难民，数年里四处流浪，先是到了英国，然后前往美国，最后抵达巴西。他在自传里写道，流亡使他"如苍蝇般朝不保夕，如蜗牛般无望无助"。茨威格觉得自己像个死囚，在囚室中等待处决，而且愈来愈无法与周遭的世界交流。为了保持清醒，他全心投入工作。在流亡期间，他撰写了巴尔扎克的传记、一系列中篇与短篇小说、一本自传，以及谈论蒙田的随笔。在写作的过程中，他没有足够的数据或笔记，因为他逃出奥地利时孑然一身。茨威格无法像蒙田那样冷静自持，因为他的处境远比蒙田艰难：

> 我不属于任何地方，我到哪儿都是陌生人，顶多是
> 个客人。欧洲，我心所属的故乡，已在我面前消失；它

再度引火自焚，在兄弟相残的战争中化为灰烬。天不从人愿，我竟看到人类历史上理性最惊心动魄的败亡，野蛮极其残酷的胜利。[22]

一九四一年，茨威格来到巴西，流离失所，已不知家为何物。尽管对未来不抱希望，他仍感谢当地政府愿意收留他。茨威格在其寓居的房子里发现一卷《随笔集》，反复阅读，发觉这本书已非自己原先知道的那本。原本无聊乏味与无关紧要的作品，突然直接而亲密地与他对话，仿佛这本书专为他一人而写，或者说专为他这一代人而写。茨威格随即想写一篇有关蒙田的文章。他在写给朋友的信中说道："他的时代和处境与我们的有着惊人的相似之处。我写的不是传记；我只是要以他为典范，为内在自由而奋斗。"在随笔中，茨威格坦承："在这个兄弟相残的世界里，对我来说，蒙田不仅是个不可或缺的帮手，也是个知己，是位密友。"[23]

茨威格的蒙田随笔看起来确实像是传记，然而是具有高度个人色彩的传记，因为他不做任何区分地将蒙田的经验与自己的经验融合在一起。茨威格写道，在第二次世界大战或法国内战期间，平民百姓的生活成了狂热分子痴心妄想的牺牲品。因此，对于任何心存正直感的人来说，问题已不仅仅是"我如何活下去"，而是"我如何维持完整的人性"。[24]这个问题会以各种不同的面貌呈现，像是如何保存真实的自我？如何确保自己的一言一行不违背内心的善恶标准？如何避免失去自己的灵魂？最重要的是，如何保持自由？蒙田并非寻常意义上的自由斗士，茨威格说："他不像弗里德里克·席勒（Friedrich Schiller）或拜伦（Lord Byron）那样能发出慷慨激昂的言词或写出感动人心的美文，更不像伏尔泰那样咄咄逼人。"[25] 蒙田不断表示自己是个慵懒、无用与不负责任的人，听起来就是个可怜的英雄；然而这些特质不完全是缺点，它们是能让蒙田维持真实自我的核心要素。[26]

茨威格知道蒙田不喜欢说教，但还是努力从《随笔集》中汲取一系列的通则。他不是以条例的形式来表现，而是以自己的话语描述这些原则，使它们看起来有如八条诫命——我们也可以称它们是八项自由：

> 免于虚荣与骄傲。
>
> 免于信仰与不信仰，执念与党同伐异。
>
> 免于习以为常。
>
> 免于野心与贪婪。
>
> 免于家庭与环境的束缚。
>
> 免于狂热痴迷。
>
> 免于命运的宰制；做自己人生的主人。
>
> 免于死亡：生活不免仰人鼻息，但死亡全凭我们自己。[27]

茨威格选择理解的是非常具有斯多葛色彩的蒙田，这等于是回到了十六世纪对蒙田的解读。最终，茨威格在意之至的还是最后一项原则，它直接承自塞内卡。而在极度的忧郁中，茨威格选择了最终极的、内在的迁徙方式。他于一九四二年二月二十二日服用安眠药自杀，妻子选择一同赴死。茨威格在道别的信息中表达他对巴西的感谢："这个美好的国家"，如此热情地接纳他。他在最后说道："我要向所有朋友道别！愿诸位在漫漫长夜过后，能够见到黎明的到来！我是个急性子的人，要先走一步了。"[28]

在茨威格眼中，一个人只有在被逼到如此极端的程度时才会发现蒙田的真正价值。此时已无任何事物值得保护，只剩下赤裸裸的"我"：人最单纯的存在。[29]

> 只有在战争、权力与暴虐的意识形态威胁自己的生命与珍贵事物，也就是个人自由之时，人才知道要在这个集体疯狂的时代维持内在自我需要多大的勇气、诚实与决心。[30]

茨威格想必同意伦纳德·伍尔夫的话。伍尔夫说，蒙田内心的"我"连接着其他人的"我"，这种相互关照与同情，是文明的核心。当恐怖消逝，战争结束，这种态度将是未来赖以重建的基石[31]——然而，茨威格已不耐久候。

蒙田维持内心正直与政治希望的观点，在今日是否还有同样的道德权威？有些人显然这么认为。有些人推崇蒙田是二十一世纪的英雄，如法国记者约瑟夫·马塞-斯卡隆（Joseph Macé-Scaron）明确主张蒙田可以做新宗教战争的解毒剂。[32]另一些人也许觉得今日最不需要的，就是鼓吹我们应放松并退回到自己私人的领域。人们花更多的时间独处，牺牲的是公民责任。

　　把蒙田当成英雄或伙伴的人，并不认为他对社会责任采取"随心所欲"的态度。相反，蒙田认为要终止世界的分崩离析，必须要让人们重新联结：学习"如何生活"，第一步就是脚踏实地。你的确可以从蒙田的作品中看到无所事事、懒散与消极，或许还可以发现蒙田提出各种理由，劝你在暴君得势时不要做任何抵抗，只是默默接受。但《随笔集》也有许多篇章希望读者努力规划未来；蒙田说，你不能只是梦想着天堂与宗教的超验境界，而拒绝面对真实的凡俗世界。蒙田以各种方式鼓励人们尊重彼此，勿以取悦上帝为理由而杀人，且要抗拒每隔一段时间便起而引诱人们毁灭一切、使人类"倒退回文明初始"的驱动力。福楼拜曾对朋友说："读读蒙田吧……他能让你冷静下来。"他也说："阅读他，是为了生活。"[33]

13

我们问:

如何生活?

How to live?

●

蒙田说:

做没有人做过的事

Do something no one has done before

纵然是首次出版,《随笔集》已卓尔不群。

亨利三世对它赞赏有加,据说,蒙田这么回应:"想必陛下也会喜欢我这个人。"

如此公开地写下每日的观察与想法,等于触犯了禁忌。

蒙田形容他的《随笔集》是"荒诞不经的",如同"怪物的躯体"。

巴洛克畅销作家

十六世纪七十年代，和平与战争交错上演。蒙田的生活没变，写作也持续不辍。在这十年绝大多数的时间里，他一直在写作，并修改最初完成的几篇随笔，然后于一五八〇年将这几篇随笔交由波尔多当地的出版商西蒙·米朗吉（Simon Millanges）出版。

蒙田选择米朗吉是件耐人寻味的事。他的公司才刚在波尔多开业几年，大概跟蒙田写作的时间一样久。对蒙田来说，找巴黎出版商帮忙并不难，他们已有往来；而对《随笔集》这样的作品，出版商绝不可能轻易放过。纵然是首次出版，《随笔集》已卓尔不群，不过还是能够巧妙地划归书市中既有的分类，譬如"古典文集"与"大众作品"。《随笔集》完美地结合了两种商业元素：令人惊奇的原创性与易于分类。然而，蒙田坚持把作品留在波尔多出版，也许是因为个人的交情，也可能是基于加斯科涅人的原则。

蒙田作品最早的版本，与我们现在阅读的版本有很大的差异。最早的版本分为两卷，虽然已经收录大篇幅的《辩护》，但整体的文字量仍相当小，绝大多数的篇章都轻薄短小。这些随笔经常在彼此冲突的观点间摆荡，但和日后的随笔相比，蒙田这个时期的作品主题比较明确，内容也不至于散乱无章，其中一些随笔的焦点甚至相当集中。然而这些作品已经表现出蒙田好奇、多疑与求变的性格，提到各种令人困惑与怪诞的人类行为。当时的读者对于特殊的书籍很感兴趣，蒙田的《随笔集》马上就找到了热情的知音。

米朗吉出版的《随笔集》第一版印量不多，大概只有五六百册，很快就卖完了。两年后，他出版了第二版，而且做了一些改动。五年后，在一五八七年，《随笔集》再次改版，并且交由巴黎的让·里歇尔（Jean Richer）出版。[1]此时，《随笔集》已成为十六世纪八十年代初期在法国贵族中流行的读物。一五八四年，传记作家拉克鲁瓦·杜迈内（La Croix du Maine）说蒙田是当代作家中有资格与古人平起平坐的人物——此时距离他的书在波尔多一家普通出版社出版仅仅四年光阴。蒙田自己也说《随笔集》受欢迎的程度远超出他的预期，它成了咖啡桌上供人翻览的精装书，广受贵妇们的喜爱："是一件公开展示的家具，客厅里的摆设。"[2]

《随笔集》的赞赏者中甚至包括亨利三世。一五八〇年底，蒙田前往巴黎，依照惯例向国王献上他的作品。亨利三世对它赞赏有加，据说，蒙田这么回应："想必陛下也会喜欢我这个人。"就如他向来的主张，他人如其书。[3]

照理来说，这种风格应该会成为蒙田成功的障碍。如此公开地写下每日的观察与想法，等于触犯了禁忌。你不应该在书里抒写自己，就算写，也只能记录伟大事迹——如果有的话。文艺复兴时代的几本自传之所以没有出版，如本韦努托·切利尼（Benvenuto Cellini）的《自传》（*Vita sua*）与吉罗拉莫·卡尔达诺（Girolamo Cardano）的《自传》（*De vita propria*），主要就是这个原因。圣奥古斯丁写过自己，但目的是为了锻炼灵魂与记录对上帝的探索，不是为了赞颂自己能成为圣奥古斯丁的奇妙历程。

蒙田确实曾赞颂做"蒙田"的乐趣，这让一些读者感到不安。古典学者约瑟夫·尤斯图斯·斯卡利杰尔（Joseph Justus Scaliger）尤其对蒙田在一五八八年版《随笔集》中的坦率言论感到恼火，蒙田在书中说自己喜欢白葡萄酒甚于红葡萄酒。（其实斯卡利杰尔说得太简略，蒙田是告诉我们他从喝红葡萄酒改成喝白葡萄酒，然后又改喝红葡萄酒，接着又改喝白葡萄酒。）另一名学者皮埃尔·迪皮伊（Pierre Dupuy）问道："谁想知道他喜欢什么？"当然，蒙田的作风也惹恼了帕斯卡与马勒伯朗士：马勒伯朗士说蒙田"厚颜无耻"，帕斯卡认为他应该适可而止。[4]

唯有在浪漫主义来临之时，蒙田坦率表达自己的做法才不仅得到欣赏，还受到喜爱。蒙田尤其吸引了英吉利海峡对岸的读者。英国评论家马克·帕蒂森（Mark Pattison）于一八五六年写道，在人们眼中，蒙田的以自我为中心使他的形象跃然纸上，如同小说人物一般。而贝尔·圣约翰（Bayle St John）评论说，所有真正的"蒙田爱好者"都喜爱他的"连篇废话"，因为那使他的性格看起来真实，也使读者从他身上找到了自己。苏格兰评论者约翰·斯特林（John Sterling）把蒙田描写自己的方式拿来与为社会所普遍接受的公众人物写回忆录的方式做对比，得出结论：后者只记述令人厌烦的"喧闹应酬"这类外在事件，蒙田则给予我们"人物本身"——他的"核心本质"。在《随笔集》里，"其内心清晰可见"。[5]

早在一五八〇年的版本出版时，蒙田就以他的内心世界吸引了读者的目光。以下这段话不是出自日后充满冒险的篇章，而是来自《随笔集》的第一版：

> 我把目光转而向内，聚精会神地注视着。每个人都看向自己眼前的事物；至于我，则看向自己的内心。我唯一注视的就是我自己。我持续观察自己，打量自己……在自己的内心打滚。[6]

这段描述极为具体，人们把蒙田在自己内心打滚的样子想象成幼犬在广阔草地上打滚的模样。他不打滚时，便把自己"折叠"起来。"我把目光转而向内"是对"je replie ma veue au dedans"（上述引文中第一句话的原文）更贴近字面的翻译。他似乎不断地转身朝向自己，层层叠叠地增厚与加深，结果形成一种巴洛克式的褶皱衣纹，汹涌狂暴的波浪纹饰。无怪乎蒙田有时被称为首开先河的"巴洛克时代作家"，尽管他生活的年代比巴洛克时代早得多；另一种不那么时代倒错的说法，则是将他称为"风格主义作家"。[7]风格主义艺术繁盛于巴洛克时代之前，但更为繁复且离经叛道。它的特征在于视觉的幻象、畸形、零乱，以及频繁出现各种诡异的天使，强烈否定主导文艺复兴时代的均衡与节制的古典理想。蒙田形容他的《随笔集》是"荒诞不经的"，如同"怪物的躯体……没有确定的形状，没有次序、先后或比例，一切纯粹出于偶然"，这些话听起来就像是出自风格主义者。根据贺拉斯提出的古典原则，在艺术中甚至不能提起怪物，因为它们是丑陋的，但蒙田却把自己的作品比拟成怪物。[8]

蒙田在政治上是保守主义者，却从一开始就是"文学革命家"。他写作的方式违背常规，不遵循普遍的范式，而是自然地带出谈话的韵律。他省略了连接，跳过推理的步骤，只引用材料而不做任何处理，其作品就像刚切好的一块牛排。[9]他如此写道：

> 我不看事物的整体。每件事物都有上百种面向，而我只取其中一面，有时只是舔一舔，有时只是扫过表面，有时则用力拧到骨子里去。我刺了一下，但没有刺得很宽，而是尽可能地刺得很深。我最常做的事就是从一般人想都没想过的角度来看待事情。[10]

最后一句话无疑是真的。在最初写作的时候，蒙田就已经采用"拐弯抹角"的叙述手法；到了十六世纪八十年代，这种手法变本加厉。《论马车》一开始讨论一些作者，然后稍微谈了一下喷嚏，两页过后，终于说起本篇该谈的马车，却是匆匆带过，剩下的篇幅则全用来谈"新世界"。《论相貌》讨论相貌这个主题时，突然评论起苏格拉底的丑陋，在这篇长约二十八页的（以唐纳德·弗雷姆的英译本为准）随笔中，这个话题居然占了二十二页。[11] 英国作家撒克里（Thackeray）开玩笑说，蒙田为每一篇随笔取了另一篇随笔标题，他会把一篇称为《论月亮》，把另一篇称为《论新鲜乳酪》，但其实取什么名字根本不重要。蒙田坦承他的标题与内容并没有明显的关联，"这些标题通常只是一种用来标示文章的符号"。但他也说，如果标题的出现看似出于偶然，或从中无法找到文章的条理线索，"相关的一些话语一定可以在文章的某个角落找到，光是这些只字片言就已足够"。[12] 文章角落的话语经常藏匿着最有趣的主题，蒙田总是将这些字句插进文章最致命的部分，打断叙事的流畅性，把干净的水弄得一片混浊，使读者无从跟随他的论点。

蒙田的《随笔集》起初呈现出传统作品的风貌，从伟大的古典作家的花园里采集一束花，加上对外交与战场伦理的全新思考。然而，一旦打开书本，这束花马上就像奥维德的生物一样变成畸形的怪物，但只需一样事物就可以将它们联系在一起，那就是蒙田。在违反传统方面，几乎没有人比他更彻底。这本书不仅古怪，而且原本应该谦虚地隐没在背景里的事物，居然凸显为主轴。蒙田是这本书的引力的核心，随着这本书随后不断出现各种变化，乃至于必须负担起沉重的额外枝干、装饰、行李与杂乱的身体部位，这个统合一切的核心变得愈来愈强大。

十六世纪七十年代是蒙田写作初试啼声的十年，随后的八十年代则是他跻身名作家的十年。在这第二个十年里，《随笔集》的篇幅足足增加了一倍，蒙田也从无名小卒变成明星。他离开宁静的吉耶讷乡下，前往瑞士、日耳曼与意大利长期旅行。声名鹊起的他在各地受到热情款待，之后还成为波尔多的市长。旅行使蒙田在文学上更有发展，并使他成为公众人物。旅行也损坏了蒙田的身体，耗尽他的精力，使他成为记忆中的人物。

14

我们问：

如何生活？

How to live?

●

蒙田说：

看看这个世界

See the world

早在幼年时期，蒙田就已发觉自己对这个世界有着"真实的好奇"。
当时，旅行可算是一项极限运动，其危险性完全不亚于决斗。
每游至一地，他就会大力夸赞当地的风土人情，反倒对自己家乡一点好话都没有。

旅行

　　一五八〇年《随笔集》初版的成功，肯定改变了蒙田思考人生的方式。喝彩声使他远离了日常琐事，或许还给他一种感觉：时候到了，应该结束隐居生活，重新投入外在世界。虽然蒙田在《随笔集》里几乎未提此事，但这时的他应该感受到了外交事业有趣的引诱，而从事外交的最好方式就是拥有跨国的人脉网络。蒙田也亟欲摆脱庄园家务的束缚，幸好他有个能干的老婆，可以让他放下家里的工作出外远行。蒙田一直想旅行，想亲眼见识"大自然中无穷种类与形式的事物"。早在幼年时期，蒙田就已发觉自己对这个世界有着"真实的好奇"，想亲眼目睹"建筑物、喷泉、人、古战场、凯撒或查理曼曾驻足的地方"，以及其他一切事物。蒙田想象自己追随着古典英雄的足迹，同时探索当前世界的各种景象，在那些地方他可以跟异邦人接触，让自己"脑袋灵光"。[1]

　　此外，还有另一个比较不那么吸引人的旅行理由。蒙田从父亲身上遗传了容易罹患肾结石的体质。他曾经亲眼看见父亲因肾结石痛晕过去，这使得他对这种疾病极为恐惧。年过四十五岁的他，到底也尝到了这种病痛的滋味。

　　钙或其他矿物质在泌尿系统里沉积，并产生粒状物与结晶，我们称之为"肾结石"，严重时甚至会堵塞尿道。这些结石会碎裂开来，形成锯齿状的碎片。无论整块还是碎片，一定会在体内流动，而这往往会导致刀割般的痛感。结石也会造成肾脏周围不适，使腹部与背部感到刺痛，有时还会让人恶心与发烧。即使它们被顺利排出体外，也不代表病症已经结束，因为这种疾病很容易复发。在蒙田那个时代，结石发作往往会造成生命危险，不是堵塞尿道，就是导致感染。

今日，可以利用声波击碎结石，使其轻易通过尿道；但在蒙田的时代，人们只能盼望这些球状物、钉状物、针状物与带刺的东西能够自行排出体外。蒙田尽可能憋尿，利用压力将结石排出。这种做法很痛苦，而且具有危险性，但有时会奏效。蒙田也试过其他疗法，不过他对所有形式的医药都不太信任。有一次，他服用了"威尼斯松节油。据说这种油来自蒂罗尔州（Tyrol）山区。服用的方法是，将两大剂松节油抹于银匙中的威化饼上，再淋上一两滴滋味不错的糖浆"。然而这种做法的唯一效果，就是让他的尿闻起来像三月的紫罗兰。据说喝了特殊草药与酒的公山羊的血液也有效。蒙田想尝试这种疗法，于是在自己的庄园里养山羊。但杀了它们后，他发现羊器官里的结石跟他自己的还真像，于是马上放弃这种疗法。他不知道一个有问题的泌尿系统如何能治疗另一个泌尿系统。

最常用来治疗肾结石的做法是泡温泉浴。蒙田也试过这种疗法，至少这种方法是自然的，不会造成伤害。温泉通常位于引人入胜的环境里，几人结伴泡温泉也颇有乐趣。十六世纪七十年代末期，蒙田在法国两个地方泡过温泉。虽然泡完之后结石还是复发，但他愿意继续。因此，泡温泉浴就成为旅行的另一个理由，毕竟瑞士与意大利的温泉胜地颇为知名，而以治疗结石为名义，他也可以轻易说服妻子与朋友。[2]

于是，在一五八〇年夏天，这位四十七岁的著名作家离开他的葡萄园，出发到异邦治疗痼疾，顺便看看这个世界，至少是看看欧洲世界的几个地方。[3]这趟旅行使他远离家园，直到一五八一年十一月为止，总共十七个月的时间。蒙田一开始在法国境内游历，显然是出于公事，或许是接受上级委托，在旅程中完成某些政治任务。也就是在这个时候，他向亨利三世进献《随笔集》，使国王成为他的读者。之后，蒙田转向东行，跨越国境，进入日耳曼地区，然后朝阿尔卑斯山区与瑞士出发，最后抵达意大利。如果完全顺从他自己的心意，那么这趟旅行可能为期更久，而且不知最终将抵达何处。蒙田一度梦想前往波兰，但最后没有达成心愿。然而，他仍因造访一般人都会前往的目的地——罗马——而感到满足。对每个虔诚的天主教徒与文艺复兴时代的知识分子来说，这是一生必去的伟大的圣地。

蒙田想独自旅行，随兴所至地任意游玩，可惜现实由不得他如此。他是财富殷实的贵族，理应有大批仆役随从、好友旧识与食客附庸跟随，而这些人恰恰令他唯恐避之不及。与他一同前往的有四个年轻人，他们全是为了寻求学习经验而去。其中一位是蒙田最小的弟弟，贝特朗·德·马特库隆，才二十岁；其他则分别是蒙田的妹夫、邻居的十几岁的儿子，以及他的一位朋友。随着旅程的展开，这些人也因各有追寻而在半途分道扬镳。这当中运途多舛的首推马特库隆，他待在罗马学习击剑，却在一场决斗中杀了人，最后多亏了蒙田，他才被从牢里放出来。[4]

当时，旅行算是一项极限运动，其危险性完全不亚于决斗。既有的朝圣路线路况或许不错，其他路线则崎岖难行。你必须时刻准备着，在听闻前方出现鼠疫或有拦路抢匪出没时改变路线。蒙田就曾接获前方有武装强盗的警告，因而变更前往罗马的路线。有些人会雇用保镖或组织护卫队前往。蒙田自己已带了相当庞大的队伍，这也许对他们的安全有帮助，但也招来不友善的目光。[5]

此外，还有一些令人生气的事。一路上，官员经常索贿，尤其是在意大利，这里的官员腐败得出了名，而且官僚习气极重。在欧洲各地，城市的大门总是戒备森严，你必须持有有效的护照、旅行与行李通行证，以及近来并未经过鼠疫区域的证明。城市的检查哨会分发通行证，让你在特定的旅店住宿，而旅店老板必须在通行证上签字。看来当时的旅行并不是很自由，因为当时的社会秩序更糟，也更危险。

旅途中也有让人感到很不舒适的地方，比如绝大多数时间都骑在马背上。你可以搭乘马车，但马车座位通常比马鞍还要硬。蒙田当然比较喜欢骑马，他一路上买马、卖马，或者租用马匹做短程旅行。河流航行是另一项选择，但蒙田容易晕船，因此对舟船敬而远之。一般而言，骑马能让蒙田享有自由的感觉，而令人惊讶的是，他发现当肾结石发作时，骑在马鞍上可以减轻痛苦。[6]

蒙田最喜欢的旅行方式是随遇而安，不想一切照计划进行。"如果右边的景色很丑，我就看左边的风景；如果我觉得骑马很不舒服，我就不骑。"他在旅行期间仍持续阅读与写作，但是在感到兴味盎然时才这么做。三个世纪之后,伦纳德·伍尔夫与妻子漫游欧洲,他描述妻子漫无目的地前进,就像鲸鱼温吞地筛浮游生物。她"不会预先去想接下来的事",因此"既雀跃又放松",出现了两种截然不同的情绪组合;蒙田也是这样。旅行不过是蒙田每日生活乐趣的延伸,他炫耀地说,他让自己"如在天堂里打滚一样轻松地滚着",而每天看见的新事物,总让他像孩子一样目不转睛,这更增添了旅行的乐趣。⁷

蒙田不喜欢计划,也不喜欢错过精彩的事。他的随行秘书有段时间负责为他记录《旅行日志》,提到宴会里的宾客总是抱怨蒙田每次一听到自己没听过的事,就会离开原来讨论的主题,急着一探究竟。但蒙田一定会说自己不可能离题,因为根本就没有主题。⁸他唯一的计划,就是到未知的地方旅行。只要路线不重复,便等于是完全恪守计划。

唯一看不出蒙田充满活力的地方,就是他不喜欢太早启程。"我的赖床习惯,使我的随从得以悠闲地享用早餐,再从容出门。"他在家里也是如此,总是不喜欢在早上准备事情。然而,整体来说,蒙田在旅行时还是努力改变自己的习惯。与其他旅人不同,他只吃当地食物,而且希望尝到当地的做法。在旅途中,他一度因为没让厨师随行而遗憾——不是因为想念家乡的料理,而是希望让厨师学习异国菜肴。⁹

蒙田看到其他法国人在国外遇见同胞时的热络样子,每每感到困窘。法国人在国外总是寻找其他法国人的身影,聚在一起喧闹,然后一整个晚上不断抱怨异邦人的粗鄙无礼。但其实这些人只在少数，且他们至少还注意到了异邦人与法国人的不同。其他人旅行时则"完全沉默寡言，故意不与人沟通，因为他们不愿受到未知气氛的感染"，这些人因此也就对各地的民情风俗一无所知。在日志中，秘书提到蒙田跟其他法国人简直是天壤之别。每游至一地，他就会大力夸赞当地的风土人情，反倒对自己家乡一点好话都没有。"事实上，在他的判断里夹杂着一点情绪，一种对自己国家的蔑视。"秘书如此写道。他怀疑蒙田是因为"想起其他的事"，才这么讨厌法国——或许是想到了内战。[10]

蒙田也入乡随俗地学上几句当地语言。在意大利，他讲意大利语，甚至在自己接手记录日志后，用意文在上面书写。他仿效变色龙或章鱼，试图隐姓埋名——或者说是自以为隐姓埋名。秘书写道，在奥格斯堡（Augsburg），"蒙田先生不知何故，希望我们掩盖身份。他在无侍从陪伴的情况下，在城里闲逛一整天"。这么做一点用也没有。蒙田坐在奥格斯堡教堂的长椅上，室内非常寒冷，他发现自己流着鼻涕，于是下意识地掏出手帕。然而当地人并没有使用手帕的习惯，因此他擤鼻涕时，马上就露出马脚。这里有臭味吗？当地人狐疑，还是说他怕染上什么疾病？无论如何，他们早已看出他非本地人，他的衣着早已露了底。蒙田感到极为困窘，这是唯一一次，"他犯了最不想犯的错误——因为风格品位的差异，使人一下子就注意到自己"。[11]

教堂在蒙田的旅途中扮演着重要角色，不是因为他喜欢祈祷，而是因为他对各种宗教仪式感到好奇。他观察日耳曼的新教教堂，对意大利的天主教教堂也感兴趣。在奥格斯堡，蒙田目睹孩子受洗的过程，步出教堂时（他已被发现是个外国人），他问了许多关于洗礼的问题。在意大利，蒙田参观犹太会堂，而且"向对方讨教不少关于典礼仪式的问题"。他也在一间民宅目睹了犹太割礼。[12]

各种乡野奇闻让蒙田兴致盎然。刚开始旅行时，蒙田在洛林（Lorraine）的普隆比耶尔莱班（Plombières-les-Bains）遇到一名士兵，他的胡子有半边是白的，眉毛也有一边是白的。男子告诉蒙田，他的胡子与眉毛都是在一天内变白的。当时，他的哥哥死了，他单手掩面哭了好几个钟头，结果就变成这个样子。在附近的维特里–勒弗朗索瓦（Vitry-le-François），有人告诉他这里曾有七八个女孩"共谋"要像男性一样穿着与生活，其中一人还娶了老婆，两人一起生活了几个月——"老婆很满足，他们都这么说"——直到有人向官府密报，事情才抖搂出来，这名女子被处以绞刑。在同个地区流传的另一则故事提到一个名叫杰尔曼的男子，在二十二岁之前一直是女性，直到有一天跳过一个障碍物，底下开始长出"男人的东西"，变成了"他"。小镇因此流传一首民谣，民谣警告女孩跳跃时不要把双腿张得太开，以免发生同样的事。[13]

蒙田对不同的饮食习惯也很感兴趣。对任何旅行者来说，饮食都是个显著的文化比较对象。在瑞士，向高脚杯里斟酒时是用长嘴容器从远处倒，而在吃过肉之后，每个人都要把盘子丢到桌子中央的篮子里。瑞士人用刀子吃东西，"他们的手几乎从不伸进盘子"，而且用的餐巾是小到不能再小的六英寸方巾，偏偏瑞士人又特别喜欢汤汤水水的食物，搭配着容易弄脏衣物的酱汁。更奇怪的还在后头，瑞士的卧房"床铺架得特别高，你通常需要搭个梯子爬上去，而且几乎每个地方的大床底下都还摆着小床"。[14]

所有事情都能吸引蒙田或秘书的注意，秘书还必须依照蒙田的指示在日志上详加记录。林道（Lindau）旅店的餐厅里，有一个占据一整面墙的鸟笼，里面满是鸟儿，另外还有小走道与黄铜线，让鸟儿能从笼子的这一端蹦跳到另一端。在奥格斯堡，他们看到有人用绳子圈着两只鸵鸟，准备将它们进献给萨克森公爵（duke of Saxony）。蒙田也在当地看到"民众在木棒末端绑上鸡毛，用以掸落玻璃器皿上的灰尘"。奥格斯堡有好几道可以遥控的城门，这也让蒙田颇为好奇，这些门会依次关闭，就像运河里的水闸门，如此一来入侵者就无法长驱直入。[15]

他们每到一个地方，都会造访当地时髦的喷泉与亲水公园，那些地方可以让人徜徉数小时，享受虐待式的娱乐。在日耳曼富格尔（Fugger）家族的花园里，有条通往两座鱼池的木头步道，步道下设有机关，浑然不知的绅士和淑女只要走过步道，就会被隐蔽的黄铜喷嘴喷得一身湿。在同一座花园的另一处，你摁下按钮，一道水柱就会射向正专注观赏某座喷泉的游客。花园里有一句拉丁文这么说道："你在寻找无聊的乐趣吗？全在这里，好好享受吧。"蒙田一行人显然乐在其中。[16]

伟大的艺术品似乎没有在蒙田心中留下格外深刻的印象，至少他很少提及，只是偶尔评论一下。例如在佛罗伦萨，蒙田只说"米开朗琪罗的雕像美丽而出色"。《随笔集》也很少提到视觉艺术。蒙田的塔楼墙壁上画满壁画，他在赏画方面有一定品位，但似乎没有意愿写这些事——尽管他看见的是刚刚完成、色彩鲜艳的意大利文艺复兴时代的作品。[17]

日后，《旅行日志》的一些读者会因为蒙田对文艺复兴时代的艺术只字未提而感到不满，尤其是浪漫主义者，他们是日志手稿一七七二年自蒙田城堡被翻找出来后的第一批读者。读者对于这项发现感到振奋，但因自己阅读到的内容，振奋中夹杂着沮丧。十八世纪的读者除了对艺术有更深刻的爱好，也喜爱阿尔卑斯山崇高的自然美景与罗马废墟带给他们的思古幽情。然而蒙田在日志上的记录完全是另一回事，除了不断提到自己的尿道阻塞，还详细描述在每一处看到的有趣但一点也不崇高的细节，这些细节事关旅店、食物、技术、风俗与社会习尚等。秘书的描述也让读者倒尽胃口："蒙田先生在星期二喝的水让他上了三回厕所"，两天后，另一剂温泉水让他"大小便"都极为通畅。到蒙田接手记录时，读者还是高兴不到哪里去。蒙田提到他排出的石头"又大又长，像松子一样，有一端却像豆子一样厚。说真的，它看起来就像个带刺的玩意儿"。瑞士与日耳曼读者唯一感到欣慰的，在于日志对他们的家乡赞誉有加，特别是瑞士的火炉，蒙田觉得设计得太好了。[18]

最初的读者对《旅行日志》几乎没有什么回应，这决定了此书日后的命运：一直被视为《随笔集》的贫困远亲。然而，《旅行日志》比任何一本过度渲染的浪漫主义游记都更具可读性，因为它对细节的描述极为翔实。《旅行日志》提到大床下摆的小床、容易弄脏衣物的瑞士酱汁、和房间一样大小的鸟笼、割礼、性别改变与鸵鸟，这些描述有什么让人不喜欢的？

日志另一个吸引人的地方是秘书对蒙田外表的描述，他的描绘与《随笔集》中喜欢反思的蒙田如出一辙。读者发现蒙田总会抛开民族偏见，就像人们对他的预期一样。他总是充满热情与好奇心，但有时也很自私；他经常不分青红皂白，就将满嘴牢骚的侍从带到一处看来实在没什么值得参观的地方。秘书甚至还古怪地暗示蒙田在正式演说时说了太多不该说的话，尽管（或者正因如此）他对正式演说毫无兴趣。在巴塞尔（Basel），秘书写下蒙田在晚宴中听了"一段冗长的欢迎词"之后，也给了"同样冗长的回应"。而在沙夫豪森（Schaffhausen），有人送酒给蒙田，"宾主双方免不了好几次客套地寒暄与致辞"。[19]

一五八〇年十月二十八日，蒙田一行人抵达意大利，此后需要蒙田演说的场合也变少了。然而，蒙田愈来愈接近意大利时，逐渐对此行的意义产生疑问。这段旅程的伟大目的地即将到达，它是欧洲文化的中心，蒙田这一生一直听到威尼斯与罗马的呼唤。但此刻他发现，自己喜欢的并不是这么有名的地方。他们抵达阿尔卑斯山时，秘书写道，蒙田如果可以选择，很可能会改道前往波兰或希腊，或许只是为了延长旅程。但蒙田受到众人的劝阻，于是只得同意跟其他人一样前往意大利。他很快就振作起精神。"我从未见过他精神这么好，或这么少抱怨自己的病痛，"秘书写道，"因为他的心思全专注于眼前看到的一切。无论是在路上还是在寄宿的旅店里，他在各种场合都主动与陌生人攀谈，我想这些都使得他暂时忘却了病痛。"[20]

　　威尼斯是他们在意大利的第一站，也是重要的一站。然而一到了威尼斯，蒙田先前的担心马上应验了——这里已成为人潮汹涌的观光景点。秘书说，蒙田觉得这里并不如人们说的那么美好。尽管如此，蒙田还是不减探索的热情。他租了一种被称为"贡多拉"（gondola）的小舟，而且遇到许多有趣的人。他也深受威尼斯各种特质的吸引，包括古怪的地理环境、来自世界各地的人，以及独立自主的共和国政府。威尼斯似乎拥有别的地方独缺的政治魔力，只在有利可图时才发动战争，而且有致力于建立国内公正秩序的政府。蒙田也对威尼斯娼妓获得的尊严与其生活的奢华印象深刻：她们受到贵族公开的资助，也受到所有市民的尊重。蒙田与威尼斯最著名的妓女韦罗妮卡·佛朗哥（Veronica Franco）见过面，她才刚从宗教裁判所的魔掌中逃出生天，并且出版了《家书与其他书信集》（*Lettere familiarie diversi*）。她亲手将自己的作品交给蒙田。[21]

　　从威尼斯启程之后，他们经过费拉拉，蒙田在这里见到了塔索。然后他们抵达博洛尼亚，在这里看了击剑表演。他们也到了佛罗伦萨，逛过机关重重的花园，比如你坐下时，椅子会朝你的屁股喷水。在另一座花园里，蒙田一行人"有非常奇妙的体验"，从"四面八方无数的小孔喷出水花"，水汽非常细致，使他们宛如置身迷雾之中。[22]

　　他们继续前进，愈来愈接近罗马。在抵达罗马的前一天，一五八○年十一月三日，蒙田异常兴奋，于是仅此一次，他起了个大早，在天亮前三小时叫醒大家，准备完成这最后几个小时的旅程。穿过市郊的道路视野并不辽阔，全都是些小丘、地缝与壶洞，但他们继续前行，首先窥见几处废墟，而后便是伟大的罗马城。[23]

然而罗马城门守卫的官僚习气给他们的兴奋之情泼了一盆冷水。他们的行李遭受"巨细靡遗"的搜查，官员花了太多时间检查蒙田的书籍。罗马是教宗的直辖之地，这里把思想犯罪看得特别严重。他们没收了一本时祷书，只因为这本书是在巴黎而非在罗马出版，此外还没收了蒙田在日耳曼买的天主教神学作品。蒙田觉得自己运气不错，没有携带任何可能构成犯罪的书籍。他没想到罗马当局的检查如此严格，不然很可能带上一些异端作品，因为如秘书所言，他"总是喜欢探索新事物"。

此外，蒙田的《随笔集》也被拿去检查。直到来年三月，也就是四个月后，官员才把书还给他，还在书上加了不少批注。书中"命运"这个词一出现便被圈起来，被圈起来的还有其他零星的词语。不过，一名教会官员事后对蒙田说，不用认真对待这些反对意见，而且负责检查的法国修士水平也不怎么高。"看来我在这些官员心中留下了不错的印象。"蒙田在日记里写道。他的确忽视了所有的建议。有些作家提到蒙田确实在很多方面违反了宗教裁判所的指示，但他不必像伽利略一样，必须表明自己的立场。[24]

然而，这些遭遇仍使蒙田对罗马有了不好的印象，他觉得罗马的气氛并不宽容。不过，罗马具有世界主义的精神。成为罗马人就等于成为世界公民，蒙田梦寐以求的正是这个。因此，蒙田试图取得罗马市民身份，而在这里待了四个半月之后，终于获得这项荣誉。蒙田非常高兴，甚至把这份文件完整抄录在《随笔集》的《论虚荣》一章里。蒙田知道把它放进讨论"虚荣"的篇章是准确的，对此一点也不在乎。"不管怎么说，能获得这项荣誉实在太令人高兴了。"[25]

罗马如此巨大而多样，蒙田在当地似乎有做不完的事。他可以聆听布道或神学争论；他可以参观梵蒂冈图书馆，获准进入连法国大使都不能进入的区域，看见他心目中的英雄塞内卡与普鲁塔克的珍贵手稿；他可以参观割礼，拜访花园与葡萄园，与娼妓聊天。蒙田想从娼妓口中套出一些商业机密，却只发现她们连谈话都要索取高额费用。或许这就是她们的赚钱之道吧！[26]

除了与娼妓交谈，蒙田也觐见当时年过八旬的教宗格列高利十三世，秘书详细描述了这场朝见。首先，蒙田与同行的一名年轻人进到房间，教宗就坐在里面，他们跪下来接受祝祷。他们侧身沿墙壁而行，随后直接穿过房间走向教宗，走到半道，停下来接受另一次祝祷。然后他们跪在教宗脚边的天鹅绒地毯上，由法国大使在一旁引见。大使跪着，将教宗的袍子往后褪去，露出他的右脚。教宗穿着红色便鞋，鞋子上面有一个白色十字架。觐见者俯身向前，亲吻教宗的脚，蒙田提到教宗把脚趾头略微抬高，让他们亲吻时不那么费力。在这个略带色情遐想的仪式结束后，大使盖住教宗的脚，接着起身介绍这两名访客。教宗祝福他们，并且说了一些话，鼓励蒙田继续为教会奉献，然后示意访客可以告退。他们顺着原路退出房间，但不能转身，而是要倒退着缓缓离开，中间还停下来两次，跪下接受祝祷。最后，他们倒退着出了房门，仪式才完全结束。蒙田后来要他的秘书记下教宗讲话有博洛尼亚口音——"意大利最糟糕的方言"。他是个"气宇轩昂的老人，中等身材，身姿英挺而面容庄严，留着雪白的长须；已经年过八旬，但比一般人想象的更加健康有活力；没有痛风，没有疝气造成的疼痛，没有胃病"——与饱受病痛折磨的蒙田完全不同，让人不禁觉得上帝也许就是这个样子。教宗看起来"个性温和，对俗世并不十分关心"，这一点可以说很像上帝，也可以说很不像上帝——完全取决于你怎么想。无论他是否温和，至少我们知道，他曾经打造纪念章与画作来庆祝"圣巴泰勒米大屠杀"。[27]

不要忘了罗马是教宗的城市。蒙田经常看到教宗主持典礼，加入游行队伍。在圣周（Holy Week）期间，他看到数千人手持火炬涌进圣彼得大教堂，用绳索鞭打自己，其中有些甚至只有十二三岁。这些人旁边还跟着持酒的男子，当绳索沾满凝结的血块时，男子含口酒，一口喷在鞭子的末端，好让血块脱落。"这是个难解之谜，我到现在还是不了解为什么。"蒙田写道。这些忏悔者伤得很重，不过他们似乎不觉得痛，对于自己所做的事也感到稀松平常。他们喝了许多酒，而且"如此冷淡地进行这个仪式，你甚至看到他们跟同伴聊天、嬉笑、在街上大叫、到处奔跑跳跃"。蒙田的推断是，这些人绝大多数都是为了钱才干这档事的：虔诚的富人出钱请他们代为悔罪。但这更让蒙田不解了："雇用他们的人在想什么，这些不都是假的吗？"[28]

蒙田还亲眼目睹了驱魔仪式。被魔鬼附身的男子看似昏睡过去，被压制在祭坛旁边，僧侣不断用拳头揍他，往他脸上吐口水，对他吼叫。还有一次，他看到一个人被绞死，这个恶名昭彰的强盗名叫卡泰纳（Catena），他的受害者包括圣方济会（Capuchin）的两名修士。显然卡泰纳已经答应这两名修士，只要他们否认上帝，他就饶他们一命。两名修士冒着丧失永恒灵魂的危险照做了，但卡泰纳还是杀了他们。在蒙田碰见过的所有吸引他目光的离奇事中，这或许是最让他不悦的一件。但卡泰纳至少还有勇气面对死亡。被人架起来绞死时，卡泰纳居然完全不吭气；之后他的尸体被砍成四段。然而戮尸比处决更令群众激动，每砍下一刀，群众便一阵鼓噪。这个现象令蒙田困惑，他觉得，残酷地凌虐活生生的人，要比破坏一具死尸更令人心烦意乱才是啊。[29]

这些全是当时罗马发生的奇事，但十六世纪绝大多数人文主义者前来罗马，并不是为了争睹这些怪现象；他们来罗马是为了沐浴在古人的风华当中。不过，这些人中没有一个比蒙田受到的影响深，他几乎算是当地人了，毕竟拉丁文是他的母语，罗马可谓他的故乡。

古典城市的遗迹俯拾皆是，但对蒙田与他的秘书来说，多数时间他们走过的并不是古城"之内"，而是古城"之上"。土石瓦砾经过数百年的累积，早已将地表提高好几米；古代建筑的遗址就像陷在泥里的马靴，深埋在地表之下。蒙田惊觉原来自己正踩在古城的墙顶上，这些古迹只有在雨水侵蚀或车轮压过的凹痕中才能得见。"这种事经常发生，"蒙田带着欢欣的震颤写道，"往地下挖了很深的距离后，你会发现巨大立柱的柱顶，而整根巨柱依然耸立在地底。"[30]

今日的情况已非如此。考古挖掘使绝大多数的废墟重见天日，有些古迹甚至已经得到复原。今日，塞维鲁凯旋门（Arch of Severus）高高地矗立着，蒙田当时却只能看到这座建筑物的顶端。罗马竞技场（The Colosseum）过去只是一堆长满杂草的乱石。中世纪与近代初期的建筑物覆盖了一切，民众要么是在遗址顶端重新造屋，要么就是将旧材料回收，当作新建筑的原料。古老的石板不断被更换到更高的位置，不是用来修补墙壁，就是用来搭建简陋的小屋。有些地区被夷为平地，以落实彰显政绩的计划，例如全新的圣彼得大教堂。罗马的历史层理并不是那么整齐划一，它不断地被反复搅动与重新排列，仿佛经历了多次地震。

断壁残垣足以使人发思古之幽情，从而产生对古罗马的印象，就和从一盘炒蛋中看见一颗刚媷下的完整鸡蛋那样。事实上，现代罗马的形成方式，就跟蒙田撰写《随笔集》的方式一样。蒙田写作时不断添入引文与典故，并重新运用自己阅读过的古典作品，这就像罗马人回收利用旧建材。蒙田应该也感觉到两者的类似，所以才说自己的作品是由从塞内卡与普鲁塔克身上抢来的战利品组合而成的建筑物。罗马正如同他的作品，他认为有创意的修补与不完美，要比井井有条却死气沉沉好得多，而他总是能从沉思古迹中得到许多乐趣。然而沉思也需要一定的心灵上的努力，才能获得更深刻的满足。许多罗马经验其实是人们想象的成果，因此，人们几乎可以足不出户——我是说"几乎"！正所谓敝帚自珍，家中的平凡事物，还是有许多外界无法想象的独特之处。[31]

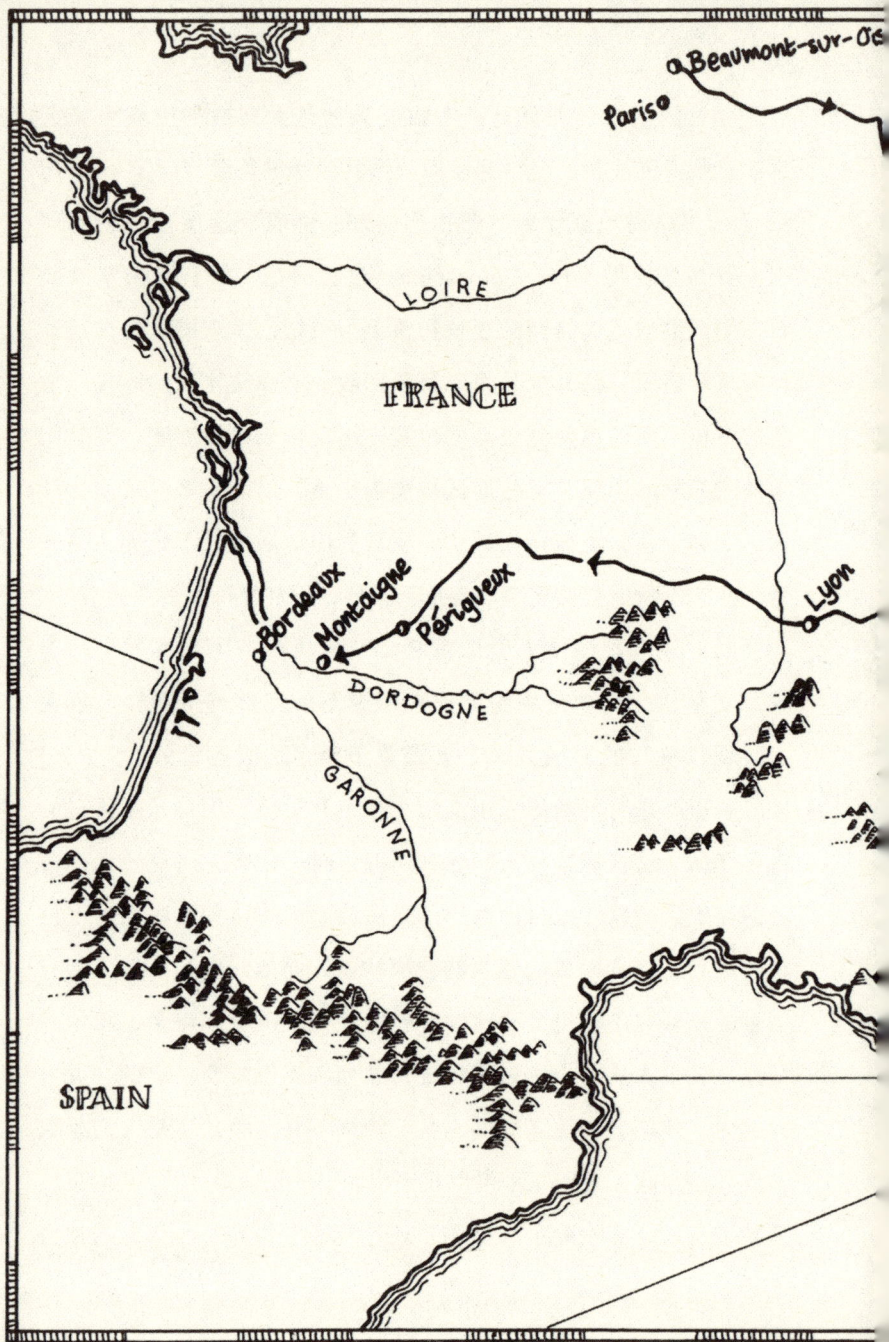

蒙田的旅行

Montaigne's Travels 1580-81

一五八一年）

这种幻想制造的疏离感经常使人对罗马魂牵梦萦，也许是因为当地的一切，对于长久以来不断想象罗马却未亲见的人来说十分熟悉。两百年后，歌德发现罗马既令人振奋，又教人迷惘。"我年轻时的梦想又苏醒过来，"他抵达罗马时如此说道，"我还记得看到的第一幅雕版画，那是父亲挂在大厅的罗马风景，但我现在确确实实看到它了。长久以来，通过绘画、素描、蚀刻画、木刻画、石膏像与软木模型认识的罗马，如今完整地陈列在我面前。"弗洛伊德看到雅典的卫城时，也有类似的感受。"原来这些真的存在，正如我们在学校里学到的！"他先是惊呼，而后立即笃定地说："我在这里看见的绝不是真的。"蒙田也感觉到这种内在想象与外在认知交会时的奇异感受，因而写道："我灵魂中的罗马与巴黎……既无形体也不占空间，没有石头、灰泥与木材。"它们是梦中的影像，就像狗在梦中追逐的野兔。

　　罗马带给歌德一种几近神秘的安详感："我现在处于澄澈而平静的状态，我已经很久没有这样了。"蒙田也有这种感受，尽管在游历时受到一些挫折，整体来说，意大利还是带给他平和的时光。"我享受心灵的平静，"他后来在卢卡（Lucca）写信时提到，但也说，"我只有一个遗憾，我喜爱的伴侣不在身旁，我只能独自品尝这些美好事物，无人可以分享。"[32]

　　一五八一年四月十九日，蒙田终于离开罗马。他越过亚平宁山脉（Apennines），前往伟大的朝圣之地洛雷托（Loreto），并且加入带着旗帜与十字架朝圣的群众行列。他在洛雷托教堂为自己、妻子与女儿祈福，且留下许愿人偶。然后，蒙田沿亚得里亚海岸北上，翻山越岭返回温泉胜地拉维拉（La Villa），他在那里做了一个多月的水疗。一如预期，身为贵族的蒙田在做客期间，为当地人与其他宾客办了好几场宴会，而他自己也与"农村的女孩"共舞，"以免别人觉得他太冷淡"。[33] 他也曾绕道前往佛罗伦萨与卢卡游览，而后又回到拉维拉避暑，从一五八一年八月十四日一直待到九月十二日。然而蒙田的肾结石疼痛发作，牙痛也使他下不了床；他的脑袋昏沉，连眼睛也肿痛难当。他怀疑是水的问题，温泉虽然帮助他缓解下半身的疼痛（如果这真是温泉带来的效果的话），却毁了他的上半身。"我开始觉得泡温泉是件不愉快的事。"

就在这段时间，蒙田突然受到召唤。他曾说自己只想过平静的生活，希望有机会能到欧洲各地满足"坦率的好奇心"，然而他收到来自远方的邀请——一项他无法拒绝的使命。

我们问：

如何生活？

How to live?

○

蒙田说：

把工作做好，
但不要做得太好

Do a good job，but not too good a job

人们埋怨蒙田在市长任内少有建树，他则写道："这样才好！他们指责我毫无作为，但值此非常时期，已有太多人因好大喜功而引起民怨。"

"改革"（指宗教改革）已然造成惨重的破坏，蒙田认为，只要做到让城市长治久安，就足以令人赞扬。

他会为波尔多尽到该尽的责任，不多也不少。他不会矫揉造作地在众人面前演戏。人们可以用一句话来总结蒙田的政策，那就是把工作做好，但不要做得太好。

市长

　　正于拉维拉温泉胜地休养的蒙田，突然接到远方寄来的一封权威信件。这封由波尔多市府全体官员联署的信件（这六名官员负责襄助市长处理市政），通知蒙田就在他不在波尔多的这段时间，他已被选为下任波尔多市长。蒙田必须火速返乡履行职务。[1]

　　在旁人眼里，这是一种恭维，但对蒙田来说，担任市长是他最不乐见的事。市长的责任远比法官繁重，各种要求将占去他的时间。他不仅要发表演说，还要参加典礼——在蒙田前往意大利途中，这些事都是他极力避免的。蒙田需要用上他的外交手腕，因为市长除了必须协调城市的宗教与政治派系，也要调和波尔多与不得民心的国王之间的关系。而且，担任市长也表示他必须缩短旅程。

　　蒙田虽然对于温泉的疗效感到幻灭，但还不想打道回府。到目前为止，他已离家十五个月，这算是一段漫长的旅程，但仍难以满足他。他似乎想尽可能延长逗留在国外的时间。蒙田没有拒绝市政官员的要求，但也不急着回去与他们见面。他先是返回罗马，而且步调悠闲。途中，他在卢卡停留一段时间，一路上又泡了几次温泉浴。人们不禁要问，蒙田又去罗马做什么？不仅要走两百英里以上的路，还不是返回法国的方向。或许他希望得到忠告，让他能摆脱这份任务。若真是如此，那么答案肯定令他十分沮丧。十月一日，蒙田抵达罗马，结果发现波尔多市府寄给他第二封信。这封信口气更为强烈，不容他有推辞空间。蒙田现在受到"紧急要求"，必须立刻返国。

在接下来的一版《随笔集》中，蒙田强调他完全不想谋求这个职位，想努力推掉这份差事。"我推辞了。"他写道。但从对方的回复可以看出蒙田个人的想法无法动摇既定的结果，因为此事是"国王的裁断"。国王甚至亲自写信寄给当时人在国外的蒙田，蒙田在返抵庄园后才收到这封信：

> 蒙田先生，我对你服待主上的忠诚与热忱有很高的评价，因此得知你被选为我治下的城市波尔多的市长时，我非常高兴。我也发现在这场选举中，众人的意见一致，毫无异议；更可取的是，这场选举是在毫无阴谋诡计且于你远在国外时完成的。基于这一点，我的心意已决，而我也将明确地命令与叮嘱你，切勿拖延时间与另寻借口。你一接到这封信，就必须立即返国，担负起应尽的责任与义务。你能返国赴任，我将感到满足与喜悦，你倘若还是一意推辞，恐怕只会引起我的不悦。[2]

这对于毫无政治野心的蒙田来说，无疑是一种惩罚——如果蒙田表现出来的不情愿是发自真心的话。

蒙田不想马上返家，充分显示出他不贪恋权力。他好整以暇，迂回地经由卢卡、锡耶纳、皮亚琴察、帕维亚、米兰与都灵回到法国，总共花了约六个星期的时间。当他进入法国境内时，日记里的文字马上由意大利文改为法文，而他终于回到庄园时，除了记录自己的抵达，也附带记下这趟旅行持续了"十七个月又八天"——这是个罕见的例子，他居然正确地记住了精确的数字。在波特星历中，蒙田也于十一月三十日当天写下注记："我到家了。"接着，他与波尔多的市府官员会面，同意接受且准备好负起自己的职责。[3]

往后的一五八一年到一五八五年四年时间，蒙田担任波尔多市长。这是一份辛苦的工作，但不完全是吃力不讨好。担任市长可以获得各项尊荣与礼遇：他有自己的办公室，有特别的侍卫，有市长专属的袍服与饰件，而且在公共典礼上受到尊崇。唯一匮乏的是薪水。不过蒙田也非有名无实的领袖，除了市政官员外，他还必须选任其他要员，决定市府法律与审判法庭案件（蒙田觉得这项工作非常难以符合他对证据要求的高标准）。此外，他还必须谨慎地与政界人士周旋。他必须在国王面前充当波尔多的喉舌，同时在波尔多市政官员与当地其他名人显贵面前传达国王的旨意，其中有许多人因为不满国王的政策而起身反抗。[4]

上任市长比隆男爵（baron de Biron）阿诺·德·巩托尔（Arnaud de Gontault）惹恼了不少人，所以蒙田上任的第一件事，就是修补这项损害。比隆的统治很严厉，却不负责任；他纵容派系间的仇恨滋长，并且疏远纳瓦尔的亨利。亨利是贝阿恩城附近实力强大的亲王，是应该努力维持关系的对象。就连国王亨利三世也对比隆同情天主教同盟的行为大加抨击，因为天主教同盟依然蔑视王室的权威。从比隆的做法不难理解市府官员何以会选择蒙田担任下届市长，蒙田向来以稳健与长袖善舞著称，而这正是比隆缺乏的特质。尤其，蒙田虽然善待受人轻视的政治派，但也知道如何跟其他派系相处。他向来以善于聆听各方说法著称，他的皮浪原则使其愿意广开言路，却不屈从任何人的意见，因此总能保持一贯的立场。

在蒙田担任市长期间，地方上大致维持着和平的局面，而这也有助于他施政。一五八〇年到一五八五年之间战事止息，这一时期刚好横跨蒙田出国旅行与返国担任市长的时间。跟过去一样，和平底下仍暗潮汹涌，每个人都对新教信仰获得的有限宽容感到不满。波尔多是一座分裂的城市，有七分之一的市民是新教徒，市郊全是新教徒的土地，但此地天主教同盟的实力亦不容小觑。即使在最好的时期，波尔多仍属难治之地，更何况此时并非最好的时期。然而值得庆幸的是，此时亦非最坏的时期，蒙田在上任后不久将指出这一点。

为维持治安与表达忠诚，蒙田必须与国王派驻当地的陆军中将马蒂尼翁伯爵（comte de Matignon）雅克·德·戈永（Jacques de Goyon）合作。马蒂尼翁是老练的外交人员，比蒙田年长八岁。从某方面来说，他让蒙田想起拉博埃蒂。这两个人并未成为亲密好友，但相处融洽。他们都善于应付极端人士的要求，而且都坚守原则。在"圣巴泰勒米大屠杀"期间，马蒂尼翁是少数在自己辖区保护胡格诺派信徒的官员，当时他负责管理圣洛（Saint-Lô）与阿朗松（Alençon）。马蒂尼翁冷静坚定，吉耶讷的局势最需要他这种人来应对。蒙田也是个好人选，只不过还缺乏两项特质：经验与热情。[5]

　　蒙田极力避免重蹈父亲的覆辙，不想被工作拖垮身体。蒙田犹记得自己看到父亲因出差而累坏身体的样子，"他的灵魂受到公务残酷地搅扰，已然忘却家的甜蜜滋味"。蒙田对旅行的热情逐渐消退，因为他跟父亲一样，现在必须为了工作而外出"旅行"。但他无法推辞，到巴黎出了几趟公差，其中一五八二年八月的巴黎之行，使波尔多恢复因盐税暴动而遭剥夺的各项特权。在第二任的任期末尾，蒙田更是到处奔波。文件显示他到了蒙德马桑（Mont-de-Marsan）、波城（Pau）、贝尔热拉克（Bergerac）、弗雷克斯与内拉克（Nérac）等地。蒙田也固定地往来于波尔多与自家城堡，只有在自己家里才能写作。蒙田在城堡继续施行他的计划，一五八二年出版修正后的第二版《随笔集》，这是他接任市长第二年的事。[6]

　　蒙田并没有将市长当成一份全职工作，但他任内的表现应该非常杰出，否则人们也不会在一五八三年八月一日让他连任。蒙田对此深感自豪，因为连续两次当选市长是相当罕见的事。"我获得连任，在我之前这种情形只发生过两次。"但确实也有人反对蒙田连任，特别是想当市长的竞争对手梅维尔爵爷（sieur de Merville）雅克·德·卡尔（Jacques d'Escars），他也是多哈堡的总督。蒙田不想退让，这说明对待这份工作，他比当初更加投入了。[7]

　　蒙田改变心意，或许是因为他发现自己有处理政治事务的才能。在马蒂尼翁的协助下，他负责在国王麾下的官员、叛军波尔多天主教同盟，以及新教徒纳瓦尔的亨利（他对当地的影响力有增无减）之间斡旋。在第二届任期内，蒙田逐渐扮演起中间人的角色。他与官员以及纳瓦尔阵营的关系尤佳，天主教同盟则逐渐成为烫手山芋，因为他们拒绝妥协，而且处心积虑地要将蒙田赶下市长的位置，好让波尔多变成他们的囊中物。[8]

最具戏剧性的一场叛乱，是由特隆佩特堡的天主教同盟派总督瓦雅克男爵（baron de Vaillac）发动的。一五八五年四月，马蒂尼翁与蒙田听说瓦雅克正计划在波尔多发动大规模政变，两人对于如何处理此事作了讨论：直接以武力反击，还是主动示好，让瓦雅克改变心意？一番激烈争论之后，两人一致认为软硬兼施是最好的办法。也许是因蒙田的积极配合，马蒂尼翁邀请瓦雅克与他的同谋来到高等法院，等到他们一进门，他就把出入口完全封死。马蒂尼翁给受困的瓦雅克两条路，一条是接受逮捕，而他犯的很可能是死罪；另一条则是放弃特隆佩特堡的控制权，乖乖离开波尔多。瓦雅克选择了后者。他决定流亡，但刚走到城外，就立即号召天主教同盟的军队，准备发动攻击。怜悯敌人总是会有这种风险。

经历几天胆战心惊的日子之后，一五八五年五月二十二日，蒙田写信给马蒂尼翁，信中说他与其他官员日夜看守城门，知道对方就集结在城外。五天后，蒙田在信中提到瓦雅克仍在该区活动。每天都会响起五十次警报，他如此说道：

每天夜里，我要么是全副武装绕城巡视，要么就是到城外的港口巡逻。其实在接获你的警告之前，我已听说有艘满载武装人员的船只即将经过，于是派人前去拦截。但一无所获。[9]

最后，瓦雅克并未发动攻击。或许是因为他发现蒙田早有防备，打消了念头，连夜逃走，这证明蒙田与马蒂尼翁软硬兼施策略的成功。但战争的阴影仍挥之不去，不仅在波尔多，当时整个法国都是如此，天主教同盟仍持续反对蒙田提出的各种妥协方案。

蒙田这段时期的表现赢得许多人的赞许。担任法官同时也是史学家的雅克-奥古斯特·德·图（Jacques-Auguste de Thou）表示，他"从蒙田身上学到很多，他是个思想自由、不结党立派的人，他……对波尔多有着充分透彻的认识，对他出身的吉耶讷地区更是如此"。政治人物菲利普·迪普莱西-莫尔奈（Philippe Duplessis-Mornay）赞扬蒙田的冷静，说他这个人不会无事生非，而且老成持重。[10]

当时的人记录下他们对蒙田的印象，这些说法与蒙田对自己的评价不谋而合。蒙田提到，他在市长任内最显著的成绩是维持了"秩序"以及"温和安详的宁静"。[11]他有敌人，但也不乏朋友。瓦雅克危机的顺利解决，说明蒙田有能力在紧要关头作出决断，除非所有的决定都是马蒂尼翁完成的。

事实上，的确有人觉得蒙田过于散漫而率性，蒙田因此在

《随笔集》里写入一些辩解之词。蒙田在书中坦承自己遭受一些责难，人们认为他"漫不经心"。在一些人眼中，他像是典型的政治派人士，拒绝表明自己的立场。这是事实，蒙田也承认这点；不同的是，反对他的人认为这是坏事，但当时的斯多葛派与怀疑论者（包括蒙田自己）却不认为这样不好。斯多葛派鼓励明智超然的态度，而怀疑论者基本上是凡事存疑。蒙田的政治立场源自他的哲学观。人们埋怨蒙田在市长任内少有建树，他则写道："这样才好！他们指责我毫无作为，但值此非常时期，已有太多人因好大喜功而引起民怨。""改革"（指宗教改革）已然造成惨重的破坏，蒙田认为，只要做到让城市长治久安，就足以令人赞扬。早在担任市长之前，蒙田就已察觉到有些人热情投入公共事务只是为了炫耀。这些人投注心力，可能是为了沽名钓誉或满足个人喜好，或者只是想让自己有事可做，这样就不会闲下来思索人生问题。[12]

蒙田这种坦率的言论为他带来麻烦。其他人不像他这么诚实，他们会装出乐于助人与充满活力的样子，以博得赞誉。蒙田提醒他的雇主，这不是他的风格——他会为波尔多尽到该尽的责任，不多也不少。他不会矫揉造作地在众人面前演戏。[13]

发表这一席话的蒙田，像极了文艺复兴文学作品里一个说真话的伟大人物：寇蒂莉亚（Cordelia）。莎士比亚剧作《李尔王》（*King Lear*）里的这个角色，拒绝像贪婪的姐姐们那样假意讨好，以赢得父亲的喜爱。跟她一样，蒙田总是诚实坦率，因此在人们心中留下板着脸孔的冷漠印象。蒙田的以下这番话与寇蒂莉亚在剧作中为自己辩护的话差不多：

> 我尤其讨厌阿谀奉承者的嘴脸，所以我说话的方式
> 自然索然无味、坦白且直截了当……我对最崇敬的人称
> 赞得最少……我对志同道合的人，总是寥寥数语且毫无
> 修饰；对于自己最在意的人，总是表达得最少。我觉得
> 他们应该与我心灵相通，而且应该知道我的话语会扭曲
> 我的想法。[14]

　　这种想法似乎离经叛道了点，但蒙田与寇蒂莉亚的性格，并
不完全与文艺复兴晚期的世界冲突。诚恳与自然的美德其实广受
人们推崇。此外，蒙田的坦率也使他免于一直遭受反政治派人士
的攻击：他们指控政治派人士都是些戴着面具、花言巧语的人，
绝对不可信任。有时在《随笔集》中，蒙田的言词看起来就像梦
魇里的政治派，模棱两可、老于世故、俗不可耐且捉摸不定。偶
尔直言，对他来说不算是坏事。

　　此外，蒙田刺耳的言论，反而比处处修饰的话语更能建构信
任的基础，这说明坦率是绝佳的交际手段。相较于同僚的迂回和
欺瞒，蒙田反而开启了更多沟通的可能。甚至在面对境内最强大
的几个亲王时（当时他们正值势力巅峰），他仍能直视他们的脸
孔。"我坦白地告诉他们我做不到。"他的开诚布公使他人也跟着
敞开心扉。坦率的言谈就像酒与爱情，能让人卸下面具。

　　谈到周旋于两派人马间的政治难度，蒙田总是一笑置之。要

跟两个彼此敌视的党派进行磋商并不是那么困难，蒙田写道，你要做的就是以温和的态度面对他们，不让任何一方以为你已经被对方拉拢。别对他们要求太多，也不要提供太多好处给他们。人们可以用一句话来总结蒙田的政策，那就是把工作做好，但不要做得太好。基于这项原则，他不仅让自己免于麻烦，也得以维持自己的人性立场。蒙田只做分内的事，所以与他人不同，他总能尽到自己的责任。[15]

　　蒙田知道不是所有人都能理解他的做法。他的态度在当时其实没遭遇什么问题，反而是到了后世，一些质疑的声音才浮现出来。寇蒂莉亚的选择在戏里受到肯定，她对父亲的爱无疑出于真心。蒙田却没有这么幸运，自从担任市长之后，他的形象一直成为人们质疑的焦点。蒙田知道在《随笔集》里过于保守地描写自己担任市长时的作为，可能会为他带来危险："该说的都说了，该做的都做了，你不可能希望在谈论自己的同时，又能全身而退。你对自己的责难，人们总是信以为真；你对自己的赞美，人们总是质疑不绝。"或许那些劝人不要轻易写下自己言行的古老箴言真的有道理。[16]

道德瑕疵

　　蒙田只做自己分内的事，这种态度在一五八五年六月的事件中显露无遗。当时波尔多遭遇热浪袭击，紧随其后的是瘟疫的爆发。两个灾难结合起来，破坏力惊人。瘟疫持续到十二月，几个月的时间里，波尔多有超出一万四千人死亡，几乎占全市人口的三分之一。这个数字已经超过"圣巴泰勒米大屠杀"在全法国导致的死亡人数。然而，就跟战时经常发生的瘟疫一样，这场灾难也并未在人们的历史记忆里留下太多痕迹。无论如何，疫疠在当时相当常见。十六世纪因为太常爆发瘟疫，人们已经感到麻木，很容易忘记疫情的蔓延如何惨烈地夺走了大量的生命。

一五八五年，当波尔多城内开始传出瘟疫，跟过去一样，有能力逃离的市民逃出城外；有些留下了，但他们之中很少有人是出于自己的选择。尽管如此，还是有少数官员坚守岗位。高等法院的人员绝大多数都撤离了，六名市政官员中只有两名留下。马蒂尼翁于六月三十日写信给国王："瘟疫已传遍全市，留在城里的只剩无力在别处生活的市民。"这还只是开始。一个月后，马蒂尼翁告诉蒙田："每个居民都已弃城，我的意思是，有办法离开的人都离开了；至于仍留在城内的小市民，就像蝼蚁一样死去。"[17]

显然马蒂尼翁还留在波尔多，但蒙田从一开始就不在城内。瘟疫爆发时，他正在家里准备前往波尔多参加交接仪式：他的市长任期已经结束，往后将由马蒂尼翁接掌他的职位。一五八五年八月一日是蒙田担任市长的最后一天，当马蒂尼翁在七月三十日写信给蒙田时，蒙田还有两天就要前往波尔多。这两天他唯一的任务是参加典礼，公开宣布由马蒂尼翁接任市长。然而在瘟疫肆虐的状况下，这场活动就算如期举行，恐怕也无人参加。

蒙田现在必须决定是否前往波尔多参加交接典礼。他的庄园并未受到疫情影响，如果他现在前往波尔多，等于是为了参加仪式而进入疫区。参加仪式到底算不算他的职责？蒙田不确定该怎么做，于是来到波尔多附近还不属于疫区的利布尔讷（Libourne）。蒙田在这里写信给还留在波尔多的少数几名市政官员，寻求他们的建议。"我不会吝惜自己的生命，也不会眷恋其他事物，"蒙田写道，但也说，"我将由你们来决定，这场典礼中我应履行的职责，是否值得我在如此恶劣的状况下冒险进城。"蒙田待在与波尔多一河之隔的弗亚（Feuillas）城堡中等候回音。第二天，蒙田从弗亚写信到波尔多，在信中重复了他的问题：各位有何建议？[18]

就算市政官员真的回信了（如果他们中真的还有人待在波尔多的话），这封信也未留存下来。唯一可以确定的是，蒙田最后没去波尔多。事实上，这些官员倘若真的回信给他，也一定会建议蒙田不要入城。他们之中肯定有人在高院做事，而就在蒙田等待回复期间，一道新命令已经发布：除了原本待在波尔多的居民，其他人一律不准进入此地。[19]蒙田如果坚持要进来，将违反这项命令。显然，蒙田找到了自我宽慰的理由，于是返回自己的庄园。至此，两天已经过去，他的市长任期已告结束。最后，蒙田的公职不是以令人欣慰的感谢典礼与演说画下句点，而是在迷雾之中自行结束。

当时的人们并未苛责蒙田的决定，真正的麻烦发生在两百七十年后。十九世纪的古文物研究者在波尔多市立档案馆里发现了相关书信，并且将它们出版。这使蒙田遭受了价值观完全不同的世界的审判——一个对于英雄主义与自我牺牲精神有着崭新看法的世界。

研究者阿诺·德切维里（Arnaud Detcheverry）发现了这些书信，认为这些文件显示了蒙田"冷漠的伊壁鸠鲁主义"倾向，而他的说法也为其他评论者的批评定下基调。早期的传记作家阿方斯·格林（Alphonse Grün）认为蒙田躲在河岸的另一边，分明是因为缺乏勇气。莱昂·弗热尔（Léon Feugère）在课堂上讨论格林的书时表示，蒙田"不幸地在最严峻的时刻忘了自己的责任"。对弗热尔来说，蒙田的做法等于是否定了整部《随笔集》。如果作者在这样的时刻失败了，叫读者怎么相信他对"如何生活"提出的种种看法？这起事件也暴露出《随笔集》最深刻的哲学弱点："绝对不做决定。"其他作家也同意他的观点。编年史家朱尔·勒孔特（Jules Lecomte）则用一个词就将蒙田这个人以及他的哲学一票否决："懦夫！"[20]

他们无法忍受的不只是个人勇气的缺乏——毕竟蒙田曾在染上鼠疫的拉博埃蒂病榻旁待了一个星期以上——也在于蒙田未能履行他的"公共"责任。对于道德标准仍带有浪漫主义遗绪的时代来说，蒙田的冷酷算计与书面探询令他们作呕。针对书面探询，他们认为事无大小，都应做好牺牲的准备；针对冷酷算计，他们希望蒙田能不惜生命做好市长的工作。

与十七世纪一样，十九世纪对蒙田的反感主要源自对蒙田所持怀疑主义的嫌恶。自帕斯卡以降，人们对怀疑主义的不安便有增无减，十九世纪的读者感受尤其强烈。他们不在意蒙田对事实的怀疑；他们只是不喜欢蒙田将怀疑主义运用到日常生活上，并且对一般人接受的标准缺乏敬意。怀疑主义者的"存而不论"或"不予置评"[21]充分显示出其本性的多疑，而且像极了新时代的可怕巨兽：虚无主义。

在十九世纪晚期，虚无主义意味着无神、无意义与漫无目的。它可以作为"无神论"的代称，但其潜在意义比无神论还糟糕，即抛弃一切道德标准。到最后，"虚无主义者"几乎成了"恐怖分子"的同义词。他们心中没有上帝，他们投掷炸弹而且破坏现存的社会秩序。他们是怀疑主义者当中的革命派，或者说是变坏的怀疑主义者。如果让这些人掌权，则所有的事物将被舍弃，原本理所当然的一切也将不复存在。[22]

面对这些指责，残存的蒙田支持者挺身而出，不仅要证明蒙田在瘟疫爆发时的行为是合理的，还要表明他并不是怀疑主义者。他们认为蒙田其实是个保守的道德主义者与虔诚的基督徒。颇具影响力的评论家埃弥尔·法盖（Émile Faguet）写了一系列文章，说明《随笔集》里的怀疑主义色彩微乎其微。另一位评论家埃德姆·尚皮翁（Edme Champion）则认为《随笔集》虽然带有怀疑论元素，但并不是那种企图"否定"或"毁灭"一切的怀疑论。[23]

这场论战之所以受到各方关注，也与《随笔集》刚被从法国《禁书目录》中移除有关。解禁的时间是一八五四年，距离蒙田第一封瘟疫时期的书信被发现也不过一两年的时间，当然，书信的发现绝非《随笔集》得到解禁的理由。事实上，这是个迟来的决定。在解禁之前，尽管教会多有责难，蒙田仍成为法国的正典作家，且成为文学与传记研究这项新产业的探究对象。解禁之后，蒙田的形象更趋具体，并且吸引了大批读者，但他的道德标准也受到更大的质疑。

在许多人眼里，蒙田再度成为帕斯卡与马勒伯朗士批评的那种人：灵魂败坏的骗子。基佐在一八六六年称蒙田为大"引诱者"，竭尽所能地提醒读者对抗蒙田的诱惑。基佐自己也曾受到蒙田的迷惑，现在的他就像已放弃邪说的前崇拜者，努力写作以引导其他受害者逃出罗网。

基佐列出蒙田带来的各项危险，每一项皆对应着特定的性格缺陷。蒙田意志软弱。他过于以自我为中心。他并非自己所说的虔诚的基督徒。他从公职退休纯粹基于自私的理由，即想花更多的时间沉思，而他所做的甚至不是宗教沉思——如果是的话，还可以原谅。他内省并发现错误时，不想更正这些错误——他接受自己的瑕疵，并且将瑕疵当成自己的一部分。他心中无神，又不负责任。蒙田不是我们需要的作家："他无法使我们成为这个时代的中坚。"[24]

历史学家朱尔·米舍莱（Jules Michelet）是抨击蒙田最有力的批评者，他认为一切都要归咎于蒙田接受了过度放任的教育，这种教育只会养成"软弱消极"的人物，而非英雄或好公民。蒙田幼年时靠着悲戚的音乐声叫他起床，光是这点就说明了一切。米舍莱把长大后的蒙田描绘成一个病弱的个体，将自己封闭在塔楼里，"整天做着白日梦"——是以堕落、无纪律的方式养成的人，有这种结果是必然的。[25]另一方面，英格兰神学家理查德·威廉·丘奇（Richard William Church）以不同的观点提出令人赞赏的研究，他认为蒙田一味"视人类为无物，认为自己的伟大计划极其渺小，把自己的杰出成就当成无足称颂的东西"，这些都是虚无主义的清晰表征，使蒙田缺乏"责任的观念、对善的渴望与对不朽的追求"。整体来说，蒙田给人一种"懒散而欠缺道德"的印象。[26]

另一个较不严重的道德问题也困扰着十九世纪的读者：蒙田对待性的开放态度。（对今日的我们来说，这已不是那么严重。）这个问题并不新奇，但对蒙田身为作家的权威产生过举足轻重的影响。在更早的时代，蒙田对屁股、缝隙与工具的高谈阔论，已造成人们的困扰。哈利法克斯勋爵（Lord Halifax，十七世纪时《随笔集》英文版的受赠者）提到："我无法忍受在谈完圣人堪称典范的人生之后，居然马上提起通奸与私处，以及诸如此类的话题……我真希望他能略过这些东西，这样女士们才不会因为在书房里发现这本《随笔集》而害臊。"[27]最后一句话似乎有点讽刺，因为蒙田曾开玩笑说，《随笔集》最后一卷的淫秽内容将使他的书不见容于书房，而是收藏于女士们的起居室。他宁可自己的书被后者收藏。

避免女性害臊的方式是出版删节本，这是十九世纪流行的做法。《随笔集》删节本早已行之有年，但通常是为了使人更容易读到书中睿智珍奇的部分。现在，人们则是以品位与道德为由来删节蒙田的作品。

典型的删节本于一八〇〇年在英格兰问世，由一名自称霍诺里娅（Honoria）的编辑为女性读者量身定制。她的《蒙田随笔选集》（*Essays*, *Selected from Montaigne with a Sketch of the Life of the Author*）采用当时的标准英文译本，也就是查尔斯·科顿（Charles Cotton）的译本，去除了所有令人烦恼与困惑的部分，将其删减成符合即将到来的世纪所需要的、完美的蒙田形象。

"如果披沙拣金能让这些随笔适合我们女性阅读，"霍诺里娅说道，"我将感到极为欣慰。"但她忽略了，为了删减，她自己必须仔细研读书中所有"粗俗下流的暗示"。她在编辑蒙田的作品时使用了基本的写作技巧。"他的主题之间经常没有联系，意见也前后矛盾，以致他的意义无法充分发展。"霍诺里娅使蒙田表达得更清楚，而且为他增添了脚注，有时还在脚注中谴责他（举例来说，对"圣巴泰勒米大屠杀"只字未提），并且提醒读者不要在信从书中的危险观念而在家中尝试，尤其是用音乐轻柔地叫孩子起床的"反常的教育模式"，"这本书提到这件事，不代表这是一种值得推荐的方法"。

霍诺里娅在序文里描述蒙田是一个极为诚实且值得尊敬的人。"他希望自己的哲学不只是空想，也要求自己依照哲学的戒律立身处世；不仅在老年时如此，终其一生，他都是如此。"她强调蒙田在政治上重视传统，也发现"他的随笔经常展现出崇高的宗教情怀"。今日，这些特点很难激起读者的阅读欲望，但霍诺里娅面对的是即将来临的十九世纪的书市，因此她创造了一个拘谨忧郁、眉头深锁的新蒙田形象。[28]

当然，还是有很多十九世纪的读者喜爱原本那个充满颠覆精神、个人主义与放荡不羁的蒙田形象。但在霍诺里娅与其他人的努力下，蒙田的名声逐渐扩展及各个阶层，不同的读者各自追求自己想象中的蒙田。此后，阅读蒙田成了一件容易的事，无论在起居间、浪漫主义者的山巅，还是老练世故者的书房，即使在花园，在夏日，你都可以看到一名年轻、道德无瑕、天真纯洁的女性专注地阅读删节后的八开本蒙田作品。如果她想窥探删节本中没有的部分，那么可偷偷潜进父亲的书房一探究竟。

任务与暗杀

蒙田确实经常有惊人之举，而且这些举动通常发生在人们意想不到的地方。他在看似最温和的时刻最令读者感到不安，例如他愉快地说：“我怀疑我能否冷静地坦承，我的人生的绝大部分时间是在战乱中度过的，生活的安详与宁静往往一转眼就被破坏无遗。”[29] 无论在什么时代，无论是谁用这样的话来描述自己的人生，都会让人感到吃惊。有些过惯被动、宁静日子的人，也许会对这种说法嗤之以鼻。十六世纪八十年代，伴随战争而来的各项责任压得蒙田逐渐喘不过气，他在书里对此轻描淡写，但显然难以维持心灵的平静。

蒙田担任市长期间，法国维持着表面的和平，等到他退休回到自己的庄园时，天主教同盟又处心积虑地挑起新的战事。此时的冲突已不只是为了宗教，也带有政治考虑。最大的政治问题是谁将在亨利三世之后继承法国王位。亨利三世没有儿子，也没有适合的近亲，因此没有明确的顺位继承人。就在国家极不稳定的时候，王位继承人出现空缺，真可谓祸不单行。

绝大多数的新教徒与少数天主教徒都支持纳瓦尔的亨利继承王位。这位来自贝阿恩城的新教亲王在波尔多地区有着极大的影响力，而且就技术层面来说，他在王位继承上也应排在第一顺位；但还有许多人认为他信仰的宗教使他没有资格继承王位。亨利的主要对手是他的叔叔，波旁枢机主教查尔斯。天主教同盟及其强而有力的领袖吉斯公爵亨利支持查尔斯继承王位。与此同时，健在的国王却未决定由谁接棒。战争的下个阶段被称为“三亨利之战”，因为它在亨利三世、纳瓦尔的亨利与吉斯的亨利之间展开，如同三叶纸风车一样疯狂地转动着。

政治派人士，包括蒙田本人，原则上支持现任国王的任何决定。但就继承人问题，绝大多数政治派人士倾向支持纳瓦尔，这一选择进一步加深了天主教同盟对政治派人士的怨恨。天主教极端分子认为，拥立新教国王，就跟把撒旦拱上王位没什么两样。[30]

身为市长，蒙田努力想让双方达成协议。就政治层面来看，他是邻近纳瓦尔领土的天主教城市的市长；就个人来说，他是杰出的外交人员，因此由他来促成协商再适合不过。蒙田有时会与纳瓦尔见面并且款待他，同时也与纳瓦尔颇具影响力的情妇黛安娜·丹都安（或叫科丽桑德）关系良好。一五八四年十二月，纳瓦尔在蒙田的庄园里停留几天，当时国王正试图说服他放弃新教以继承王位，却遭到拒绝。因此，法国仅存的几个希望之一，就是说服纳瓦尔改变心意——而这正是蒙田的任务。

从私人层面来看，这次拜访相当成功。纳瓦尔信任庄园的主人，甚至把所有的事情交给蒙田的仆役处理，饮食上也不像以往会先试毒。蒙田在他的波特星历里记录了这一切：

> 一五八四年十二月十九日。纳瓦尔国王第一次莅临我的居所，并在这里停留两天。他没有随行人员，一切交由我的仆役照料。他不试毒，也不自带厨师。他睡在我的房间。

这是项重大的责任，而且身份如此尊贵的客人需要王室等级的待遇。蒙田安排了一场游猎活动："我在森林里放了一头雄鹿，让他追逐了两天。"这场娱乐活动让客人相当满意（或许雄鹿不这么认为），但外交计划的施行可没这么顺利。[31]一个月后，蒙田写信给马蒂尼翁，信中显示他还在为这一任务烦心。[32]与此同时，天主教同盟正向亨利三世施压——其力量变得非常庞大，尤其在巴黎——要求他颁布反新教的立法，让纳瓦尔永无继承王位的机会。亨利三世在自己的城市孤立无援，只好让步。一五八五年十月，他下令胡格诺派信徒必须在三个月内公开放弃信仰，否则就得流亡他国。

如果这道旨意的目的是避免战争，那么它促成的是相反的效果。纳瓦尔号召追随者起事，抗拒这波新的压迫。来年春天，亨利三世通过更严厉的反新教法，进一步疏远纳瓦尔。太后凯瑟琳·德·梅迪奇巡视全国，与蒙田一样，她试图在最后一刻以中间人的身份促使纳瓦尔与国王达成协议，然而也失败了。最后，战争爆发。

这一战争是法国内战的最后一场，也是持续时间最久、破坏力最强的一场。它持续到一五九八年，这意味着蒙田将无法再次看到和平，因为他只活到了一五九二年。在这场规模超过以往的"动乱"中，受害最深的是陷入混乱的地方各省，无法无天的乱兵与饥民组成的盗匪团伙在乡村流窜，此外，还有饥荒与黑死病肆虐。

蒙田的处境相当危险，不仅乡村已陷入无政府状态，他在波尔多的过去的敌人也对他造成威胁。身为虔诚的天主教徒，他似乎拥有太多新教朋友；人们知道他曾接待过纳瓦尔，也知道他有个弟弟加入了纳瓦尔的军队。蒙田说，他就像吉贝利内家族（the Ghibellines）眼中的古尔夫与古尔夫家族（the Guelphs）眼中的吉贝利内——几个世纪以来使意大利分裂的两个派系。"没有正式的指控，因为他们的利齿还找不到地方咬啮"，他写道，但空气中充满着"无声的怀疑"。尽管如此，蒙田仍不防卫自己的庄园，坚持他的开放原则。一五八六年七月，一支人数达两万的天主教同盟军围攻多尔多涅的卡斯蒂永（Castillon），那里距离蒙田的城堡只有五英里远，战火波及他庄园的边界。有些士兵甚至在他的土地上扎营，不仅掠夺农作物，也抢劫他的佃农。[33]

此时，蒙田正埋首写作作品的第三卷，并且对已经完成的章节进行增补。在战事方殷之时，蒙田写道："几个月来，我一直承受动乱带来的沉重负担。一方面，敌人已经逼近家门口；另一方面则是掠夺者，他们是更恶劣的敌人……而我不断品尝各种军事灾难带来的苦涩。"八月底，围城的军队中爆发瘟疫。疫情蔓延到当地居民中，蒙田的庄园也未能幸免。[34]

蒙田发现自己必须再次面对瘟疫的威胁作出选择。耳熟能详的英雄行为也许让蒙田觉得自己必须陪伴佃农以及家人，必要时牺牲生命亦在所不惜。然而跟以前一样，现实的状况显然较为复杂，能够逃离疫区的人绝对会想办法逃离。农民几乎没有别的选择，但蒙田有，所以他离开了。蒙田当时正在撰写《论相貌》，他放下笔，带着家人离开了庄园。

人们可能认为蒙田这么做等于舍弃了自己的佃农，但早在蒙田离开之前，这些农民的处境已然黯淡无光。蒙田在《随笔集》里提到，他看见民众挖下自己的坟，然后躺在里头等死。[35]走到这步田地，说明已经没有好转的机会。显然，蒙田是带着仆役与随从一起离去的，但他不可能带走全村的农民。他们看见蒙田的家人打包离去，肯定觉得自己已被留下等死；或许他们也知道自己一定会被贵族保护者抛弃。奇怪的是，当初蒙田抛弃波尔多的行为被人们炮火猛烈地攻击，但对这件事，几乎没有批评的声音。也许是因为此时的蒙田已无计可施，而他有责任保护家人。

蒙田一家人沦为无家可归的游民，必须远离家园六个月，直到一五八七年三月听说疫情已经减弱为止。在这六个月里，要找到容身之地并不容易。蒙田有些过去担任公职的前同事，其中一些人跟他及他的妻子有着家族渊源，此时蒙田及家人不得不利用这些人脉。然而，几乎没有人可以一下子收容这么多人；有些人虽然家里有足够的空间，但对于逃避瘟疫的难民充满疑惧。蒙田写道："像我这么好客的人，却在为家人寻找容身之地时遭遇这么大的困难：一个流离失所的家族，对他们的朋友乃至于他们自己来说，都是恐惧的根源。他们每到一个地方，往往造成恐慌，只要家族里有人的指尖开始疼痛，主人就不得不对他们下逐客令。"[36]

　　在流浪的这几个月里，蒙田重操旧业，涉足政治，或许这是为了替家人寻找庇护而必须付出的代价。政治派与其他一些人士为了解除危机与确保法国的未来而四处奔走，蒙田在这方面扮演着愈来愈重要的角色。一五七〇年，蒙田从法官的职位上退休，有了沉思生活的空间，但从市长的职位上退休后则完全不同。此次卸任，反而使他更接近权力金字塔的顶端，走进高处不胜寒的领域，一旦失足，就可能跌个粉身碎骨。蒙田与当时法国的权力核心保持联系，先是纳瓦尔的亨利，后来是太后凯瑟琳·德·梅迪奇。[37]

　　凯瑟琳·德·梅迪奇深信，如果每个人都能坐下来谈，问题一定可以获得解决。她比任何人都致力于讨论协商，因此自然发现蒙田是自己可靠的盟友。从一五八六年十二月到一五八七年三月初，凯瑟琳在科尼亚克（Cognac，也译作"干邑"）附近的圣布里斯城堡（Château of Saint-Brice）与纳瓦尔召开多次会议，其中至少有一次传召蒙田参与。蒙田带着妻子一同前往，太后特别赏赐这对夫妇一笔钱，作为此行的旅费与置装费。[38]蒙田夫妻因此有了栖身之地，但也承受极大的压力。凯瑟琳希望通过这些会议促成条约的签署。可惜的是，跟过去一样，协商是解决不了问题的。

佩里戈尔的疫情逐渐转好，于是蒙田与家人重返家园，发现城堡完好如初，但农地与葡萄园已残破不堪。蒙田仓皇逃离这里之后，便荒废了写作，此时他再次提笔，接续先前的讲述，从动乱带来的沉重负担开始。然而，他对政治的投入未尝稍减。一五八七年秋天，蒙田与科丽桑德见面，而后又单独与纳瓦尔会面。纳瓦尔在同年十月再次造访蒙田的城堡。蒙田又劝他与国王妥协。纳瓦尔随后去见科丽桑德，她也向他作相同的劝解。她与蒙田似乎串通好了，两人一唱一和地劝说纳瓦尔，而纳瓦尔似乎开始动摇。[39]

一五八八年年初，蒙田再次与纳瓦尔会面。不久，纳瓦尔便交代蒙田一件极机密的任务，要求他到巴黎觐见国王。突然间，首都的每一个人都在谈论蒙田此行的目的，也对蒙田这个神秘人物充满好奇，由此可知此次任务的重要。新教作家穆尔内在写给妻子的信里谈到这件事。英格兰驻法大使爱德华·斯塔福德爵士（Sir Edward Stafford）在报告里谈到蒙田，形容他是"纳瓦尔国王手下一名非常睿智的绅士"，又说"纳瓦尔国王派驻此地的属下对于蒙田的到来莫不感到嫉妒"。纳瓦尔平日的随从显然搞不清楚这是怎么一回事:蒙田为他们的主子办差,却没有人告诉他们他办的到底是什么差事。西班牙大使唐·贝尔纳迪诺·德·门多萨(Don Bernardino de Mendoza)写信给国王菲利普二世(Philip II),信中提到纳瓦尔在巴黎的属下"不知蒙田为何前来","怀疑他身负秘密使命"。几天后,二月二十八日,门多萨暗示有谣言指蒙田对科丽桑德施加了影响,又提到"大多数人认为蒙田是个通情达理的人,不过有点糊涂"。斯塔福德也提到蒙田与科丽桑德的关系,说蒙田是她的"亲信",还说蒙田是"一个面面俱到的人",这样的描述在当时是指非常能干。看起来,蒙田与科丽桑德成功地操纵了纳瓦尔,使他达成某种妥协,或许是初步同意在必要的时候放弃新教,而蒙田前来巴黎,就是为了传达这一信息给国王。

此事的敏感程度足以使天主教同盟与纳瓦尔的新教支持者,都有充分的理由阻止蒙田来到巴黎。事实上,几乎没有人喜欢这项和谐而稳健的使命。就连英格兰大使也感到忧心,因为英格兰想维持对纳瓦尔的影响力,不希望纳瓦尔再次改信天主教。唯一感到高兴的是国王、凯瑟琳·德·梅迪奇太后以及零零散散的政治派人士,他们一直希望法国能获得统一。[40]

因此,蒙田的旅程并不平顺。他出发后不久,经过昂古莱姆(Angoulême)东南方的维勒布瓦(Villebois)森林,一行人遭到武装盗匪的伏击与拦截。蒙田曾因为坦率而被盗匪释放,可惜这次事件跟那一次是两回事。上次的遭遇纯粹是偶然,这次抢劫却是出于政治动机或类似的目的——至少蒙田是这么想的。事后，蒙田在给马蒂尼翁的信上写道，他怀疑这群盗匪是天主教同盟的人，他们想阻止他们的两个仇敌——国王与新教徒纳瓦尔——达成协议。[41] 在暴力威胁下，蒙田被迫交出钱财、行李箱里的上好服饰（可能是为进宫准备的），以及文件。无疑，里面包括纳瓦尔阵营的秘密文件。幸运的是，他们并未杀死蒙田以绝后患，反而放过他，（人们推测）他安全传达了信息。然而，尽管蒙田冒了这么多险，尽管他引发了民众如此兴奋的情绪，最后还是没有达成协议。局势即将恶化。

就在蒙田抵达巴黎后不久，吉斯公爵于一五八八年五月来到首都。他仍是国王最危险的敌人，他的出现也引发了纷争。亨利三世早已下令禁止吉斯进入巴黎，所以吉斯的举动等于公开挑战王室的权威。但吉斯乃是有备而来，他已经得到不服王命的巴黎高等法院的支持。国王理应逮捕吉斯，却没有这么做，反而接受吉斯的觐见。据说新任教宗西克斯图斯五世（Sixtus V）日后曾评论两人的会面："吉斯是个鲁莽的蠢蛋，先是侮辱国王，而后又觐见国王，此举无异于自投罗网；国王则是个懦夫，居然还让吉斯全身而退。"这是脆弱平衡的又一个例证：在这里，强者必须决定自己要提出多大的挑战，而弱者必须决定自己应该低头，还是起而反抗。

往后，亨利三世又陆续作出三个错误的决定。首先，他应该有所行动，却按兵不动。然后，为了补救先前的错误，他做了过当的反应。五月十一日晚间，亨利三世在巴黎全城部署军队，貌似全面开战，甚至可能要屠杀吉斯的党羽。在惊恐与愤怒下，天主教同盟群众蜂拥而出，堵塞街道，准备自卫。于是第二天成了著名的"街垒日"（Day of the Barricades）。[42]

亨利三世接下来犯了第三个错误。他在惊慌中让步，显示他既软弱且行为过当，而这正是蒙田认为的灾难，特别是在面对暴民的时候。国王恳求吉斯安抚他的支持者。吉斯骑马上街，表面上顺从国王的要求，实际上却变本加厉地煽动群众，暴乱于是爆发。"我从未见过民众如此狂暴胡为。"蒙田的朋友帕基耶日后在信中说道。[43]这场暴乱看起来像是另一场"圣巴泰勒米大屠杀"，差别在于死亡的人数较少，且这一次有特定的目标，而目标很快达成。到了第二天末尾，帕斯基耶说："一切恢复平静，你会说好像是做了一场梦。"但这并不是梦：清醒后的巴黎面临着改变的现实。国王已经逃离，一声不响地溜出城门，根本没有人注意到他。他已经逃往沙特尔（Chartres），把巴黎拱手让给了吉斯。

亨利三世未打一仗就放弃都城，成为不折不扣的流亡者。实际上他已形同退位，但他的支持者仍视他为国王。吉斯命令亨利三世接受波旁枢机主教为继任者，亨利别无选择，只能同意。当时明眼人都知道这场灾难是怎么发生的。亨利三世曾有除掉吉斯的机会，但没好好把握——他大可逮捕吉斯，或是釜底抽薪直接杀了他。蒙田仍是忠诚的保王派人士，于是前往沙特尔加入国王的阵营。亨利后来移驻鲁昂，蒙田也跟随前往。蒙田的选择并不令人意外，若非如此，他就只能待在巴黎与天主教同盟为伍，或是直接告老还乡。这两样蒙田都没有选择，但最后他还是告别国王，于一五八八年七月回到巴黎。蒙田当时深受痛风或风湿病折磨，病情非常严重，因此在停留巴黎期间，绝大多数时候都卧病在床。

蒙田原本预期自己会风平浪静地离开巴黎，他做的最具煽动性的事就是与出版商见面——他最近才完成《随笔集》的最后一卷。然而巴黎不是与国王有关系的人该待的地方。一天下午，蒙田正在床上休息，身体仍极为不适，一群人在天主教同盟的命令下，全副武装地冲进屋内将他带走。逮捕的动机可能是为了报复最近在鲁昂发生的类似事件，即亨利三世下令逮捕一名天主教同盟人士。至少这是蒙田的说法，他把这件事记录在波特星历中。他们带走蒙田，让他骑上自己的马，前往巴士底（Bastille），并且将他囚禁。[44]

在《随笔集》中，蒙田写下对被捕的恐惧：

> 我从未进过监狱，甚至从未造访过。光是想象监狱的外观，就足以让我浑身不快。我是如此渴望自由，要是有人不让我前往西印度群岛的某个角落，我就会活得不愉快。[45]

被关进巴士底监狱，又是在病重之时，对蒙田来说确实是一种震撼。但蒙田有理由相信自己不会在狱里待得太久，而他也确实很快就出狱了。五个小时之后，凯瑟琳·德·梅迪奇前来救援。她此时也在巴黎，一如既往地希望通过谈判解决危机。她先与吉斯协商，就在谈判时，听到蒙田被捕的消息，便立即要求吉斯放人。吉斯显然不太愿意，不过还是照做了。

吉斯的命令传达给了巴士底的指挥官，但即使如此，一开始还是无法放人。指挥官坚持要取得巴黎市长拉沙佩勒爵爷（sieur de La Chapelle）米歇尔·马尔托（Michel Marteau）的认可，而马尔托又将他的同意命令通过另一名强有力的人物维勒鲁瓦爵爷（seigneur de Villeroy）尼古拉·德·纳维尔（Nicholas de Neufville）传达给指挥官。因此到最后，总共经过四名重要人物下达命令，蒙田才获释。蒙田自己对此事的了解是：他能"获释乃是基于闻所未闻的恩典"，而且是在凯瑟琳·德·梅迪奇的"再三坚持"下才得以成功。凯瑟琳一定很欣赏蒙田；吉斯公爵或许讨厌他，不过即使是吉斯，也能看出蒙田是值得特别考虑的。

这起事件过后，蒙田在巴黎短暂逗留。他的关节病逐渐好转，另一种病痛却紧跟其后，袭击了他。这个病痛或许是肾结石，蒙田受此病折磨已有一段时间，但病情一直没有好转。他经常担心这个病很可能要了他的命，此时的病情已显示出这样的倾向。蒙田的朋友皮埃尔·德·布拉克（Pierre de Brach）在多年后写了一封颇具斯多葛风味的信给思想家于斯特斯·利普修斯，信中描述：

几年前，我们在巴黎见面，医生对他的病情感到绝

350

望，而他只求一死。他与死神面对面时，我发现他把死神推得远远的，并且蔑视死神带来的恐惧。绝妙的论点悦耳动听，美好的教诲使灵魂睿智，坚定的勇气安抚恐惧的内心，这就是那个人当时所展现的！我从未听过有人比他说得更好，或比他更有决心遵照哲学家的指示面对死亡。他身体的病弱未能击倒他灵魂的活力。[46]

布拉克的描述是传统的，但它的确显示蒙田已接受自己必死的事实，其实他从落马那一天以来就是如此，何况此后还经历了许多事。肾结石迫使他必须每隔一段时间就近距离地面对死亡，这也是一种战场上的对峙。到最后，死神注定是更强的一方，但蒙田至少曾挺直身子面对它。

后来，蒙田逐渐恢复，便前去拜访一年前在巴黎认识的新朋友：玛丽·德·古尔奈。她是他作品的热情读者，而且邀请蒙田到她位于皮卡第（Picardy）的城堡与她的家人同住一段时间。[47]这是一处怡人的休养场所。与此同时，新版《随笔集》出版，而蒙田已开始考虑增补自己的作品，或许会把最近的经验写进去。蒙田着手为新出版的作品增添注释，有时他独自工作，有时古尔奈与其他人从旁协助。

一五八八年十一月，蒙田已完全恢复健康，于是前往布洛瓦。国王此时正在此地参加全国性立法会议——又称"三级会议"，吉斯也前来与会。会议的目的理应是进行更进一步的协商，但亨利三世另有所图。身为一名没有王国的国王，他感到绝望。

过去六个月来，他一直聆听谋士的建议，如果能把握机会除掉吉斯，那么情势将转而对他有利。

现在，吉斯跟亨利一起待在布洛瓦城堡，机会又来了，而亨利决心改正过去的错误。十二月二十三日，他邀请吉斯到他的私人房间一叙。吉斯的左右认为此行相当危险，劝他不要前往，但吉斯还是答应了。他走进亨利三世卧房旁的私人房间时，几名皇家卫士从藏身处跳出来，"啪"的一声关上他身后的门，随即一拥而上，将他刺死。这一次，就连国王的支持者也大吃一惊，亨利从一个极端跳到另一个极端，绕过了蒙田明智稳健的中庸之道。

虽然蒙田来到布洛瓦加入国王的行列，但没有证据显示他提前知道这场刺杀阴谋。就在事件发生的前几天，蒙田过得相当惬意，与几个老朋友叙旧，如德·图与帕基耶，虽然后者总是喜欢惹人生气——他把蒙田拉到自己的房间里，告诉他最新版的《随笔集》在文体上有什么地方出现错误。蒙田礼貌地听着，但不管帕斯基耶说什么他都没听进去，就像他过去面对宗教裁判所的官员时那样。

与蒙田相比，帕基耶的情绪很容易激动，听到吉斯被杀时，他马上陷入极度的沮丧之中。"哦，多么悲惨的景象！"他在写给朋友的信上如此表示，"长久以来，我的体内生成了不少忧郁的体液，现在我非得吐在你膝上不可。我害怕，我相信，我正亲眼见证国家的灭亡……国王将失去王冠，或眼见自己的王国陷入完全的混乱。"[48]蒙田没有说这么戏剧性的话，但他肯定也感到震惊。最糟糕的是，对政治派人士来说，这起冷血而时机有误的暗杀事件，使国王遭受严重的道德质疑，因为在他们眼里国王理应带给国家稳定的希望。

亨利三世认为这场外科手术式的攻击行动可以终结一切麻烦，就像查理九世主导"圣巴泰勒米大屠杀"那样。然而，吉斯的死反而激化了天主教同盟的情绪，新的革命组织在巴黎成立，称为"四十人会议"（Council of Forty），该组织宣布亨利三世是暴君。索邦神学院向教宗询问，杀死一名已经失去在位正当性的君主在神学上是否被允许，教宗给予了否定的答案。尽管如此，天主教同盟的传道者与律师认为，任何一名充满热忱与受上帝召唤的臣民都可以这么做。"暴君"是他们不断呐喊的词汇，但这些传道者不认同拉博埃蒂《论自愿为奴》的主张，不主张消极抵抗，也不提倡以和平的方式表示反对。他们发表了自己的教令，如果亨利是撒旦在地上的代理人——如洪水般的宣传品所说——那么杀死他就是履行神圣的责任。[49]

一五八九年巴黎的骚乱，其影响波及生活的各个层面。新教编年史家皮埃尔·莱斯图瓦勒（Pierre L'Estoile）提到已经陷入疯狂的城市：

> 今日，袭击邻人、屠杀最亲近的亲人、掠夺祭坛、亵渎教堂、强奸妇人与年轻女孩、抢劫每一个人，已成了天主教同盟者的家常便饭与狂热天主教徒绝对无误的印记。嘴巴上总是挂着宗教与弥撒，心里却充满无神论

与抢夺的邪念，手上沾的全是谋杀的鲜血。

灵异现象与恶兆不断在各地涌现，就连蒙田的朋友、平日相当冷静的德·图看到柴堆里出现双头蛇，也不禁认为那是一项预兆。[50] 就在局势看起来糟到不能再糟的时刻，一五八九年一月五日，凯瑟琳·德·梅迪奇去世。母亲的撒手人寰使亨利三世顿失依靠，此时的他完全被仇恨围绕，能仰仗的只有欠饷的军队与依照原则坚定支持他的政治派人士。

与以往一样，政治派依然不得人心。此时像蒙田这样的人提出任何主张，恐怕都于事无补。他以冷静而节制的语调表示，现在已经分不清天主教同盟与激进胡格诺派谁是谁了：

> 这一议题如此严肃：臣民为了宗教而反叛，并且拿起武器对抗自己的君主，这么做是否合法？犹记得去年，某些人高喊"赞成"作为自己的立场，另一些人则高喊"反对"作为自己的主张；现在再听听看，这些"赞成"或"反对"的声音又是出自何人之口，"赞成"与"反对"，哪一方动用的干戈少于对方？[51]

至于神圣暗杀的观点，怎么会有人认为弑君可以让人上天堂？救赎怎么可能来自"大剌剌地做出必定遭受诅咒的行为"？[52] 在这段时间，蒙田失去了对政治仅存的兴趣。一五八九年初，他离开布洛瓦。一月底，他回到自己的庄园，埋首于书房。蒙田在这里仍保持活跃，继续与马蒂尼翁通信（马蒂尼翁仍是该区的陆军中将与新任的波尔多市长），但不再担任传达信息的外交使节。讽刺的是，就在蒙田放弃后不久，亨利三世与纳瓦尔终于恢复人们期待已久的友好关系。他们合兵一处，准备在一五八九年夏天围攻首都。

但国王在这个时候又犯了一个错误。巴黎天主教同盟发现，军队在城门外集结扎营时，亨利三世也在他们伸手可及的范围内。道明会（Dominican Order）的年轻修士雅克·克莱芒特（Jacques Clément）收到上帝要他行动的旨意。他伴称自己接到城内秘密支持者的信息，在八月一日来到军营，并且获得国王的接见，此时国王正坐在便盆上——这是当时皇室接受觐见的普遍做法。克莱芒特拔出短剑，赶在卫士杀死他之前，把剑刺入国王的腹部。几个小时之后，亨利因流血过多而死。国王最后确认由纳瓦尔担任他的继承人，不过不断重复自己的条件，那就是纳瓦尔必须回到天主教会。

国王的死讯使巴黎响起欢呼声。在罗马，就连教宗西克斯图斯五世都赞扬克莱芒特的行动。纳瓦尔终于同意回归天主教。起初，有些天主教徒仍拒绝承认他，尤其是巴黎高等法院的成员，他们坚持波旁才是他们的国王。有一段时间，法国出现两个不同的政治实体，人们需要选择支持哪一方。但纳瓦尔缓慢而耐心地获得了胜利。他成为无可争议的法王亨利四世。他终将找到一条结束内战的途径，并促成国内的团结，所仰赖的大多是自身的人格力量。他一直是政治派期盼的国王人选。

蒙田长久以来一直与纳瓦尔维持友好的关系，此时再次受邀担任半官方的角色，做亨利四世的顾问——一名直言不讳的顾问。依照惯例，蒙田必须写信给亨利，表达自己愿意为主上效劳的心意。亨利则于一五八九年十一月三十日回应，传召蒙田前来图尔（Tours），当时他暂以此地作为朝廷所在地。要么是这封信送得太慢，要么就是蒙田任由信件躺在壁炉架上不去理会，因为直到一五九〇年一月十八日，他才回信——此时回复王命已然太晚。向国王效忠，理论上没问题，但蒙田已决定不再远行，特别是他的健康状况已比过去糟糕。蒙田向国王解释，唉，这封信回得迟了。他不断表达祝贺之意，并且表示愿效犬马之劳。

　　这封信的写法算是因袭了惯例，但蒙田在当中加了几句比较刺耳的建议。他的文字依然恪守形式上的礼仪，然而他也告诉新王应该早日停止对军队的纵容；国王应该展现自己的权威，同时要以"仁慈与宽厚"赢得人心，因为善意总是比威胁更能获得人民的支持；国王应该强悍，但也要信任人民；国王应该受人民的爱戴，而非令人民感到恐惧。

　　九月二日，蒙田写了另一封信给亨利，在此之前亨利再度要求蒙田动身启程，这次是希望他与马蒂尼翁见面。国王表示他会支付蒙田的一切费用。然而蒙田还是优哉游哉了六个星期才回信说他刚接到信。蒙田说他已经写给马蒂尼翁三封信，信中提到要去拜访他，但马蒂尼翁并未回信。蒙田表示，或许马蒂尼翁是顾及"道路的漫长与艰险"，想免去他旅行的危险与舟车劳顿之苦。

这个暗示相当明显：亨利四世也该考虑这一点。此外，蒙田对国王提出可以支付旅费也略感不悦：

> 无论君王如何慷慨，我从未接受多于自己要求或理当获得的馈赠；我服侍主上也不是为了获得赏赐，在这点上陛下恐怕对我不甚了解。我为历代国王作出许多贡献，但我愿为陛下付出更多。主上，我已如愿地富足。我若为您在巴黎倾家荡产，肯定会厚颜向您索求奖赏。[53]

　　这么坦白地对国王说话的确令人吃惊，但蒙田年事已高而且病魔缠身（此时得了热病），加之他与国王相识已久，因此敢直率地发言。在《随笔集》中，蒙田写道："我以百姓的忠诚情感来看待我们的国王，不受私人利益左右……因此走到哪里都能抬头挺胸，毫无愧色，内心也一片坦然。"[54]他写给亨利四世的信显示出他依然善于言词。事实上，这两封信的写法与《随笔集》如出一辙：直言不讳，不因权力而动摇，而且决心维护自己的自由。

　　蒙田也许察觉到亨利四世的统治模式正逐渐成形：国王有建立个人崇拜的念头。亨利四世相当强悍，法国在历经几任软弱而放纵的国王之后，正需要这样的领袖；可惜亨利不够精明。演说时简短快速，具有决断力，这些是他的风格。他不像亨利三世那样会定期洗澡，用餐时不使用叉子；相反，他非常肮脏，就像一般的男人一样，而且据说身上散发着一股腐肉的臭味。亨利四世深具领导魅力；蒙田喜爱强而有力的君主，但不喜欢故弄玄虚。[55] 在《随笔集》里，蒙田提到亨利四世时，总是充满理智的肯定而非愚蠢的盲从；类似的有所保留也出现在他的信里。蒙田赢得了这场特别的战争，因为他确实从未加入亨利四世的朝廷。

一五九五年初，亨利四世成功击败外敌西班牙（可惜蒙田已无缘得见），借此宣泄内战的精力，而内战最终在一五九八年全面终止。法国开始建立起真正的集体认同，虽然这种集体认同感仍相当薄弱，且多半集中在亨利四世一个人身上。许多民众热情地拥护他，但同时，也有一些人极度痛恨他。他最后于一六一〇年遭暗杀身亡，凶手是狂热的天主教徒弗朗索瓦·拉瓦亚克（François Ravaillac）。

亨利四世对历史的贡献是一五九八年四月十三日颁布的《南特诏令》，它保障了良心自由与两个分裂教派信仰崇拜的自由。与先前的和平条约不同，这道诏令确实成功地维持了一段时间。法国因此从饱受宗教战争蹂躏的国家转而变成西欧第一个正式承认两种不同基督教形式的国家。一五九九年二月七日，亨利在高等法院的一场演说中明白宣示，这道诏令不是软弱地想讨好谁，人们也不该把这道诏令当成制造麻烦的令箭。"我会拔除所有分裂与煽动的幼苗，会砍掉所有鼓动者的头。"[56]

在强力执行下——蒙田应该会欣赏这种直截了当的自信——《南特诏令》的效力持续了近一个世纪，直到一六八五年被废除。彼时，法国又掀起一波难民潮，胡格诺派信徒纷纷逃往英国或其他地方。这些难民中，有许多人是蒙田的读者，包括皮埃尔·科斯特。科斯特秘密出版的《随笔集》日后越过英吉利海峡，被偷偷运进法国，他把具革命色彩的新蒙田介绍给国内苦难的同胞。

16

我们问：

如何生活？

How to live?

●

蒙田说：

偶然探究哲理就好

Philosophise only by accident

蒙田很少以哲学家自居，只偶然如此。

他用很多的篇幅作思想漫游，但实用的生活哲学才是他感兴趣的部分，而这与真正的哲学是两码事。

不断书写，永不停歇，蒙田没有地图，也没有计划。他不知道自己的终点在哪儿，也从不知道抵达终点后要做什么。

十五名英格兰人与一名爱尔兰人

一七二四年，科斯特重新出版蒙田的作品，奇妙的是，在此之前的一个世纪——这段时间《随笔集》在法国度过了艰难的时期——英格兰人从未停止对蒙田的赞誉。法国以外，最早接受蒙田的首推英格兰人，他们几乎把蒙田当成自己的一分子。英格兰人心灵中的某种因子使他们与蒙田一拍即合；此后，即使其他地区对蒙田的看法几经变迁，英格兰人仍不改初衷，一贯地喜爱蒙田的作品。

数百年来蒙田在英吉利海峡对岸遭逢了什么样的命运，值得我们简要地加以介绍，因此关于蒙田晚年生活的描述，就请容我先暂时打住（前面的章节以蒙田的生平为主线，其间也旁及他对十九世纪中叶的影响）。蒙田从未想到要去英格兰旅行，而他也应该对自己日后被英格兰当成难民一样收容感到惊讶，尤其英格兰还是个新教国家。

从十七世纪末开始，众多的英格兰读者能自由地阅读蒙田的作品，宗教是其中一个重要因素。英格兰新教徒并不理会罗马教会将蒙田的书籍列为禁品，阅读蒙田的作品反而让他们觉得自己比天主教徒高上一等，而且能读法国人不能读的书更令他们感到满足。法国人由于未能赏识自己国内最好的作家，因此被英格兰人讥为有眼无珠，尤其是在法兰西学术院对所有文学作品施加严谨的古典优雅标准之后。"自由而不受拘束"的作家（蒙田这么描述自己）[1]在新法语美学中没有容身之处，但英语世界却把蒙田当成在外游荡的儿子，欢迎他回家。英语是让乔叟（Geoffrey Chaucer）与莎士比亚生气蓬勃、无拘无束的故土，对于蒙田这样的作者来说，英语似乎是个恰当的语言。哈利法克斯勋爵认为，翻译蒙田的作品"对我们来说不仅如获至宝，也是对法国二流作家的莽撞无礼作出公正的谴责。这些人无所不用其极地以鸡毛蒜皮的小事贬损这位伟大人物的名声。他的才华卓然天成，原本不该拘于一格"。[2]随笔作家威廉·黑兹利特（William Hazlitt）硬是把蒙田与拉伯雷塞进《论古英语作家与演说者》（*On Old English Writers and Speakers*）里头，他解释自己这么做的原因："我们认为这些作品相当程度上可被视为英语作品，而它们也展现出法语还未受到宫廷与吹毛求疵的学者败坏时的品格。"[3]

英格兰读者喜欢《随笔集》这样的书写风格，更易被这本书的内容吸引。蒙田喜爱细节甚于抽象，这一点颇合英格兰人的口味。他对学者的不信任，对稳健与舒适的看重，以及对私人空间的追求——如"店铺后面的房间"的观点——也深受英格兰人青睐。另一方面，英格兰人也跟蒙田一样喜爱旅行与欣赏异国事物。蒙田沉浸于安详的保守主义中，但有时也会猝不及防地表现出激进的立场；英格兰人也是如此。蒙田总是开心地看着自己的猫在火炉旁玩耍——和英格兰人一样。

此外还有蒙田的哲学，如果能说那是一种哲学的话。英格兰人欠缺哲学的气质，不喜欢空泛地思索存在、真理与宇宙。英格兰人喜欢的作品经常充满奇闻轶事、古怪的角色、诙谐的妙语，以及些许幻想。弗吉尼亚·伍尔夫在提到托马斯·布朗爵士（Sir Thomas Browne，一位写作中带有蒙田色彩的英格兰作家）时附带指出："英格兰人生性无拘无束，唯有任他们的念头四处奔驰，性格恣意挥洒，他们才能感到自在与快乐。"[4]因此，黑兹利特赞扬蒙田，认为他的作品一定能得到欠缺哲学气质的民族的喜爱：

> 他奋笔疾书，从不以哲学家、才子、演说家或道德家自诩。他所做的不外乎是大胆地告诉我们他脑子里闪过的任何念头，并且以毫无修饰的方式，坦白而直接地表述出来。[5]

蒙田很少以哲学家自居，只偶然如此。他"无意间成为一名哲学家"。[6]他用很多的篇幅作思想漫游，不可避免地误闯了某个伟大的古典理论。但实用的生活哲学才是他感兴趣的部分，而这与真正的哲学是两码事。整体来说，这些现象也发生在英格兰人身上。

然而，蒙田在英格兰的成功，与他和英格兰人气味相投有关，但主要是运气。蒙田说自己是个人生中充满偶然的人，这话说得一点不错。《随笔集》一开始就误打误撞地遇见了卓越的译者约翰·弗洛里奥（John Florio），蒙田作品的命运自此改变。

弗洛里奥应该是最早将蒙田内心隐含的英格兰气质揭示出来的人；更引人注目的是，弗洛里奥自己是个具有多种文化背景的漫游者，他的感性反而使他不像英格兰人。他经常被说成是意大

约翰·弗洛里奥

利人，然而他的母亲是英格兰人，他自己则于一五五三年生于伦敦，所以弗洛里奥受英格兰的影响其实相当深。他的父亲是意大利人米凯莱·阿尼奥洛·弗洛里奥（Michele Agnolo Florio），一名语言教师与作家，多年前以新教难民的身份来到英格兰。当信奉天主教的玛丽·图尔多（Mary Tudor）登基时，弗洛里奥一家只能再次流亡，并且在欧洲各地流浪。年幼的弗洛里奥因此学会了多国语言。成年后，弗洛里奥回到英格兰，成为知名的法语与意大利语教师。他不仅出版了一系列初级对话课本，也编纂广受欢迎的英–意字典。

弗洛里奥在富有的金主贝德福德女伯爵（Countess of Bedford）的鼓励下从事《随笔集》的翻译工作。女伯爵为他找来一群朋友及合作者，帮助他追溯引文的出处与宣传这本书。弗洛里奥为了报答女伯爵的帮助，写了辞藻华丽的献词，部分文字甚至堆砌到连接受献词的人都难以看懂的程度。[7] 在弗洛里奥写给女伯爵的信里，有一段话是这么说的：

能完成这部作品，全赖女伯爵阁下的不吝指正。若无您和颜悦色地从旁叮叮嘱咐，面对如此漫长的事业，恐怕我早已迷失在庞杂浩大的文字之中。我可能会心猿意马地整日追逐微末枝节，而无法回归主题（有谁能够束缚住这股欲望呢，它总是跑在思想前面，逾越思想的范畴，然后引诱你思考无须思考的事）。或者，若无您时时提示应有的轻重缓急，为我权衡利害得失，恐怕我早已偏离正轨，误入歧途。[8]

如果放任弗洛里奥去做，让他自由发挥，很可能就会发生信里所说的事。弗洛里奥跟蒙田一样，写作时会不断歧出至其他复杂的想法之中，如同蜘蛛吐丝一般。不过蒙田总是不断向前，反观弗洛里奥，则是迂回地返回自身，将自己的句子逐步收拢出巴洛克式的螺旋纹路，直到所有的意义消失在语句之中。这两位作家相遇时，真正不可思议的事发生了。蒙田的朴实无华拘束了弗洛里奥的回旋缠绕，而弗洛里奥则为蒙田的作品注入了伊丽莎白时代的英语风格，以及大量纯粹的趣味。蒙田写道："我们日耳曼人全是被酒给淹死的。"[9]弗洛里奥则说："我们这些狂饮到烂醉的日耳曼士兵，一堆人把头埋进酒杯里，像老鼠一样地溺死了。"[10]现代译者唐纳德·弗雷姆冷静地将某个句子翻译成"狼人、精灵与怪物"[11]，但在弗洛里奥笔下，这个句子却成了"幼虫、妖精、好汉罗宾、其他类似的妖怪与喀迈拉"[12]——就像《仲夏夜之梦》（*A Midsummer Night's Dream*）里的文字。

莎士比亚与弗洛里奥确实彼此相识，而且莎士比亚还是《随笔集》译本最初的读者之一。他甚至在作品付梓前就已读过手稿：《哈姆雷特》（*Hamlet*）发表于弗洛里奥的译本出版之前，但在《哈姆雷特》里隐约可见蒙田的影子。另一部较晚出现的剧作《暴风雨》（*The Tempest*），里头有一段话与弗洛里奥译本中的一处内容非常相似，充分显示莎士比亚确实读过弗洛里奥的作品。莎翁笔下的贡萨罗（Gonzalo）颂扬他所想象的自然状态下的完美社会：

> 在这个国家，我要施行
> 完全相反的制度，我要禁止
> 所有的买卖交易；不设官员；
> 不习文字；富有、贫穷，
> 与仆役，全部废止；契约、继承、
> 疆界、领域、耕作、葡萄园，无一存在；
> 不使用金属、玉米、酒或油；
> 没有职业，所有人闲散无事，毫无例外。

上述诗句与弗洛里奥翻译的蒙田对图皮族人的描述极其相似：

> 在这个国家……没有买卖，不识文字，不懂算术，不设官长，不雇用仆役，无贫富之别，不订契约，无财产可继承，亦无财物需分配，无工作职业，只知休憩闲

游，爱无等差，照顾共同亲族，无衣裳，不务农，不饮
酒，不食谷物，亦不崇尚德行。

自从十八世纪末爱德华·卡佩尔（Edward Capell）点出这
个相似之处后，就掀起了一阵寻章摘句的热潮，许多人在莎翁
的其他剧作里寻找与蒙田作品相似的描述。[13] 人们觉得最有可能
的作品是《哈姆雷特》，因为这出剧里的主人翁就像在舞台上陷
入戏剧性两难处境的蒙田。蒙田写"不知何故，每个人的内心似
乎都有两个我"，或连珠炮似的用彼此矛盾的形容词来描述自己
时——如"羞怯的、傲慢的，贞洁的、淫荡的，饶舌的、寡言
的，强悍的、柔弱的，聪明的、愚笨的，脾气暴躁的、和蔼可亲
的，爱说谎的、可信任的，博学的、无知的，慷慨的、吝啬的与
挥霍的"——就像是剧中人物在独白。他也评论说，对于行动的
环境与结果考虑太多的人，必定一事无成——一语道破哈姆雷特
生前的主要问题。[14]

蒙田与莎士比亚之间的类似，可能是因为他们同受文艺复
兴晚期混乱而优柔寡断的气氛影响。一般认为蒙田与莎士比亚
是最早表现出"近代性格"的作家，他们捕捉到近代充满不确
定感的特质，例如对于自己的归属、自己是谁，以及自己该做
什么缺乏明确的感受。研究莎士比亚的学者 J. M. 罗伯逊（J. M.
Robertson）认为，蒙田与莎士比亚以后的文学作品，只是对这
两名作家的共同主题进行增添而已，而这个主题就是自我意识的
分裂。[15]

不应夸大蒙田与莎士比亚之间的相似之处。莎翁是一名剧作家而非随笔作家，可以将自身的矛盾表现在舞台角色的冲突中，蒙田则必须将所有的矛盾集合在自己身上。另一个差异是，蒙田不像莎翁在英格兰拥有崇高的地位，在叙事的领域并非一直居于顶端。他因此不像莎士比亚那样招来嫉妒，也没有偶像破坏者宣称蒙田并非《随笔集》的真正作者（经常有人对莎士比亚提出这样的指控）。

或者应该说，几乎没有人怀疑《随笔集》的作者是蒙田。在极少数的例外中，有一位十九世纪重要的"反斯特拉福人士"（anti-Stratfordians）（或称莎士比亚怀疑者）：伊格内修斯·唐纳利（Ignatius Donnelly）。唐纳利长篇大论地主张弗朗西斯·培根（Francis Bacon）才是莎士比亚作品的真正作者，在文末又用专门的一章证明培根还完成了蒙田的《随笔集》、罗伯特·伯顿（Robert Burton）的《忧郁的解剖》（*Anatomy of Melancholy*）以及克里斯托弗·马洛（Christopher Marlowe）的所有作品。他找到许多埋藏在《随笔集》里的线索，例如在某个段落写道："谁能让顽强拒吃面包、'培根'或大蒜的孩子改变心意，谁就能让孩子戒除美食佳肴。"《随笔集》里出现几次"弗朗西斯"这个名字，不可否认这一定是法文的"弗朗索瓦"，一般来说指的是法国国王弗朗索瓦一世。但毫无疑问，这也是一条线索。为了进一步证明，唐纳利引用了某个波特太太（Mrs. Pott）的发现。她提醒唐纳利，莎士比亚在剧作里经常提到"山"（mountain），指的或许就是蒙田。既然培根写了莎士比亚的剧作，那么在剧作中提及蒙田，必定显示他也写了《随笔集》。"有谁会相信这一切完全出于偶然？"唐纳利问。

唐纳利承认自己对《随笔集》当中某些看似充满线索的段落感到困惑。这些文字往往难以诠释，比如一名年轻女性在她的兄弟遭到杀害之后捶打自己雪白的胸部这一段。[16] 唐纳利放弃了，说：

> 谁是这名年轻女士呢？文章并未详细描述她的事。是雪白的胸部杀死了她的兄弟吗？……子弹从哪儿来的？是从雪白的胸部射出来的吗？这一切都太荒谬了……像这样的陈述还有数百处。

《随笔集》是以法文写成的，这理当构成问题，但唐纳利不这么认为。他的解释是，培根想出版一本怀疑论的、宗教上非正统的书籍，但不敢在英格兰这么做，于是打算以翻译书为幌子来出版自己的作品。培根的运气不错，他的哥哥安东尼·培根（Anthony Bacon）当时在法国，而且认识蒙田。[17] 安东尼说服蒙田将姓名借给培根使用，而另外某个人则说动弗洛里奥扮演译者的角色。于是，培根写书，蒙田挂名，弗洛里奥很可能真的做了翻译，只不过是将英文译成法文。"蒙田"的确是英格兰人，比哈利法克斯勋爵与黑兹利特的想象更货真价实。

从某方面来说，这个故事确实存在着事实基础：安东尼·培根的确认识蒙田，而且拜访过他两次，第一次在一五八〇年代初，第二次是在一五九〇年。安东尼可以轻易带一本蒙田的《随笔集》回去给他的弟弟，这表示培根可能早在他自己的《随笔集》(*Essays*) 出版（一五九七年）之前，就已经读过法文版的蒙田的《随笔集》。而这也解释了人们经常感到困惑的一件事：为什么前后相差不到数年，培根与蒙田分别发表了书名相同的作品。[18]

然而我们必须说，蒙田与培根类似的地方，也仅止于作品的名称而已。蒙田作品带有的"英格兰特质"，在培根的作品中完全不见踪影。培根的写作比蒙田更强调思想的严谨与精确。他更敏锐、更具哲学性，也更令人厌烦。他处理阅读或旅行这类主题时，使用的是命令的语气。"这"是你应该读的，"那"是你旅途中应该造访的地方。如果一个主题可以分成几个子题，他就会加以区分，而且预先宣布有哪些子题，然后再一一介绍，毫无半点遗漏。可以确定的是，蒙田绝对不会这么做。

自从弗洛里奥与培根以"随笔集"作书名，往后无数英文书籍的书名均采用"随笔集"一词。有些人是受到弗洛里奥的译作启发，有些则是受到培根的影响，但绝大多数作品都采取了蒙田的写作与思想风格。十七世纪初以后的英格兰随笔，几乎很少针对重要主题作严谨的哲学思考，多数是以愉快的笔调漫谈平凡无奇之事。其中最典型的是威廉·康沃利斯（William Cornwallis）的作品，他阅读过弗洛里奥早期译本的草稿，并且在一六〇〇、一六〇一、一六一六与一六一七年出版了自己写的一系列《随笔集》，主题包括"论睡眠""论不满""论荒诞""论酒馆"与"论观察与事物的用处"。[19]

有些作者即使未用"随笔集"当书名，也会在作品中呈现出个人杂谈的风格。法国文学愈来愈强调均衡与形式时，英格兰却涌现一批古怪的作家。罗伯特·伯顿在他的大部头作品《忧郁的解剖》中描述自己的写作方式宛若"一条四处嗅闻的猎犬，一看到鸟就吠叫"。[20] 更奇怪的是托马斯·布朗爵士，他以随笔的形式探索医学、园艺、殡葬与想象中的图书馆，描述方式充满回旋的巴洛克风格。[21] 这与其他人（甚至包括弗洛里奥）迥然不同，任何人只要一看到布朗的句子，就能立刻认出是他的手笔。

就在蒙田的作品出人意料地在英格兰大受欢迎时，一名新译者开始重新翻译《随笔集》，并且在译文上稍微作调整。查尔斯·科顿于一六八五年与一六八六年出版的新译本，距离法国把《随笔集》列为禁书还不是很久。科顿的译文比弗洛里奥精确，而且吸引了新一代英格兰读者接触蒙田的作品。令人意外的是，这位在译文上要求严谨的译者，其本人的性格却比弗洛里奥更为反复无常，而且更雅好文艺。科顿在当时主要以写作下流低俗的诗文闻名，他曾形容自己是"来自北方的鄙陋之人"，最喜欢做的事就是整晚待在酒馆里畅饮麦酒，然后再回到书房去——

> 撰写淫秽的书信，有时翻译
> 来自吉耶讷与普罗旺斯的古老木桶故事，
> 并且不断地与法国老人争吵。[22]

科顿死后，他的名声就跟蒙田或莎士比亚一样，历经各种离奇的转折（也许没有蒙田或莎士比亚那么大起大落）。十九世纪的读者认为他的喜剧韵文令人生厌，却对他的抒情自然诗称赞有加，不过与科顿同时代的人却完全未留意到他的诗作。之后，科顿的诗也慢慢遭到遗忘，反倒是他为艾萨克·沃尔顿（Isaac Walton）的《钓鱼大全》（*The Compleat Angler*，这部作品本身就极具蒙田的风格）所写的讨论钓鳟鱼的章节，广受读者好评。今日，科顿自己的作品几乎已无人知晓（只有钓客还会看他的文章），人们只知道他翻译过蒙田的作品。

往后两个世纪，科顿翻译的《随笔集》一直是这部作品的标准译本。他的译文让蒙田褪去了巴洛克风格，呈现出截然不同的气象。蒙田不再编织幻想之网，而成为致力捕捉日常生活心理现实的作家。诗人蒲柏（Alexander Pope）在他拥有的科顿译本上写下这句注记："我认为，这是至今为止谈论风俗习惯最好的作品；这位作者字字句句都说到人们的心坎里。"[23] 文学杂志《旁观者》（*Spectator*）的一篇文章赞扬蒙田善于将个人的经验与特质交织起来，化为文字，这种做法虽然有点放纵自我，却极具娱乐价值。法国评论家夏尔·德德扬（Charles Dédéyan）则说，英格兰人乐于让作家写自己爱写的东西，只要他的作品读来令人愉快。[24]

此后，英格兰出现大量的个人随笔作家，这些人成为评论家沃尔特·佩特（Walter Pater）口中"真正的蒙田家族"。他们显示出"个人的私密性与近代的主体性，我们或许可称之为文学的蒙田元素"。[25] 利·亨特（Leigh Hunt）是相当受欢迎的随笔作家，他在自己收藏的《随笔集》里画上重点，并且在页缘写上评论——通常是一些相当愚蠢的内容。蒙田曾讲了一则故事，提及他在法国看到一个没有双手的男孩可以拿起沉重的宝剑，也可以像马车夫一样持鞭驾车，亨特在页缘小心翼翼地写道："显然他是用手臂才有办法做到，但这还是令人惊讶。"[26]

思想远比亨特敏锐的黑兹利特是蒙田的崇拜者，他赞扬蒙田不以哲学家的身份自诩。黑兹利特认定，好的随笔作家自有一套标准，而他的看法也显示当时英格兰人对蒙田所表现出的特质的向往。他说，随笔作家从人类生活中搜集奇闻趣事，正如自然历史爱好者在森林小径或海边散步时，信手捡拾贝壳、化石和甲虫。他们搜集事物乃是出于天性，而非强迫。蒙田是最杰出的随笔作家，允许一切事物以原本的样貌展现在他面前，包括他自己在内，而且他知道如何"观察"事物。对黑兹利特来说，一篇理想的随笔——

> 必须记录我们的服饰、神态、相貌、言词、思想与行动；显示我们是什么与不是什么；在我们面前展示人类生活的整体过程，使我们成为启蒙的旁观者，注视人类生活多彩多姿的景象，（可能的话）并成为兼具包容与理性的行动者，参与我们必须涉足的人生。[27]

换句话说，随笔与小说或传记不同，它是一种能帮助我们学习如何生活的文体。

黑兹利特的儿子跟父亲同名，也叫威廉·黑兹利特。老黑兹利特把科顿的译本、蒙田的书信、蒙田前往意大利时记录的旅行日志，以及一篇简短的传记汇集起来，于一八四二年编辑成《全集》（*Complete Works*）出版。这部作品后来成为英国的蒙田作品标准译本。一八七七年，《全集》由小黑兹利特再做修订，即黑兹利特修订黑兹利特编辑的科顿翻译的蒙田作品。在黑兹利特家族的数代努力下，他们定义的英格兰蒙田终于比弗洛里奥塑造的蒙田流传得更为久远。毕竟，新蒙田是因为黑兹利特家族崇尚的美德才受到喜爱：留意日常生活的真实面向，不受文学形式的限制，并以令人愉快的笔调如实描绘生活的原貌。[28]

修订蒙田作品的传统自十九世纪延续到二十世纪，而且看起来应该会持续到二十一世纪。每个时代都会产生新的英格兰蒙田派作家，在无数昙花一现的随笔作家与周末报纸专栏作家的努力下，这项传统延续至今。无论是有心还是无意，这些人都让"文学的蒙田元素"得以存续下来。

在英吉利海峡两岸的蒙田的继承者中，最重要的人物是一个出生于爱尔兰的英国人：劳伦斯·斯特恩（Lawrence Sterne），十八世纪《项狄传》（*Tristram Shandy*）的作者。他的伟大小说（如果可以这么归类的话）是一本经过夸大的蒙田《随笔集》，不仅公开呼应它的法国前辈，也充满戏谑、矛盾与杂谈。原本应该放在一本书开头的献词与序言，居然杂乱地散见于书中各处，例如"作者序"出现在第三册的第二十章。而书里某处居然出现空白页，让读者可以依自己的想象画出一个角色的样子。还有一页则呈现一系列线条图案，作者声称这是他总结的这本书截至此处任意岔题的线索图。

《项狄传》持续摇晃地走在瓦解的边缘。无论一开始承诺出现什么样的情节，最后都会化为泡影，取而代之的是叙事的破碎与迂回。"我曾向读者承诺写一篇专门讨论绳结的文章吗？"斯特恩在书中的某处回想着，"用两章来讨论女性好的一面与坏的一面？一章讨论胡子？一章讨论愿望？一章讨论鼻子？不，鼻子我已经谈过了。一章讨论我叔叔托比的谦逊？更不用说还要用一章来讨论我死前想完成的几个章节！"这段描述使斯特恩看起来宛如在赶时间的蒙田。

但是当然，斯特恩说，这里的故事全是对世界的如实描绘，不可能从起点直达终点。生活是复杂的，并不存在单一的路线：

> 历史学家谈论历史时会像赶骡子的人一样直线前进吗？举例来说，从罗马前往洛雷托，旅途中绝不左顾右盼。他也许敢大胆向你预言一小时后就会抵达目的地，但从心理层面来说，这是不可能的。倘若他的精神不济，一路上他会有五十次偏离直线。[29]

与蒙田的意大利之旅一样，我们无法指责斯特恩脱离原先的路线，因为他的路线就是离题。他的目的地就是他下一秒钟临时动念要去的地方。

《项狄传》开启了爱尔兰的一项传统，这项传统发展到乔伊斯（James Joyce）的《芬尼根的守灵夜》（*Finnegans Wake*）时达到极致。这部小说将无数联想的分支与细流发散到数百页的篇幅上，最后才返归主题：末尾的半句呼应了开头的半句。对于避免首尾连贯的斯特恩与蒙田来说，《芬尼根的守灵夜》显然过于秩序井然。他们认为，写作与生活应该自然流动，即使这意味着不断的歧出，乃至于偏离常轨，甚至最后得不到解答。斯特恩与蒙田持续地描述一个不断产生事物、拥有无穷书写主题的世界——所以，为什么要停止呢？这使他们成为偶然的哲学家：对人类灵魂从事田野调查的自然学家。不断书写，永不停歇，蒙田没有地图，也没有计划。他不知道自己的终点在哪儿，也从不知道抵达终点后要做什么。

17

我们问：

如何生活？

How to live?

●

蒙田说：

时时回顾，但从不后悔

Reflect on everything; regret nothing

蒙田始终"热爱命运"，对自己写下的东西从不感到后悔。
但这并未阻止他重新阅读自己的作品，并频繁地进行增补。
只要还活着，他就必须写作。
质疑的声浪此起彼伏：蒙田这么写不会太离题了吗？有点太私人了吧？他到底知
不知道自己的作品里充满了怪词、新字与加斯孔地区的口语？
这些质疑未曾使他动摇。蒙田坚信，自由是唯一的原则，而离题是唯一的路径。

"我从不后悔"

　　有些作家只是"写"书，有些作家则如同捏陶土或堆积木似的造出一本书。乔伊斯属于后者，他的《芬尼根的守灵夜》在一连串草稿与版本中发展演进，直到第一版相当正常的句子"Who was the first that ever burst？"演变成极其诡异的句子"Waiwhou was the first thurever burst？"。[1]蒙田不像乔伊斯那样涂改自己的文字，但的确会反复检视写下的文章，并加以增补。蒙田虽然持续回顾自己的作品，但几乎未曾删改过既有的内容，只是不断地添加扩充。蒙田始终"热爱命运"，对自己写下的东西从不感到后悔。无论发生什么事，他都欣然接受。

　　这种想法违背基督教教义。基督教坚持人必须不断悔改过去的错误行为，洗刷不良记录，让自己重获新生。蒙田知道过去做的事对他来说已无意义，也认为当下的他已与过去完全不同，因此逝去的就让它逝去，无须牵肠挂肚。过去的蒙田就像宴会里的人群一样五花八门。他从未想过要对满屋子的熟人指指点点，因为每个人都有自己的理由与观点来解释自己的行为，所以他也从未想过要对过去的自己说三道四。"我们每个人都是拼凑起来的，"蒙田写道，"我们的气质与性情无定形且多样，每个部分、每个时刻的我们，都呈现出不同的样貌。"[2]世上不存在单一的整体性观点，可以让人回味与建构一个首尾连贯的自己。蒙田从未试图将过去的自我从生命中抹去，因此他也没有理由对自己的作品这么做。《随笔集》伴随他成长了二十年，每一篇随笔都原封不动地存在着，而蒙田也乐于维持它们原来的样貌。

蒙田拒绝后悔，但这并未阻止他重新阅读自己的作品，并频繁地进行增补。他不认为自己可以放下笔宣布："我蒙田现在已说了想说的每一件事。我已经把自己完整地保存在纸上。"只要还活着，他就必须写作。这一过程可能会永远持续下去：

> 任谁都看得出来，只要这个世界还有笔墨和纸张，
> 我就会毫不停歇，努力沿着这条该走的路一直走下去。[3]

最后唯一能阻止他的，是死亡。一如弗吉尼亚·伍尔夫所言，《随笔集》的停止不是因为它抵达了"终点，而是在全速前进时戛然中止"。[4]

蒙田持续写作的动力，有部分来自出版商的鼓励。他早期出版的作品销售成绩非常好，读者显然希望有更新、更多、更好的随笔问世。一五八八年，此时的蒙田拥有意大利之旅与担任市长的经历，有更多素材可写。此后，他更是勤于写作。他在落难国王的宫廷里经历过许多不安，想必这些遭遇触发了许多新灵感。灵感不一定局限于法国当前的局势，也涉及其他各种主题，例如稳健适切、良好的判断、世界的不完美，以及蒙田喜爱的许多其他主题。

一五八八年版的《随笔集》[改由颇具声望的巴黎阿贝尔·朗热利耶（Abel L'Angelier）出版社出版，而非原先的波尔多出

版商]，扉页中提到这本书"增添了第三卷，前两卷也扩充了六百多页"。这样的介绍固然没错，却低估了内容的实际增量：一五八八年版的《随笔集》几乎是一五八〇年版的两倍。第三卷有十三个长篇章节，而前两卷则几乎每一章都做了补缀。[5]

一五八八年版问世时，蒙田正追随落难的亨利三世，并且计划到新结交的朋友玛丽·德·古尔奈位于皮卡第的住处调养身体。与蒙田现实遭遇的窘境相反，这部作品展现出前所未有的惊人的自信。对于蒙田这样一个没有悔罪观念的人来说，新完成的《随笔集》依然具备离题的特点且充满个人色彩，这点并不令人惊讶。蒙田也毫不犹豫地要求读者进入他的世界。"是恍神的读者离题，不是我离题。"[6]他在提到自己的漫谈时如此写道。他现在也不以作品是写给家人与亲友看为幌子，他知道自己有话要说，不想再低调地隐藏与简化自己的想法以符合一般的规矩。

此外，描写个人世界时的自我怀疑有时仍会袭上蒙田心头。他提笔写作时，灵感与困惑往往相伴而来。"以我来说，我对自己作品的价值产生怀疑，就跟我怀疑其他人的作品一样，一下子认为《随笔集》很糟，一下子认为《随笔集》很好，对它的评价前后矛盾，拿不定主意。"[7]每当蒙田有话要说，这种复杂的情绪就会涌现，不过之后带出的各种想法随即掩盖了这份矛盾，使他能继续奋笔疾书。

如同出版商的预期，一五八八年版的《随笔集》极为畅销。一五八〇年版的读者原本认为《随笔集》是一部关于斯多葛派智慧的手册，此时他们对一五八八年版的内容感到吃惊。质疑的声浪此起彼伏：蒙田这么写不会太离题了吗？有点太私人了吧？他是不是说了太多自己的日常习惯？随笔的章名与内容有关联吗？有必要把自己的性生活说给大家听吗？此外，正如朋友帕基耶与他同在布洛瓦时暗示的那样：蒙田该不会连自己的语言也忘了？他到底知不知道自己的作品里充满了怪词、新字与加斯孔地区的口语？

尽管蒙田内心充满不确定，但这些质疑未曾使他动摇。如果这类批评曾使他修正自己的做法，那也只是让他更离题、更个人化，在风格上则更加放浪地挥洒。一五八八年版问世之后，蒙田在他人生仅余的四年时间里仍笔耕不辍，而且文风更加曲里拐弯，内容也更诡谲怪诞。

一五八八年版《随笔集》挣脱束缚，蒙田得以纵情驰骋。在接下来的写作中，他虽未在一五八八年的基础上增添新章节，却陆续补充了一千个段落，有些段落的长度足以媲美第一版的某些篇章。一五八八年版已然扩充到最初版本的近两倍之多，是年之后续写的部分又让全书篇幅增加了三分之一。即使到了这个时候，蒙田仍觉得只能对许多事情点到为止，他既无时间也无兴致将它们谈个仔细。"为了多放入几篇随笔，我只能列出一堆主题的名称。如果我还要在这些主题下补充更多内容，这本书恐怕会扩大好几倍。"这就如同他提到普鲁塔克时的说法："他只是用手指指出我们要去的方向。"蒙田坚信，自由是唯一的原则，而离题是唯一的路径。[8]

蒙田在《随笔集》的扉页上引用了维吉尔的一句拉丁文

"viresque acquirit eundo"，意思是"随着事情的进行，聚集的力量将愈来愈大"。[9] 这句话或许暗指他的书卖得很好，但更可能是指随着写作的继续，素材就像从山上滚落的雪球一样，一发不可收拾，连蒙田自己也担心局面将会失控。他赠送一五八八年版《随笔集》给朋友安托万·卢瓦泽尔（Antoine Loisel）时，在题词中表示，希望卢瓦泽尔能在阅读之后将心得告诉他——"因为我担心自己愈写愈糟糕"。[10]

事实上，《随笔集》确实已经逼近让人难以理解的临界点。人们有时还能从第一版缠绕的行文中看出概略的主旨，特别是有些现代版本会用小字母标示对应的文字分别出自哪个版本："A"是一五八○年版，"B"是一五八八年版，"C"是一五八八年以后撰写的文字。这种效果宛如从层层覆盖的热带树叶中隐约辨识高棉石庙的外观，我们只能猜想"D"可能会是什么。蒙田如果能再活三十年，是否会不断地增添随笔，直到这本书完全无人能理解？就像巴尔扎克《不为人知的杰作》(*The Unknown Masterpiece*)里的艺术家，一直画一直画，直到最后把作品变成一团毫无意义的黑。还是说蒙田早有定见，知道什么时候该收手？

我们虽然无法得到问题的解答，但可以确定的是，蒙田直到去世时，还没有停下的意思。蒙田最后几年至少完成了大批密密麻麻的评注，这些数据在他去世后全部交给编辑来处理，成为日后各种版本《随笔集》的基础。这名编辑不是别人，而是在蒙田刚完成一五八八年版《随笔集》时闯入他生命的玛丽·德·古尔奈，一位年轻女性。

fent. A tant dire, il faut qu'ils dient, & la verité & le menfonge ne les eftime de rien mieux, pour les voir rôber en quelque rencontre: Ce feroit plus de certitude, s'il y auoit regle & verité à mentir toufiours. I'ay veu par fois à leur dômage, aucunes de noz ames principefques s'arrefter à ces vanitez. Le demon de Socrates eftoit à mon aduis certaine impulfion de volôté, qui fe prefentoit à luy, fans le Confeil de fon difcours. En vne ame bien efpuree, côme la fienne, & preparee par côtinuel exercice de fageffe & de vertu, il eft vray femblable que ces inclinations, quoy que fortuites, eftoyent toufiours bonnes & dignes d'eftre fuyuies. Chacun en foy, quelque image de telles agitations. I'en ay aufquelles ie me laiffe emporter fi vtilement & heureufement, qu'elles pourroyent eftre iugees auee quelque chofe d'infpiration diuine.

De la Conftance. CHAP. XII.

LA Loy de la refolution & de la côftance, ne porte pas que nous ne nous deuions couurir, autant qu'il eft en noftre puiffance, des maux & inconueniens qui nous menaffent; ny par confequét d'auoir peur qu'ils nous furpreignent. Au rebours, tous moyens honneftes de fe garentir des maux, font non feulement permis, mais loüables. Et le ieu de la conftance fe iouë principalement à porter patiemment, & de pié ferme, les inconueniens, où il n'y à point de remede. De maniere qu'il n'y à foupplefle de corps, n'y mouuemêt aux armes de main, que nous trouuions mauuais, s'il fert à nous garantir du coup qu'on nous ruë. Toutes-fois aux canonades, depuis qu'on leur eft planté en bute, comme les occafions de la guerre portent fouuent, il eft meffeant de s'efbrafler pour la menaffe du coup: d'autant que pour fa violece & viteffe nous le tenons ineuitable, & s'en y à meint vn, qui pour auoir ou bauffé la main, ou baiffé la tefte, en à pour le moins appresté à

蒙田《随笔集》(一五八八年版)

18

我们问:

如何生活?

How to live?

●

蒙田说:

懂得放手

Give up control

古尔奈塑造出蒙田生不逢时的神话,使他成为一名等待读者发现其价值的作者。

阿曼戈相信蒙田在文字中藏了许多秘密,只有他才能解读出来。

维莱和阿曼戈都认为自己所编订的《随笔集》是无可挑剔的定本。

有些编辑介入得更深,不只裁剪文字,甚至卷起袖子,将双手伸进《随笔集》里,把它当成鸡一样肢解,使其变成全新的生物。

于是,浪漫主义的蒙田、道德主义的蒙田、带有英格兰气质的蒙田、具备后现代主义倾向的蒙田……纷纷出炉。

一部真正有野心的作品,一定能接受诠释。人们想象蒙田会说:"主啊,让世人误解我吧。"

女儿与弟子

玛丽·勒雅尔·德·古尔奈（Marie Le Jars de Gournay）是蒙田作品最初的重要编辑与宣传者，她与蒙田的关系好比圣保罗与耶稣、列宁与马克思。古尔奈是一名极富热情、感性的女子，自从在巴黎第一次与蒙田见面的那一刻起，便决心毫无保留地为他付出。往后古尔奈成为蒙田生命中最重要的女性，其影响甚至超越蒙田的妻子、母亲与女儿。与这三名女性一样，古尔奈活得比蒙田久，然而这并不会让人惊讶，毕竟她比蒙田小三十二岁。他们第一次见面时，蒙田已经五十五岁，而古尔奈只有二十三岁。[1]

玛丽·德·古尔奈的人生开始于一五六五年。她与蒙田有许多相似之处，但有两个关键性的差异：首先，她是一名女性；其次，她没有蒙田那么有钱。她出身于不起眼的外省贵族家庭，一年当中有部分时间住在巴黎，部分时间住在皮卡第的城堡。此外，她会在父亲于一五六八年购入的阿隆德河畔古尔奈（Gournay-sur-Aronde）庄园里稍作停留。成年后，玛丽承袭庄园的姓氏。这种权利通常只保留给儿子，但忽视这类规则似乎是典型的玛丽作风。她决心要超越性别与身份的限制，为自己的人生争取更多的东西。

一五七七年，玛丽的父亲去世，不仅对她个人造成打击，也是整个家庭的灾难。少了父亲的收入与管理，全家的生活濒临瓦解。在巴黎生活的花费远比在皮卡第昂贵，于是他们几乎完全放弃在城市生活的念头。此后直到一五八〇年，玛丽一直被局限在外省的世界里。这种环境显然不是她想要的，于是她（已是一名倔强的少女）尽可能利用家中的藏书教育自己，并且阅读含有法语译文的拉丁文作品，为自己打下古典文学的基础。她的知识是东拼西凑而来的，虽缺乏系统，却具有强烈的目的性。

蒙田也许认同这种毫无秩序的学习方法——理论上来说是如此。然而，我们实在无法想象蒙田在现实中会满足于古尔奈的学习内容，而这恐怕会使他对自己更不自信。蒙田可以即席与人谈论学问，揶揄父亲对书籍的毕恭毕敬；古尔奈则相当重视并自豪于自己的学识，因为这是她努力的成果。但这一点也容易使她遭受质疑，她经常觉得自己受到嘲弄。的确，她说，人们——

> 看到一名完全未受过正式教育的女子装出有学识的样子，当然会觉到可笑。这名女子靠死记硬背学习拉丁文，以译文对照原文的方式帮助理解。在这种情况下，她不敢大声念出拉丁文，生怕人们发现她的念法有误，而认定一名有学识的女子居然无法正确朗诵拉丁韵文——一名有学识的女子，竟不懂希腊文、不懂希伯来文，而且没有能力对古典作者作出学术评释。[2]

古尔奈的语调中满是不平。终其一生，这样的愤懑一直纠缠着她。在《性格肖像》(*Peincture de moeurs*，以韵文撰写的自传)

中，古尔奈形容自己是智性与感性的混合物，无法隐藏情绪。[3] 她的文字显然就是证据。

同样复杂的感受也出现在古尔奈首次遇见蒙田的时候。她先是接触蒙田的作品，而后又亲眼得见作者本人。古尔奈快二十岁时偶然间读到《随笔集》，这次阅读经历带给她极大的震撼，使她的母亲一度以为她已经疯了。她的母亲还准备了嚏根草（hellebore）这种治疗疯症的传统秘方让她服用。[4] 这些都是古尔奈自己说的，或许是夸大其词。古尔奈觉得，自己已在蒙田这位与她极为相似且唯一能与她心灵相通的人身上，找到了另一半的自我。长久以来，有许多蒙田的读者都有这种经验：

> 他怎么这么了解我？
>
> ——伯纳·列文

> 他简直就是另一个我。
>
> ——安德烈·纪德

> 这里的"你"反映出我的"我"，此刻一切距离都弭除了。
>
> ——斯蒂芬·茨威格[5]

古尔奈渴望与蒙田见面，但她打探消息时，却得到蒙田已辞世的传言。[6] 数年后的一五八八年，古尔奈与母亲在巴黎时又听说，蒙田依然健在；不仅如此，他还因为担任纳瓦尔与国王的密使而成为人们谈论的焦点。这出戏的高潮出现在古尔奈大胆地邀请蒙田来访之时。以她的身份，加上又是年轻女性，邀请地位较高且年高德劭的男性前来，其实是有违规矩的，更何况蒙田还是当时整个巴黎热议的人物。然而，这种不太礼貌的做法反而引起蒙田的兴趣；再者，他向来对年轻女性的奉承难以抗拒。于是，第二天他就去拜访古尔奈。

从古尔奈的描述可以看出，两人在这场会面中表现得十分热络，或许不是表现在肉体上，因为到了最后，蒙田提出纯洁的要求，希望古尔奈做他的养女，而她马上就答应了。古尔奈是否曾在蒙田面前急切地畅谈自己对于两人"肖似"的感受？她是否曾告诉蒙田嚏根草的事？无论如何，她滔滔不绝地将想讲的话一股脑儿地吐露了出来。在晚期补写的《随笔集》内容中，蒙田曾描述一段古怪的插曲，而这段插曲显然就是他与古尔奈见面后发生的。他说他看见一名女孩——从之后的陈述可以明显看出，这名女孩就是古尔奈——

为了显示对承诺的狂热与坚定，拔起别在头上的发簪，用力往手臂上刺了四五次，发簪刺破了皮肤，血流如注。[7]

无论古尔奈第一次与蒙田见面时是否曾做出这种自残举动，人们都有理由认定古尔奈当时的情绪极为亢奋。蒙田认她当养

《书房中的蒙田》

（H. 瓦利斯绘，画中古尔奈随侍蒙田身旁，
记录他口述的内容）

女，这很可能出自她的提议，而不是蒙田自己的想法。或许他本想利用古尔奈对他的迷恋而在性事上尝点甜头，最后却被古尔奈说服，两人反而成了养父和养女的关系。早在第一次阅读《随笔集》时，古尔奈便已感受到自己与蒙田在精神上同属一家。而现在，他们真的成为官方认定的家人。蒙田取代她去世的父亲，而她则加入蒙田家那一小圈随侍在侧的女性成员中——这群女性的想法往往令蒙田猜不透。

蒙田即使是为了迎合古尔奈才同意做她的养父，但事后并未冷落她。古尔奈邀请蒙田到皮卡第的乡间与她和她的母亲同住，这使蒙田有了休养的机会。他不仅得以远离巴黎的政治纷乱，也能避开再次被捕的危险。此外，这也使他有了继续写作的可能。蒙田与刚收养的女儿几乎一到皮卡第就立即投入《随笔集》一五八八年版的修订工作之中。[8]可以想见，古尔奈一定非常兴奋。她的梦想并不是为蒙田裹上披巾，让他安心养老；相反，她希望蒙田继续写作，这样她才能在一旁担任学徒。古尔奈的出现或许真的带来了一些改变：身旁有一名热情的支持者，足以激励蒙田在一五八八年版问世后持续笔耕不辍，并且在离开皮卡第之后仍毫不停歇。这也成为蒙田晚年写作的基调。

相对地，古尔奈的表现也无负蒙田"养女"的身份。她为蒙田死后出版的《随笔集》写序时，署名"蒙田的养女"，并且表示"自己有幸能称他'父亲'"。她又说："诸位读者，我无法用别的称呼，因为我若不是他的女儿，就什么都不是了。"古尔奈在她自己的一部作品中写道：

> 也许有人惊讶于我们明明不是亲生父女，彼此间的善意与关爱居然能超越真正的父女（在血缘亲属中最基本也最亲密的关系），但这些人如果找到与自己志趣相投的伙伴，将不难领会其中的奇妙——原来心灵相通产生的吸引与力量竟比血缘强大。[9]

蒙田的亲生女儿莱奥诺尔对于古尔奈这一席养女更胜亲生女的说法作何感想，令人好奇。如果她因此生气，相信没有人会怪她；不过，她似乎不以为意。莱奥诺尔后来与古尔奈成为好友，古尔奈还叫她"妹妹"。而这也相当合理，毕竟她们的父亲是同一个人。古尔奈提到"超越"二字时，想到的或许是她与蒙田之间的契合，而非有意与莱奥诺尔较劲。古尔奈真正嫉妒的，恐怕是早已不在人世的拉博埃蒂，而她也不讳言拉博埃蒂是她比较的对象。古尔奈在题词末尾引用拉博埃蒂的韵文："我不担心后世如何看待我们的友情，若命运如此，我也坦然接受。"而在《随笔集》序言中，古尔奈写道："我拥有他才四年的时间，远远比不上拉博埃蒂。"

同一段落里还有一句奇妙的，或说是真情流露的有关蒙田的陈述："他称赞我时，我便拥有了他。"[10]蒙田显然称赞了她。在她编辑的《随笔集》里，蒙田曾说古尔奈是他的养女，他对她的喜爱甚至超越父女之情（姑且不论他的意思是什么）；在退休的岁月里，他把古尔奈当成自己的一部分来珍视。蒙田又说：

> 在这个世界上，她是我唯一挂心的人。如果她年轻时的承诺并非儿戏，那么她的灵魂总有一天可以完成最美好的事，实现到目前为止还没有任何女性能够实现的目标，并且拥有一段神圣而完美的友谊。她的诚恳与坚定无可挑剔，她对我的情感溢于言表。简单地说，我对她别无所求，只希望在我离开人世之时（考虑到我五十五岁时才与她结识），她能节哀顺变，不要过度悲伤。

最后，蒙田充满温情地提到古尔奈对《随笔集》有着毫无瑕疵的理解："她是一名女性，而且这样年轻，在这样的时代，没有其他女性跟她一样……她对我的爱是如此真切，她如此渴望与我的友谊。"

这些句子多年来一直饱受质疑，因为它们只出现在古尔奈编辑的《随笔集》里，而未出现在由蒙田亲自评注的最后版本中——这本《随笔集》又称为"波尔多本"（Bordeaux Copy）。对古尔奈这段文字是从哪里来的，我们不得不感到纳闷。这段文字的语气似乎比较像古尔奈的，而不像蒙田的；耐人寻味的是，在后来的版本中，古尔奈又将这段文字删除了。另一方面，波尔多本在这些文字出现的地方残留着粘贴的痕迹，此外还有蒙田亲手画上的小"十"字——他通常用这个符号来表示有文字插入。或许粘贴于上面的纸条，在十七、十八世纪重新装订时不小心脱落了。无论这段文字是真是假，我们都没有理由怀疑蒙田对这名女弟子的情感，也不能怀疑她的发簪、嚏根草与其他事物。[11]

　　然而，蒙田只在皮卡第待了一年，之后便只通过书信与古尔奈保持联系。一五九三年四月，古尔奈告诉另一名文学朋友于斯特斯·利普修斯，她已将近五年没见到蒙田。古尔奈一直与蒙田定期通信，她之所以写信给利普修斯，主要是因为蒙田已有六个月没写信给她。她的忧虑是对的：蒙田在这期间过世。他的胞弟曾写信通知她，可惜信并未送到她手里。利普修斯在回信里告诉她这个令人震惊的消息，以温柔的语气对她诉说："你称呼'父亲'的那个人已不在这世上，你尽可把我当成你的兄弟、你的依靠。"古尔奈在惊讶之余回信给利普修斯，说道："先生，今日看见我的人发现我变了一张脸，完全认不出我来，恐怕你也将认不出我的样貌。失去父亲的痛苦使我完全变了一个人。我是他的女儿，是他的坟茔；我是另一个他，是他的灰烬。"[12]

　　在同一时期，古尔奈还有自己的问题要处理。她的母亲于一五九一年过世，遗留下大笔的家庭债务，而她还要照顾弟弟妹妹。古尔奈不想为了金钱而接受没有爱情的婚姻,于是决心以写作谋生。这是一条艰苦的道路,几乎没有任何女性尝试过。终其一生,她不断撰写她认为可能有销路的作品,像诗与风格的分析、女性主义、宗教争议、她自己的人生故事等,并且尽可能地找文学界的人士来帮忙,利普修斯就是其中之一。然而,没有任何一个人的名声比得上总是与她的名字紧紧相随的导师:蒙田。

古尔奈十分有技巧地运用蒙田的名声为自己造势。一五九四年,她出版了第一部突破以往成绩的作品,这是一本小说,书名叫《蒙田先生的漫步》(*Le Proumenoir de Monsieur de Montaigne*)。小说的内容其实跟蒙田没什么关系,至于作品的灵感,则源自某日古尔奈与蒙田漫步于她家的花园时,她对蒙田讲的一则小故事——她在题献的书信里对此做了简单的介绍。[13] 事实上,《蒙田先生的漫步》里那名充满异国风情的顽皮女孩形象,几乎完全窃取自另一名作者的作品。但《蒙田先生的漫步》获得了极大的反响,为古尔奈下一部真正开启她事业的作品奠定了基础:她编辑的最终版《随笔集》,终于在一五九五年堂堂问世。[14]

古尔奈显然是在蒙田死后才决定做他的作品的编辑与遗稿保管人。当时,蒙田的遗孀与女儿在遗稿中发现蒙田亲自评注的一五八八年版《随笔集》,她们把这本书寄给在巴黎的古尔奈,由她安排新版《随笔集》的出版事宜。或许蒙田的遗孀与女儿是希望古尔奈另找一家合适的出版社,但古尔奈似乎会错意了,以为这是蒙田家人委托给自己的一项重大任务,让她来负责这本书的编辑事宜。编辑《随笔集》是一份艰难的工作,就连比古尔奈经验丰富也更有能力的编辑，也会感到力不从心。直到今日，没有任何编辑敢拍胸脯保证自己能处理这么多一直在变动的文字、这么复杂的文本，并逐一找出蒙田所引典故的出处，但古尔奈做得非常好。也许，她禁不起诱惑，把一些似乎提到了自己的句子增添上去；另一方面，这些句子有可能的确与她有关。无论如何，就整体来说，古尔奈对精确的要求比同时代绝大多数的编辑都高。该书第一次印行的版本至今仍有留存，从其中几册我们可以看出，即使书页已自印刷机印出，乃至于已经出版，古尔奈仍持续修改，这显示她多么希望《随笔集》得到完美的呈现。[15]

从此时起，与其说古尔奈是蒙田的女儿，不如说她是《随笔集》的养母。"在失去父亲后，"她写道，《随笔集》需要一名保护者。"她不仅整理作品，而且支持它、为它作辩护与宣传，并为第一版写下一篇论辩的长序，预先反驳各种可能的批评。她的论点绝大多数合理且论证严密，但也注入了丰富的情感。针对蒙田的风格粗俗淫秽的批评，古尔奈写道："对这类指控，我总是嗤之以鼻。"当有人认为蒙田的写作杂乱无章，古尔奈则回应："在意细微末节不可能写出伟大的作品……这不是学徒的入门书，而是大师的圣经，哲理的精髓。"

如果有人含糊地称赞《随笔集》，古尔奈也会感到不满。"一味地认为西庇阿（Scipio）是高尚的领导者，或认为苏格拉底是智者，这种人云亦云的评价还不如什么都不说。"你不可能用冷静的语调赞美蒙田"才华出众"（古尔奈大概忘了蒙田稳健节制的观念），你必须"痴迷"，就像古尔奈那样。此外，还必须说明

"为什么"对蒙田感到痴迷——在拿蒙田与古人比较时，你必须就每个细节进行比较，确切显示蒙田能与古人平起平坐，甚至超越前人。在古尔奈眼中，《随笔集》似乎是完美的智能测验，从人们对这本书的看法，她可以评判这些人。在稍晚些的世纪，狄德罗也对蒙田提出几乎相同的评论："他的作品是健全心灵的试金石，如果有人讨厌这本书，你可以确定这个人的心灵或思维一定有瑕疵。"[16]

不过，古尔奈确实有权利向读者提出各种要求，因为她自己就是蒙田的优秀读者。尽管有点过度迷恋，她确实敏锐地捕捉到《随笔集》何以有资格跻身于经典之林。就在许多人仍将《随笔集》视为斯多葛派的语录大全时（这样的诠释确实没有错），古尔奈已然对这本书其他的非凡之处加以赞扬，包括风格、散乱的结构，以及吐露一切事物的意愿。在察觉周遭的人完全忽略蒙田在这些方面的特质后，古尔奈塑造出蒙田生不逢时的神话，使他成为一名等待读者发现其价值的作者。事实上，蒙田在当时是一位非常受欢迎的作者，其文字坦率而直接，但古尔奈却把他说成是深受世人误解的天才。

古尔奈一点也不介意自己活在蒙田的阴影之中，她说："无论写作还是说话，我都亦步亦趋地跟随着蒙田。"[17]事实上，古尔奈的个性大而化之，与蒙田南辕北辙。她赞美蒙田稳健的美德时，语气毫无节制。在称许斯多葛派的超然与宁静致远的生活时，她的语气充满了情感，令人喘不过气来。[18]这使得古尔奈编辑的《随笔集》版本呈现出两名作家之间耐人寻味的角力，正如蒙田与弗洛里奥，以及蒙田与拉博埃蒂一样。蒙田与这几个人之间的矛盾对话，是《随笔集》搅动人心的最初例证。

　　从各方面来看，蒙田与古尔奈就像一般的文学伙伴，只不过古尔奈身为女性的事实，使问题变得更为复杂。令古尔奈恼火的是，她与蒙田的伙伴关系始终未受到人们的正视，就连她自己也未获得众人认真的看待。终其一生，她都受到民众的揶揄，对此她始终无法释怀，甚至因而动怒。古尔奈在《随笔集》的序言中宣泄自己的不平，那副样子简直就像要穿透纸面，扯着男性读者的衣领责难他们。"各位读者，如果你们不属于不许拥有财产、自由，乃至于一切美德的性别，那么你们可真有福气。"[19] 即使是最愚蠢的男人，也能得到众人的聆听，只因为他们长了胡子。女性如果大胆说出自己的看法，只会招来男性勉为其难的微笑，他们的表情仿佛在说："啊，是女士要说话了。"如果是蒙田受到这种对待，他很可能会报以微笑，可惜古尔奈无此天分。她愈是控制不了自己的怒气，愈是招来更多的讪笑。然而这种压力与焦虑，也使她成为一名具说服力的作家。古尔奈的序言不只是最早介绍蒙田经典作品的导论，也是世界上最早、最为辩才无碍的女性主义文章。

　　以这样的文章来介绍蒙田未免有点古怪，因为蒙田显然不是伟大的女性主义者，但古尔奈的女性主义始终紧密联结着她的"蒙田主义"。她相信男女平等（谁也不比谁优越，唯彼此在经验与处境上存有差异），这个信念与蒙田的相对主义不谋而合。蒙田坚持对既有的社会假定提出各种质疑，而且愿意站在别人的角度上思考，这些都让古尔奈深受启发。对她来说，如果男人能运用一点想象力，站在女性的立场看世界，那么即使只是几分钟，都可以让他们有所体悟，进而改善自身的行为。可惜这样转换视角，男人绝不可能去做。

不过，就在《随笔集》出版后不久，古尔奈对于措辞辛辣的序言突然另生想法。此时的她暂住在蒙田庄园里，成了蒙田遗孀、母亲与女儿的客人。她们接纳她显然是出于友谊、忠诚或同情。一五九六年五月二日，古尔奈写信给利普修斯，信中提到她是因为蒙田去世的缘故，才在过度的悲伤中写了这篇序言，现在希望删掉它。她说，这篇序言里出现的过激之语是"灵魂极度狂热"的结果。不久，送往巴塞尔、斯特拉斯堡（Strasbourg）与安特卫普（Antwerp）等地出版商的《随笔集》全都删除了原先的序言，取而代之的是长度只有十行、简短而又无趣的注记。古尔奈把序言原稿放在抽屉的最底层，其中有一部分出现在一五九九年版的《蒙田先生的漫步》中，而且在形式上做了一些改动。又过了一段时间，古尔奈对于自己先前删除序言的决定感到后悔，或许因为蒙田去世时的那股反抗情绪又造访了她。于是，她在自己人生中最后一次出版《随笔集》时，把那篇言辞过激但内容精彩的序言重新放回去。[20]

古尔奈一生除了为《随笔集》做了数次改版外，自己也发表过几部篇幅较小但引起较多争议的作品。无论如何，她确实依循了自己原先的想法：以写作为生。古尔奈后来回到巴黎，与忠心耿耿的仆人妮科尔·贾敏（Nicole Jamyn）住在阁楼里。她偶尔举办沙龙，与当时最有趣的人交游，其中包括放荡主义者弗朗索瓦·勒普尔什尔·德·拉莫特-梅塞默（François le Poulchre de la Motte-Messemé）与弗朗索瓦·拉莫特·勒瓦耶。许多人怀疑古尔奈是放荡主义者与宗教上的自由思想家，而她的确在自传《性格肖像》里提到自己缺乏想要的深刻信仰，或许是在暗示自己是一名彻底的无信仰者。[21]

古尔奈的作品有一定销路，但人们对她的好奇往往与丑闻或公开的嘲弄有关。读者从未把焦点放在《随笔集》上，甚至从未关注过她的女性主义作品——至少在她有生之年如此。读者总是嘲弄她非正统的生活方式以及她的一些论辩短文。古尔奈有时能获得某些人的尊敬，尽管这些敬意有点心不甘情不愿。一六三四年，她成为颇具影响力的法兰西学术院创始人之一，但这样的成就却伴随着两个巨大的讽刺：首先，身为女性，她无法参加任何一场组织会议；其次，学术院在随后的几个世纪推崇谨守文法格式的枯燥的写作方式，而这正是古尔奈讨厌的做法。学术院既不支持她的文学语言观点，也不认同她敬爱的蒙田的写作方式。[22]

古尔奈于一六四五年七月十三日去世，再过几个月就是她的八十岁生日。坟墓上的碑文正是她想要的："一位独立的作家，蒙田的女儿。"与蒙田一样，古尔奈身后的名声注定遭到奇怪的扭曲。她喜爱的写作风格是丰富生动，但这种风格在很长一段时间里不受青睐。十八世纪的评论者写道："她已在生前得到最高的赞誉，我们无法给予她同等的评价；无论她作出何等贡献，她的作品今日已无人阅读，而且终将为人遗忘。"[23]

古尔奈编辑的蒙田作品一直有人购买阅读，但这也引来人们的嫉妒。十八、十九世纪，有人认为古尔奈是"蒙田背上的水蛭"。[24] 这种说法有部分符合实情，因为古尔奈确实靠蒙田为生，但这种说法也忽视了她在宣扬、辩护蒙田作品方面的贡献。尽管如此，人们还是对古尔奈的努力程度提出怀疑。二十世纪时，蒙田作品的编辑莫里斯·拉特（Maurice Rat）仍把古尔奈形容成"一位白发苍苍的老处女……她的错误是活得太久"，她"咄咄逼人或满腹牢骚的态度"帮了倒忙。就连一向明智审慎且总是支持她的学者皮埃尔·维莱（Pierre Villey），有时也会开开她的玩笑，而维莱最不喜欢的，就是古尔奈将自己和蒙田的友谊，与蒙田和拉博埃蒂的友谊相提并论。一般来说，人们看待古尔奈和蒙田友谊的方式，与看待蒙田和拉博埃蒂友谊的方式完全不同。蒙田与拉博埃蒂的情谊受到人们的赞扬、解构、推论、分析，乃至于有人探讨两人之间的情欲，并对他的生离死别进行精神剖析。反观古尔奈的"被收养"，则只被视为一种资助。这点也令古尔奈恼火不已。[25]

近年来这一局面发生很大扭转，主要是因为兴起的女性主义把古尔奈视为先驱。她在现代的第一位支持者是一名男性——马里奥·希夫（Mario Schiff）。希夫在一九一〇年为她写了一本完整的传记，并出版了她的女性主义作品。从此以后，古尔奈的地位不断提升。玛乔丽·亨利·伊尔斯利（Marjorie Henry Ilsley）于一九六三年完成传记作品《文艺复兴的女儿》（*A Daughter of the Renaissance*），书中最后一章即是"玛丽·德·古尔奈命运的扬升"。从此时起，古尔奈愈来愈受到重视，不仅新的传记不断出现，学界也将她的作品编辑出版，甚至将她的故事改编成小说。[26]

此外，近年来，人们对于古尔奈一五九五年版《随笔集》的态度也有了转变。这个版本曾有三个世纪的时间居于不可质疑的地位，近百年来却遭到废弃而无人使用。在整个二十世纪，一五九五年版一直沉没在最深的海底，只有少数脚注被提及，但现在它重新浮出水面。这个版本就像古尔奈一样，拥有惊人的复苏能力。

编辑战争[27]

就在古尔奈的名声开始恢复之际，她编辑的《随笔集》遭受到最严厉的否定，这种诡异的现象有一个简单的解释：在此之前，古尔奈的版本毫无竞争者；读者对她个人有何看法，不至于影响他们对一五九五年版《随笔集》的接受。但到了十八世纪晚期，波尔多档案馆出现不同的版本——一五八八年版，上面除了有蒙田自己写下的详细评注，也有他的秘书与助理（包括古尔奈自己）留下的注记。

这个版本（即波尔多本）直到十九世纪末才在学界考证之风盛行时受到重视。人们发现，波尔多本与古尔奈编辑的一五九五年版大致相同，但在细节上有出入。两者之间的差异有数千处，就像沙砾一样散布于全书各处。在这些差异中，约有一百处是语义的不同，还有一些差异十分重大，包括蒙田称赞古尔奈的那段文字。事实上，所有的差异都一样重要，因为它们显示出古尔奈并不是一名细心的编辑。讲好听一点是无法胜任，讲难听一点就是欺骗。这项结论引发反古尔奈的风潮，并且于二十世纪初激发一连串的编辑战争。这场战争后来平息了一段时间，到今日再次掀起。

编辑战争依循古典时代的战争原则，把重点放在攻克关键据点与获取补给上。彼此敌对的抄写者与编辑竞相攻取波尔多本，他们采取行动的时间大致相同，紧盯着对方的一举一动，而且用尽一切办法阻止对方取得这份宝贵资料。每个抄写者与编辑各有一套辨识褪色墨迹的技巧，设法找出各种层次的增补与评注，并区别不同的笔迹。有些人因此深陷于对方法的研究而毫无进展。早期的一名抄写者艾伯特·凯尼尔（Albert Caignieul）写信给他的雇主波尔多图书馆，解释为什么他得花这么多的时间：

> 通过观察与分析确定无疑的事实，可以区别出不同的阶段……我们认为如果能满足两个条件，就能适当地作出区别：首先，把分析提供的所有元素全考虑进去；第二，只考虑这些元素。结果证明这个方法是有效的……

几年后，凯尼尔再次遭到责问时——此时还是看不出他已完成抄写工作——又说了另一种方法：

> 已经准备好做余下的事，可以在相对较短的时间内
> 完成。然而，这些部分难以辨识，经常会突然跑出特殊
> 的问题。

凯尼尔最后一事无成，但其他人倒是获得了好的成果。二十
世纪初出现了三种不同版本的《随笔集》，其中之一是"凸
版照相版"（Edition Phototypique），它只是对原版的完全复
制。另外两种分别是：自视甚高的学者福蒂纳·斯特罗夫斯基
（Fortunat Strowski）编订的市府版（the Edition Municipale），
以及同样顽固而难以相处的阿曼戈编订的印刷版（the Edition
Typographique）。后面这两个人就像两匹在漫长跑道上缓慢奔跑
的赛马，彼此互有胜负。斯特罗夫斯基在第一圈获胜，他的版
本前两卷分别在一九〇六年与一九〇九年出版。他自夸说，现
在已不需要其他版本，而且说服波尔多档案馆要求阿曼戈遵守
严苛的新研究规定，包括在足以冻僵手指的低温环境下工作，以
及所有页面都必须透过绿色或红色的厚玻璃片来检视，以免古籍
受到光线的直接照射。阿曼戈努力克服困难，其版本的第一卷于
一九一二年出版，不过他假装把出版时间误标为一九〇六年，好
让以后的读者以为这一卷与斯特罗夫斯基的版本是同时问世的。[28]
　　比赛继续。有一段时间，阿曼戈逐渐超越斯特罗夫斯基，但
他随后的编辑工作遭遇瓶颈。此外，阿曼戈也因为自己对蒙田

抱持着特殊见解而遭到孤立，尤其是他主张蒙田是《论自愿为奴》的真正作者。与之前的古尔奈以及之后的许多文学理论家一样，阿曼戈相信蒙田在文字中隐藏了许多秘密，只有他才能解读出来。阿曼戈的某位反对者讽刺说："只有他才能深入了解蒙田，只有他才清楚蒙田的秘密，只有他才能谈论蒙田，只有他才能诠释蒙田的思想。"不过，阿曼戈至少能缓慢而持续地从事编辑工作；反观斯特罗夫斯基，则因分心于其他计划而未能完成最后一卷。原本资助斯特罗夫斯基的波尔多当局，转而将工作移交给弗朗索瓦·热伯兰（François Gébelin），他于一九一九年出版了最后一卷——这项出版计划的首次提出已是五十年前的事。评注与索引则于一九二一年与一九三三年出版，由精明能干的蒙田主义者皮埃尔·维莱在接掌计划后编订。他的成就值得大书特书，因为此人三岁就失明了。维莱赶在一九三三年波尔多庆祝蒙田四百岁诞辰之前完成了工作，然而庆典的主办者居然忘了邀请他。[29] 与此同时，阿曼戈也完成了他的版本，于是世界上出现了两套精美的《随笔集》副本。这两套作品有着共同的关键特征：编辑都竭尽所能地运用波尔多本，并且完全以这一版为主，而忽略现成的古尔奈版本；他们也都具有一种与蒙田相左的倾向，那就是双方都认为自己所编订的《随笔集》是最终的、无可挑剔的定本。

这两个版本成为二十世纪人们阅读的《随笔集》的主要版本。[30] 此后，一五九五年版只用在比对偶尔出现的文字差异上，且只会在脚注里被提及。即使如此，被提及的往往是重大的差异，一般的微小差异只会被当成古尔奈编辑功力欠佳所致，或者说一五九五年版本状态不良。人们认为古尔奈只是做了单纯的编辑工作（也就是抄写波尔多本），然而即使是这么简单的事，她还是搞砸了。

不过，早在一八六六年，便已经有人提出不同的解释。莱因霍尔德·德泽梅里（Reinhold Dezeimeris）认为，也许古尔奈的编辑工作做得相当不错，只是她依据的是完全不同的本子。这个想法过了一段时间才获得理解，而一旦流传，支持者随之增多，就有人开始研究两个本子究竟为何如此不同。[31]

如果这个说法是真的，那么可能如同这项说法的支持者所言，故事要从蒙田花了好几年的时间评注波尔多本说起。蒙田可能在增补一段时间后，发现书页空白处已经写满文字。他觉得原书太过杂乱，于是重新制作新的本子——这个本子如今已不存在，为了便于说明，我们权且称它为"模板"。蒙田继续在模板上作增补，只不过增补的内容并不多，因为此时的他已步入写作生活的最后阶段。蒙田去世后，模板（而非波尔多本）被送到古尔奈手里进行编辑与出版。这说明为什么模板已不复存在：作者的手稿或已经增补过的旧版本，通常会在作品印刷后被毁弃。同时，未拿去印刷的波尔多本则原封不动，就像蝉长大后褪下的外壳，仍挂在树上。

这个假说相当周全。它不仅说明波尔多本何以留存至今，为何与一五九五年版有文字上的差异，也能说明古尔奈在编辑工作上所做的努力——如果她一开始就不认真编辑，那么何须直到其编辑版本出版前最后一分钟仍不放弃修改工作？如果人们同意这项假设，那么结果将极具戏剧性。这表示古尔奈的一五九五年版《随笔集》（而非波尔多本）才是最接近蒙田所期望的《随笔集》的定本。那么，二十世纪的编辑们所做的努力，到头来只成了历史上一个误判的雷达光点。

不难想见这场论战使蒙田的世界再度陷入混乱，它点燃的冲突与一百年前的相比毫不逊色。有些编辑将整个优先次序颠倒过来，原本脚注里提及的是古尔奈版本，现在反客为主，波尔多本的文字被放进脚注。这么做的有二〇〇七年由让·巴尔萨莫（Jean Balsamo）、米歇尔·马尼安（Michel Magnien）与卡特琳·马尼安-西莫南（Catherine Magnien-Simonin）共同编辑的七星文库版（the Pléiade edition）。其他学者则仍支持波尔多本，最显著的例子是一九九八年安德烈·图尔农（André Tournon）编辑的版本，它在细节的考证上远超过先前所有的版本。[32] 图尔农研究蒙田标点与注记符号的方式，这些记号原本已被掩盖或改成现代的标记方式，但图尔农仍一一加以详察，仿佛这么做可以凸显他与蒙田的手及意图有多么接近；仿佛蒙田仍握着笔，溢出的墨水正从笔尖滴落。

当一切尘埃落定（假使真是如此），面对未来的世纪，势必要另立一个新的标准本。蒙田的读者可能要面对几个结果。新版本可能把某个版本的文字摆在优先的位置上，而非将各种版本的文字统合起来，因为各版本的文字差异现在已经为人所知。如果是以古尔奈的版本作为主要文本，那么蒙田作品的页面看起来会清爽许多，因为它在视觉上不会出现此起彼落、用来标示不同版本年代的 "A" "B" "C" 字母。这些标识仍然有其用处，但最早乃是编辑在处理波尔多本时添加的，部分原因是为了让别人看见他们努力的成果。古尔奈从未想过这么做，蒙田更是如此。法语世界以外的读者还要面对其他的结果。可能急需新的英译本，因为目前市场上流通的两个优秀版本——弗雷姆译本与 M. A. 斯克里奇（M. A. Screech）译本——完全是依据波尔多本编辑的。我们可能要回溯到先前的主流译本上，如弗洛里奥、科顿与黑兹利特家族的译本。

无论发生什么事，故事不可能就这样结束。争议将持续，或许未来的战场只局限在标点符号上。然而，事到如今，我们已很难继续主张斯特罗夫斯基的傲慢信念：制作完美的最终版本。事实上，对《随笔集》的编辑永远无法真正结束。身为普通人的蒙田可以高高挂起靴子，放下手中的鹅毛笔；但只要读者与编辑对结果仍有争论，身为作者的蒙田还是会继续在纸上留下他的墨迹。

被重新混合与附会的蒙田

蒙田很清楚，从作品出版那一刻起，他就再也无法控制自己的作品。而其他人可以随心所欲地处置它：他们可以把它编辑成奇怪的形式，或诠释出自己从没想过的意义；就连还没出版的手稿，都可能脱离他的控制，拉博埃蒂的《论自愿为奴》就是一个例子。

蒙田与拉博埃蒂的时代并没有著作权法，加上当时的人拥有我们意想不到的自由，把抄袭当成一种文学技巧。你如果喜欢《随笔集》里的某一段文字，就可以将这段文字拿出来单独出版；人们可以删减或扩充整部作品，去除他们不喜欢的某个章节或段落，并且重新安排文章的先后次序，或是冠上不同的书名出版。读者可以从《随笔集》里抽出十二章左右，独立编成轻薄短小的书册，这可以让那些二头肌无法支撑大部头书籍的读者轻松不少。还有人帮你去除书中杂乱无章的部分：面对蒙田长达二十页的漫谈，大胆的修订者如霍诺里亚可以帮你删减到只剩两页（完全违反了蒙田的精神），也就是只剩下与标题相符的内容。[33]

有些编辑介入得更深，不只裁剪文字，甚至卷起袖子，将双手伸进《随笔集》里，把它当成鸡一样肢解，使其变成全新的生物。在这方面最为杰出，同时也是最早与最具知名度的人物，即与蒙田年纪相仿的朋友皮埃尔·沙朗（Pierre Charron），他写过一本在十七世纪畅销的书《智慧》（La Sagesse）。蒙田也许看不出来这部作品跟他的关联，但这本著作本质上就是换个名字与编排方式的《随笔集》。它被称为一部"改造"（remake）之作，人们也可以称它是"重新混合"（remix）之作——这两个词都无法充分反映本书与原作在精神上的差异。沙朗创造的蒙田少了他个人独具的气质，文字中少了引文或杂谈，少了粗鄙辛辣，也少了个人私事的揭露。沙朗给予读者能加以辩驳或表达认同的事物：

一套不再轻易从原有主题上溜走或蒸发成薄雾的陈述。他将蒙田对某个主题（例如人类与动物的关系）的杂谈整理成以下的工整结构：

    1. 动物与人类共有的特征。

    2. 人类与动物未共有的特征。

      A. 有利于人类的特征

      B. 有利于动物的特征

        i. 一般

        ii. 特殊

      C. 有利与否仍有争议的特征 [34]

《智慧》令人印象深刻但乏味——如此乏味，以致大受欢迎。在书籍畅销的激励下，沙朗进一步将作品精简成《智慧小语》（*Petit traité de la sagesse*）。这本书同样大卖，与前一本一样，不断再版。纵观十七世纪，愈来愈多的读者在此类作品中认识蒙田，这部分解释了他们为何能条分缕析地理解并反驳蒙田的皮浪怀疑论。（如果帕斯卡仍觉得蒙田的捉摸不定令人火大，那是因为他的确读了原版《随笔集》。）然而，古尔奈不赞同沙朗的做法。在一六三五年版《随笔集》的序言中，她称沙朗"拾人牙慧" [35]，且表示沙朗作品唯一的好处，是能提醒你真正的蒙田多有才华。

十七、十八世纪，沙朗的后继者进一步重新混合蒙田的作品；有时他们也重新混合沙朗版的蒙田作品。《随笔集》被列入《禁书目录》期间，唯有靠混合与改造，才能让它继续在法国出版。市场上因此充斥轻薄短小而未署名"蒙田"的作品，还有些其标题即表明内容撷取了精华的书籍，如《蒙田随笔集的精神》（ L'Esprit des Essais de Montaigne ）、《蒙田的思想》（ Pensées de Montaigne ）。后者将蒙田的文字删改得所剩无几，全书居然是只有两百一十四面的小开本。它的开头这么写着："再烂的书也有可取之处，再好的书也有可以挑剔的地方。"[36]

《蒙田随笔集的精神》（左）与《蒙田的思想》（右）

作者们不乏作品遭到删减的经验。对伟大作品进行删缩，至今仍是出版业常见的做法，书名处通常会冠有"精简版"（ Compact Editions ）字样。最近，英国一套丛书的代言人表示："《白鲸记》（ Moby Dick ）在一八五〇年时就已经是一部难以卒读的作品——到了二〇〇七年，要读者竟读全书，更是奢求。"然而刮除过多鱼油，最终可能让《白鲸记》中的鲸鱼荡然无存。同样，蒙田的"精神"就存在于编辑最想去除的部分：他的偏离主题、他的杂谈、他想法的多变，以及不断从这个想法跳到另一个想法的节奏。难怪蒙田会这么说："对好书的每一次删减，都是愚蠢的删减。"[37]

然而蒙田也知道，在阅读的过程中难免会有拣选，他每拿起一本书都会这么做。如果这本书相当乏味，他的做法更为决绝，会将它扔到一旁。蒙田只读他觉得有趣的书；他的读者与编辑在读他的书时也是如此。每个读者只选择《随笔集》中他们喜欢的部分阅读，每个读者都有自己的"《蒙田随笔集的精神》"，就连学者也是如此。

事实上，或许学者比一般人更倾向于这么做。令人惊讶的是，现代评论家重新混合与改造蒙田，让蒙田与他自己和他们那个群体更加相像。正如浪漫主义者发现浪漫主义的蒙田，维多利亚时代的道德家发现道德主义的蒙田，英格兰人发现带有英格兰气质的蒙田，在二十世纪晚期掀起风潮（并延续至二十一世纪）的"解构主义"或"后现代主义"评论家们，很高兴地发现了他们想要看到的：一个具备解构主义与后现代主义倾向的蒙田。当代评论家太熟悉这些蒙田，必须花费大量力气跳出自己的立场，才能看清蒙田的样貌：一种人造物，或至少是充满创意的重新混合物。

后现代主义者认为世界是不断变化的意义系统，因此留意的是曾说世界是舞动的跷跷板、人类"多元而起伏"，且"每个人的内心似乎都有两个我"的蒙田。[38] 他们认为客观的认知不可能存在，因此深受蒙田关于视角与怀疑的文章吸引。（本书与其他作品一样，也受到这种倾向的吸引，因此算是一种时代产物。）这是欺骗，也是谄媚。人们阅读手上的《随笔集》，如同《白雪公主》(Snow White)里的皇后看着自己的镜子。你甚至还没问起那个只会存在于童话里的问题，镜子便已低声回道："你是世界上最美丽的人。"

近来批评理论的一项特征更容易促成这种魔镜效果：批评家总是习惯讨论文本，而忽略作者。批评家既不思索蒙田话里的"真意"，也不调查其作品的历史脉络，只是将心力集中在只存在于书里的联结与意义之网络——这个网络就像巨大的渔网，可以网罗书中一切事物。这种特征并非狭义的后现代主义所独有，近来的精神分析批评家也运用其分析方法研究《随笔集》的文本本身，对作者蒙田则置之不理。有些人把《随笔集》视为一个拥有自身潜意识的个体。正如分析师可以解读病人的梦，以发掘潜意识，批评家也可以探索文本的语源、声音、偶然的脱漏，乃至于印刷错误，发现隐藏的意义。他们知道蒙田并非有意如此，但这并不打紧，因为文本有自己的意图。

从这种思潮衍生出来的文本解读，就跟蒙田的写作一样繁复而美丽。举一个最引人注目的例子，汤姆·康利(Tom Conley)的《吸吮城市的乳汁：蒙田在巴黎与罗马》(A Suckling of Cities：Montaigne in Paris and Rome)引用了蒙田《论虚妄》里的一句简单陈述——蒙田说自己在知道巴黎卢浮宫之前就已经知道罗马这座城市。卢浮宫（Louvre），当时法国的皇宫，拼法与法文"母狼"（louve）类似。对康利来说，这显示《随笔集》与哺育罗马建城者——双胞胎罗慕路斯（Romulus）与雷穆斯（Remus）——的母狼存在潜意识上的联结。他们张大嘴巴吸吮着；同样，我们在思考罗马、巴黎如何历经数世纪仍屹立不倒时，开启了自己的视角。嘴巴打开了这个视角；它"开启"（法文称"l'ouvre"）了它。因此，蒙田并列地提到卢浮宫与罗马时，文字显露出一种隐藏的意象，"这位随笔作家的嘴唇紧紧含住皇室的乳头"。

这种哺乳的意象使我们联想到乳房，而乳房的形象在罗马到处可见，例如城市里数量繁多的圆顶与观景楼。"充满情欲的尖端凸起于城市景观的地平线，象征不可胜数的哺育意象。"而对蒙田嘴唇的想象也变得更加诡异：

> 蒙田撮起双唇从下方含着哺育罗马建城者的母狼的
> 乳头时，有如从上方吸吮罗马农神之丘上朱庇特神庙的
> 直立尖端。

这些都可以在蒙田关于卢浮宫的注记里找到，但蒙田往下又说了一些话。在同一篇随笔中，蒙田提到："我的脑子里经常想着（plus en teste）卢库鲁斯（Lucullus）、梅特鲁斯（Metellus）与西庇阿的能力与命运；至于自己的同胞，我反而很少将他们记挂在心。"这句话看起来无关紧要，但"tester"或"teter"在法

文里有"哺乳"的意思。我们可以将这三名古典时代的英雄想象成某种肖像，或许就像钱币上的人头——蒙田会把钱币塞进嘴里，"吸吮它们"。就在这几页里，我们看到了"时空巨大的吸吮与流动"。

此外还有更多的例子。蒙田在《论虚妄》中提到自己"迷恋"(embabouyné)——意指"陶醉"或"受蛊惑"，但也有"哺育"的意思——罗马的历史。其中法文的意思还有另一层暗示，如果我们把"embabouyné"念成"en bas bou(e)y n(ais)"，那么意思就成了"我在泥泞里出生"。这句话依然与那两名婴孩与母狼有关，因为婴孩必须在台伯河(Tiber)的泥巴里弯着身子，在母狼的身体下方喝奶。而由于泥巴既黏滑又呈现为棕色，迷恋罗马的蒙田，可以被看成掉落到"由香气与排泄物构成的前象征世界中"。[39]

康利的随笔本身是吸引人的和充满魅惑的。他玩弄文字时，并非如罗慕路斯与雷穆斯一样随意丢掷台伯河的泥巴；他也不认为蒙田在提到罗马时，脑子里真的想着乳头。康利的目的是要辨识出一张联结之网：从一些看似平淡的字句里找出如空气般难以捕捉的意蕴，并且揭露隐藏于其中的梦境。结果，他从《随笔集》里找出像梦一般美的事物。我们没有理由对他的发现感到恼火，尽管他寻找的事物与蒙田没什么关联。就像蒙田提到普鲁塔克时说的，像《随笔集》这种内容丰富的作品，每个句子中都含有指示之物，指点"想知道方向的人要去的地方"[40]。现代批评家把这句话牢牢记在心里。

长久以来，真正躺在分析师躺椅上的病人（即那些急需解梦之人）不是《随笔集》的文本，也不是蒙田，而是批评家自己。这些"文学侦探"把蒙田的作品当成藏宝库，从中找出通往未知事物的线索，同时又将这些线索与原本的脉络分离；这些人因此让自己堕入开启潜意识的精巧把戏中。这种做法与算命师将杯中茶叶挑出来摊开，或心理学家运用墨迹作测验的技巧没什么两样。人们随机地找出线索，将它们拿到原有脉络以外的地方，然后注视着它们，看看能够想出什么。结果不可避免地会跟《蒙田随笔集的精神》一样，答案都是基于读者自身的喜好与突发的念头而产生。

对喜欢这种解读方式的人，我们只能遗憾地说，现代批评理论的这股潮流——它们是有些人窥探蒙田反复无常的蛙跳之旅时拨开的最后一片百合叶——似乎正走进历史。近年来反弹的声浪已经出现，气候正在转变。愈来愈多文学研究者回归历史，冷静地研究蒙田的语言在十六世纪时的意义，推敲他写作的意图与动机。由此看来，似乎一个时代即将结束，而另一个时代即将开启。

蒙田会怎么看这件事呢？他喜欢跟随普鲁塔克作品的指点前进，但也表示，自己对许多文学诠释大为光火。蒙田说，批评家对作品的评论愈多，读者就愈难了解该作品。"第一百位评论者把作品交给下一位评论者时，这第一百零一位评论者面对的问题，显然要比第一位评论者面对的问题艰深。"[41] 任何作品都有可能变成一堆混乱的矛盾：

看看柏拉图是怎么任人摆布的。每个人都以引用柏拉图来说明自己的想法为荣，每个人都想用柏拉图的说法壮大自己的声势。他们把柏拉图当成炫耀品，并且把他塞进当前世界所接受的各种新观点里。[42]

蒙田感到纳闷，这样的时代是否将会来临？诠释者齐聚一堂，对某部作品达成共识："针对这本书已经讨论得相当充分，因此无法再增添任何意见。"当然不可能。蒙田也知道，自己的作品只要还有读者，就必然会遭受不同的评论。人们总能从他身上找到他不曾想说的话，因此，这些评论者实际上创造了新的东西。"聪明的读者经常可以从其他人的作品中发现比作者原有的想法更完美的东西，因而赋予作品更丰富的意义与面向。"[43]

我曾从李维（Livy）的作品中读到一百个道理，这些道理完全没被李维的其他读者发现。普鲁塔克从李维作品中读到的一百个道理，不仅与我读到的不同，或许也与作者想说的不同。[44]

数个世纪以来，作品的诠释与再诠释创造了一条长链子，这条链子把作者与所有未来的读者串连起来——读者们除了阅读原作，也经常阅读彼此的看法。对于这种跨世代的联结，弗吉尼亚·伍尔夫有过美丽的想象："心灵被串连在一起——所有活生生的心灵与柏拉图和欧里庇得斯的心灵一样，都是由相同的物质构成的……正是这个共通的心灵将全世界联结起来。全世界就是心灵。"[45] 在历史长河中，通过读者的内在世界而得以生生不息的能力，正是《随笔集》成为经典的原因。《随笔集》在每个心灵里以不同的形象重生，而它也让这些心灵彼此紧紧联系。

　　一部真正有野心的作品，一定能接受诠释，也一定能接受被改得与原来大不一样。蒙田在艺术上接受这项原则，在生活中亦然。他甚至乐在其中，愿意让人们从他的作品中产生奇怪的想法，并根据自己的需要加以改编。顺其自然，不掌控自己的作品，你可以从希腊化时代的"热爱命运"中悟出一些道理：乐天知命。以蒙田来说，"热爱命运"是"如何生活"这个大问题的解答之一，这个答案也使蒙田的作品获得永恒的生命。蒙田遗留下来的并非不完美、模棱两可、不适切或容易遭受扭曲的东西，而是更好的东西。人们想象蒙田会说："主啊，让世人误解我吧。"

我们问：

如何生活？

How to live?

●

蒙田说：

做个普通人与不完美的人

Be ordinary and imperfect

学习生活，就是学习与不完美共处，甚至拥抱不完美。
比较好的做法是稳健、适度与带点模糊。
其余的事，就交给上天来安排吧。

做个普通人

从某种意义上来说，本书讲的是，蒙田思想随时间流逝在不同的意识之运河流淌的故事。蒙田思想在每个闸口，都留下了样本——

    ——最初的热情读者赞美蒙田的斯多葛派智慧，以及他搜罗古人杰出思想的技巧；

    ——笛卡儿与帕斯卡这些人，对于蒙田的怀疑论以及他抹除人类与其他动物的界线，一方面感到不满，另一方面也深受吸引；

    ——十七世纪的放荡主义者喜爱蒙田，认为蒙田是大胆的自由思想家；

    ——十八世纪的启蒙哲学家再次受到蒙田怀疑论的吸引，而蒙田对新世界文化的喜爱，也让他们感到好奇；

    ——浪漫主义者一方面为"自然的"蒙田欢呼，另一方面则希望蒙田更热情一点；

    ——生活被战争与政治动乱破坏殆尽的读者，把蒙田看成英雄与伙伴；

    ——十九世纪晚期的道德家对于蒙田的淫秽感到羞赧，同时哀叹他在伦理观念上的匮乏，但这群道德家仍设法将蒙田改造成像他们一样的体面绅士；

——四百多年来出现了许多解读蒙田的英格兰随笔作家与一些偶然间成为哲学家的人物；

——不那么偶然的哲学家尼采称赞蒙田的机敏，并且想象蒙田的斯多葛派与伊壁鸠鲁派诀窍如何能在新时代里存续；

——现代主义者如弗吉尼亚·伍尔夫，试图捕捉活着与有意识的感受；

——编辑、抄写者与重新混合者，把蒙田塑造成不同的面貌；

——二十世纪晚期的诠释者凭借蒙田的片言只字，建构出非凡的结构。

这一路上，有人认为蒙田写了太多关于自己泌尿系统的事，有人认为他的写作风格需要名师指正，还有些人认为他过得太惬意，另一些人则从他身上看到哲人的身影或是第二个自己。他们因此无法确定自己是在阅读《随笔集》，还是在撰写《随笔集》。

这些内容各异的解读，有许多其实是希腊化时代三大思想传统的变形，蒙田传承了这些传统，也改变了它们。这并不令人意外，这些传统原本就是蒙田思想的基础，而它们的影响也贯穿整个欧洲文化的发展历程。即使在最初发源时，这三项传统也难以分辨；经过蒙田以近代观点所作的诠释后，它们交缠的程度更胜以往。如此紧密结合的原因更在于它们都追求 "eudaimonia"，而

且认为获得 "eudaimonia" 最好的方式就是做到冷静或均衡，也就是 "ataraxia"。这些原则约束着蒙田，而当后世读者阅读《随笔集》以寻求情感支持，或是为了追求可派上用场的日常实用智慧时，这些原则也跟着传达给了他们。

现代读者向蒙田寻求帮助时，提出的问题往往与蒙田向塞内卡、塞克斯图斯与卢克莱修问的问题一样，而这些哲人也向"他们的"前辈问过相同的问题。这就是弗吉尼亚·伍尔夫所说的"心灵之链"的真正含义：它不是学术传统，而是一连串对自己的生活感到困惑的自利个人，这些人不约而同地追问同一个问题。他们拥有一种共通的特质，我们称这种特质为"人性"，也就是能够思考，同时觉得必须过着与一般人一样的普通生活。不过，蒙田还想将这种心灵的结合进一步扩大，将其他物种也涵盖进来。

对蒙田来说，这正可说明，即使是最日常的经验，也能告诉我们一切我们需要知道的东西：

> 我开始过着寻常而不足称述的生活，这并没有什么不好。你可以将所有的道德哲学与普通而私人的生活连结起来，就跟与更丰富的生活连结起来没什么两样。[1]

事实上，这就是普通而私人的生活的样子；这也是你所能想象的最富足的生活。

做个不完美的人

　　晚年的蒙田健康状况不佳，大约有一半时间徘徊在生死的边缘地带——他在壮年时就曾因为意外落马而短暂地造访过"死神"。这时的蒙田并不算老，才将近六十岁，但他知道肾结石随时可能夺走自己的性命。有时他也希望自己能早日解脱，因为实在太痛苦了。然而，这些日子肾结石并未像恃强凌弱的壮汉抓住他的衣襟，一把将他架到死神残暴的脸孔前。死神"有技巧且温柔地"引诱蒙田，让他有足够的时间思考。如斯多葛学派所言，死神看起来还算友善：

　　　　肾结石至少还有一个好处，它能完成我无法完成的事，让我安于死神的存在，并且愈来愈熟悉他。[2]

　　蒙田昏厥后首次领会的事，现在已豁然开朗：上天自有安排，你无须烦恼费心。蒙田写道，自然引领着我们，那种感觉"就像走下徐缓而不可见的斜坡，一步接着一步"。[3]自然使他生病，但也给予他梦寐以求的东西：冷静与均衡。因此，他能够幸福与快乐。结石排出的那一刻，是他生命中最幸福的时刻。那是身体的解脱，在精神上也如释重负：

　　　　天底下有任何事比如此突然的变化更甜蜜吗？只要结石一消失，我便能从极度的痛苦中恢复，仿佛沐浴着

美丽的健康之光，如此自由且充实……[4]

就连在结石病发作期间，蒙田也能找到类似的快乐。[5] 结石仍让他痛苦，但他试着在从痛苦中得到的少许补偿里寻找安慰，包括从别人眼神的赞许中得到些许满足：

> 听到别人的赞美是一件快乐的事：他很了不起，是个坚强的人！他们看到你痛苦地冒汗，脸色惨白，而后又泛红，全身颤抖，呕血，不自主地痉挛抽搐，有时眼中泛着大量泪水，排出浓稠、暗沉而又令人惊悚的尿液，或者因为尖锐粗糙的结石硬生生地插在龟头里而无法排尿——此时，你仍神色自若地与朋友交谈，在症状发作的空档，还能与仆人谈笑风生。[6]

只有蒙田才知道真相：在疼痛时与人聊天说笑，其实要比旁人想象的简单得多。早期的濒死经验告诉他，一个人的外表与他的内心世界不一定有关系。但这一回与上次他被扯开紧身上衣的状况大不相同，他必须真正面对死亡的痛苦。不过蒙田的灵魂仍然漫不经心，痛苦的经验似乎未对他构成多大的伤害：

> 我已经安于这段痛苦的日子。我从中找到了安慰与希望的食粮。[7]

蒙田也从衰老的过程获得类似的启悟。不是说衰老就能得到智慧；相反，蒙田认为老人比年轻人更容易患有虚妄的毛病，也更容易犯错。他们有着"愚蠢而老耄的自尊，说起话来冗长枯燥，幽默感只用来挖苦人，迷信，对于财富有着异于常人的执着"。[8]这是一种人性的扭曲，我们必须确立老年的价值，才能改正这些缺点。老人比年轻人更能看出一个人的成败。只要看到岁月在人的身心刻下的痕迹，就能了解人的局限与人性的一面。了解衰老"无法"让人更睿智——这样的领悟本身就是一种智慧。

最终来说，学习生活，就是学习与不完美共处，甚至拥抱不完美：

> 疾病是与生俱来的……如果有人将疾病的种子从人类身上除去，就等于毁了人类生命最根本的条件。[9]

即使是哲学，在运用到真实人生时，也需要"调整浓淡"。"我们不需要一味地强调某些事或淡化某些事。"[10]塔索的人生一无所获，因为强光使他眼盲了。比较好的做法是稳健、适度与带点模糊。其余的事，就交给上天来安排吧。

晚年的蒙田更为圆融，仍写作《随笔集》。他一直待在家里，仍然勤于写信，其中包括几封写给亨利四世的书简。他也与一些朋友、作家，以及先前在波尔多等地的同事会面，其中包括培根的哥哥安东尼。[11]他的女儿莱奥诺尔已经长大成人，嫁给了弗朗索瓦·德·拉·图尔（François de la Tour），婚礼于一五九〇年五月二十七日在蒙田的庄园举行。第二年，也就是一五九一年的三月三十一日，莱奥诺尔产下一名女婴，取名弗朗索瓦，蒙田也顺理成章地当上外公。[12] 他还在写作，持续给《随笔集》添入各种奇闻轶事，包括他最后的想法：试着接受生活中的普通与不完美，让自己的人生充满和谐。蒙田看起来越来越像一个懂得如何生活的人。或许，他只是已将自己淡然处事的态度，修炼到炉火纯青的境界。

我们问：

如何生活？

How to live?

●

蒙田说：

生活会给你答案

Let life be its own answer

蒙田真正的遗产，必须从《随笔集》颠沛流离的命运中去找寻。
那是他永无止境、不断演变的第二自我。
《随笔集》依然活着；对蒙田来说，最要紧的事就是"活着"。
生活本身就是目标，生活本身就是目的。

并非尾声

一五九二年九月初，蒙田的肾结石病又发作了。他先前已经遭遇无数次，每次都化险为夷，此次或许也不例外。然而，如同每次发作时他所担心的，这次不幸地引发了严重的并发症。结石并未顺利排出，让他得以解脱；相反，它一直停留在原地不动，于是出现感染症状。

蒙田全身肿胀，不久，炎症扩散到喉咙。这种状况又称为"锁喉"（cynanche，源自希腊文，指用来勒住狗或其他动物脖子的皮带或套索），光是名称就让人很不舒服。随着发炎的状况日趋严重，蒙田的喉头也越来越紧缩，以致每次呼吸都变得十分吃力。

锁喉导致扁桃体周围脓肿，这是一种严重的喉咙感染，即使到了今日，不加治疗仍是致命的。此时蒙田需要的是抗生素，然而当时还没有这种药物。由于喉咙肿胀，蒙田无法说话，但他还是可以通过写纸条的方式与人沟通。

扁桃体周围脓肿三天后，蒙田被支撑着坐在床上，家人与仆役在一旁看护与守候。蒙田最不愿见到的场景出现了，他的房间成了人挤人的临终告别地。这种仪式让死亡变得更加难受：除了使将死之人恐惧，也使告别的人惊恐。在床边弯着身子的医生与神父，悲伤的访客，"脸色苍白、涕泗滂沱的仆役，阴暗的房间，光亮的烛火……简言之，这里充满了可怕与惊悚"——这跟蒙田期望的简单的，乃至于在昏迷中死去的场景相差太远。然而，事已至此，蒙田也不打算把人赶走。

　　病情不见好转，蒙田自知来日无多，于是写下遗言与最后的心愿。波尔多当地的作家贝尔纳·欧托恩（Bernard Automne）提到，在死前数日，蒙田"穿着睡衣从床上起身"，让随从与遗嘱里其他的小受益人进到房间，亲自把打算分给他们的财物交给他们。或许真有此事，只是跟他临终前瘫痪在床的描述不符。关于蒙田死前几个小时的描写，没有一样是可靠的，全是二手说法。但至少有一项描述相当精确，那是蒙田的老朋友帕基耶从蒙田妻子弗朗索瓦那里听来的——弗朗索瓦一直守在床边，直到丈夫断气。与多年前去世的拉博埃蒂不同，蒙田并未叫他的妻子远离病榻。

　　遗嘱安排妥当之后，蒙田在房间里做最后一次弥撒。他几乎无法呼吸。根据帕基耶的说法，神父诵念经文时，蒙田自床上坐起身子，"努力扣紧双手"，将灵魂交给上帝。这是天主教的最后仪式——蒙田一直过着欢乐的世俗生活，现在终于以简短的方式承认上帝。

　　不久，他咽下最后一口气。死因可能是中风，也可能是单纯的窒息。家人、朋友与仆役随侍在侧，米歇尔·埃康·德·蒙田于一五九二年九月十三日去世，享年五十九岁。

　　蒙田死去的过程肯定让目睹的人感到痛苦——挣扎的呼吸，绝望的努力，骇人的肿胀；他自己也知道是怎么一回事，而这是他一直想避免的。然而，也许蒙田并不是那么痛苦。他在落马意外中，身体曾不断挣扎扭动，还吐了不少血，但他的灵魂却愉悦地漂浮在身体上；同样的事情也可能发生在他临终之时。蒙田也许只感觉到自己的生命轻悄地脱离唇边：那条绑住灵魂的细绳，至此终于断了。

《奄奄一息的蒙田》（约瑟夫·罗伯特-弗勒里绘）

帕基耶与另一位朋友布拉克把听来的各种说法写成文章，让当时的人阅读。他们把蒙田的死描绘成斯多葛派的典范。他们为文纪念蒙田，正如蒙田纪念拉博埃蒂。布拉克在写给利普修斯的信中表示，蒙田拥有幸福的人生，死时没有遗憾，毫无牵挂地离开人世。唯一感到痛苦的是活在世上的人，他们从此少了一位令人愉快的伴侣。[1]

生者的第一件工作是举行葬礼，同时还要处理蒙田的遗体。

这是项相当恐怖的任务。蒙田家的波特星历里记载着：

> 他的心脏被安放在圣米歇尔教堂里，遗孀蒙田夫人
> 弗朗索瓦·德·拉沙赛涅则将他的遗体带往波尔多，安
> 葬在弗扬派（Feuillants）的教堂中。她已经在此买了一
> 块地，并且立好了墓碑。[2]

将遗体分开安葬，这种做法并不罕见，只是在自家庄园的
十二世纪小教堂里安葬心脏而非整具遗体，这个决定稍微奇怪了
点。自家庄园的教堂理应是一个安详的安息地点，蒙田可以长眠
在父亲身旁，此外还有子女的小骨骸相伴。

将蒙田剩余的遗体送到弗扬派教堂安葬，也是个古怪的决
定，而且违背原先的计划。原先的计划是要将他葬在波尔多的圣
安德烈主教座堂（cathedral of Saint-André），教会已经准许在
一五九二年十二月十五日举行葬礼。如此一来，蒙田将与妻子的
家族葬在一起，而非葬在自己的家族墓地。但弗朗索瓦改变初
衷，也许是因为她自己是弗扬派的信徒，也可能因为蒙田信仰的
就是弗扬派——他曾在《随笔集》里赞扬这个教派。[3]这项决定
显然让该派的僧侣获得了好处：弗扬派接纳蒙田的遗骨，定期为
他的灵魂举行弥撒，使他们获得了一笔丰厚的租金，教堂内部壁
画的绘制工作得以顺利进行。弗扬派为蒙田修建了一座华丽的
坟墓，这座坟墓至今尚存；坟墓里，躺卧的蒙田全副骑士甲胄装
扮，双手伸出臂铠，合十做出祈祷动作。以希腊文与拉丁文书写

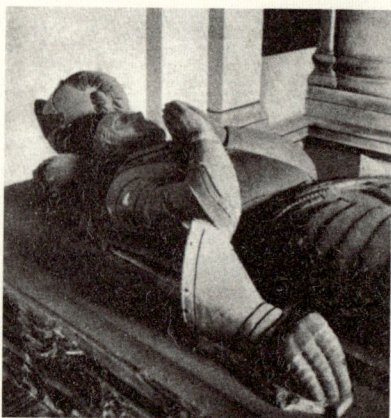
蒙田的棺椁

的墓志铭覆盖在坟墓两侧，称颂墓主的基督教皮浪主义思想，以及他恪守祖先的法律与宗教，他的"仁慈温和"，他的决断、诚实与勇敢。拉丁文墓志铭末尾有一段动人的文字：

　　　　　　长期处于哀恸中的弗朗索瓦·德·拉沙赛涅建造了这座坟墓，缅怀她思念的丈夫。他没有别的妻子；她也不会有别的丈夫。[4]

　　少了心脏的蒙田遗体，终于在一五九四年五月一日安葬于这座坟墓，此时离他去世已过了一年半。他等了这么久的时间才得以安息。即使如此，他也无法就此长眠。大约十年后，教堂开始扩建，整个内部陈设必须加以改动，如此将使蒙田的坟墓远离新祭坛，同时也违背教堂与弗朗索瓦当初达成的协议。弗朗索瓦于是提起诉讼，控告弗扬派，最后获得胜诉：弗扬派于一六一四年将蒙田的坟墓迁移到新教堂里最好的位置。

　　此后蒙田便在此地安息了数十年，直到大约历经九代人之后法国大革命爆发，才又起了变化。新成立的世俗政府废除了弗扬派与国内其他大大小小的宗教派别，并且将教会的所有财产没收充公，包括教堂与教堂内部的一切。此时也正是蒙田被推崇为启蒙运动英雄的时期——他是自由思想的哲士，是值得革命政权尊崇的人物。因此，让蒙田的遗骨继续留在原处似乎不大妥当，法国政府便在一八〇〇年下令将蒙田的遗骨迁葬到波尔多巨大的新世俗神庙（即当地的科学、文学与艺术学院）的纪念堂里。珍贵的遗骨被取出后，便以盛大庄严的仪式运往新地点，沿途有骑兵行列护送，还有铜管乐队一路致敬。

两年半后，一名古物研究者在波尔多学院研究各项记录，提出令人困窘的发现：被迁葬的遗骨不是蒙田，而是蒙田外甥的妻子玛丽·德·布里安（Marie de Brian），她与家族其他成员一起葬在同一座坟墓里。这一回不像上次那样大张旗鼓，玛丽的遗骨被静悄悄地迁出纪念堂，回到她原本安息的地方；蒙田则一直待在原来的坟墓，完全未受到惊扰。这名不喜欢大兴土木、不想从事"改建"工作，也不愿经历不必要变动的男子，就这样躲过革命的骚扰。革命浪潮从他头上掠过，如同深海上方的波浪一样，对他毫无影响。

之后，一八七一年五月的一把火烧毁了教堂，蒙田的坟墓没受到什么损伤，但教堂成了废墟。因此，往后近十年的岁月里，这座坟墓在毫无遮蔽的情况下遭受风吹雨淋。一八八〇年十二月，法国政府打开蒙田的坟墓，评估这处受人尊崇的遗迹的状态，结果发现覆盖蒙田遗骨的铅壳已经变成碎片。将这些碎片清理之后，政府制作了一具橡木棺材安放蒙田的遗骨。修复后的棺椁有五年时间被暂时存放在卡尔特修道院仓库（Depository of the Charterhouse），随后于一八八六年三月十一日安放在波尔多大学一栋新大楼（包含了神学院、科学院与文学院）的入口大厅里。今日，这具棺椁摆放在波尔多的阿奎丹博物馆（Musée d'Aquitaine），成为令馆方自豪的展品。[5]

对蒙田这样一位与世界的变迁如此协调、如此了解人类的努力总是混杂着错误的人来说，这段死后的冒险的确适合他。即使在他死后，似乎仍有一股力量拉着他回到真实的生活之中，而非任由他冻结在人们完美的回忆里。蒙田真正的遗产与他的坟墓毫无关系，必须从《随笔集》颠沛流离的命运中去找寻。那是他永无止境、不断演变的第二自我。《随笔集》依然活着；对蒙田来说，最要紧的事就是"活着"。弗吉尼亚·伍尔夫尤其喜欢引用蒙田最后一篇随笔的观点，这大概是蒙田对于"如何生活"这个问题给予的最后也是最好的答复：

> 生活本身就是目标，生活本身就是目的。[6]

这句话存在两种仅有的可能，一个是，它根本不是答案；另一个则是，它是唯一可能的解答。它与禅宗大师给予的回应有异曲同工之妙。当徒弟问师父"什么是顿悟"时，师父会重重地在徒弟头上敲一棍。顿悟就是用自己的身体学到东西，借由亲身体验的方式来获得。这是为什么斯多葛学派、伊壁鸠鲁学派与怀疑论者总是教导诀窍，而不教导教条。哲学家可以提供的教导就是当头棒喝，这是一种实际可行的技巧、一种思想实验，或一种体验——以蒙田的例子来说，就是阅读《随笔集》的经验。蒙田教导的主题就是他自己，一个普通人的日常生活经验。

虽然《随笔集》在每个人眼里呈现出不同的面貌，但书中的每件事都统合在一个人物身上，那就是蒙田。因此，读者在思索时往往会回溯到蒙田身上，这种现象不仅极少出现在蒙田同时代的其他作家身上，事实上，任何时期的绝大多数作家都鲜有这样的待遇。《随笔集》是"蒙田的"随笔；这些随笔抽样检查了一个处处充斥着"我"的心灵，就跟所有的心灵一样。

有些人可能会质疑：现代人是否还需要蒙田这样的随笔作家？处于二十一世纪这个充分开放世界的人们，个人主义上已发挥到极致；另一方面，人与人彼此紧密结合的程度，也超越了十六世纪时蒙田的想象。蒙田在所有事物中意识到的"我"，似乎是在向已经改信的人传教，甚至是在向有毒瘾的人喂毒。但蒙田提供的不只是自我放纵的刺激品。二十一世纪的人们可以从蒙田的生活态度中得到不少启示；而且，世界已经历了许多重大苦难，正需要蒙田风格的政治观点。人们可以学习蒙田的稳健，他对人际关系的重视与谦恭有礼，他的存而不论，他在对峙与冲突中对微妙心理的体察。人们需要蒙田的信念，即世上没有天堂，没有想象中的末日，也没有完美的幻想，这些都比不上真实世界里最微小的个人重要。蒙田无法想象人类可以"借取悦天堂与自然之名，行屠戮杀害之实，而这居然是所有宗教都普遍支持的信念"。[7] 相信生活中可以做出这种事，等于是忘记了每天真实的日常经验。这种心态也使人忘记，你看到幼犬在水桶里载浮载沉，甚至看到一只猫玩得正开心时，你看到的是活生生的生命，而这个生命也正注视着你。这当中没有空泛的道理，只有具体的两个生命彼此的对望，双方都希望从对方身上得到最大的善意。

或许蒙田最后的回答有部分要归功于他的猫——一个生活在十六世纪的独立的生命。它在乡村庄园里过着愉快的日子，有溺爱它的主人，没有其他动物与它争宠。它总是在蒙田忙碌的时刻找他玩耍，提醒蒙田它是活生生的。他们互相对望，而就在此时，蒙田穿越了彼此的隔阂，从它的眼中看到了自己。也就在这个时刻——以及其他无数类似的时刻——蒙田的哲学产生了。

当时他们就在那儿，在蒙田的书房里。他振笔疾书的声音吸引了猫的注意；它试探性地用脚爪朝移动的笔杆抓了几下。蒙田看着它，或许一时间对它打断工作的行为感到不悦。然后蒙田笑了，倾斜笔杆，用有鹅毛的一端在纸上扫动着，逗弄猫儿追逐。它一阵猛扑，脚掌的肉垫沾到最后几个字的墨迹，几张纸滑落到地面上。蒙田与他的猫还待在书房里，他们的生命与尚未完成的《随笔集》一起暂停在过去；我们则要继续生活，或许也要跟我们的猫相处——连同尚未读完的《随笔集》。

蒙田生平年表／Chronology

1533 年　·2 月 28 日，蒙田出生

约 1539 年至 1548 年　·就读于波尔多的吉耶讷学校

1548 年　·8 月，波尔多发生盐税暴动事件，目睹暴民杀害莫兰

1548 年至 1554 年　·可能在巴黎与（或）图卢兹攻读法律

1554 年　·开始在佩里格的税务法庭工作

1557 年　·佩里格法院的所有人员转往波尔多高等法院工作

1558 年至 1559 年　·与拉博埃蒂成为朋友

1559 年　·《卡托-康布雷齐和约》结束法国的对外战争，却带来
　　　　　　灾难性的结果

1562 年　·瓦西镇屠杀，内战开始

　　　　　·查理九世围攻鲁昂，蒙田在鲁昂看见三名巴西图皮族人

1563 年　·8 月 18 日，拉博埃蒂逝世，蒙田陪伴于病榻旁

1565 年　·9 月 23 日，迎娶弗朗索瓦

1568 年　·6 月 18 日，皮埃尔·埃康逝世，蒙田继承庄园

1569 年　·出版译作塞邦的《自然神学，或创造物之书》

　　　　　·弟弟阿诺死于网球意外

1569 年或 1570 年初　·差点死于落马意外

1570 年　·从波尔多高等法院退休

　　　　　·第一个孩子出世，两个月后夭折

　　　　　·编辑拉博埃蒂的作品

1571 年　·2 月，在书房写上生日题词

	· 9 月 9 日，后来唯一长大成人的孩子莱奥诺尔出世
1572 年	· 可能于此时开始撰写《随笔集》
	· 8 月，圣巴泰勒米大屠杀
1574 年	· 查理九世崩殂，亨利三世登基
1576 年	· 铸造纪念章，上面刻了天平与座右铭 "存而不论"
1578 年	· 第一次出现肾结石症状
1580 年	·《随笔集》第一版问世
1580 年 6 月至 1581 年 11 月	· 到瑞士、日耳曼与意大利旅行
1581 年	· 8 月，当选波尔多市长
1582 年	·《随笔集》第二版问世
1583 年	· 8 月，连任波尔多市长
1584 年	· 12 月，纳瓦尔的亨利暂住蒙田的庄园
1585 年	· 瘟疫侵袭庄园，蒙田逃离
1587 年	·《随笔集》第三版问世
	· 10 月，纳瓦尔的亨利再次造访蒙田的庄园
1588 年	· 以密使身份前往巴黎，而后追随亨利三世，遇见古尔奈
	· 5 月，街垒日，亨利三世逃离巴黎
	· 6 月，《随笔集》大量扩充的 "第五版" 问世（假如真的存在第四版，则至今仍未找到）
	· 7 月 10 日，被监禁于巴士底监狱，而后被释放
	· 秋，在皮卡第的古尔奈住处休养
	· 12 月，亨利三世暗杀吉斯公爵
1588 年至 1592 年	· 对《随笔集》做最后的增补

1589 年　·8 月，亨利三世遭到暗杀，亨利四世在质疑声中继承
　　　　　王位

1592 年　·9 月 13 日，死于扁桃体周围体肿

1595 年　·古尔奈版《随笔集》问世，成为往后三个世纪蒙田
　　　　　作品的标准版本

1601 年　·母亲安托瓦妮特逝世

　　　　　·沙朗的"重新混合"版《智慧》问世

1603 年　·《随笔集》第一部英译本问世，弗洛里奥翻译

1616 年　·女儿莱奥诺尔逝世

1627 年　·妻子弗朗索瓦逝世

1637 年　·笛卡儿的《方法论》(*Discours de la méthode*) 问世

1645 年　·古尔奈逝世

1662 年　·帕斯卡逝世，遗留的笔记出版为《沉思录》

1676 年　·《随笔集》被列入《禁书目录》

1685 年至 1686 年　·科顿将《随笔集》译为英文

1724 年　·逃到伦敦的科斯特出版法文版《随笔集》

1772 年　·蒙田的《旅行日志》在旧箱子里被发现

　　　　　·从档案库中发现蒙田批注的《随笔集》，又称"波尔
　　　　　多本"，并且以此确认《旅行日志》为蒙田的作品

1789 年　·法国大革命

1800 年　·革命当局决定把他们心目中的世俗英雄蒙田迁葬到
　　　　　波尔多学院，但计划出差错

1850 年　·蒙田在"瘟疫"期间写的书信出版，引发争议

1854 年　·《随笔集》被从《禁书目录》中移除

1880 年至 1886 年　·重修蒙田棺椁并且移至波尔多大学

1906 年　·斯特洛夫斯基版《随笔集》第一卷问世，主要根据波尔多本

1912 年　·阿曼戈版《随笔集》第一卷问世，主要根据波尔多本

2007 年　·七星文库版《随笔集》问世，主要根据古尔奈的一五九五年版

致谢 / Acknowledgements

我自愿担任蒙田"奴隶"的这五年时间，是一段收获至丰的岁月。我获得的不只是朋友、学者与同事的善意，还有他们在各方面的协助。

我尤其要感谢沃伦·布彻（Warren Boutcher）、埃米莉·巴特沃思（Emily Butterworth）、菲利普·德桑（Philippe Desan）、乔治·霍夫曼（George Hoffmann）、彼得·麦克（Peter Mack）与约翰·奥布赖恩（John O'Brien）的温暖鼓励与慷慨支持，感谢他们愿意分享时间、知识与经验。

伊丽莎白·琼斯（Elizabeth Jones）提供了她的纪录片《吃掉大主教肝的人》（*The Man Who Ate His Archbishop's Liver*）中的珍贵数据，我想向她致以谢意。此外，我想感谢佩里格的佩里戈尔艺术与考古博物馆（Musée l'art et d'archéologie du Périgord）的弗朗西斯·库蒂拉（Francis Couturas）、卢浮宫博物馆的安妮-洛尔·拉努（Anne-Laure Ranoux）、《西南报》（*Sud-Ouest*）的安妮-索菲·马尔凯托（Anne-Sophie Marchetto），以及米歇尔·伊图里亚（Michel Iturria）答应让我使用他的漫画《终于！仰慕者！》（*Enfin*! *Une groupie*!）。还要感谢约翰·斯塔福德（John Stafford）允许我使用他的照片。

我在查询数据时极为仰赖图书馆，包括法国国家图书馆、波尔多市立图书馆、大英图书馆与伦敦图书馆，我要感谢所有馆员提供专业知识。斯坦福大学出版社慷慨应允我引用弗雷姆的译本，在此致上感谢之意。

本书的完成得益于作家协会（Society of Authors）的作家基金会（Authors' Foundation）奖助金，以及伦敦图书馆卡莱尔会员服务项目（London Library Carlyle Membership）的支持。感谢这两个机构的大力襄助。

我一如既往地感谢我的经纪人，Rogers, Coleridge & White 版权代理公司的佐薇·沃尔迪（Zoë Waldie），以及我的编辑珍妮·厄格洛（Jenny Uglow），此外还有艾利森·塞缪尔（Alison Samuel）、帕里萨·易卜拉西米（Parisa Ebrahimi）、贝丝·汉弗莱斯（Beth Humphries）、休·阿玛拉迪瓦哈拉（Sue Amaradivakhara），以及在乔托和温达（Chatto & Windus）出版社工作的每一个人。他们对这本书充满信心，并且合力催生了这本书。

在每个混乱的阶段，都有人阅读我的手稿，给我忠告，并在一切看来不可能按计划进行时仍不断为我打气，对此我要感谢廷迪·豪利克（Tündi Haulik）、朱莉·惠尔赖特（Julie Wheelwright）、简·贝克韦尔（Jane Bakewell）、雷·贝克韦尔（Ray Bakewell）与西莫内塔·菲卡伊-韦尔特罗尼（Simonetta Ficai-Veltroni）。他们接触蒙田已有很长一段时间，也从未丧失对他（或我）的信心。

我首次接触蒙田，是二十多年前在布达佩斯，当时我急着找书在火车上阅读，偶然间在一家二手书店买了一本廉价的《随笔集》译本。那是书架上唯一的一本英文书，我很怀疑我会喜欢它。但事情的发展出乎意料，对于这一切我不知要感谢谁，大概只能归功于命运之神吧！蒙田说得没错，生命中最美好的事物，总是发生在你未能如愿以偿之时。

注释／Notes

除非特别指明，否则文中引用的蒙田作品全部出自唐纳德·弗雷姆的译本：蒙田，《全集》（*The Complete Works*, London：Everyman, 2005）。在所引用的卷数、章节数后均标注了所在页码。

问题：如何生活？

1. http：//www.oxfordmuse.com.

2. 瓜类：III：13 1031。性：III：13 1012。唱歌：II：17 591。机智的问答：II：17 587；III：8 871。活着：III：13 1036。

3. *The Times*（2 Dec. 1991），p. 14.

4. Pascal, *Pensées* no. 568, p. 131.

5. Woolf, V., 'Montaigne', 71.

6. 'The Mark on the Wall', in Woolf, V., *A Haunted House：The Complete Shorter Fiction*（London：Vintage, 2003），79–80.

7. 塔布洛等人：Étienne Tabourot, sieur des Accords, *Quatrième et cinquième livre des touches*（Paris：J. Richer, 1588），V：f. 65v. 引用 Boase, Fortunes 7–8 与 Millet 62–3. Emerson 92. Gide, A., *Montaigne*（London & New York：Blackamore Press, 1929），77–8. Zweig, 'Montaigne' 17。

8. http：//www.amazon.com/Michel-Montaigne-Complete-Penguin-Classics/dp/0140446044。评论来自 tepi, Grant, Klumz, diastolei 与 lexo-2x。

9. Whitman, W., 'Song of Myself', in *Leaves of Grass*（Brooklyn, 1855），55.

10. III：2 740.

11. Saint-Sernin, J. de, *Essaiet observations sur les Essais du seigneur de Montaigne*（London：E. Allde, 1626），f. A6r.

12. II：8 338

13. III：13 1044.

14. 福楼拜写给勒鲁瓦耶·德·尚特彼（Leroyer de Chantepie）的信，1857 年 6 月 16 日，引自 Frame, *Montaigne in France* 61。

1 我们问：如何生活？ 蒙田说：别担心死亡

1. I：20 73.

2. Cicero, *Tusculan Disputations* I：XXX, 74. 西塞罗的观念点来自柏拉图的 *Phaedo*（67 e）。蒙田以这句话作为随笔的标题：I：20。

446

3. 阿诺的死与"对这种例子司空见惯"：I：20 71。

4. I：20 72.

5. III：4 771.

6. III：12 980.

7. 骑马：我们不知道这起事件发生的确切时间，但蒙田曾说这件事发生在第二次或第三次法国内战期间，由此推算，应该介于1568年秋天到1570年初之间，见 II：6 326。摆脱杂务：III：5 811。关于蒙田与骑马，见 Balsamo, J., 'Cheval', in Desan, *Dictionnaire* 162-4。

8. Marcetteau-Paul 137-41.

9. 脊髓：II：12 507。鲫鱼：II：12 417。猫：I：21 90-1。

10. 蒙田对这场意外及后续影响的叙述：II：6 326-30。除非特别指明，否则往后几页引用的内容全都来自于此。

11. "虚弱而恍惚"：III：9 914。佩特洛尼乌斯与提吉里努斯：III：9 915。两人的资料引自 Tacitus：佩特洛尼乌斯出自 *Annals* XIV：19；提吉里努斯出自 *Histories* I：72。马尔克里努斯：II：13 561-2。资料来源于 Seneca, *Letters to Lucilius*, Letter 77。Loeb edn II：171-3。

12. III：12 980.

13. III：12 979.

14. "受重击而伤痕累累""我仍感受得到"与恢复记忆：II：6 330。

15. "最坏的状况"：III：10 934。

2 我们问：如何生活？蒙田说：活在当下

1. 蒙田退休：官方的退休时间是1570年7月23日，但职务移交却是在1570年4月，所以蒙田一定是在更早的时间做了退休的决定。见 Frame, *Montaigne* 114-15。关于他的申请遭到拒绝：ibid., 57-8。

2. 退休的题词：译文来自 Frame, *Montaigne* 115。

3. 比较蒙田、堂吉诃德与但丁的中年危机：Auerbach, E., *Mimesis*, tr. W. A. Trask（Princeton, NJ：Princeton University Press, 2003），348-9。

4. 关于蒙田的城堡与塔楼，见 Gardeau and Feytaud；Willett；Hoffmann 8-38；Legros 103-26；and Legros, A., 'Tour de Montaigne', in Desan, *Dictionnaire* 984-7。"大钟"：I：23 94。

5. 书架：III：3 763。继承自拉博埃蒂：III：12 984。

6. "我保留他们的手稿"：II：18 612。南美的收藏品：I：31 187。

7. 私人藏书的潮流：Hale 397。"店铺后间"与"很可怜的"：III：3 763。

8. 旁边小房间的壁画：Willett 219；Gardeau and Feytaud 47-8。横梁上的字句：Legros。其他类似的题词：Frame, *Montaigne* 9。

9. 关于退休的时尚：Burke 5。"让我们把捆绑自己与他人的绳索切断"：I：39 214。

10. Seneca, 'On Tranquility of Mind', in *Dialogues and Letters* 34，45.

11. "忧郁气质"：II：8 337-8。野马奔驰、水的反射与其他意象：I：8 24-5。

12. 关于幻想: Morrissey, R. J., *La Rêverie jusqu' à Rousseau: recherches sur un topos littéraire* (Lexington, Ky.: French Forum, 1984), 尤其是 37–43。

13. 写作的幻想: II: 8 337–8。"喀迈拉与其他各种幻想出的怪物": I: 8 25。

14. Seneca, *Letters to Lucilius*, Letter 78, Loeb edn II: 199。

15. 写作是为了家人与朋友: 'To the reader', *Essays* I p. 2。关于寻常书籍, 见 Moss, A., *Printed Commonplace-Books and the Structuring of Renaissance Thought* (Oxford: Clarendon, 1996)。我要感谢 Peter Mack 提示我, 蒙田可能是读了 Amyot 翻译普鲁塔克的著作而写了《随笔集》。

16. 蒙田写作的年代和日期, 我参考 Villey 发表在 *Les Sources* 的研究: 见 Frame, *Montaigne* 156。但对于真正的年代日期, 学者中仍存争议。

17. II: 6 331。这句话出自 Pliny, *Natural History* XXII: 24。

18. II: 6 331.

19. "我思索满足是怎么一回事" 与叫他起床: III: 13 1040。

20. Heraclitus, Fragment 50. Heraclitus, *The Art and Thought of Heraclitus*, tr. and ed. C. H. Kahn (Cambridge: Cambridge University Press, 1979), 53. 意识流: James, W., *The Principles of Psychology* (New York: Henry Holt, 1890), I: 239。

21. 蒙田引用赫拉克利特: II: 12 554。"有时剧烈, 有时轻柔": II: 1 291。沙丘: I: 31 183。"总是变幻无常": III: 6 841。branloire: III: 2 740。见 Rigolot 203。关于 16 世纪对变迁与变化的普遍着迷: Jeanneret, *Perpetuum mobile*。

22. 与跛足女子做爱的说法: III: 11 963。亚里士多德的说法出自 *Problemata* X: 24, 893b。见 Screech 156–7。

23. 《幸福要等死后方可定论》: I: 19 64–6。梭伦的说法出自希罗多德, *Histories* I: 86 与普拉塔克的 'Life of Solon', in *Lives*, LVIII。

24. III: 2 740.

25. III: 2 740.

26. Woolf, V., 'Montaigne', 78.

27. Huxley, A., *Island* (London: Chatto&Windus, 1962), 15.

28. "生命不会大张旗鼓" 与 "你必须快些喝下它": Seneca, 'On the Shortness of Life', in *Dialogues and Letters* 68–9。

29. "使意识对它自己感到吃惊": Merleau-Ponty 322。吃惊与多变: Burrow, C., 'Frisks, skips and jumps' (对 Ann Hartle 的 *Michel de Montaigne* 的评论), *London Review of Books* 6 Nov. 2003。

30. III: 13 1040.

31. "当我一个人走在" 与 "我跳舞时就跳舞": III: 13 1036。

3 我们问: 如何生活? 蒙田说: 呱呱坠地就是福

1. 蒙田的诞生: I: 20 69 与 Montaigne, *Le Livre de raison*, 2 月 28 日的条目。关于蒙田的小名米修: Frame,

    Montaigne 38。

2. 十一个月：II：12 507-8。"这听起来奇怪吗?"：*Gargantua*, I：3, in Rabelais, *The Complete Works* 12-14。

3. 诚实：II：11 377。肾结石：II：37 701。

4. III：9 901.

5. 家族与贵族：Frame, *Montaigne* 7-8, Lazard 26-9；Supple 28-9。关于埃康家族：Cocula, A.-M., 'Eyquem de Montaigne（famille）', and Balsamo, J., 'Eyquem de Montaigne（généalogie ascendante）', in Desan, *Dictionnaire* 381-3。关于酿酒事业：Marcetteau-Paul。

6. Supple 27-8.

7. Montaigne, *Le Livre de raison*, 2 月 28 日的条目。

8. 波尔多的背景：Lazard 12；Frame, *Montaigne* 5-6。英格兰运酒船队：Knecht, *Rise and Fall* 8。

9. 皮埃尔签署文件的方式：例见家族记录簿中蒙田出生的条目：Montaigne, *Le Livre de raison*, 2 月 28 日的条目。见 Lacouture, 32。

10. III：9 931.

11. 许多传记作家猜测蒙田母亲的家族是犹太人，唯一持不同意见的是 Roger Trinquet（Trinquet, *La Jeunesse de Montaigne*）。见 Lazard 41 与 Frame, *Montaigne* 17-20。

12. 蒙田谈犹太人见 I：14 42-3，I：56 282, II：3 311。

13. 蒙田父母的婚姻与他母亲的年龄：Frame, *Montaigne* 29。

14. 安托瓦妮特的法律文件与皮埃尔的遗嘱：Lazard 45 与 Frame, *Montaigne* 24-5。

15. 安托瓦妮特与蒙田同住直到 1587 年：安托瓦妮特在 1597 年 4 月 19 日拟的遗嘱上提到她已离开城堡 10 年。1568 年 8 月 31 日的文件与安托瓦妮特的遗嘱，译文引自 Frame, *Montaigne* 24-7。

16. III：9 882-4，也可见 II：17 601-2。

17. 蒙田的父亲：Balsamo, J., 'Eyquem de Montaigne, Pierre', in Desan, *Dictionnaire* 383-6。

18. P. de Bourdeilles, seigneur de Brantôme, *Oeuvres completes*, ed. L. Lalanne（Paris, 1864-82）, V：92-3. 引自 Desan, P., 'Ordre de Saint-Michel', in Desan, *Dictionnaire* 734 与 Supple 39。

19. 皮埃尔的故事：I：14 14。

20. 意大利对法国士兵的影响：Lazard 32, 14；Frame, *Montaigne* 10。

21. 蒙田对父亲的描述：II：12 300-1。

22. 皮埃尔担任市长承受的压力：III：10 935。

23. I：35 200.

24. 未继续记录的笔记本与波特星历，都收藏于波尔多市立图书馆。"我觉得自己实在太蠢了，居然没有坚持下去"：I：35 201。Montaigne, *Le Livre de raison* 即以抄写方式完成的波特摹写本。见 Desan, P., 'Beuther', in Desan, *Dictionnaire* 100-5, 当中也讨论了未继续记录的笔记本。蒙田在日期与数字上的错误包括他弟弟阿诺因网球意外去世时的年纪（I：20 71；Frame, *Montaigne* 33）、他自己结婚时的岁数（II：8 342）、1588 年他在巴黎被逮捕时的日期，但他后来更正了（Montaigne, *Le Livre de raison*, 7 月 10 日与 7 月 20 日的条目），也修正了他的长女死时的年纪（蒙田为拉博埃蒂翻译的 *Plutarch's Lettre de consolation*, 1570 写的献词）。

25. 半途而废的工作：III：9 882。蒙田的置之不理：III：10 935。

26. 皮埃尔的肾结石发作：II：37 701，III：2 746。

27. 皮埃尔的遗嘱：Frame, *Montaigne* 14。

28. "完成一堵停工许久的围墙"：III：9 882。"人们不该努力超越自己的父亲"：Nietzsche, *The Gay Science* 142（s. 210）。

29. 圣人与神谕：II：12 387。

30. 埃康家族以和谐著称：I：28 166。"珍惜这份优良的名声"：蒙田在给父亲的信上引用了这句话，这封信出版于蒙田编辑的 La Boétie, *La Mesnagerie*[etc.]与 Montaigne, *The Complete Works*, tr. D. Frame, 1285。

31. 蒙田的弟弟妹妹：Balsamo, J., 'Frères et soeurs de Montaigne', in Dedan, *Dictionnaire* 419–21。

32. 蒙田被送往农家：III：13 1028。蒙田的平凡造就他的不平凡：II：17 584。

33. III：13 1028.

34. 霍斯特：Banderier, G., 'Précepteur de Montaigne', in Desan, *Dictionnaire* 813。

35. "我父母""不用不自然的方法"与老师们的夸赞：I：26 156–7。

36. 今人不如古人，因为他们学习拉丁文的方式不自然：I：26 156。

37. "我们把球抛向空中，在它还没落地时必须讲出语尾变化"，但往后学习希腊文却不尽理想：I：26 157。也可见 II：4 318。

38. 用乐器唤醒：I：26 157。只吃过两次棍子，"智慧与机敏"：II：8 341。

39. 伊拉斯谟：Erasmus, D., *De pueris statim ac liberaliter instituendis declamatio*（Basel：H. Froben, 1529）。"穷尽各种方式进行研究"：I：26 156–7。

40. 因疏于练习而退步：II：17 588；用拉丁文叫嚷：III：2 746。

41. 法文不会永远存在，这种性质使他得以自由写作：III：9 913。

42. 拉丁文小区：Étienne Tabourot, sieur des Accords, *Les Bigarrures*（Rouen：J. Bauchu, 1591），Book IV, ff. 14r-v。Robert Estienne 与 François de La Trémouïlle 也进行了实验，见 Lazard 57–8。

43. 蒙田对教育的建议：I：26 135–50。

44. III：2 746.

45. 蒙田对父亲的教育的误解：I：26 157。皮埃尔将蒙田送进学校的其他可能的原因：Lacouture 19–21。

46. 蒙田时代的波尔多：Cocula, A.-M., 'Bordeaux', in Desan, *Dictionnaire* 123–5。

47. 吉耶讷学校：Hoffmann, G., 'Étude & éducation de Montaigne', in Desan, *Dictionnaire* 357–9。关于课程内容，取材自 Elie Vinet, *Schola aquitanica*（1583）。关于学校管理：Lazard 62–3；Trinquet；Porteau, P., *Montaigne et la vie pédagogique de son temps*（Paris：Droz, 1935）。蒙田说他上学之后拉丁文反而退步：I：26 158。

48. 蒙田的戏剧演出：I：26 159。

49. 古维亚：Gorris Gamos, R., 'Gouvéa, André', in Desan, *Dictionnaire* 438–40。

50. 盐税暴动：Knecht, *Rise and Fall* 210–11, 246。学校停课：Nakam, *Montaigne* et son temps 85。

51. 莫兰遭到杀害：I: 24 115-16。

52. 关于蒙莫朗西的"镇压"与波尔多丧失各项权利：Knecht, *Rise and Fall* 246-7, Nakam, *Montaigne et son temps* 81-2。

4 我们问：如何生活？蒙田说：多读书，然后忘掉你读的那些，把自己变笨一点

1. 蒙田的阅读并未受到教师拦阻：I: 26 158。关于这名教师是谁有许多猜测，见 Hoffmann, G., 'Étude & éducation de Montaigne', in Desan, *Dictionnaire* 357-9。

2. 蒙田发现奥维德：I: 26 158。关于奥维德与蒙田，见 Rigolot, and McKinley, M., 'Ovide', in Desan, *Dictionnaire* 744-5。

3. 蒙田幼年的探索与"然而，这里毕竟是学校"：I: 26 158。

4. 奥维德带来的刺激逐渐消散：II: 10 361。但仍然仿其效风格：II: 35 688-9。Villey 发现《随笔集》有 72 处引用奥维德的句子：Villey, *Les Sources* I: 205-6。见 Rigolot 224-6。维吉尔需要整理一下：II: 10 362。

5. 人的"多样与真实"与"人的性格是以千奇百怪的方式组合而成的"：II: 10 367。Tacitus：III: 8 873-4。

6. 蒙田论普鲁塔克："普鲁塔克的著作无所不包"：III: 5 809。他的作品充满"事物"：II: 10 364。"也没那么糟嘛"与镜子上的苍蝇：Plutarch, 'On Tranquility of Mind', *Moralia* VI, 467C and 473E, Loeb edn VI: 183, 219。普鲁塔克表示我们可以随心所欲地谈论任何主题：I: 26 140。"我觉得我甚至可以感受到他内心深处的灵魂"：II: 31 657。人们喜爱的人死去多久并不重要：III: 9 927。普鲁塔克的作品有两部法文译本获得蒙田的赞赏：Jacques Amyot：Plutarch, *Vies des hommes illustres* (Paris：M. de Vascosan, 1559), and *Oeuvres morales* (Paris：M. de Vascosan, 1572), both tr. J. Amyot。见 Guerrier, O., 'Amyot, Jacques', in Desan, *Dictionnaire* 33-4。

7. 关于蒙田的书房：Sayce 25-6。藏书在他死后分散各地，此后人们不断努力重建原来的藏书清单。见 Villey, *Les Sources* I: 273-83；Desan, P., 'Bibliothèque', in Desan, *Dictionnaire* 108-11。

8. 佩脱拉克、伊拉斯谟与马基雅维利：Friedrich 42。马基雅维利的信，转引自 Hale 190。西塞罗：II: 10 365；维吉尔：II: 10 362。

9. "我随意翻览这本书"与"我几乎不看书"：III: 3 761-2。"我们这种几乎不碰书的人"：III: 8 873。"如果遇到艰涩难懂的书"：II: 10 361。

10. 卢克莱修：Screech, M.A., *Montaigne's Annotated Copy of Lucretius* (Geneva：Droz, 1998)。

11. I: 26 157.

12. II: 17 598.

13. I: 9 25.

14. 希望能记得点子与梦境：III: 5 811。"我的脑子到处都是裂缝"：II: 17 600。出自 Terence, *The Eunuch*, I: 105。

15. 林塞斯提：III: 9 893。出自 Quintius Curtius Rufus, *History of Alexander the Great* VII: 1. 8-9。

16. 蒙田谈公众演说：III: 9 893-4。

17. 图皮族人：I: 31 193。拉博埃蒂的死：蒙田写给父亲的信，收录于他编辑的拉博埃蒂全集：La Boétie, *La Mesnagerie*［etc.］, and Montaigne, *The Complete Works*, tr. D. Frame, 1276-7。

18. 因人们不相信他而生气：I: 9 25。关于他记得引文的能力，见 Friedrich 31, 338。博迪耶：出自他的拉丁韵文后的散文评论，'To the noble heroine Marie de Gournay', Baudier, D., *Poemata*（Leyden, 1607）, 359-65。引自 Millet 151-8, and Villey, *Montaigne devant la postérité* 84-5。马勒伯朗士：Malbranche 187-8。

19. 不好的记忆暗示着诚实：I: 9 26-7; II: 17 598。讲述的轶事简洁明了：I: 9 26。拥有高明的判断力：I: 9 25。不会因此愤懑不平：I: 9 27。

20. 斯图尔特：Stewart, D., *Elements of the Philosophy of the Human Mind*, in *Collected Works*, ed. W. Hamilton（Edinburgh: T. Constable, 1854-60）, II: 370-1。

21. "我想求它，但必须装出若无其事的样子"：II: 17 598。你愈是努力回想起过去，愈是想不起来：III: 5 811。记住事情最有效的方式，就是努力地忘记它：II: 12 443。

22. "我只是顺其自然地轻松记忆"：II: 17 599。"懒散、漫不经心与呆滞"：I: 26 157。

23. "天底下的事无论多么简单"：II: 17 600-1。"理解力迟缓"：I: 26 157。

24. 一旦理解就能触类旁通：II: 17 600。"我只要看到了什么，一定看得非常仔细"：II: 10 31。"大胆的观念"：I: 26 157。

25. 纳多尔尼：Nadolny, S., *Die Entdeckung der Langsamkeit*（München: Piper, 1983）, translated by R. Freedman as *The Discovery of Slowness*（New York: Viking, 1987）。关于"慢活"，见 http://www.slowmovement.com/。也可见 Honoré, C., *In Praise of Slow*（London: Orion, 2005）。World Institute of Slowness: http: //www.theworldinstituteofslowness.com/。

26. "我几乎从未离开原有的立场"：III: 2 746。"难以屈服"：I: 26 159。

27. III: 13 1034.

28. "我记得在我非常年幼时"：II: 17 582。只是把它当成外表的"点缀"：II: 17 584。

29. "身材矮小"与"主人在哪里"：III: 17 590。因为矮小而被轻视：II: 17 589-90。骑马消遣：III: 13 1025。

30. 体格强健、厚实：II: 17 590。挂着拐杖：II: 25 633。穿着黑白色调的衣服：I: 36 204。披风：I: 26 155。

31. 拉博埃蒂的诗：是拉博埃蒂写给蒙田的两首诗的第二首，这两首诗都收录到蒙田编辑的拉博埃蒂全集中：La Boétie, *La Mesnagerie*［etc.］, ff.102r-103r（'Ad Belotium et Montanum'）和103v-105r（'Ad Michaëlem Montanum'）。这两首诗也刊载于 *Montaigne Studies* 3, no. 1,（1991）, 由 R. D. Cottrell 译为英文（16-47）。

32. 蒙田说他曾在图卢兹遇见西蒙·托马斯（Simon Thomas）(I: 21 82)，并且提到马丁·盖尔（Martin Guerre）的审判，不过蒙田没有说他是否亲眼目睹这场审判：III: 11 959。巴黎：III: 9 903。

33. 蒙田担任法官：见 Almqvist, K., 'Magistrature', in Desan, *Dictionnaire* 619-22。关于早年在佩里格的生活与转调到波尔多：Frame, *Montaigne* 46-51, 包括 Frame 翻译的蒙田发言的内容。

34. 蒙田的工作：现今还留存五件蒙田做的司法诠释。见 Lazard 89。

35. III: 13 996.

36. 布里德古斯法官：*Tiers livre*, chaps 39-44, in Rabelais, *The Complete Works*。掷骰子：457。

37. III: 13 998.

38. 蒙田论法律：见 Tournon, A., 'Justice and the Law', in Langer (ed.), *Cambridge Companion* 96–117, and 'Droit', in Desan, *Dictionnaire* 284–6。至于同时代批评法律的人物，见 Sutcliffe, F., 'Montaigne and the European legal system', in Cameron (ed.), *Montaigne and his Age* 39–47。

39. II: 12 514.

40. III: 13 1000.

41. 蒙田在 1559 年到 1561 年间曾数度前往巴黎。见 Lazard 91, 107。

42. I: 46 244.

43. 法国 16 世纪 50 年代与 60 年代的政治与宗教背景：见 Holt；Knecht, *Rise and Fall and The French Civil Wars*；Nakam, *Montaigne et son temps*。

44. "痴人说梦"：Michel de L' Hôpital，引自 Knecht, *Rise and Fall* 338。"每个人都认为自己的上帝"与"一个国王、一种信仰与一套法律"：Elliott, J. H., *Europe Divided* 1559–1598 (London: Fontana, 1968), 93–4，前句引自 Pedro Cornejo 的 *Compenio y breve relación de la Liga* (Brussels, 1591), f. 6。

45. "强烈的恐怖氛围"：Knecht, *Rise and Fall* 349。瓦西镇与战争爆发：ibid., 352–5。

46. 帕基耶给 M. de Fonssomme 的信，1562 年春：Pasquier, E., *Lettres historiques* 98–100。引自 Holt 50。

47. II: 23 628–9.

48. 蒙吕克的故事：Monluc 246–72。下令设置更多的车轮与火刑柱：Nakam, *Montaigne et son temps* 144。

49. 蒙田论蒙吕克：II: 8 348。

50. 戴斯卡的阴谋与蒙田的回应：见 Frame, *Montaigne* 53–5。该书也翻译了蒙田的辩词，法文取材自 Payen, J.-F., *Recherches sur Montaigne. Documents inédits*, no. 4 (Techener, 1856), 20。蒙田赞扬拉吉巴东的派系：II: 17 609。

51. III: 5 824.

52. 关于蒙田的回应的讨论，见 Frame, *Montaigne* 52–5。

5 我们问：如何生活？蒙田说：经历爱与失去

1. 拉博埃蒂：见 Cocula；and Magnien, M., *Montaigne Studies* 11 (1999)，绝大部分内容都在讨论拉博埃蒂。

2. I: 28 165.

3. I: 28 169.

4. 拉博埃蒂的诗收录于蒙田编辑的拉博埃蒂全集：La Boétie, *La Mesnagerie* [etc.], ff. 103v-105r ('Ad Michaëlem Montanum')。这首诗也刊载于 *Montaigne Studies* 3, no. 1, (1991)，由 Robert D. Cottrell 译为英文 (16-47)，此外 Frame, *Montaigne* 75 也有这首诗的英文译文。

5. 意志的融合为一：I: 28 170。关于爱情与友情的问题，见 Schachter, M. D., ' "That friendship which possesses the soul"：Montaigne loves La Boétie', *Journal of Homosexuality* no. 41 3–4 (2001) 5–21, and Beck, W. J., 'Montaigne face à la homosexualité', *BSAM* 6e sér. 9–10 (jan-juin 1982), 41–50.

6. 丑陋：III: 12 986。见 Desan, 'Laid-Laideur' in Desan, *Dictionnaire* 561。苏格拉底与阿尔西比亚德斯：Plato, *Symposium* 102（216a-b）。

7. "我们的灵魂融合""如果你硬要我说明"与"我们的友谊没有其他模式可以用来形容与比拟"：I: 28 169。"有好几次，我多么希望"：Plato, *Symposium* 102（216a-b）。

8. 蒙田谈论《论自愿为奴》：I: 28 175。原稿已经亡佚，只留下复本流传至今。其中 Henri de Mesmes 所作是公认最可靠的版本。它是绝大多数现代版本的依据，包括本书使用的英文版，D. L. Schaefer: La Boétie, 'Of Voluntary Servitude'（见 'Sources'）。政治社会学的兰波：Lacouture 86。见 Magnien, M., 'Discours de la servitude volontaire', in Desan, *Dictionnaire* 272-6。

9. 尼禄与凯撒：La Boétie, 'Of Voluntary Servitude', 210-11。暴政的神秘程度就跟爱情一样：ibid. 194。

10. Ibid. 192.

11. 阿卜杜拉·纳苏尔（Abdullah Nasur）的访谈，*The Man Who Ate His Archbishop's Liver*, Channel 4（UK），12 March 2004。感谢 Elizabeth C. Jones 的这段引文。

12. "打从心底忘却自由"与习惯的力量：La Boétie, 'Of Voluntary Servitude', 201。

13. 有些人研读历史而获得自由：La Boétie, 'Of Voluntary Servitude', 205-6。

14. 拉博埃蒂的目的：见 Smith, 53。

15. 'Contr'un', in *Reveille-matin des François*（1574）and Goulart, S., *Mémoires de l'estat de France sous Charles IX*（1577, and 2nd edn 1579）。它也收录于 *Vive description de la tyrannie*。见 Magnien, M., 'Discours de la servitude volontaire', in Desan, *Dictionnaire* 273-4, and Smith, M., introduction to his edition of La Boétie, *De la Servitude volontaire*（1987），24-6。

16. 《反独裁者》：La Boétie, *Anti-Dictator*, tr. H. Kurz（New York: Columbia University Press, 1942）。后来，这个版本收录了 Kurz 的译本，改名为 *The Politics of Obedience: The Discourse of Voluntary Servitude*（New York: Free Life Editions, 1975），里面附加了自由意志主义者 Murray Rothbard 的导论，又改名为 *The Politics of Obedience and Étienne de la Boétie*（Montreal, New York & London: Black Rose Books, 2007）；*The Will to Bondage*, ed. W. Flygare, 由 James J. Martin 撰写导论（Colorado Springs: Ralph Myles, 1974），结合了 1577 年新教的法文版本与 1735 年佚名的英文版本。

17. Martin, James J., 针对拉博埃蒂撰写了导论，*The Will to Bondage*, ed. W. Flygare（Colorado Springs: Ralph Myles, 1974），ix。

18. Spooner, L., 'Against woman suffrage', *New Age*, 24 Feb. 1877。相关文献可查阅 http: //www.voluntaryist.com/。认为可以用不投票的方式来促成革命，这种观念启发了葡萄牙作家 José Saramago 的小说 *Seeing*, M. Jull Costa 翻译（London: Vintage, 2007）。

19. Emerson, 92.

20. 蒙田针对《论自愿为奴》提出的所有说法：I: 28 175-6。

21. 蒙田说出作者真实的名字：见 Magnien, M., 'Discours de la servitude volontaire', in Desan, *Dictionnaire* 274-5。

22. "我打算用其他文章取代这篇严肃的论文"：I: 28 176。"这些诗还有别的版本"：I: 29 177。这 29 首诗由

R. P. Runyon 译为英文，见 Schaefer（ed.）, *Freedom over Servitude* 223–35。

23. 七星诗派：La Boétie, 'Of Voluntary Servitude', 214。"回到我们的主题吧"：ibid. 208。"回到原先讨论的主题吧"：ibid. 215。

24. Armaingaud, A., 'Montaigne et La Boétie', *Revue politique et parlementaire* 13（mars 1906）, 499–522 and （mai 1906）, 322–48, 阿曼戈在 *Montaigne pamphlétaire: l' enigme du 'Contr' Un'*（Paris: Hachette, 1910）中发展了《论自愿为奴》是蒙田所作的观点。Schaefer, D. L., 'Montaigne and La Boétie' in Schaefer（ed.）, *Freedom over Servitude* 1–30, esp. 9–11；另见阿曼戈的 *Political Philosophy of Montaigne*。关于薛佛，见 Supple, J., 'Davis Lewis Schafefer: Armaingaud rides again', in Cameron and Willett（eds）, *Le Visage changeant*（259–75）。Martin, D., 'Montaigne, author of *On Voluntary Servitude*', in Schaefer（ed.）, *Freedom over Servitude* 127–88（flute: 137）。

25. I: 21 83–4.

26. 蒙田的诚实：I: 9 25–30。拙于猜谜：II: 17 600–1。

27. 蒙田论拉博埃蒂：Travel Journal, in *The Complete Works*, tr. D. Frame, 1207。

28. 蒙田写给父亲的信，收录在他编辑的拉博埃蒂全集中：La Boétie, *La Mesnagerie*［etc.］, 也收录在 *The Complete Works*, tr. D. Frame, 1276–88。本书的引文全引自后者。

29. "他的心灵以其他时代而非我们这个时代为准绳"：I: 28 176。

30. 蒙田与拉博埃蒂对于濒死经验有不同的看法：II: 6 327。

31. "阴暗而沉郁的深夜"：I: 28 174。"内心满溢着痛苦"：'Travel Journal', in *The Complete Works*, tr. D. Frame, 1207（1581 年 5 月 11 日条目）。"我一直深切地想念一个人"与"任何愉悦都没了滋味"：III: 9 917。

32. 塞内卡论换朋友：Seneca, *Letters to Lucilius*, Letter 9。Loeb edn I: 45。"一些相称的人物"：III: 9 911。"这不正是我愚蠢的性格造成的吗？"：III: 3 755。

33. I: 39 216.

34. 对墙上文字的推测，见 Thibaudet 版的蒙田全集（Montaigne, *Oeuvres completes*, Paris: Pléiade, 1962）。英文版见 Starobinski, *Montaigne in Motion* tr. Goldhammer 311（n.32）（本书使用这个版本）与 Frame, *Montaigne* 80。

35. 找到值得赞赏的人：Seneca, *Letters to Lucilius*, Letter 12。Loeb edn I: 63。为别人而活与为朋友而活：ibid. Letter 48, I: 315。

36. 蒙田的呈献书信，收入他编辑的拉博埃蒂全集：La Boétie, *La Mesnagerie*［etc.］, in *The Complete Works*, D. Frame, 1291。

6 我们问：如何生活？蒙田说：略施小技

1. 关于蒙田与一般希腊化哲学的结合，见 Hadot。

2. "Eudaimonia" 与 "Ataraxia" 的翻译：Nussbaum 15, 只有 "ataraxia" 是 "免于焦虑" 这句翻译来自 Popkin xv。

3. 帕库维乌斯: Seneca, *Letters to Lucilius*, Letter 12。Loeb edn I: 71。卢克莱修所述的两种可能, 引自蒙田: I: 20 78。原文出处是 Lucretius, *De rerumnatura* III: 938–42。

4. Plutarch, 'In consolation to his wife', *Moralia*. Loeb edn VII: 610.

5. Plutarch, 'On Tranquillity of Mind', *Moralia*. Loeb edn VI: 469–70.

6. Seneca, *Letters to Lucilius*, Letter 78. Loeb edn II: 199.

7. 突然提出的问题: Epictetus, *Discourses* II: 16 2–3 and III: 8 1–5, 引自 Hadot 85。"适切地"生活: III: 13 1037。

8. Marcus Aurelius, *Meditations*, tr. M. Hammond (Harmondsworth: Penguin, 2006), 47 (VI: 13)。

9. ibid. 120 (XII: 24)。

10. Seneca, *Letters to Lucilius*, Letter 99. Loeb edn III: 135。

11. 这个观念出自 Nemesius *De naturahominis* XXXVII: 147–8, Plato, *Timaeus* 39d, and Cicero, *De natura-deorum* II: 20。见 White, Michael J., 'Stoic natural philosophy (physics and cosmology)', in Inwood, B. (ed.), *Cambridge Companion to the Stoics* (Cambridge: Cambridge University Press, 2003), 124–52, and Barnes, J., 'La Doctrine du retour éternel', in *Les Stoïciens et leur logique. Actes du colloque de Chantilly* 18–22 septembre 1976 (Paris, 1978), 3–20。尼采进一步发展了这个观念: 例见 Nietzsche, *The Gay Science*, s. 341, and Stambaugh, J., *Nietzsche's Thought of Eternal Return* (Washington, DC: Center for Advanced Research in Phenomenology & University Press of America, 1988)。

12. Epictetus, *Manual* VIII: 援引与译自 Hadot 136。

13. III: 2 751–2.

14. Seneca, *Letters to Lucilius*, Letter 54. Loeb edn I: 363–5。

15. 里卡斯与斯拉西劳斯: II: 12 444。里卡斯的故事来自 Erasmus, *Adages* no. 1981: 'In nihil sapiendoiucun-dissima vita'。斯拉西劳斯的故事来自 Aelian, *Various Histories* IV: 25.

16. III: 4 770.

17. III: 4 765.

18. III: 4 769.

19. III: 4 769.

20. III: 5 775.

21. I: 43 239。出自 Diodorus Siculus, *Bibliotheca historica* XII: V: 21。

22. "不要为此烦心": III: 12 979。"我们的心思无法停留于一处"与"仅仅扫过它们的表皮": III: 4 768。

23. 帕基耶于 1619 年写给 A. M. de Pelgé 的信, 见 Pasquier, *Choix de lettres* 45–6, 译文见 Frame, *Montaigne* 283, and Raemond, *Erreurpopulaire* 159。

24. 艾斯匹利的十四行诗, 见蒙田《随笔集》(1595), 与 *Poèmes* (Paris: A. L'Angelier, 1596), 引自 Boase, *Fortunes* 10。

25. II: 16 570。蒙田将拉博埃蒂内化成自己的一部分, 最早探讨这一观点的是 Michel Butor 的 *Essais sur les Essais* (1968)。

26. I: 40 225.

27. Wilden, A., 'Par divers Moyens on arrive à pareille fin: a reading of Montaigne', *Modern Language Notes* 83 (1968), 577-97, esp. 590.

28. 蒙田对拉博埃蒂的"Vers françois"的献词，收录在他编辑的拉博埃蒂全集里: La Boétie, *La Mesnagerie* [etc]。这篇献词也被收录进 *The Complete Works*, tr. D. Frame, 1298。

29. 塞邦的翻译: II: 12 387-8。原文出自 Sebond, R. de, *Theologia naturalis, sive liber creaturarum* (Deventer: R. Pafraet, 1484); 蒙田译本是 Sebond, *Théologie naturelle* (Paris: G. Chaudière, 1569)。关于塞邦，见 Habert, M., 'Sebond, Raimond', in Desan, *Dictionnaire* 898-900。

30. "在闲暇无事时偶然接到这个要求": II: 12 388。关于他翻译所花费的时间，见蒙田献给父亲的题辞, *The Complete Works*, tr. D. Frame, 1289。

31. 《为雷蒙·塞邦辩护》: II: 12 386-556。玛格丽特·德·瓦卢瓦显然是在读了蒙田的译本之后，于1578年至1579年间要求蒙田撰写这篇文章。见 E. Naya, 'Apologie de Raimond Sebond', in Desan, *Dictionnaire* 50-4, esp. 51。对这部作品的整体介绍，见 Blum, C. (ed.), *Montaigne: Apologie de Raymond Sebond: de la 'Theologia' à la 'Théologie'* (Paris: H. Champion, 1990)。

32. "就像绳索支持绞死者": Cons, L., *Anthologie littéraire de la Renaissance française* (New York: Holt, 1931), 143, 英文译文见 Frame, *Montaigne* 170。

7 我们问: 如何生活? 蒙田说: 凡事存疑

1. 艾蒂安在他编辑的塞克斯都的作品导言中讲了这个故事, *Sextus Empiricus, Sexti Philosophi Pyrrhoniarum Hypotyposeon libri* III, ed. H. Estienne. ([Geneva]: H. Stephanus, 1562), 4-5。

2. 埃尔韦的故事见 Popkin 33-4。

3. II: 12 454。关于蒙田听闻与描述的皮浪怀疑论，见 Bailey; Popkin; 与 Nussbaum。

4. Bailey 21-2.

5. 关于"存而不论"的三段陈述: Sextus Empiricus, *Outlines of Scepticism* 49-51 (三段分别出现在 Book I: 196, 197 and 202)。

6. II: 12 452.

7. Moore, T., *Poetical Works*, ed. A. D. Godley (London: H. Frowde, Oxford University Press, 1910), 278.

8. 关于皮浪的故事: II: 29 647-8。所有这些故事的出处，无论是"不为所动"还是"坚持说完"，都见于 Diogenes Laertius, *Lives and Opinions of Eminent Philosophers* X: 52-4。

9. "他不想让自己麻木不仁"与"被编派、安排好的固定真理": II: 12 454。

10. 蒙田的纪念章或钱币: 私人收藏品中仍留有一件复本。蒙田对纪念章的描述: II: 12 477。见 Demonet, M.-L., *A Plaisir: sémiotique et scepticisme chez Montaigne* (Orléans: Editions Paradigme, 2002), esp. 35-77。

11. III: 11 959.

12. III: 6 841.

13. "谦逊"与"渴望得到惊奇的感受"：Friedrich 132，130。

14. "我的步子变得如此不牢靠与不稳定"：II：12 516–17。关于蒙田想法的波动：II：12 514。

15. 发烧、吃药或感冒的影响：II：12 515–16。苏格拉底会胡言乱语：II：2 302 与 II：12 500。"所有的哲学……口出狂言"与"在我眼里，哲学家"：II：12 501。

16. 动物对色彩有不同的感觉：II：12 550。我们也许需要八到十种感官：II：12 541–2。

17. II：12 553.

18. II：12 553.

19. II：12 514.

20. "我们必须绷紧灵魂"：III：13 1034。对自己的记忆模糊感到高兴：III：13 1002。

21. 关于教会对皮浪怀疑论的肯定：Popkin 3–6，34。

22. II：12 390.

23. I：56 278.

24. II：12 521.

25. 猫催眠了鸟：在蒙田那个时代，对于"想象"的力量感兴趣，通常意味着对于是否真有女巫与魔鬼感到怀疑，因为想象可以为奇怪的现象提供另一种解释。"一头栽进死亡"：III：9 902。这段话受到批评，Arnauld，A. and Nicole，P.，*La Logique ou l'art de penser*（Paris：C. Savreux，1662）。见 Friedrich 287。"别把人钉上十字架"：Quint 74。

26. 宗教裁判：'Travel Journal'，in *The Complete Works*，tr. D. Frame，1166。关于神意，见 Poppi，A.，'Fate，fortune，providence，and human freedom'，in Schmitt，C. et al.（eds），*The Cambridge History of Renaissance Philosophy*（Cambridge：Cambridge University Press，1988），641–67。

27. 加强信仰对抗异端：Raemond，*Erreur populaire* 159–60。《为雷蒙·塞邦辩护》与《无法解释的奇闻》：Raemond，*L'Antichrist* 20–1。关于雷蒙，见 Magnien-Simonin，C.，'Raemond，Florimond de'，in Desan，*Dictionnaire* 849–50。

28. II：12 427–8.

29. II：12 428.

30. 悔恨的大象：II：12 429。翠鸟：II：12 429–30。

31. II：12 418.

32. II：12 430–1.

33. Bossuet，J.-B.，*Troisième Sermon pour la fête de tous les saints*（1668），引自 Boase，*Fortunes* 414。

34. 笛卡儿论动物：他的《谈谈方法》(*Discourse on Method*，1637) 第五章处理这个主题。见 Gontier，T.，*De l'Homme à l'animal：Montaigne et Descartes ou les paradoxes de la philosophie modern sur la nature des animaux*（Paris：Vrin，1998），and his 'D'un Paradoxe à l'autre：l'intelligence des bêtes chez Montaigne et les animaux-machines chez Descartes'，in Faye，E.（ed.），*Descartes et la Renaissance*（Paris：H. Champion，1999）87–101。

35. "当我跟我的猫玩耍时"：II：12 401。"我们一起玩耍嬉戏"：II：12 401n。这段话出现在蒙田死后出版的

《随笔集》1595 版中，有些现代版本没有这段描述（见第 18 章）。

36. "蒙田的所有想法"：Lüthy 28。这篇文章见 Michel, P., 'La Chatte de Montaigne, parmi les chats du XVIe siècle', *Bulletin de la Société des Amis de Montaigne* 29（1964），14–18。字典条目：Shannon, L., 'Chatte de Montaigne', in Desan, *Dictionnaire* 162。

37. "缺陷"与"我们对动物表情达意的方式稍有了解"：II: 12 402。

38. 笛卡儿在火炉旁遭遇的思想危机：Descartes, *Discourse on Method* 35–9（Discourse 2）。

39. 笛卡儿的论点发表在他的《谈谈方法》与《沉思录》中。"我清楚而明晰地知觉到的事物，不可能不为真"：*Meditations* 148–9（Meditation 5）。

40. "昨日的沉思"：Descartes, *Meditations* 102（Meditation 2）。

41. Descartes, *Meditations* 100（Meditation 1）.

42. Clark 163.

43. Descartes, *Meditation* 98（Meditation 1）。见 Popkin 187。

44. "不知何故"：II: 16 570。"我们无法与人沟通"：II: 12 553。

45. 帕斯卡命名为"火"的笔记，写于 1654 年，引自 Coleman, F. X. J., *Neither Angel nor Beast*（New York & London：Routledge & Kegan Paul, 1986），59–60。

46. Pascal, B., *De l'Esprit géométrique*［etc.］（Paris：Flammarion, 1999）.

47. Eliot 157.

48. Pascal, *Pensées* no. 164, p. 41.

49. "他怀疑一切"与"居于有利的位置"：Pascal, 'Discussion with M. de Sacy', in *Pensées* 183–5。

50. Eliot 157.

51. Pascal, *Pensées* no. 568, p.131.

52. 蒙田："我们是这般为了相同的事哭泣与大笑"：I: 38 208。帕斯卡："我们因此为了相同的事哭泣与大笑"：Pascal, *Pensées* no. 87, p. 22。蒙田："他们想摆脱自己"：III: 13 1044。帕斯卡："人既非天使亦非野兽"：Pascal, *Pensées* no. 557, p. 128。蒙田：把一名哲学家放进笼子里：II: 12 546。帕斯卡："如果你把世界上最伟大的哲学家放在宽度足够他行走的木板上"：Pascal, *Pensées* no. 78, p. 17。

53. Bloom, H., *The Western Canon*（London：Papermac, 1996），150. Borges, J. L., 'Pierre Menard, author of the *Quixote*', in *Fictions*（Harmondsworth：Penguin, 1999），33–43.

54. Pascal, *Pensées* no. 30, p. 9.

55. I: 50 268.

56. Pascal, *Pensées* no. 230, pp. 66–7.

57. ibid., no. 229, p. 65.

58. Pascal, *Pensées* no. 513, p. 123.

59. ibid. no. 525, p. 124.

60. 伏尔泰：'On the *Pensées* of Pascal', in his *Letters on England*, tr. L. Tancock（Harmondsworth：Penguin, 1980），Letter 25, 120–45。"我大胆支持人们"：ibid. 120。"当我看着巴黎"：ibid. 125。"读来令人愉快"：

III: ibid. 139。

61. III: 13 1042.

62. II: 12 556.

63. III: 13 1044.

64. Pascal, 'Discussion with M. de Sacy', in *Pensées* 188 and 191.

65. 马勒伯朗士: Malebranche 184-90。"他的观念是错的，但很动听": ibid. 190。"阅读一位作者的作品时，心灵不可能完全不采纳他的意见": ibid.184。

66. "引诱者"蒙田: Guizot, *Montaigne: etudes et fragments*，引自 Tilley 275。"一部巨大的诱惑机器": Mathieu-Castellani, G., *Montaigne: l'écriture de l'essai* 255。

67. La Bruyère, J. de, *Characters*, tr. J. Stewart (Harmondsworth: Penguin, 1970), Book I, no. 44, p. 34（译自 *Caractères*, 1688）。

68. 关于"放荡主义者"，见 Pessel, A., 'Libertins-libertinage', in Desan, *Dictionnaire* 588-9, and *Montaigne Studies* 19 (2007)。

69. 关于玛丽·德·古尔奈，见 Dotoli, G., 'Montaigne et les libertins via Mlle de Gournay', in Tetel (ed.), *Montaigne et Marie de Gournay* 105-41, esp. 128-9。

70. 关于拉封丹，见 Boase, *Fortunes* 396-406。

71. 拉罗什富科: La Rochefoucauld, F. de, *Maxims*, tr. L. Tancock (Harmon-dsworth: Penguin, 1959)。"有时我们看自己就像看别人一样陌生": ibid. no. 135, p. 51。"自以为比别人聪明，最容易受骗": ibid. no. 127, p. 50。"世事偶然无常": ibid. no. 435, p. 88。"最容易激怒别人": ibid. no. 242, p. 66。

72. "美好的精神"指"快乐，活泼，像蒙田的《随笔集》一样充满热情"，这个定义来自 Bohours, *Entretiens d'Ariste et d'Eugène* (1671), 194, 引自 Pessel, A., 'Libertins - libertinage', in Desan, *Dictionnaire* 589。"正直": 由法兰西学术院定义，引自 Villey, *Montaigne devant la postérité* 339。见 Magendie, M., *La Politesse mondaine et les théories de l'honnêteté, en France, au XVII siècle* (Paris: Alcan, 1925)。

73. Nietzsche, *Human, All Too Human*, Aphorism 37, p. 41.

74. "最自由、最强有力"与"此人写的作品": Nietzsche, 'Schopenhauer as Educator', in *Untimely Meditations* 135。"如果必须再活一次": III: 2 751-2。关于尼采与蒙田，见 Donellan, B., 'Nietzsche and Montaigne', *Colloquia Germanica* 19 (1986), 1-20; Williams, W. D., *Nietzsche and the French: A Study of the Influence of Nietzsche's French Reading on his Thought and Writing* (Oxford: Blackwell, 1952); Molner, David, 'The influence of Montaigne on Nietzsche: a raison d'être in the sun', *Nietzsche Studien* 22 (1993), 80-93; Panichi, Nicola, *Pictahistoria: lettura di Montaigne e Nietzsche* (Urbino: Quattro Venti, 1995)。

75. 阿尔诺与妮科尔的攻击: Arnauld, A. and Nicole, P., *La Logique ou l'art de penser* (Paris: C. Savreux, 1662), and 2nd edn (Paris: C. Savreux, 1664)。见 Boase, *Fortunes* 410-11。

76. III: 5 781.

77. Pascal, *Pensées* no. 568, p. 131.

8 我们问：如何生活？蒙田说：在店铺后面保留一个私人房间

1. III: 5 830.

2. III: 3 755.

3. III: 5 828–9.

4. III: 5 800.

5. "我讨厌跟毫无感情的肉体在一起"与丧心病狂的埃及人故事：III: 5 816。

6. III: 5 828.

7. "勉为其难"与"想象自己蘸着别人更美味的酱汁"：III: 5 817。

8. "比实际的大三倍"与"给大家找麻烦"：III: 5 791。

9. III: 5 822。出处是 *Diversorum veterum poetarum in Priapum lusus* (Venice: Aldus, 1517), no. 72 (I), f. 15v.and no. 7 (4–5), f. 4v., 蒙田改编。

10. "我们的人生有部分痴愚"与德·贝兹、圣杰雷的引文：III: 5 822–3。Bèze, T. de, *Poemata* (Paris: C. Badius, 1548), f. 54v. Saint-Gelais, 'Rondeau sur la dispute des vits par quatre dames', in *Oeuvres poétiques françaises*, ed. D. H. Stone (Paris: STFM, 1993), I: 276–7。

11. 弗朗索瓦·德·拉沙赛涅与她的家庭：Balsamo, J., 'La Chassaigne (famille de) ' and 'La Chassaigne, Françoise de', in Desan, *Dictionnaire* 566–8。关于弗朗索瓦与这场婚姻：Insdorf, 47–58。蒙田谈亚里士多德的适婚年龄：II: 8 342。数据源是 Aristotle, *Politics* VII: 16 1335a。蒙田在他的波特星历中记录了弗朗索瓦的出生日期与他们的结婚日期：分别是 12 月 13 日与 9 月 23 日。

12. II: 8 347.

13. II: 31 660.

14. 苏格拉底与水车：III: 13 1010。数据源是 Diogenes Laertius, *Lives and Opinions of Eminent Philosophers*, II: 36。苏格拉底利用妻子的脾气做哲学训练：II: 11 373。

15. 加马什的描述：Gamaches, C., *Le Sensér aisonnant sur les passages de l' EscritureSaincte contre les pretendus réformez* (1623)，引自 Frame, *Montaigne* 87。弗朗索瓦与多姆·马克-安托万·德·圣贝尔纳神父的书信往来：Frame, *Montaigne* 87–8。

16. 弗朗索瓦的塔楼：Gardeau and Feytaud 21。

17. III: 3 763.

18. Alberti, L. B., *On the Art of Building*, tr. J. Rykwert, N. Leach and R. Tavernor (Boston, Mass., 1988), 149, 引自 Hale 266。

19. I: 38 210。对这场婚姻的不同看法，见 Lazard 146。

20. "要说就让他们去说"与"我相信自己"：蒙田写给妻子的信，作为拉博埃蒂翻译普鲁塔克安慰妻子的信的献词，in La Boétie, *La Mesnagerie* [etc.] and in *The Complete Works*, tr. D. Frame, 1300。

21. 蒙田谈自己的婚姻：III: 5 783–6。

22. 雷蒙在自己的《随笔集》页缘做的批注，引自 Boase, 'Montaigne annoté par Florimond de Raemond', 239,

and in Frame, *Montaigne* 93，本书译文取材于此。

23. "一个男人……应该谨慎自持地抚摸妻子"与凝结的精液：III: 5 783。波斯国王：I: 30 179。关于这类理
论，见 Kelso, R., *Doctrine for the Lady of the Renaissance*（Urbana：University of Illinois Press, 1956），
87–9。

24. 妻子最好是从丈夫以外的人身上染上放荡的习性：I: 30 178。女性偏爱这种做法：III: 5 787。

25. 理想的婚姻类似于理想的友谊：III: 5 785。婚姻不是自由选择的，且女性不够"坚强"：I: 28 167。

26. "伤了她的心"：Sand, G., *Histoire de ma vie*（Paris：M. Lévy, 1856），VIII: 231。

27. 关于女性的教育与露易丝·拉贝：Davis, N.Z., 'City women and religious change', *in Davis, Society and
Culture* 72–4。有人认为拉贝是一群男诗人共用的笔名：Huchon, M., *Louise Labé: une créature de papier*
（Geneva：Droz, 2006）。

28. "她们并没有错"：III: 5 787–8。"男人与女人是同一个模子刻出来的"：III: 5 831。双重标准：III: 5 789。
"我们几乎在各方面对女性做了不公正的评断"：III: 5 819。

29. 引自 Montaigne, *Le Livre de raison*，2 月 21 日、5 月 16 日、6 月 28 日、7 月 5 日、9 月 9 日与 12 月 27 日。

30. 蒙田谈孩子的死：I: 14 50。他落马的时间：II: 6 326。"活了两年"：出自蒙田写给妻子的献词，收录在拉
博埃蒂翻译普鲁塔克的安慰信中，in La Boétie, *La Mesnagerie*［etc］, and in *The Complete Works*, tr. D.
Frame, 1300–1。

31. I: 14 50。

32. 蒙田谈论忧伤的随笔完成的时间：I: 2 6–9，Donald Frame 认为时间在 1572 年到 1574 年间，见他编辑的
The Complete Works, p. vii。尼俄柏：I: 2 7。故事出自 Ovid, *Metamorphoses* VI: 304。

33. Balsamo, J., 'Léonor de Montaigne', in Desan, *Dictionnaire* 575–6.

34. 女人的治理之道，fouteau 的故事与莱奥诺尔"还没发育成熟"：III: 5 790。口头上教训一番：II: 8 341。

35. "我拿着牌"：I: 23 95。与两个极端有关的字谜游戏：I: 54 274。

36. III: 9 882.

37. III: 9 880.

38. "葡萄酒发酵"：II: 17 601。关于歉收、瘟疫与运用影响力卖酒：Hoffmann 9–10。

39. "辛勤工作而不以为苦"：II: 17 591。从未搞清楚土地权状：III: 9 884。

40. II: 17 601.

41. I: 31 186.

42. 赞赏具体而明确的事物：III: 9 882–3。"老师从不逼我"与"极度懒散，极度独立"：II: 17 592。"自由与
懒散"：III: 9 923。

43. 破财总比浪费时间追问每一分钱的下落来得好：II: 17 592。无法防止有人想诈取自己的钱财：III: 9 884。

44. II: 8 346。蒙田没有指出他的名字，雷蒙在页缘批注中写出他的姓名。见 Boase, 'Montaigne annoté par
Florimond de Raemond'。

45. "我最不想遇到的事"与想要一个女婿：III: 9 883–4。

46. III: 9 897.

47. III: 9 899.

48. III: 9 900.

49. III: 9 899. 故事来自 Plato, *Hippias minor* 368 b-d，and Cicero, *De oratore* III: 32 127。

50. Nietzsche, *Human, All Too Human*, Aphorism 291，173-4.

9 我们问：如何生活？蒙田说：与人自在地相处

1. "有人天生喜欢独处、腼腆而且个性内向"与"我健谈"：III: 3 758。

2. 交谈比阅读有趣多了：I: 17 59。"敏锐而令人惊奇的机智言谈"：III: 8 871。"判断力更加敏锐"：I: 26 140。

3. "没有任何主题吓得倒我"：III: 8 855。喜欢听到与自己见解矛盾的看法：III: 8 856-7。惬意的谈话：Raemond, *Erreurpopulaire* 159。"你不需要等候谁"：III: 3 758。

4. 闲话家常令蒙田觉得厌烦：II: 17 587。他无法集中注意力：III: 3 754。他看见了在肤浅的场合与人简单交谈的价值：I: 13 39。

5. 和蔼可亲是使生活美好的技艺：III: 13 1037。"欢愉而善于交际的智慧"：III: 5 778。

6. Nietzsche, *Human, All Too Human*, Aphorism 49, p. 48.

7. 弗瓦家族：Balsamo, J., 'Foix（famille de）', in Desan, *Dictionnaire* 405-8。举办太多宴会的男子：II: 8 344。直接用手指擤鼻涕的男子：I: 23 96。与蒙田同时代的弗罗里蒙·德雷蒙表示这两个人分别是让·德·吕西尼昂与弗兰索瓦·德·拉罗什富科：见 Boase, 'Montaigne annoté par Florimond de Raemond'。受蒙田献文的女性：顾尔松女伯爵黛安娜·德·富瓦（I: 26）、玛格丽特·德·格拉蒙（I: 29）与埃斯蒂萨克夫人（II: 8）。

8. 1584 年，蒙田为纳瓦尔的亨利举办猎鹿活动：Montaigne, *Le Livre de raison*, 12 月 19 日条。关于马上比武：III: 8 871。关于室内娱乐：I: 54 273。画谜或许类似于与蒙田时代相近的塔布洛·德·阿寇德在 *Bigarrures* 中描述的猜谜游戏：Étienne Tabourot, sieur des Accords, *Les Bigarrures*（Rouen：J. Bauchu，1591），［Book 1］。

9. 丢小米粒的人：I: 54 274。刚出生的孩子身上还粘着其他孩子的身体：II: 30 653-4。雌雄同体的牧羊人：II: 30 654。没有手臂的男子：I: 23 95。"怪物"与自然并不相违，只是跟我们习以为常的样子不同：II: 30 654。

10. III: 11 958.

11. 庄园事务：Hoffmann 14-15。

12. III: 9 901.

13. 博特罗：Botero, G., *The Reason of State and The Greatest of Cities*，tr. R. Peterson and P. J. and D. P. Waley（London，1956），279，引自 Hale 426。"一名根据古代习尚与礼仪设置的门房"：II: 15 567。

14. 戒备森严的房子反而容易受到攻击，塞内卡对此做了解释：II: 15 567-8。参见 Seneca, *Letters to Lucilius*, Letter 68。Loeb edn II: 47。抢夺不设防的庄园不是什么体面的事：II: 15 567。"你的手下可能就是你该提防的人”：II: 15 568。

15. III: 12 988–90.

16. III: 12 990–1。这与他 1588 年前往巴黎时遇到的事情不同，《随笔集》也提到这件事。

17. 对立与屈服的故事：I: 1 1–5。

18. II: 11 383。评论家戴维·昆特认为这则雄鹿故事是蒙田思考这件事的原形，因此它不断在《随笔集》中出现，却从未获得解决。Quint 63。

19. 不要畏畏缩缩地讨饶与施予怜悯：I: 5 20。“纯粹的自信”：I: 24 115。

20. III: 1 739。参见 Lucan VII: 320–2。

21. 伊巴密浓达：II: 36 694–6，I: 42 229，II: 12 415 与（“掌控住战争”）III: 1 738。见 Vieillard-Baron, J.-L., 'Épaminondas', in Desan, *Dictionnaire* 330。

22. III: 1 739.

23. “残暴地”痛恨残忍：II: 11 379。无法忍受狩猎：II: 11 383。鸡或兔子：II: 11 379。关于蒙田与残忍，见 Brahami, F., 'Cruauté', in Desan, *Dictionnaire* 236–8, and Hallie, P. P., 'The Ethics of Montaigne's "De la cruauté",' in La Charité, R. C. (ed.), *O un amy ! Essays on Montaigne in Honor of Donald M. Frame* (Lexington, Ky.: French Forum, 1977), 156–71。

24. “即使是依法处决”：II: 11 380–1。“我不愿意让人痛苦”：III: 12 992。

25. 法国人与他们的“另一半”：I: 31 193。“单一而相同的本性”：II: 12 416。

26. “人性中具有某种面向”与“我不介意承认”：II: 11 385。

27. Pascal, 'Discussion with M. de Sacy', in *Pensées* 188.

28. 伦纳德·伍尔夫讨论蒙田与残忍，以及淹死犬崽：Woolf, L., 17–21。

29. 威廉·詹姆斯：James, W., 'On a certain blindness in human beings', from *Talks to Teachers on Psychology* (New York: Henry Holt, 1912), in *The Writings of William James*, ed. J. J. McDermott (Chicago: University of Chicago Press, 1977), 629–45. 'Zest and tingle': 629–31。忽略人与狗的相似处是最糟糕的错误：644–5。

10　我们问：如何生活？蒙田说：从习惯中觉醒

1. Woolf, V., *Diary* I: 190（1918 年 9 月 8 日条目）。

2. 各种风俗的例子：I: 23 98–9, I: 49 263–5, II: 12 431–2。

3. I: 26 141.

4. Hale 173.

5. 法国的殖民前景与冒险：Knecht, *Rise and Fall* 287, 297–300（Brazil）, 392–4。

6. 蒙田与图皮族人的对话：I: 31 193。他收藏的南美纪念品：I: 31 187。

7. 蒙田阅读的作品：López de Gómara, *Historia de las Indias*, Martin Fumée 于 1568 年译为法文版的 *Histoire generalle des Indes*。Bartolomé de Las Casas, *Brevisima relación de la destruccion de las Indias*, 译为

法文版的 *Tyrannies et cruautés des Espagnols* ... (1579)。Thevet, A., Les Singularitez, and Léry, J. de, *Histoire d'un voyage fait en la terre du Brésil* (La Rochelle: A. Chuppin, 1578)。这里提到的莱里轶事取材自现代英译本: Léry, *History of a Voyage*。老人很少有白发: ibid. 56-7。为荣誉而战: ibid. 112-21。主菜是人犯的宴席: ibid. 122-33。烤人腿: ibid. 163-4。莱里觉得比较安心: ibid. 169。桑塞尔的吃人肉事件: Léry, J. de, *Histoire mémorable de la ville de Sancerre* ([La Rochelle], 1574)。关于莱里, 见 Lestringant, F., *Jean de Léry ou l'invention du sauvage*, 2nd edn (Paris: H. Champion, 2005)。

8. 印加人与阿兹特克人: III: 6 842。

9. I: 31 186.

10. Kramer, S. N., *History Begins at Sumer* (New York, 1959), 222, 引自 Levin 10。

11. Melville, H., Typee, 引自 Levin 68-9。

12. 斯多葛派: Seneca, *Letters to Lucilius*, Letter 90。Loeb edn II: 395-431。关于斯多葛派与近乎自然的平静生活, 见 Lovejoy, A. O. and Boas, G., *A Documentary History of Primitivism and Related Ideas*, Vol. 1 (Baltimore: Johns Hopkins Press, 1934), 106-7。

13. I: 31 185.

14. I: 31 191-2.

15. I: 54 276.

16. 《食人族之歌》日后的发展: Chateaubriand, *Mémoires d' outre-tombe*, ed. M. Levaillant and G. Moulinier (Paris: Gallimard, 1964), 247-8 (Book VII, chap. 9), 引自 Lestringant 189。克莱斯特、赫尔德与歌德: Langer, U., 'Monaigne's "coulevre": notes on the reception of the *Essais* in 18th-century Germany', *Montaigne Studies* 7 (1995), 191-202, and Bouillier, *La Renommée de Montaigne en Allemagne* 30-1。关于歌德, 见 Bouillier, V., 'Montaigne et Goethe', *Revue de Littérature comparée* 5 (1925), 572-93。关于德国火炉, 见 Moureau, F., 'Le Manuscrit du *Journal de Voyage*: découverte, éditionet copies', in Michel et al. (eds), *Montaigne et les Essais 1580-1980*, 289-99, 本章引用文字出自 297。

17. I: 30 181.

18. I: 31 189.

19. 科斯特: Montaigne, *Essais*, ed. P. Coste (London, 1724, and La Haye, 1727)。关于科斯特, 见 Rumbold, M. E., *Taducteur Huguenot: Pierre Coste* (New York: P. Lang, 1991)。惊讶于蒙田居然要等这么久才为人所重新认识: 例如 Nicolas Bricaire de la Dixmerie, *Eloge analytique et historique de Michel Montange* (Amsterdam & Paris: Valleyre l'aîne, 1781), 2。见 Moureau, F., 'Réception de Montaigne (XVIIIe siècle) ', in Desan, *Dictionnaire* 859。

20. Diderot, D., *Supplément au voyage de Bougainville* (1796)。J. Hope Mason 与 R. Wokler 英译本收录于 Diderot, *Political Writings* (Cambridge: Cambridge University Press, 1992), 31-75。顺着本性可以得到快乐: 52-3。关于狄德罗, 见 Schwartz, J., *Diderot and Montaigne: the Essais and the Shaping of Diderot's Humanism* (Genèva: Droz, 1966)。

21. 关于卢梭与蒙田: 见 Fleuret, and Dréano。卢梭的《随笔集》复本现藏于剑桥大学图书馆。

22. 《论人类不平等的起源》与"我看到动物":26。艰苦的环境使人苗壮:ibid. 27。文明使他"学习社交与成为一名奴隶":ibid. 31。野蛮人不会自杀:ibid. 43。在哲学家的窗下发生的谋杀案件:ibid. 47。

23. "我认为蒙田是个十足的伪君子":这篇序言出现在 Neuchâtel 版中,但以巴黎手稿为根据的现代版却没有这篇文章。它被收录到 Angela Scholar 的译本附录中,见 Rousseau, *Confessions*, 643-9,本章引用文字出自644。"这是世界上唯一一部描绘人的本性":巴黎版序言,Rousseau, *Confessions* 3。

24. Rousseau, *Confessions* 5.

25. III: 2 740.

26. 时人的指控:Cajot, J., *Plagiats de M. J. J. R [ousseau], de Genève, sur l' éducation* (La Haye, 1766),125-6。Bricaire de la Dixmerie, N., *Eloge analytique et historique de Michel Montagne* (Amsterdam & Paris: Valleyre l'aîne, 1781),209-76,本章引用文字出自259。

11 我们问:如何生活? 蒙田说:温和稳健

1. 关于 19 世纪初的读者对蒙田的响应,尤其是蒙田与拉博埃蒂的友情,见 Frame, *Montaigne in France* 17-23。乔治·桑:Sand, G., *Histoire de ma vie* (Paris: M. Lévy, 1856),VIII: 230-1。拉马丁:"我最赞赏他的地方""因为是你"与"我的朋友,蒙田":Lamartine 写给 Aymon de Virieu 的信,分别见 1811 年 5 月 21日、1810 年 7 月 26 日与 1809 年 11 月 9 日条目,in Lamartine I: 290, I: 235, I: 178。

2. 关于到塔楼参观,见 Legros。

3. 关于 19 世纪前城堡的状态:Willett 221。

4. 孔庞与加永侯爵:引自 Legros 65-75。

5. "从来没产生过愤慨激昂的情绪":II: 12 520。"我喜欢温和稳重的人":I: 30 177。"纵然我有过分的行为,但这些行为也严重不到哪里去":III: 2 746。"最好的人生":III: 13 1044。

6. 拉马丁转而反对蒙田:Lamartine 写给 Aymon de Virieu 的信,1811 年 5 月 21 日,in Lamartine I: 290。

7. 乔治·桑"不再是蒙田的门徒":George Sand 写给 Guillaume Guizot 的信,1868 年 7 月 12 日,in Sand, G., *Correspondance* (Paris: Garnier, 1964-69),V: 268-9。

8. 关于塔索:II: 12 441。写诗需要"狂热":II: 2 304。但"如果百发百中的射手脱靶":I: 30 178。

9. "不是诗人":Chasles, P., *Etudes sur le XVIe siècle en France* (Paris: Amyot, 1848),xlix。"斯多葛式冷漠":Lefèvre-Deumier, J., *Critique littéraire* (Paris: Firmin-Didot, 1825-45),344。关于 Chasles 与 Lefèvre-Deumier,见 Frame, *Montaigne in France* 15-16。

10. Nietzsche, *Daybreak* 167 (Book IV, s. 361).

11. 关于文艺复兴时代的狂热,见 Screech 10。

12. III: 13 1044.

13. III: 2 745.

14. 超越众人与连人都当不了:III: 13 1044。

15. 适切地生活:III: 13 1037。"天底下最美好":III: 13 1039。

16. West, R., *Black Lamb and Gray Falcon* (London: Macmillan, 1941), II: 496-7.

12 我们问：如何生活？蒙田说：守住你的人性

1. 关于谁是科里尼攻击事件的幕后指使者，见 Holt 83-5。对圣巴泰勒米大屠杀的介绍，见 Diefendorf, and Sutherland, N. M., *The Massacre of Saint Bartholomew and the European Conflict* 1559-72 (London: Macmillan, 1972)。蒙田在《随笔集》中对此事只字未提，但他可能在日记中提及此事，波特星历 8 月 24 日与 10 月 3 日的书页不见了，这两天在巴黎与波尔多分别发生了大屠杀事件。或许蒙田对于自己写的感到不妥，因此将其撕去；或许是他的子孙撕的。见 Nakam, *Montaigne et son temps* 192。

2. 吕索的故事引自 Diefendorf 100-2。关于火与水的净化作用：Davies, N.Z., 'The rites of violence', in her *Society and Culture* 152-87, esp. 187。

3. 关于死亡人数，见 Holt 94 and Langer, U., 'Montaigne's political and religious context', in Langer (ed.), *Cambridge Companion* 14。

4. 波尔多大屠杀：Holt 92-4。在奥尔良唱歌与弹琴：Holt 93。对孩子参与的解释、超越人类规模的事件，以及罗马的纪念章：Crouzet II: 95-8。查理九世的纪念章：Crouzet II: 122-3。

5. 引自 Salmon, J. H. M., 'Peasant revolt in Vivarais, 1575-1580', in *Renaissance and Revolt* (Cambridge: Cambridge University Press, 1987), 221-2。见 Holt 112-14。

6. 关于末日将近，见 Cunningham and Grell 19-91，其中分析了依次出现的每位"骑士"。狼人、连体婴与新星：Crouzet II: 88-91。"最终的毁灭"：Gournay, *Apology for the Woman Writing* [etc.] 138。波斯特尔：Crouzet II: 335。

7. 撒旦最后奋力一搏：Clark 321-6。维耶：Wier, J., *De praestigis daemonum* (Basel: J. Oporinus, 1564)，引自 Delumeau, 251。

8. 博丹与女巫：Bodin, J., *On the Demon-Mania of Witches*, tr. R. A. Scott (Toronto: Centre for Reformation and Renaissance Studies, 1995), *De la Démonomanie des sorciers* 的译本 (Paris: I. Du Puys, 1580), 200 ("法律规定") and 198 (坊间的传言可以视为 "几近真实")。关于中世纪拷问技巧的重启，例如水试法与烙烧法：Clark 590-1。对"女巫"的恐慌在 1640 年左右达到巅峰，欧洲各地对"女巫"的恐慌达到巅峰的时间各不相同，这些恐慌导致数万人死亡。拷问是无用的：II: 5 322-3。"这代价未免太大"：III: 11 961。

9. 敌基督：非洲、巴比伦的故事，见 Jean de Nury's *Nouvelles admirables d'un enfant monstre* (1587)，引自 Crouzet II: 370。雷蒙：Raemond, *L'Antichrist*。见 Magnien-Simonin, C., 'Raemond, Florimond de', in Desan, *Dictionnaire* 849-50。

10. 热忱：Crouzet II: 439-44。

11. 激进的新教徒在这个时期的出版品包括 François Hotman 的 *Francogallia* (大部分在之前写成，但出版于 1573 年，并在大屠杀发生后大受欢迎)、Theodore de Bèze 的 *Du Droit des magistrats sur leurssubiets* (1574) 与 1579 年由 Hubert Languet 写成的 *Vindiciae contra tyrannos*，不过有些人认为这本书的作者应该是 Philippe Duplessis-Mornay。见 Holt 100-1。

12. 亨利三世不得人心与行为异常的故事，绝大多数来自 Pierre de L'Estoile，一名多少还算可靠的新教回忆录作家，见 L'Estoile, P. de, *The Paris of Henry of Navarre as seen by Pierre de l'Estoile*, ed. N. Lyman Roelker (Cambridge, Mass.: Harvard University Press, 1958)。用叉子进食、穿睡衣睡觉、洗发: Knecht, *Rise and Fall* 489。

13. 蒙田论悔罪行列: I: 26 140。关于预言的暧昧: I: 11 34-5。巫术是想象: III: 11 960-1。

14. 想象的危险: Del Rio, M., *Disquisitionum magicarum libri sex* (1599) 与 Lancre, P. 212 *De l'Incrédulité et mescreance du sortilège* (1622)，两者引自 Villey, *Montaigne devant la postérité* 360, 367-71。见 Courcelles, D. de, 'Martin Del Rio' 与 Legros, A., 'Lancre, Pierre Rostegui de'，两者出自 Desan, *Dictionnaire* 243-4, 561-2。

15. Crouzet II: 250-2.

16. Dieudonné, R. de, *La Vie et condition des politiques et athéistes de ce temps* (Paris: R. Le Fizelier, 1589), 17.

17. 政治派对天主教同盟的指控，见 *Lettre missive aux Parisiens d'un Gentilhomme serviteur du Roy* ... (1591), 4-5，引自 Crouzet II: 561。"热忱支持我们" 与 "没有什么仇恨": II: 12 393-4。

18. 政治派认为一切终将尘埃落定，见 Loys Le Caron, *De la Tranquillité de l'esprit* (1588), Saint-Germain d'Apchon, *L'Irenophile discours de la paix* (1594)，与 Guillaume du Vair, *La Constance et consolation ès calamitez publiques* (1594-95)。Crouzet II: 555-7。

19. 认为蒙田深受战争影响的评论者中最重要的是 Frieda Brown，见 Brown, F., *Religious and Political Conservatism in the Essais of Montaigne* (Geneva: Droz, 1963)。关于这一议题，见 Coleman, J., 'Montaigne and the Wars of Religion', in Cameron (ed.), *Montaigne and his Age* 107。"我感到惊奇" 与 "只要有人": I: 26 141。"已经很了不起了": II: 16 577。"我并不感到绝望": III: 9 892。

20. 利普修斯要蒙田继续写作: 于斯特斯·利普修斯给蒙田的信，1588 年 8 月 30 日与 1589 年 9 月 18 日，引自 Morford, M. P. O., *Stoics and Neostoics: Rubens and the Circle of Lipsius* (Princeton, NJ: Princeton University Press, 1991), 160。

21. Zweig, 'Montaigne' 8-9。

22. 茨威格的流亡: Zweig, *World of Yesterday* 430-2。"我不属于任何地方": ibid. xviii。

23. "他的时代和处境": 茨威格写给 Jule Romains 的信，1942 年 1 月 22 日，引自 Bravo Unda, G., 'Analogies de la pensée entre Montaigne et Stefan Zweig', *Bulletin de la Société des Amis de Montaigne* 11, no.2 (1988), 95-106。"在这个兄弟相残的世界里": Zweig, 'Montaigne' 10。

24. Zweig, 'Montaigne' 14。

25. Ibid. 15.

26. Ibid. 76.

27. Ibid. 55-8.

28. 自杀前的道别: Zweig, *World of Yesterday* 437，见该书附录。

29. Zweig, 'Montaigne' 10.

30. Ibid. 7.

31. Woolf, L. 18–19.

32. Macé-Scaron 76.

33. 福楼拜给 Mlle Leroyer de Chantepie 的信，1857 年 6 月 16 日，引自 Frame, *Montaigne in France* 61。

13　我们问：如何生活？蒙田说：做没有人做过的事

1. 所有早期《随笔集》版本的详细介绍，见"出处"；也可见 Sayce and Maskell。米朗吉：Hoffmann 66–83。关于米朗吉的两个版本（1580 年版与 1582 年版），见 Blum, C., 'Dans l'Atelier de Millanges', in Blum & Tournon（eds）, *Editer les Essais de Montaigne*（79–97）。第一版的印量：Desan, P., 'Édition de 1580', in Desan, *Dictionnaire* 297–300，本章所引见页 300。

2. 拉克鲁瓦·杜迈内：La Croix du Maine 329。《随笔集》在 Antoine Du Verdier 的类似传记中被提及，*La Bibliothèque d'Antoine Du Verdier, seigneur de Vauprivas*（Lyon，1585），"米歇尔·德·蒙田"条，872–81。《随笔集》比蒙田预期的受欢迎：III：9 895。"一件公开展示的家具"：III：5 781。

3. "想必陛下也会喜欢我这个人"：La Croix du Maine 329。参见蒙田形容他的书与它的作者同质：II：18 612。

4. 红酒：斯卡利杰尔与迪皮伊均引自 Villey, *Montaigne devant la postérité* 73。从红酒到白酒再到红酒：III：13 1031。"厚颜无耻"：Malebranche, *La recherché de la vérité*（1674），369，引自 Marchi 48。帕斯卡：Pascal, *Pensées* no. 534，p. 127。

5. 帕蒂森：Pattison, M., review article in *Quarterly Review* 198（Sept. 1856），396–415，本章所引见页 396。"连篇废话"：St John, B., *Montaigne the Essayist*（London：Chapman & Hall，1858），I：316–17。"人物本身"核心本质"：Sterling 323–4。

6. II：17 606。关于这段文字，见 Starobinski 225–6；也可见 Coleman 114–15，对这段译文有争议。

7. 关于《随笔集》是巴洛克或风格主义作品，见 Buffum；Butor；Sayce, R. A., 'Baroque elements in Montaigne', *French Studies* 8（1954），1–15；Nakam, G., 'Montaigne manieriste', in her *Le dernier Montaigne* 195–228；Rigolot, F., 'Montaigne's anti-Mannerist Mannerism', in Cameron and Willett（eds）, *Le Visage changeant de Montaigne* 207–30。

8. "荒诞不经的"与"怪物的躯体"：I：28 164。贺拉斯论古典原则：Horace, *Ars poetica* 1–23。

9. 以谈话的韵律写作：II：17 587。他在指示波尔多出版社时提到他的"切下来的语言"（langage coupé），见 Sayce 283。

10. I：50 266.

11. 《论马车》：III：6 831–49。关于这篇随笔的标题，见 Tournon, A., 'Fonction et sens d'un titre énigmatique', *Bulletin de la Société des Amis de Montaigne* 19–20（1984），59–68，与 Desan, *Dictionnaire* 175–6。《论相貌》：III：12 964–92。

12. 撒克里：Dédéyan I：288。"这些标题通常只是一种用来标示文章的符号"与"相关的一些话语"：III：9 925。见 McKinley, M. B., *Words in a Corner: Studies in Montaigne's Latin Quotations*（Lexington，Ky.：

French Forum, 1981)。

14 我们问：如何生活？蒙田说：看看这个世界

1. "大自然中无穷种类与形式的事物"：III: 9 904。"真实的好奇"：I: 26 139。感受古典英雄的存在：III: 9 928。"脑袋灵光"：I: 26 136。

2. 排出结石：Travel Journal, in *The Complete Works*, tr. D. Frame, 1243。他的父亲、祖父与曾祖父：II: 37 702。威尼斯松节油：Travel Journal 1143。山羊：II: 37 718-19。温泉浴：II: 37 715-16。

3. 关于旅行的路线与日期，见 Travel Journal, in *The Complete Works*, tr. D. Frame。

4. 马特库隆涉入了两人被杀的案件，他参与他人的决斗，并且充当帮手。由于法国国王直接的干预，马特库隆才免于牢狱之灾。对此，蒙田表示，遵守荣誉规章毫无道理可言：II: 27 639；Travel Journal 1257。关于另一名离开帕多瓦（Padua）的男子 M. de Cazalis，见 Travel Journal 1123。

5. 旅行：Heath, M., 'Montaigne and travel', in Cameron（ed.）, *Montaigne and his Age* 121-32；Hale 145-8。蒙田改变路线：Travel Journal 1130。

6. 蒙田宁可骑马：III: 6 833-4。河流航行：III: 6 834。Travel Journal, 1092 and 1116。关于晕船：Travel Journal, 1123。在肾结石发作时，骑马比较舒服：III: 6 833-4, III: 5 811。

7. 随遇而安：III: 9 904-5。"如果右边的景色很丑"：III: 9 916。弗吉尼亚·伍尔夫的旅行：Woolf, L., *Downhill All the Way*（London: Hogarth, 1968）, 178-9。"轻松地滚着"：II: 17 605。

8. 没有主题：Travel Journal, 1115。

9. 不喜欢太早启程：III: 9 905, III: 13 1024。吃用当地做法做的当地菜，而且希望自己把厨师带来：Travel Journal 1077, 1086-7。

10. 其他的旅人完全拒绝与人沟通：III: 9 916-17。"事实上，在他的判断里夹杂着"：Travel Journal 1087。

11. 用意大利文写日志：III: 5 807。蒙田的意大利语不错，但并非毫无瑕疵，早期的《旅行日志》版本做了一些修正，见 Garavini, F., 'Montaigne: écrivain italien?' in Blum and Moreau（eds）, *Études montaignistes* 117-29, and Cavallini, C., 'Italianismes', in Desan, *Dictionnaire* 515-16。奥格斯堡的手帕：Travel Journal 1096-7。

12. 目睹受洗的过程：Travel Journal, 1094-5。参观犹太会堂：ibid. 1119。目睹犹太割礼：ibid. 1152-4。

13. 白胡子与白眉毛：Travel Journal 1063。变装与性别改变：ibid. 1059-60。

14. 瑞士的餐桌礼仪与卧室：Travel Journal 1072, 1077。

15. 鸟笼：Travel Journal 1085。鸵鸟：ibid. 1098-9。鸡毛掸子：ibid. 1096。可以摇控的城门：ibid. 1099-100。

16. 富格尔家族的花园：Travel Journal 1097-8。

17. 米开朗琪罗：Travel Journal 1133。

18. 《旅行日志》在被发现并且出版之后，手稿一直存放在法国皇家图书馆，相当于今日的法国国家图书馆里，但不知何时手稿遗失了。现存的仅有 1774 年版、内容有出入的手抄复本。见 Moureau, F., 'La Copie Leydet du Journal de Voyage', in Moureau, F. and Bernouilli, R.（eds.）, *Autour du Journal de voyage*

de Montaigne (Geneva & Paris: Slatkine, 1982), 107–85; and his 'Le manuscript du *Journal de Voyage*. découverte, édition et copies', in Michel et al. (eds), *Montaigne et les Essais 1580–1980*, 289–99; and Rigolot, F., '*Journal de voyage*', in Desan, *Dictionnaire* 533–7。"三回厕所": Travel Journal 1077。"大小便": ibid. 1078。"又大又长，像松子一样": ibid. 1243。瑞士火炉: ibid. 1078。

19. 关于秘书，见 Brush, C. B., 'The secretary, again', *Montaigne Studies* 5 (1993), 113–38, esp. 136–8。这名秘书或许也是蒙田家族的人，他显然对庄园附近的城镇相当熟悉，见 Travel Journal 1089, 1105。冗长的演说: Travel Journal 1068–9, 1081。

20. 波兰或希腊与"我从未见过他精神这么好": Travel Journal 1115。

21. 威尼斯: Travel Journal 1121–2。关于佛朗哥，见 Rigolot, F., 'Franco, Veronica', in Desan, *Dictionnaire* 418。

22. 费拉拉: Travel Journal 1128–9。见到塔索: II: 12 441。博洛尼亚的击剑表演: Travel Journal 1129–30。充满把戏的花园: ibid. 1132, 1135–6。

23. 接近罗马: Travel Journal ibid. 1141–3。

24. 宗教裁判所的官员: Travel Journal 1166。"看来我在这些官员心中": 1178。

25. 罗马不宽容，但有世界主义的精神: Travel Journal 1142, 1173。罗马市民身份: *Essays* II: 9 930; Travel Journal 1174。

26. 布道、神学争论与娼妓: Travel Journal, 1172。梵蒂冈图书馆: ibid. 1158–60。割礼: ibid. 1152–4。

27. 觐见教宗: Travel Journal 1144–6。

28. 悔罪行列: Travel Journal 1170–1。

29. 驱魔: Travel Journal 1156。处死卡泰纳: ibid. 1148–9。关于残暴地对待尸体，参见 II: 11 382。

30. 墙顶: Travel Journal 1142。柱顶: ibid. 1152。

31. 塞内卡与普鲁塔克的战利品: II: 32 661。需要心灵上的努力: Travel Journal 1150–1。

32. 歌德: Goethe, J. W., *Italian Journey*, tr. W. H. Auden and E. Mayer (Harmondsworth: Penguin, 1970; repr. 1982)。"我年轻时的梦想": 129 (1786 年 11 月 1 日条)。"我现在处于澄澈而平静的状态": ibid. 136 (1786 年 11 月 10 日条)。弗洛伊德: Freud, S., 'A disturbance of memory on the Acropolis', in *Works*, tr. and ed. J. Strachey (London: Hogarth, 1953–74), 22 (1964), 239–48, 本章所引见页 241。"我灵魂中的罗马与巴黎": II: 12 430。"我享受心灵的平静": Travel Journal 1239。

33. 洛雷托: Travel Journal 1184–5。拉维拉: ibid. 1210, 1240–6。

15 我们问：如何生活？蒙田说：把工作做好，但不要做得太好

1. 市政官员的两封信与他前往罗马的旅程: Travel Journal 1246–55。

2. "我推辞了": III: 10 934。国王的信: 译文见 Frame, *Montaigne* 224。

3. 返家: Travel Journal 1270, and Montaigne, *Le Livre de raison*, 11 月 30 日条。

4. 关于蒙田担任市长的任务，以及当时的困难: Lazard 282–3; Lacouture 227–8; Cocula, A.-M., *Montaigne*,

maire de Bordeaux（Bordeaux：Horizon chimérique，1992）。广开言路，有自己的判断：III：8 855。

5. 关于马蒂尼翁，见 Cooper, R., 'Montaigne dans l'entourage du maréchal de Matignon', *Montaigne Studies* 13（2001），99–140；and his 'Matignon, Maréchal de' in Desan, *Dictionnaire* 640–4。

6. 皮埃尔因旅行而累垮：III：10 935。蒙田担任市长后的旅行：Frame, *Montaigne* 230。蒙田在城堡里写作：Nakam, *Montaigne et son temps* 311。

7. "我获得连任"：III：10 934。蒙田的连任，与反对者周旋：Frame, *Montaigne* 230。

8. 蒙田担任中间人：Frame, *Montaigne* 232–4。

9. 瓦雅克叛乱与从波尔多流亡：Frame, *Montaigne* 238–40。蒙田写给马蒂尼翁的信，1585 年 5 月 22 日与 27 日，见 *The Complete Works*, tr. D. Frame, 1323–7。

10. 法官的赞美之词：Thou, J.-A. de, *Mémoires*（1714），与莫尔奈写给蒙田的信（1583 年 11 月 25 日）译文见 Frame, *Montaigne*，229，233。

11. III：10 953.

12. "漫不经心"与"这样才好"：III：10 950。让城市长治久安：III：10 953。勇于投入公共事务的真正动机：III：10 951。

13. 应尽的责任：III：10 954。

14. 莎士比亚的《李尔王》约完成于 1603 ~ 1606 年。"我尤其讨厌阿谀奉承者的嘴脸"：I：40 225–6。

15. "我坦白地告诉他们我做不到"：III：1 731。坦率的言谈能让人卸下面具，与两派人马相处并不难：III：1 730。

16. 不是每个人都能了解：III：1 731。"该说的都说了，该做的都做了"：III：8 854。

17. 马蒂尼翁写信给亨利三世（1585 年 6 月 30 日，）他也写信给蒙田（1585 年 7 月 30 日），这两封信的译文见 Frame, *Montaigne* 240。

18. 蒙田写给波尔多市政官员的信（1585 年 7 月 30 与 31 日），见 *The Complete Work*s, tr. D. Frame, 1328–9。

19. 下令禁止外人入城：Bonnet, P., 'Montaigne et la peste de Bordeaux', in Blum and Moreau（eds）, *Études-montaignistes* 59–67，本章所引见页 64。

20. 对蒙田所作决定的批评：德切维里、格林、弗热尔与勒孔特所言全引自 Bonnet, P., 'Montaigne et la peste de Bordeaux', in Blum and Moreau（eds）, *Études montaignistes* 59–67，本章所引见页 59–62。这些书信首次出版于 Detcheverry, A., *Histoire des Israélites de Bordeaux*（Bordeaux：Balzac jeune，1850）。

21. II：12 454.

22. 关于这个时代的虚无主义，见 Gillespie, M. A., *Nihilism before Nietzsche*（Chicago：University of Chicago Press，1995）。

23. 法盖：他的作品被结集成书，并且附了一篇序，见 A. Compagnon as Faguet, *Autour de Montaigne*。尚皮翁：Champion, E., *Introduction aux Essais de Montaigne*（Paris，1900），见 Compagnon, A., Preface to Faguet 16。

24. 基佐：Guizot, G., *Montaigne: étudeset fragments*。"他无法使我们成为这个时代的中坚"：ibid. 269。基佐花了 25 年的时间编辑新版的《随笔集》与研究蒙田的生平，但两本著作均未完成。他死后，朋友将他既有的作品结集成书。

25. 米舍莱：Michelet, *Histoire de France*（1861）VIII：429（"软弱消极"）and X：397-8（"整天做着白日梦"）。
    两句引自 Frame, *Montaigne in France* 42-3。

26. Church, R. W., 'The Essays of Montaigne', in *Oxford Essays contributed by Members of the University*.
    1857（London：John Parker, 1857），239-82。"视人类为无物""责任的观念"：ibid. 265。"懒散而欠缺道
    德"：ibid. 280。关于丘奇，见 Dédéyan I：295-308。

27. 哈利法克斯的说法出现在 Hazlitt 的 1842 年版的 Montaigne, *The Complete Works* xxxv。

28. 霍诺里娅的版本：Montaigne, *Essays*, ed. Honoria（1800）（见"出处"）。这种编辑方式跟 Henrietta Maria
    Bowdler 的 *The Family Shakespeare*（1807）的精神是一致的，而后者的名字为英文创造了"bowdlerize"
    （删节）这个新词。"披沙拣金"与"他的主题之间经常没有联系"：Honoria's introduction, xix。蒙田因
    为对"圣巴泰勒米大屠杀"只字未提而受到责难：Honoria's edition, 104n。不要用音乐叫孩子起床：ibid.
    157n。蒙田立身处世的自我要求、重视传统，以及他"崇高的宗教情怀"：Honoria's introduction, xviii。

29. "我怀疑我能否冷静地坦承"：III：12 975。

30. 王位的继承问题与政治派的倾向：Nakam, *Montaigne et son temps* 329-32。

31. 纳瓦尔造访蒙田庄园并猎鹿：Montaigne, *Le Livre de raison*, 12 月 19 日条，译文引自 Frame, *Montaigne*
    235。

32. 蒙田给马蒂尼翁写信（1585 年 1 月 18 日），引自 *The Complete Works*, tr. D. Frame, 1314-15。

33. "吉贝利内家族眼中的古尔夫"：III：12 972。"没有正式的指控"：III：12 972。围攻卡斯蒂永：Frame,
    Montaigne 256。

34. "承受动乱带来的沉重负担"：III：12 969。瘟疫：III：12 976。

35. III：12 979.

36. III：12 976.

37. 关于蒙田在逃难期间与之后的政治工作，见 Frame, *Montaigne* 247。

38. 凯瑟琳·德·梅迪奇于 1586 年 12 月 31 日写信给财政大臣，要他拨一笔钱给蒙田夫妇：见 Frame, *Montaigne* 267。

39. 蒙田与科丽桑德合作：Frame, *Montaigne* 269-70。

40. 蒙田的使命与提到此次使命的书信：Frame, *Montaigne* 270-3。英格兰人的焦虑：ibid. 276。

41. 蒙田写给马蒂尼翁的信（2 月 16 日，年份约为 1588 年），见 *The Complete Works*, tr. D. Frame, 1330-1。

42. 亨利三世与吉斯在巴黎，以及街垒日：Knecht, *Rise and Fall* 523-4。教宗的评论：Neale, J. E., *The Age of
    Catherine de Medici*, new edn（London：Jonathan Cape, 1957），96。

43. 帕基耶写给 Sainte-Marthe 的信（1588 年 5 月），见 Pasquier, *Lettreshistoriques* 286-97。

44. 蒙田被逮捕：Montaigne, *Le Livre de raison*, 7 月 10 日与 20 日条。蒙田后来获释，译文见 Frame, *Montaigne* 281。跟以往一样，蒙田搞混了这起事件的日期：他一开始把条目写在 7 月 20 日那一页，后来发现自
    己写错了，于是重新写在 7 月 10 日那一页。第二次写得比较简短，也许是因为写第二遍让他有点厌烦，也
    许是因为他想修正得简洁一点。

45. III: 13 999–1000.

46. 布拉克写给利普修斯的信（1593 年 2 月 4 日），译文见 Frame, *Montaigne* 282。关于布拉克，见 Magnien, M., 'Brache, Pierre de', in Desan, *Dictionnaire* 126–8。

47. 关于玛丽·德·古尔奈，见第 18 章。

48. 帕基耶对新版《随笔集》在文体上的建议与蒙田无视他的说法，见帕基耶写给 A. M. de Pelgé 的信（1619 年），见 Pasquier, *Choix de lettres 45–6*，译文见 Frame, *Montaigne* 283。"哦，多么悲惨的景象"：Pasquier, *Lettreshistoriques* 286–97。关于艾蒂安·帕基耶，见 Magnien, C., 'Estienne Pasquier "familiar" de Montaigne?' *Montaigne Studies* 13（2001），277–313。

49. 传道者要求杀死国王：如 Boucher, J., *De justa Henrici tertii abdicatione*（Aug. 1589）。见 Holt 132。

50. 莱斯图瓦勒提到陷入疯狂的城市，引自 Nakam, *Montaigne et son temps* 341–2。

51. II: 12 392.

52. III: 12 971.

53. 蒙田写给亨利四世的信（分别写于 1 月 18 日、9 月 2 日，年份约为 1590 年），见 *The Complete Works*，tr. D. Frame, 1332–6。

54. III: 1 728.

55. 关于亨利四世颇具男子气概的习惯：Knecht, *Rise and Fall* 559–61。

56. 亨利四世在 1599 年的演说，引自 Knecht, *Rise and Fall* 545–7。

16　我们问：如何生活？蒙田说：偶然探究哲理就好

1. II: 17 587.

2. 哈利法克斯对蒙田作品的评价收录于 Cotton 原初译本（1685—1686）的书信，之后又重印于黑兹利特 1842 年版的无页码序文页。

3. Hazlitt, W., 'On old English writers and speakers', Essay X in *The Plain Speaker*（London: H. Colburn, 1826），II: 277–307，本章所引见页 305。

4. Woolf, V., 'Reading', in *Essays*, ed. A. McNeillie（London: Hogarth, 1986—），III: 141–61，本章所引见页 154。

5. Hazlitt 180.

6. II: 12 496–7.

7. 弗洛里奥：Yates, *John Florio*；Pfister, M., 'Ingleseitalianato-Italianoanglizzato: John Florio', in Höfele, A. and Koppenfels, W. von（eds），*Renaissance Go-Betweens: Cultural Exchange in Early Modern Europe*（Berlin & New York: Walter de Gruyter, 2005），31–54。他出版的初级对话课本与字典：Florio, J., *Firste Fruites*［London: T. Woodcock,（1578）］, *Second Frutes*（London: T. Woodcock, 1591），and *A Worlde of Wordes*（London: E. Blount, 1598）。他的《随笔集》译本：Montaigne, *Essayes*（1603），详见"出处"。

8. Montaigne, *Essayes*（1915–21），I: 2.

9. II: 2 298.

10. Montaigne, *Essayes*（1915–21）, II: 2 17.

11. I: 18 62.

12. Montaigne, *Essayes*（1915–21）, I: 17 67。弗洛里奥译本的章节数字与弗雷姆的版本不同，因为二人依据的的是不同的文本，弗洛里奥采用的是玛丽·德·古尔奈 1595 年版。关于这个问题，参见本书第 18 章。

13. 贡萨罗的说法: *The Tempest* II. i.145–52。类似的描述是蒙田《论食人族》里的某个段落: Montaigne, *Essayes*（1915–21）, I: 30 220。同样地，章节数字的不同是因为两个版本根据的是不同的文本。爱德华·卡佩尔最早注意麦萨罗颂扬的完美社会与蒙田描述的图皮族人相似，见 *Notes and Various Readings to Shakespeare*（London: H. Hughs,［1775］）, II: 63。

14. 与 "不知何故，每个人的内心似乎都有两个我": II: 16 570。"羞怯的、傲慢的，贞洁的": II: 1 294。考虑太多不利于行动: II: 20 622。关于这个问题，见 Boutcher, W., 'Marginal Commentaries: the cultural transmission of Montaigne's *Essais* in Shakespeare's England', in Kapitaniak and Maguin（eds）, *Shakespeare et Montaigne*, 13–27, 及 '"Learning mingled with Nobilitie": directions for reading Montaigne's *Essais* in their institutional context', in Cameron and Willett（eds）, *Le Visage changeant de Montaigne*, 337–62, esp. 337–9; and Peter Mack's forthcoming *Shakespeare, Montaigne and Renaissance Ethical Reading*。针对《哈姆雷特》的成书年代，最近出现了许多研究结论；一般的看法认为应该是在 1599 年底或 1600 年初完成，而这引起了莎士比亚是否真的读过弗洛里奥译本的疑问。但我们知道弗洛里奥的手稿复本在还没出版前就已经流传甚广，与莎士比亚同时的威廉·康沃利斯（William Cornwallis）在 1599 年提到这些复本 "到处传阅"。

15. 共同主题: Robertson, J. M., *Montaigne and Shakespeare*（London: The University Press, 1891）, 引自 Marchi 193。蒙田与莎士比亚同受文艺复兴的气氛影响，见 Sterling 321–2。

16. 培根完成了《随笔集》的说法: Donnelly, I., *The Great Cryptogram: Francis Bacon's Cipher in the So-called Shakespeare Plays*（London: Sampson, Low, Marston, Searle & Rivington, 1888）, II: 955–65, 971–4。雪白的胸部: Donnelly II: 971。"山": II: 972–3。"有谁会相信这一切完全出于偶然?": II: 974。

17. 安东尼·培根: II: 955。

18. 关于培根的哥哥，见 Banderier, G., 'Bacon, Anthony', and Gontier, T., 'Bacon, Francis', in Desan, *Dictionnaire* 89–90。弗朗西斯·培根确实在自己的《随笔集》里提到蒙田，但不是在第一版。

19. Cornwallis, W., *Essayes*, ed. D. C. Allen（Baltimore: Johns Hopkins University Press, 1946）.

20. Burton, R., *The Anatomy of Melancholy*（New York: NYRB Classics, 2001）, I: 17.

21. Browne, Thomas, *The Major Works*（Harmondsworth: Penguin, 1977）, 见 Texte, J., 'La Descendance de Montaigne: Sir Thomas Browne', in his *Etudes de litérature européenne*（Paris: A. Colin, 1898）, 51–93。

22. 科顿: Montaigne, *Essays*, tr. Cotton（1685—86）: 详见 "出处"。关于科顿，见 Nelson, N., 'Montaigne with a Restoration voice: Charles Cotton's translation of the *Essais*', *Language and Style* 24, no. 2（1991）, 131–44; and Hartle, P., 'Cotton, Charles', in *Oxford Dictionary of National Biography*（http: //dx.doi.org/10.1093/ref: odnb/6410）, 本章的诗句引自此处。

23. 引自 Coleman 167。

24. 《观察者》: *Spectator* no. 562（1714 年 7 月 2 日），引自 Dédéyan I: 28。"他的作品读来令人愉快"：Dédéyan I: 29。

25. Pater, W., 'Charles Lamb', in *Appreciations*（London: Macmillan, 1890），105–23，本章所引见 116–17。

26. Montaigne, *Complete Works*（1842），41，大英图书馆复本（C.61.h.5）。这个段落引自弗雷姆版本的 I: 22 95。

27. Hazlitt 178–80.

28. 黑兹利特编辑科顿的蒙田作品译本：Montaigne, *Complete Works*（1842）。儿子黑兹利特修订父亲黑兹利特编辑的科顿翻译的蒙田作品：Montaigne, *Essays*, tr. C. Cotton, ed. W. Hazlitt and W. C. Hazlitt（London: Reeves & Turner, 1877）。关于黑兹利特的家族事业，见 Dédéyan I: 257–8。

29. 斯特恩：Sterne, L., *Tristram Shandy*, ed. I. Campbell Ross（Oxford: Oxford Paperbacks, 1998）。该作品提到蒙田的部分：38, 174, 289–90（第 1 册第 4 章，第 2 册第 4 章，第 4 册第 15 章）。线条图案：453–4（第 6 册第 40 章）。承诺要写的章节：281（第 4 册第 9 章）。历史学家：64–5（第 1 册第 14 章）。

17　我们问：如何生活？蒙田说：时时回顾，但从不后悔

1. 这些例子来自 Burgess, A., *Here Comes Everybody*, rev. edn（London: Arena, 1987），189–90。

2. 过去的蒙田是完全不同的人：III: 2 748—9。"我们每个人都是拼凑起来的"：II: 1 296。

3. III: 9 876.

4. Woolf, V., 'Montaigne', 77.

5. Montaigne, *Essais*, '5th edn'（1588）。见"出处"。

6. III: 9 925.

7. III: 8 872.

8. "为了多放入几篇随笔"：I: 40 224。普鲁塔克用手指指明方向：I: 26 140。

9. 这句话写在"波尔多复本"的扉页上，见 Montaigne: *Essais. Reproduction enfac-similé*。句子出自 Virgil, *Aeneid*, 4: 169–77。

10. 蒙田写给卢瓦泽尔的 1588 年版复本题词，见 *The Complete Works*, tr. D. Frame, 1332。

18　我们问：如何生活？蒙田说：懂得放手

1. 玛丽·德·古尔奈：Fogel; Ilsley; Tetel（ed.），*Montaigne et Marie de Gournay*; Nakam, G., 'Marie le Jars Gournay, "filled'alliance" de Montaigne（1565—1645）', in Arnould（ed.），*Marie de Gournay et l'édition de 1595 des Essais de Montaigne*，11–21。她的作品被结集为 Gournay, *Oeuvres complètes*（2002）。

2. Gournay, *Apology for the Woman Writing*（1641 version），由 Hillman 与 Quesnel 翻译，参见他们编辑的 Gournay, *Apology for the Woman Writing and Other Works*，107–54，本章所引见页 126。

3. Gournay, *Peincture des moeurs*, in *L'Ombre de la demoiselle de Gournay*（1626），引自 Ilsley 129。

4. Gournay, *Preface*（1998）27.

5. "他怎么这么了解我"，见 Levin：*The Times*（1991 年 12 月 2 日），页 14。"他简直就是另一个我"：Gide, A., *Montaigne*（London & New York：Blackamore Press, 1929），77-8。"这里的'你'"：Zweig, 'Montaigne' 17。

6. Gournay, *Preface*（1998）27.

7. I: 14 49. 在波尔多本中，蒙田只说"一名女孩"，但古尔奈自己的版本则详细说是蒙田前往布洛瓦之前看到的"皮卡第女孩"。

8. 在皮卡第一起工作：事实上，新增添的部分只有 3 处由她抄写。*Montaigne：Essais. Reproduction enfac-si-milé*, ff. 42v., 47r. and 290v, 见 Hoffmann, G. andLegros, A., 'Sécretaires', in Desan, *Dictionnaire* 901-4, 本章所引见页 901。

9. "自己有幸能称他'父亲'"与"诸位读者，我无法用别的称呼"：Gournay, *Preface*（1998）27, 29。"也许有人惊讶于"：Gournay, The *Promenade of Monsieur de Montaigne*, in Gournay, *Apology for the Woman Writing*［etc.］, 21-67, 本章所引见页 29。

10. 莱奥诺尔是古尔奈的妹妹：Ilsley 34。"我不担心后世如何看待我们的友情"：Gournay, *The Promenade of Monsieur de Montaigne*, in Gournay, *Apology for the Woman Writing*［etc.］21-67, 本章所引见页 32。"我拥有他才四年的时间"与"他称赞我时"：Gournay, *Preface* to the Essays 99。

11. II: 17 610. 对这段文字的质疑始于 Arthur-Antoine Armaingaud, 他在一场演说中提出这个疑问，讲稿出版于 1913 年首期 *Bulletin of the Société des Amis de Montaigne*, 见 Keffer 129。1635 年版的《随笔集》删除了这段文字。关于掉落的纸条，见 I: 18 63n, in D. Frame's edition of the *Complete Works*。关于波尔多本的重新装订，见 Desan, P., 'Exemplaire de Bordeaux', in Desan, *Dictionnaire* 363-8, 本章所引见页 366。

12. 古尔奈写给利普修斯的信（1593 年 4 月 25 日与 1596 年 5 月 2 日），译文见 Ilsley 40-1 与 79-80。利普修斯写给古尔奈的信（1593 年 5 月 24 日）收录于 Lipsius, J., *Epistolarum selectarum centuria prima ad Belgas*（Antwerp：Moret, 1602）, I: 15, 译文引自 Ilsley 42。

13. 《蒙田先生的漫步》：Gournay, M. de, *Le Proumenoir de Monsieur de Montaigne*（Paris：A. l'Angelier, 1594），译本收入 Gournay, *Apology for the Woman Writing*［etc.］21-67。书信说明了这本书的起源：25。

14. Montaigne, *Essais*（1595）：见"出处"。

15. 古尔奈的修改：Sayce and Maskell 28（7A 条）；and Céard, J., 'Montaigne et seslecteurs：l'édition de 1595', 2002 年法国国家图书馆一篇辩论 1595 年版的论文, 1-2, http://www.amisdemontaigne.net/cearded1595.pdf。

16. 古尔奈是《随笔集》的〉》保护者：Gournay, *Preface to the Essays*："在失去父亲后"：101。"对这类指控"：43。"在意细微末节不可能写出伟大的作品"：53。"一味地认为西庇阿"：79。"才华出众"与"痴迷"：81。从人们对《随笔集》的看法来评价他们：31。狄德罗：article 'Pyrrhonienne', in the *Encyclopédie*, 引自 Tilley 269。

17. Gournay, *Preface to the* Essays 85。

18. 古尔奈的个性与蒙田的个性大相径庭：Bauschatz, C. M., 'Imitation, writing, and self-study in Marie de

Gournay's 1595 "Préface" to Montaigne's *Essais*', in Logan, M. R. and Rudnytsky, P. L. (eds), *Contending Kingdoms* (Detroit: Wayne State University Press, 1991), 346–64, 本章所引见页346。

19. Gournay, *Preface to the* Essays 35.

20. 就序言改变心意: 见古尔奈写给利普修斯的信(1596年5月2日), 引自McKinley, M., 'An editorial revival: Gournay's 1617 Preface to the *Essais*', *Montaigne Studies* 7 (1996), 193. 只有10行的序言使用在所有17世纪的版本上, 直到1617年, 较长的序言才又在经过修改之后被收入《随笔集》里: Montaigne: *Essais*, ed. Gournay (Paris: J. Petit-pas, 1617)。在这一时期, 各种版本的序言全出现在Gournay, *Le Proumenoir* (1599)。

21. 无信仰者: Gournay, *Peincture des moeurs*, in *L'Ombre* (1626), 见 Ilsley 129. 关于古尔奈是一名秘密的放荡主义者, 见 Dotoli, G., 'Montaigne et les libertins via Mlle de Gournay', in Tetel (ed.), *Montaigne et Marie de Gournay* 105–41。

22. 法兰西学术院: Ilsley 217–42。古尔奈对写作方式的看法: Ilsley 200–16, 与 Holmes, P. P., 'Mlle de Gournay's defence of Baroque imagery', *French Studies* 8 (1954), 122–31, 本章所引见页122–9。

23. 古尔奈的墓志铭引自 Ilsley 262. 关于她死后声名的变化: Ilsley 266–77. "她已在生前得到最高的赞誉": Niceron, J.-P., *Mémoires pour servir à l'histoire des homes illustres dans la République des lettres* (Paris, 1727–45), XVI: 231 (1733), 引自 Ilsley 270。

24. 古尔奈是 "蒙田背上的水蛭" 是 Chapelain 提出的最著名指控, 他与计划和古尔奈版《随笔集》竞争的 Elzevir 版《随笔集》有关联, 见 Boase, *Fortunes* 54, and Ilsley 255。

25. "白发苍苍的老处女": Rat, M., introduction to Montaigne, *Oeuvres complètes* (Paris: Gallimard, 1962), 由 R. Hillman 翻译为 Gournay, *Apology for the Woman Writing* 18. 维莱: Villey, *Montaigne devant la postérité* 44。

26. 古尔奈恢复名声: Schiff, M., *La Fille d'alliance de Montaigne, Marie de Gournay* (Paris: H. Champion, 1910)。根据她生平写的小说: Mairal, M., *L' Obèle* (Paris: Flammarion, 2003), and Diski, J., *Apology for the Woman Writing* (London: Virago, 2008). 学界版她的全集: Gournay, *Oeuvres complètes* (2002)。

27. 见 Keffer, 包括他对卡尼厄尔书信的翻译: 62–3; and Desan, P., 'Cinq siècles de politiqueséitoriales des Essais', in Desan, *Montaigne danstoussesétats* (121–91)。

28. 斯特罗夫斯基的自夸: Compagnon, A., 'Les Repentirs de FortunatStrowski', in Tetel (ed.), *Montaigne et Marie de Gournay* 53–77, 本章所引见页69. 阿曼戈误标年份: Keffer 18–19。

29. 阿曼戈认为蒙田是《论自愿为奴》的作者: Armaingaud, A., *Montaigne pamphlétaire* (Paris: Hachette, 1910)。"只有他才能深入了解蒙田": Perceval, E. de, article in the *Bulletin de la Société des Bibliophiles de Guyenne* (1936), 译文见 Keffer 163. 维莱: Defaux, G., 'Villey, Pierre', in Desan, *Dictionnaire* 1023–4。维莱失明: Villey, P., 'Le Travail intellectuel des aveugles', *Revue des deuxmondes* (1909年3月1日), 420–43. 1933年波尔多庆祝蒙田诞辰时, 维莱未被邀请: Keffer 21。

30. 20世纪晚期支持波尔多本的有 A. Thibaudet 与 M. Rat 的七星诗派版: Montaigne, *Oeuvres Complètes* (Paris: Gallimard, 1962), D. Frame 采用这个版本并加以翻译, 而维莱则加以修改, 即 Montaigne, *Les Essais*

ed. P. Villey and V.-L.Saulnier（Paris：PUF, 1965）。

31. 德泽梅里的主张：Dezeimeris, R., *Recherche sur la recension du texteposthume des Essais de Montaigne*（Bordeaux：Gounouihou, 1866）。对于这一主张的讨论与一般看法：Maskell, D., 'Quel est le dernier éta tauthentique des Essais de Montaigne?', *Bibliothèque d'humanisme et Renaissance* 40（1978）, 85-103, and his 'The evolution of the Essais,' in McFarlane and Maclean（eds）, *Montaigne：Essays in Memory of Richard Sayce* 13-34; Desan, P., 'L'*Exemplar* et L'Exemplaire de Bordeaux', in Desan, Montaigne *danstous ses états* 69-120; Balsamo, J. and Blum, C., 'Édition de 1595', in Desan, *Dictionnaire* 306-12; Arnould, J-C.（ed.）, *Marie de Gournay et l'édition de 1595 des Essais de Montaigne*; O'Brien。

32. 新七星诗派版与图尔农版：详细资料见"出处"。A. Tournon 与 J. Céard 代表着两种立场，他们在 2002 年 2 月 9 日于法国国家图书馆展开论辩，'Les deux visages des *Essais*'（The Two Faces of the *Essays*）。两人的论文见 http：//www.amisdemontaigne.net/visagesessais.htm。

33. Montaigne, *Essays*, ed. Honoria（1800）。

34. Charron, *De la Sagesse*。人类与动物的关系：72-86。关于沙朗，见 Gontier, E., 'Charron, Pierre', in Desan, *Dictionnaire* 155-9。"改造"：Bellenger 188。Charron, *Petit traité de la sagesse*（Paris, 1625）。

35. Montaigne, *Les Essais*, ed. Gournay（Paris：Jean Camusat, 1635）, Preface, 引自 Villey, *Montaigne devant la postérité* 162。

36. 撷取精华：*L'Esprit des Essais de Montaigne*（Paris：C. de Sercy, 1677）。*Pensées de Montaigne, propres à former l'esprit et les moeurs*（Paris：Anisson, 1700）, 包括"再烂的书也有可取之处"：5。

37. 《白鲸记》……难以卒读：Ben Hoyle, 'Publisher makes lite work of the classics', *The Times*（2007 年 4 月 14 日）。"对好书的每一次删减，都是愚蠢的删减。"：III：8 872。

38. "多元而起伏"：I：15。"每个人的内心似乎都有两个我"：II：16 570。

39. 潜意识与康利：Conley。蒙田提到他早在知道罗浮宫之前就知道罗马：III：9 927。"迷恋"：III：9 928。康利引用 Cotgrave, R., *A Dictionarie of the French and English Tongues*（London：A. Islip, 1611）："emba-bouyner" 指"欺骗、受骗之人、载着、带领进入愚者的天堂；哺育；像孩子般地使用"。

40. I：26 140.

41. III：13 995.

42. II：12 538.

43. "针对这本书已经讨论得相当充分"：III：13 995。"聪明的读者"：I：24 112。

44. I：26 140.

45. Woolf, V., *A Passionate Apprentice：The Early Journals*, ed. M. A. Leaska（London：Hogarth, 1990）, 178-9, 引自 Lee, H., *Virginia Woolf*（London：Vintage, 1997）, 171。

19　我们问：如何生活？蒙田说：做个普通人与不完美的人

1. III：2 740.

2. II: 37 698。此外，关于习惯于肾结石发作以及濒临死亡可见 III: 13 1019。

3. I: 20 76。也可见 III: 13 1020，III: 13 1030。

4. III: 13 1021.

5. III: 5 775.

6. III: 13 1019.

7. II: 37 697.

8. III: 2 752.

9. III: 1 726-7.

10. II: 20 621-2.

11. 蒙田写给亨利四世的信，收录于 Montaigne, *The Complete Works*, tr. D. Frame, 1332—6。蒙田的访客：
    Frame, *Montaigne* 303-4。

12. 蒙田的外孙女弗朗索瓦在成年后不久便死去。莱奥诺尔在第二段婚姻中生下的女儿玛丽·德·加马什长大
    后继承蒙田的庄园，家族传承达数世纪之久。Frame: *Montaigne* 303-4。关于加马什家族：Legros, A.,
    'Gamaches（famille de）', Desan, *Dictionnaire* 425-6。

20 我们问：如何生活？蒙田说：生活会给你答案

1. 这段关于蒙田临终的描述主要来自帕基耶，见 Pasquier, *Choix de lettres* 48-9，引自 Frame, *Montaigne*
    304-6。"脸色苍白、涕泗滂沱的仆役"：I: 20 81-2。贝尔纳·欧托恩：Automne, B., *Commentaire sur les*
    coustumes génèralles de la ville de Bourdeaux（Bordeaux: Millanges, 1621），引自 Frame, *Montaigne* 305。
    关于蒙田真正死因的讨论中，1996 年由 Société des Amis de Montaigne 主办的讨论会认为，最后结束蒙田
    生命的是中风，见 Eyquem, A.（et al）, 'La Mort de Montaigne: ses causes rediscutées par la consultation
    posthume de médecins spécialists de notre temps', *Bulletin de la Société des Amis de Montaigne*, series 8,
    no. 4（juillet-déc. 1996），7-16。布拉克的描述：布拉克写信给利普修斯（1593 年 2 月 4 日），引自 *Villey,*
    Montaigne devant la posterité 350-1 与 Millet 64-6。

2. Montaigne, *Le Livre de raison*, 9 月 13 日条。关于他在教堂的安葬，见 Legros, A., 'Montaigne, Saint
    Michel de', and Balsamo, J., 'Tombeau de Montaigne', in Desan, *Dictionnaire*，分别见于 683—4 and
    983—4。

3. 弗扬派：Balsamo, J., 'Tombeau de Montaigne', in Desan, *Dictionnaire* 983—4。蒙田谈弗扬派，见 I: 37
    205。

4. Millet 192-3，译文见 Frame, *Montaigne* 307-8。

5. 蒙田遗骨的各种经历：Frame, *Montaigne* 306-7, and Balsamo, J., 'Tombeau de Montaigne', in Desan,
    Dictionnaire 983-4。革命时期的迁葬：Nicolaï, A., 'L'Odyssée des cendres de Montaigne', *Bulletin de la*
    Société des Amis de Montaigne, series 2, no. 15（1949-52），31-45。

6. III: 12 980。弗吉尼亚·伍尔夫在她的日记里写道："我越来越常复述我对蒙田的理解，'最要紧的事就是

"活着"'", 见 Woolf, V., Diary III: 8（1925 年 4 月 8 日条）。她在另外两个条目也说了类似的话：II: 301（1924 年 5 月 5 日）与 IV: 176（1933 年 9 月 2 日），以及她讨论蒙田的随笔，'Montaigne', in *Essays* IV: 71–81。

7. 不再需要蒙田了吗? 早期战后对这项可能的讨论，见 Spencer, T., 'Montaigne in America', *The Atlantic* 177, no. 3（March 1946）, 91–7。无法想象可以"借取悦天堂与自然之名，行屠戮杀害之实"：I: 30 181。

出处／Sources

蒙田著作（含译著、编著）：

La Boétie, E. de, *La Mesnagerie de Xenophon, Les regles de mariage de Plutarque, Lettre de consolation de Plutarque à sa femme*. Ed. M. de Montaigne (Paris: F. Morel, 1572 [i.e. 1570]).

Montaigne, M. de, *Oeuvres complètes*. Ed. A. Thibaudet and M. Rat (Paris: Gallimard, 1962). (Old Pléaide edition)

——*The Complete Works*. Tr. C. Cotton, ed. W. Hazlitt (London: J. Templeman, 1842).

——*The Complete Works*. Tr. and ed. D. Frame (London: Everyman, 2005). (Originally published Palo Alto: Stanford University Press, 1943)

——*Le Livre de raison de Montaigne sur l*'Ephemeris historica *de Beuther*. Ed. J. Marchand (Paris: Compagnie Française des Arts Graphiques, 1948). (A facsimile edition of Montaigne's family diary)

——*Essais* (Bordeaux: S. Millanges, 1580).

　　2nd edn (Bordeaux: S. Millanges, 1582).

　　3rd edn (Paris: J. Richer, 1587).

　　'5th edn' (Paris: A. L'Angelier, 1588).

　　A facsimile edition of the annotated 'Bordeaux' copy of this edition was published as *Montaigne: Essais. Reproduction en fac-similé de l'exemplaire de Bordeaux de 1588*. Ed. R. Bernouilli (Geneve: Slatkine, 1987).

　　Ed. M. de Gournay (Paris: A. L'Angelier, 1595).

　　Ed. P. Coste (London: J. Tonson & J. W. Watts, 1724).

　　Ed. P. Coste (La Haye: P. Gosse & J. Nealme, 1727).

　　Ed. P. Villey and V.-L. Saulnier (Paris: PUF, 1965).

　　Ed. A. Tournon (Paris: Imprimerie nationale, 1988).

　　Ed. J. Balsamo, M. Magnien, and C. Magnien-Simonin (Paris: Gallimard, 2007) (Pléiade).

——*Essayes*. Tr. J. Florio (London: V. Sims for E. Blount, 1603).

　　Tr. J. Florio (London: Everyman, 1915–21).

——*Essays*. Tr. C. Cotton (London: T. Basset, M. Gilliflower, W. Hensman, 1685–86).

　　Tr. C. Cotton, ed. W. Hazlitt and W. C. Hazlitt (London: Reeves & Turner, 1877).

——*Essays, Selected from Montaigne with a Sketch of the Life of the Author*. Ed. Honoria (London: T. Cadell, W. Davies & E. Harding, 1800).

——*The Complete Essays*. Tr. M.A. Screech (London: Penguin, 2004). (Originally published London: Allen Lane, 1991).

——*Journal de voyage*. Ed. M. de Querlon (Rome & Paris: Le Jay, 1774).

　　Ed. F. Garavini (Paris: Gallimard, 1983).

　　Ed. F. Rigolot (Paris: PUF, 1992).

——'Travel Journal', in *The Complete Works* (ed. D. Frame), 1047–1270.

Sebond, R. de, *Théologie naturelle*. Tr. M. de Montaigne (Paris: G. Chaudière, 1569).

其他著作：

Arnould, J.-C. (ed.), *Marie de Gournay et l'édition de 1595 des* Essais *de Montaigne. Actes du colloque (1995)* (Paris: H. Champion, 1996).

Bailey, A., *Sextus Empiricus and Pyrrhonian Scepticism* (Oxford: Clarendon Press, 2002).

Bellenger, Y., *Montaigne: une fête pour l'esprit* (Paris: Balland, 1987).

Blum, C. and Moreau, F. (eds), *Études montaignistes en hommage à Pierre Michel* (Paris: Champion, 1984).

Blum, C. and Tournon, A. (eds), *Editer les Essais de Montaigne. Actes du colloque tenu à l'Université Paris IV-Sorbonne les 27 et 28 janvier 1995* (Paris: H. Champion, 1997).

Boase, A. M., 'Montaigne annoté par Florimond de Raemond', *Revue du XVIe siècle*, 15 (1928), 237–278.

——*The Fortunes of Montaigne: A History of the Essays in France, 1580–1669.* (London: Methuen, 1935).

Bouillier, V., *La Renommée de Montaigne en Allemagne* (Paris: Champion, 1921).

Brunschvigg, L., *Descartes et Pascal, lecteurs de Montaigne* (Neuchâtel: La Baconnière, 1942).

Buffum, I., *Studies in the Baroque from Montaigne to Rotrou* (New Haven: Yale University Press, 1957).

Bulletin de la Société des Amis de Montaigne.

Burke, P., *Montaigne* (Oxford: Oxford Paperbacks, 1981).

Butor, M., *Essais sur les Essais* (Paris: Gallimard, 1968).

Cameron, K. (ed.), *Montaigne and his Age* (Exeter: University of Exeter Press, 1981).

Cameron, K. and Willett, L. (eds), *Le visage changeant de Montaigne/The Changing Face of Montaigne* (Paris: H. Champion, 2003).

Charron, P., *De la Sagesse livres trois* (Bordeaux: S. Millanges, 1601).

——*Of Wisdome: Three Bookes*, tr. S. Lennard (London: E. Blount & W. Aspley [n.d. – before 1612]). (Also in facsimile: Amsterdam: Theatrum Orbis Terrarum; New York: Da Capo, 1971)

Clark, S. *Thinking with Demons: The Idea of Witchcraft in Early Modern Europe.* New edn (Oxford: Oxford University Press, 1999).

Cocula, A.-M., *Étienne de La Boétie* (Bordeaux: Sud-Ouest, 1995).

Coleman, D. G., *Montaigne's Essais* (London: Allen & Unwin, 1987).

Compagnon, A., 'Montaigne chez les post-modernes', *Critique*, 433–4 (juin-juillet 1983), 522–534.

Conley, T., 'A suckling of cities: Montaigne in Paris and Rome', *Montaigne Studies*, 9 (1997), 167–186.

Crouzet, D., *Les Guerriers de Dieu* (Seyssel: Champ Vallon, 1990).

Cunningham, A. and Grell, O. P., *The Four Horsemen of the Apocalypse* (Cambridge: Cambridge University Press, 2000).

Davis, N. Z., *Society and Culture in Early Modern France* (London: Duckworth, 1975).

——'A Renaissance text to the historian's eye: the gifts of Montaigne', *Journal of Medieval and Renaissance Studies*, 15 (1985), 47–56.

Dédéyan, C., *Montaigne chez les amis anglo-saxons* (Paris: Boivin, 1946).

Delumeau, J., *La Peur en Occident, XIVe-XVIIIe siècles* (Paris: Fayard 1978).

Desan, P., 'Montaigne en lopins ou les *Essais* à pièce décousues', *Modern Philology*, 88, no.4 (1991), 278–291.

——*Montaigne dans tous ses états* (Fassano: Schema, 2001).

——*Portraits à l'essai: iconographie de Montaigne* (Paris: H. Champion, 2007).

——(ed.), *Dictionnaire de Montaigne* (Paris: H. Champion, 2004); new edn 2007.

Descartes, R., *Discourse on Method and The Meditations*, tr. F. E. Sutcliffe (Harmondsworth: Penguin, 1998). (Translation of *Discours de la méthode*, 1637 and *Meditationes de prima philosophia*, 1641)

Diefendorf, B., *Beneath the Cross* (Oxford: Oxford University Press, 1991).

Dréano, M., *La Renommée de Montaigne en France au XVIIIe siècle* (Bordeaux: Editions de l'Ouest, 1952).

Eliot, T.S., 'The *Pensées* of Pascal', in his *Selected Prose* (London: Faber, 1975).

Emerson, R.W., 'Montaigne; or, the Skeptic', from *Representative Men* (1850), in *Collected Works*, ed. W.

E. Williams and D. E. Wilson, Vol. IV (Cambridge, Mass. & London: Belknap Press of Harvard University Press, 1987), 83–105.

Faguet, E., *Autour de Montaigne* (Paris: H. Champion 1999).

Fleuret, C., *Rousseau et Montaigne* (Paris: A.-G. Nizet, 1980).

Fogel, M., *Marie de Gournay: itinéraires d'une femme savante* (Paris: Fayard, 2004).

Frame, D., *Montaigne in France, 1812–1852* (New York: Columbia University Press, 1940).

——*Montaigne's Discovery of Man* (New York: Columbia University Press, 1955).

——*Montaigne: A Biography* (London: H. Hamilton, 1965).

Friedrich, H., *Montaigne*, tr. D. Eng, ed. P. Desan (Berkeley: University of California Press, 1991). (Translation from the German: *Montaigne*, 1947)

Gardeau, L. and Feytaud, J. de, *Le Château de Montaigne* (Paris: Société des Amis de Montaigne, 1984).

Gournay, M. de, *Oeuvres completes*, ed. J.-C. Arnould, É. Berriot, C. Blum et al. (Paris: H. Champion, 2002).

——*Apology for the Woman Writing and Other Works*, ed. and tr. R. Hillman and C. Quesnel (Chicago & London: Chicago University Press, 2002).

——*Le Proumenoir de Monsieur de Montaigne* (Paris: A. L'Angelier, 1594).

——'Préface' (1595 version), in her edition of Montaigne, *Essais* (Paris: A. L'Angelier, 1595).

——*Preface to the Essays of Michel de Montaigne. By his adoptive daughter, Marie Le Jars de Gournay*, tr. and ed. R. Hillman and C. Quesnel, based on the edition by F. Rigolot (Tempe, Arizona: Medieval & Renaissance Texts & Studies, 1998).

——*Égalité des hommes et des femmes* (Paris, 1622).

——*Apologie pour celle qui escrit* (1626 version), and *Peincture des moeurs*, in *L'Ombre de la demoiselle de Gournay* (Paris: J. Libert, 1626).

——*Apologie* (1641 version), in *Les advis ou Les présens de la demoiselle de Gournay*, 3rd edn (Paris: T. du Bray, 1641).

Gray, F., *Le Style de Montaigne* (Paris: Nizet, 1958).

Greengrass, M., *Governing Passions: Peace and Reform in the French Kingdom, 1576–1585* (Oxford: Oxford University Press, 2007).

Guizot, G., *Montaigne: études et fragments*, ed. M. A. Salles (Paris: Hachette, 1899).

Hadot, P., *Philosophy as a Way of Life*, ed. Arnold I. Davidson, tr. M. Chase (Oxford: Blackwell, 1995).

Hale, J., *The Civilization of Europe in the Renaissance* (London: HarperCollins, 1993).

Hartle, A., *Michel de Montaigne: Accidental Philosopher* (Cambridge: Cambridge University Press, 2003).

Haydn, H., *The Counter Renaissance* (New York: Scribner, 1950).

Hazlitt, W., 'On the periodical essayists'. Lecture V in *Lectures on the Comic Writers* (London: Taylor & Hessey, 1819), 177–208.

Hoffmann, G., *Montaigne's Career* (Oxford: Clarendon Press, 1998).

Holt, Mack P., *The French Wars of Religion*, 2nd edn (Cambridge: Cambridge University Press, 1995).

Horowitz, M. C., 'Marie de Gournay, editor of the *Essais* of Michel de Montaigne: a case-study in mentor–protégée friendship', *Sixteenth Century Journal*, 17 (1986), 271–284.

Ilsley, M. H., *A Daughter of the Renaissance: Marie le Jars de Gournay, her Life and Works* (The Hague: Mouton, 1963).

Insdorf, C., *Montaigne and Feminism* (Chapel Hill, NC: University of North Carolina Press, 1977).

Jeanneret, M., *Perpetuum mobile* (Paris: Argô, 2000).

——*Perpetual Motion: Transforming Shapes in the Renaissance from da Vinci to Montaigne*, tr. N. Pollet (Baltimore & London: Johns Hopkins University Press, 2001).

Kapitaniak P. and Maguin, J.-M. (eds), *Shakespeare et Montaigne: vers un nouvel humanisme* (Montpellier: Société française Shakespeare, 2004).

Keffer, K., *A Publication History of the Rival Transcriptions of Montaigne's 'Essays'* (Lewiston, NY: E. Mellen, 2001).

Knecht, R. J., *The French Civil Wars, 1562–1598* (Harlow: Longman, 2000).

——*The Rise and Fall of Renaissance France* (London: Fontana, 1996); new edn: Oxford: Blackwell, 2001.

La Boétie, E. de, *Mémoire sur la pacification des troubles*, ed. M. Smith (Geneva: Droz, 1983).

——*De la Servitude volontaire, ou, Contr'un*, ed. M. Smith (Geneva: Droz, 1987).

——*Slaves by Choice*, tr. M. Smith (Egham, Surrey: Runnymede Books, 1988).

——'Of Voluntary Servitude', tr. D. L. Schaefer, in Schaefer (ed.), *Freedom over Servitude: Montaigne, La Boétie, and* On Voluntary Servitude (Westport, Conn.: Greenwood Press, 1998), 189–222.

Lacouture, J., *Montaigne à cheval* (Paris: Seuil, 1996).

La Croix du Maine, François Grudé, seigneur de, 'Messire Michel de Montagne', in *Premier volume de la Bibliothèque du sieur de la Croix-dumaine* (Paris: Abel L'Angelier, 1584), 328–330.

Lamartine, A., *Correspondance*, 2e série (1807–29) ed. C. Croisille and M.-R. Morin (Paris: H. Champion, 2004).

Langer, U. (ed.), *The Cambridge Companion to Montaigne* (Cambridge: Cambridge University Press, 2005).

Lazard, M., *Michel de Montaigne* (Paris: Fayard, 1992).

Legros, A., *Essais sur poutres. Peintures et inscriptions chez Montaigne* (Paris: Klincksieck, 2000).

Léry, J. de, *History of a Voyage to the Land of Brazil*, tr. J. Whatley (Berkeley: University of California Press, 1990). (Translation of *Histoire d'un voyage fait en la terre du Brésil*, 1578).

Lestringant, F., *Cannibals: The Discovery and Representation of the Cannibal from Columbus to Jules Verne*, tr. R. Morris (Cambridge: Polity Press, 1997). (Translation of *Le cannibale*, 1994)

Levin, H., *The Myth of the Golden Age in the Renaissance* (London: Faber, 1970).

Lüthy, Herbert, 'Montaigne, or The Art of Being Truthful', in H. Bloom (ed.), *Michel de Montaigne* (New York: Chelsea House, 1987), 11–28. (Originally published in *Encounter*, Nov. 1953, 33–44)

Macé-Scaron, J., *Montaigne: notre nouveau philosophe* (Paris: Plon, 2002).

Magnien, M., *Etienne de la Boétie* (Paris: Memini Paris, CNRS Éditions, 1997).

Magnien-Simonin, C., *Une Vie de Montaigne, ou Le sommaire discours sur la vie de Michel Seigneur de Montaigne* (Paris: H. Champion, 1992).

Malebranche, N., *The Search after Truth*, tr. and ed. T. M. Lennon and P. J. Olscamp (Cambridge: Cambridge University Press, 1997). (Translation of *La Recherche de la vérité*, 1674)

Marcetteau-Paul, A., *Montaigne propriétaire foncier: inventaire raisonné du* Terrier de Montaigne *conservé à la Bibliothèque municipale de Bordeaux* (Paris: H. Champion, 1995).

Marchi, D., *Montaigne among the Moderns* (Providence, RI & Oxford: Berghahn Books, 1994).

Maskell, D., 'Quel est le dernier état authentique des Essais de Montaigne?' in *Bibliothèque d'humanisme et Renaissance*, 40 (1978), 85–103.

Mathieu-Castellani, G., *Montaigne: l'écriture de l'essai* (Paris: PUF, 1988).

——*Montaigne ou la vérité du mensonge* (Geneva: Droz, 2000).

McFarlane, I.D. and Maclean, Ian (eds), *Montaigne: Essays in Memory of Richard Sayce* (Oxford: Clarendon Press, 1982).

McGowan, M., *Montaigne's Deceits: The Art of Persuasion in the 'Essais'* (London: University of London Press, 1974).

Merleau-Ponty, M., 'Lecture de Montaigne', in *Éloge de la philosophie et autres essais* (Paris: Gallimard, 1960), 321–347.

Michel, P. et al. (eds), *Montaigne et les Essais 1580–1980: Actes du Congrès de Bordeaux* (Paris: H. Champion; Geneva: Slatkine, 1983).

Millet, O., *La Première Réception des Essais de Montaigne (1580–1640)* (Paris: H. Champion, 1995).

Monluc, B. de, *The Commentaries of Messire Blaize de Montluc* (London: A. Clark for H. Brome, 1674). (Translation of *Commentaires*, 1592)

Montaigne Studies

Nakam, G., *Montaigne et son temps: les événements et les 'Essais'* (Paris: Nizet, 1982).

——*Les Essais de Montaigne: mirroir et procès de leur temps* (Paris: Nizet, 1984).

——*Le dernier Montaigne* (Paris: H. Champion, 2002).

Nietzsche, F., *Untimely Meditations*, tr. R. J. Hollingdale (Cambridge: Cambridge University Press, 1983). (Translation of *Unzeitgemässe Betrachtungen*, 1876)

——*Human, All Too Human*, tr. M. Faber and S. Lehmann (London: Penguin, 1994). (Translation of *Menschliches, allzu menschliches*, 1878)

——*Daybreak*, tr. R. J. Hollingdale (Cambridge: Cambridge University Press, 1982). (Translation of *Morgenröte*, 1881)

——*The Gay Science*, tr. W. Kaufman (New York: Random House, 1991). Translation of *Die fröhliche Wissenschaft*, 1882)

Nussbaum, M. C., *The Therapy of Desire* (Princeton: Princeton University Press, 1994).

O'Brien, J., 'Are we reading what Montaigne wrote?', *French Studies*, 58 (2004), 527–532.

Pascal, B., *Pensées and Other Writings*, tr. A. and H. Levi (Oxford: Oxford World's Classics, 1999).

Pasquier, E., *Choix de lettres*, ed. D. Thickett (Geneva: Droz, 1956).

——*Lettres historiques pour les années 1556–1594*, ed. D. Thickett (Geneva: Droz, 1966).

Plato, *Symposium*, tr. W. Hamilton (Harmondsworth: Penguin, 1951).

Plutarch, *Moralia*, tr. W. C. Helmbold. Loeb edn (London: W. Heinemann; Cambridge, Mass: Harvard University Press, 1936–57).

Popkin, R., *The History of Scepticism from Erasmus to Spinoza* (Berkeley: University of California Press, 1979).

Pouilloux, J-Y., *Lire les 'Essais' de Montaigne* (Paris: Maspero, 1970).

Quint, D., *Montaigne and the Quality of Mercy: Ethical and Political Themes in the Essais* (Princeton: Princeton University Press, 1998).

Rabelais, F., *The Complete Works*, tr. J. Le Clerc (New York: The Modern Library, 1944).

Raemond, F. de, *Erreur populaire de la papesse Jane*, 2nd edn (Bordeaux: S. Millanges, 1594).

——*L'Antichrist* (Lyon: Jean Pillehotte, 1597).

Rigolot, F. *Les Métamorphoses de Montaigne* (Paris: PUF, 1988).

Rousseau, J-J., *Discourse on the Origin of Inequality*, tr. F. Philip, ed. P. Coleman (Oxford: Oxford University Press, 1994). (Translation of *Discours sur l'origin et les fondaments de l'inégalité parmi les hommes*, 1755)

——*Émile*, tr. Allan Bloom (London: Penguin, 1991). (Translation of *Émile*, 1762)

——*Confessions*, tr. A. Scholar (Oxford: Oxford University Press, 2000). (Translation of *Les Confessions*, 1782)

Sayce, R.A., *The Essays of Montaigne: A Critical Exploration* (London: Weidenfeld & Nicolson, 1972).

Sayce, R. A. and Maskell, D., *A Descriptive Bibliography of Montaigne's* Essais 1580–1700. (London: Bibliographical Society & Modern Humanities Research Association, 1983).

Schaefer, D. L., *The Political Philosophy of Montaigne* (Ithaca & London: Cornell University Press, 1990).

——(ed.), *Freedom over Servitude: Montaigne, La Boétie, and* On Voluntary Servitude (Westport, Conn.: Greenwood Press, 1998).

Screech, M. A., *Montaigne and Melancholy* (Harmondsworth: Penguin, 1991).

Seneca, *Ad Lucilium epistulae morales [Letters to Lucilius]*, tr. Richard M. Gummere. Loeb edn (Cambridge, Mass: Harvard University Press; London: W. Heinemann, 1917–25).

——*Dialogues and Letters* (Harmondsworth: Penguin, 2005).

Sextus Empiricus, *Outlines of Scepticism*, ed. J. Annas and J. Barnes (Cambridge: Cambridge University Press, 2000).

Smith, M. C., *Montaigne and Religious Freedom: The Dawn of Pluralism* (Geneva: Droz, 1991).

Starobinski, J., *Montaigne in Motion*, tr. A. Goldhammer (Chicago: Chicago University Press, 1985). (Translation of *Montaigne en mouvement*, 1982)

Sterling, J., 'Montaigne and his Essays', *London and Westminster Review*, 29 (1838), 321–352.

Supple, J. J., *Arms versus Letters: The Military and Literary Ideals in the 'Essais' of Montaigne* (Oxford: Clarendon Press, 1984).

Tetel, A. (ed.), *Montaigne et Marie de Gournay: actes du colloque international de Duke* (Paris: H. Champion, 1997).

Thevet, A., *Les Singularitez de la France antarctique* (Paris: Les heretiers de Maurice de la Porte, 1557).

Tilley, A., 'Montaigne's interpreters', in his *Studies in the French Renaissance* (Cambridge: Cambridge University Press, 1922), 259–293.

Trinquet, R., *La Jeunesse de Montaigne* (Paris: Nizet, 1972).

Villey, P., *Les Sources et l'évolution des Essais de Montaigne* (Paris: Hachette, 1933).

——*Montaigne devant la postérité* (Paris: Boivin, 1935).

Willett, L., 'Romantic Renaissance in Montaigne's chapel', in Yannick Portebois and Nicholas Terpstra (eds), *The Renaissance in the Nineteenth Century – Le XIXe Siècle renaissant* (Toronto: Centre for Reformation and Renaissance Studies, 2003), 217–240.

Woolf, L., *The Journey Not the Arrival Matters* (London: Hogarth, 1969).

Woolf, V., *The Diary of Virginia Woolf*, ed. A. Oliver Bell (London: Penguin, 1980–85).

——'Montaigne', in *Essays*, ed. A. McNeillie (London: Hogarth, 1986–), IV: 71–81.

Yates, F.A., *John Florio: The Life of an Italian in Shakespeare's England* (Cambridge: Cambridge University Press, 1934).

Zweig, S., *The World of Yesterday* (Lincoln, Nebr.: University of Nebraska Press, 1943).

——'Montaigne', in *Europäisches Erbe*, ed. R. Friedenthal (Frankfurt am Main: S. Fischer, 1960), 7–81.

图书在版编目(CIP)数据

阅读蒙田,是为了生活/(英)萨拉·贝克韦尔著;
黄煜文译.—长沙:湖南人民出版社,2018.6
书名原文:How to Live: A Life of Montaigne in
One Question and Twenty Attempts at an Answer
ISBN 978-7-5561-1938-7

Ⅰ.①阅… Ⅱ.①萨… ②黄… Ⅲ.①蒙台涅
(Montaigne, Michel Eyquem Seigneur de 1533-1592)—哲
学思想 Ⅳ.①B565.299

中国版本图书馆 CIP 数据核字(2018)第 039654 号

著作权合同登记号:18-2017-139

阅读蒙田,是为了生活
YUEDU MENGTIAN, SHI WEILE SHENGHUO

[英]萨拉·贝克韦尔 著　黄煜文 译

出 品 人　陈　垦
出 品 方　中南出版传媒集团股份有限公司
　　　　　上海浦睿文化传播有限公司
　　　　　上海市巨鹿路 417 号 705 室(200020)
责任编辑　曾诗玉
封面设计　曾国展
责任印制　王　磊
出版发行　湖南人民出版社
　　　　　长沙市营盘东路 3 号(410005)
网　　址　www.hnppp.com
经　　销　湖南省新华书店
印　　刷　天津旭丰源印刷有限公司
开　　本　880mm×1230mm 1/32
印　　张　15.5
字　　数　382 千字
版　　次　2018 年 6 月第 1 版
印　　次　2018 年 6 月第 1 次印刷
书　　号　ISBN 978-7-5561-1938-7
定　　价　79.00 元